史学引论
An Introduction to Historiography
（第二版）

王学典 主编

北京大学出版社
PEKING UNIVERSITY PRESS

图书在版编目(CIP)数据

史学引论/王学典主编. — 2 版. —北京：北京大学出版社，2016.11
（博雅大学堂·历史）
ISBN 978-7-301-27500-9

Ⅰ.①史… Ⅱ.①王… Ⅲ.①史学—高等学校—教材 Ⅳ.①K0

中国版本图书馆 CIP 数据核字（2016）第 216334 号

书　　名	史学引论（第二版）
	SHIXUE YINLUN
著作责任者	王学典　主编
责任编辑	陈　甜
标准书号	ISBN 978-7-301-27500-9
出版发行	北京大学出版社
地　　址	北京市海淀区成府路 205 号　100871
网　　址	http://www.pup.cn　新浪微博：@北京大学出版社
电子信箱	pkuwsz@126.com
电　　话	邮购部 010-62752015　发行部 010-62750672
	编辑部 010-62752025
印　刷　者	三河市北燕印装有限公司
经　销　者	新华书店
	965 毫米×1300 毫米　16 开本　24.25 印张　377 千字
	2008 年 12 月第 1 版
	2016 年 11 月第 2 版　2021 年 12 月第 3 次印刷
定　　价	56.00 元

未经许可，不得以任何方式复制或抄袭本书之部分或全部内容。
版权所有，侵权必究
举报电话：010-62752024　电子信箱：fd@pup.pku.edu.cn
图书如有印装质量问题，请与出版部联系，电话：010-62756370

本书各章作者

引　言　"历史"是"往事本身",也是"对往事的记录"
　　　　王学典(山东大学儒学高等研究院教授)
第一章　作为本体的历史
　　　　陈峰(山东大学儒学高等研究院教授)
第二章　历史学的学科性质
　　　　王学典
第三章　历史的价值与意义
　　　　陈峰
第四章　历史考证:史料与事实依据的审定
　　　　张富祥(山东大学儒学高等研究院教授)
第五章　历史的叙述与编纂
　　　　张富祥
第六章　历史解释:意义的追寻
　　　　王学典、陈峰
第七章　西方传统史学的范式及其特征
　　　　郑群(山东大学历史文化学院副教授)
第八章　现代西方新史学的变革及特征
　　　　郑群
第九章　历史学的新动向
　　　　陈峰

编纂缘起

本书的编写,是希望为"史学概论"课程提供一种新的教材。

"史学概论"是历史研究的"入门书",在高校历史专业课中具有"总前言""总导论"的性质,是本专业学生认识和了解历史学的最佳途径。"史学概论"教材的编写启动于上世纪60年代中期,后因"文革"而中断。"新时期"以来,特别是从1983年开始,国内"史学概论"性质的著作和教材就如雨后春笋般不断涌现,迄今已逾20余种。而值得注意的是,一方面,近30年来,国内学术界在史学理论领域已经有了很大的进展,对历史学这门基本知识的性质的思考已达到相当的深度。而此类新的认识在"史学概论"课程中尚未得到应有的重视;另一方面,在史学实践领域,新材料、新观念、新领域不断出现,历史学的地盘不断扩大,与其他学科的交融日益深入,而对此类历史学的新面貌、新方法,以往的著述也还未能给予及时的、准确的反映和概括。

本书的编纂,力图克服上述缺陷,注重理论性、系统性和前沿性。

"史学概论"应该明确,它的研究对象是整个的历史学,它比史学内部各分支学科应高出一个层次,因而必须具有很高的理论性和概括性。而"史学概论"的内容结构,应紧紧围绕历史学本身的理论和方法而展开,既有对历史学的理论预设及方法论的反思批判,又有对历史学全局的鸟瞰和描述,内外结合,形成一个有机的整体。基于这种考虑,我们力求广泛采撷国际学术界的已有成果,关注他们的新课题、新方法,重视他们在历史认识论方面的观察和思考。通过这些尝试和努力,力争将本书写成一部体现当代水平、跟踪国际前沿的自成体系的"史学概论"作品。

此外,本书对"史学概论"课程的目的和功能有一个新的定位。

过去我们历史专业的所有课程设置、教学方法、培养计划,都突出专业化的特点,实际上是围绕培养职业历史学家的方向做出的安排。史学理论课主要介绍史学入门问题,以史学方法为主体,重在传授史学研究的技术和规范,同时涉及一些纯粹的历史学理论。而目前,随着高等教育由精英教育向大众教育的转变,大学本科层次的主要培养目标已不再是训练职业学者,而是塑造有知识的社会公民,实际上绝大部分学生将来也要分配到社会各个岗位上去,从事各行各业的工作。因而,史学专业的目标模式也必须更新。具体到"史学概论"课程而言,它不再仅仅服务于有志于研究历史者,而应当面向所有渴望获取历史知识和历史智慧的广大人群。

因此,"史学概论"这门课程的首要任务应当是训练学生的洞察力,特别是训练学生对自己置身于其中的社会的洞察力,训练如何理解客观历史过程。洞察力是首要的,其次才是方法,才是如何研究历史。这门课程虽然以历史学这门知识为对象,但最终目标是引导学生关注和感受社会现实。这是我们对"史学概论"课程的一种期待。

目 录

编纂缘起 /1

上编　历史与历史学

引　言　"历史"是"往事"本身,也是"对往事的记录" /3

第一章　作为本体的历史 /16
第一节　历史活动中的决定与选择 /16
第二节　历史中偶然与必然的交响 /39
第三节　人类历史运行的轨迹和方向 /53

第二章　历史学的学科性质 /77
第一节　历史学与自然科学之间的关系 /77
第二节　历史研究的客观性问题 /90
第三节　历史学:既是实证的,也是诠释的 /103

第三章　历史的价值与意义 /110
第一节　历史是依然活着的过去 /110
第二节　历史价值的二重性:求真与致用 /118
第三节　历史价值的具体表现 /136

中编　历史学的基本工作

第四章　历史考证:史料与事实依据的审定 /153
第一节　历史考证的缘起与中西考证学的源流 /153
第二节　外考证和内考证 /159
第三节　考证方法的综合运用 /170
第四节　考证的专长与局限 /179

第五章　历史的叙述与编纂 /187
第一节　可以被叙述和理解的历史 /187

第二节 中国历史编纂的基本结构/201
第三节 历史叙述与编纂规范/216
第四节 文史不分的传统与历史文学/229

第六章 历史解释:意义的追寻/238
第一节 被解释的历史/239
第二节 历史解释的基本模式/249
第三节 历史解释的新类型/258

下编 历史学的现状与未来

第七章 西方传统史学的范式及其特征/277
第一节 西方传统史学典范的确立:客观主义/277
第二节 自然科学化的实证主义史学/285

第八章 现代西方新史学的变革及特征/294
第一节 年鉴学派与西方史学的变革/295
第二节 研究领域和研究视野的扩张/306
第三节 现代西方新史学的社会科学化/316

第九章 历史学的新动向/332
第一节 后现代主义对传统历史哲学的挑战/334
第二节 根本冲击:历史客观性/346
第三节 后现代主义对史学研究的具体影响/364

推荐阅读书目/376

后记/379

修订版后记/381

上 编 历史与历史学

引　言　"历史"是"往事"本身，
　　　　也是"对往事的记录"

"历史是什么？"这是各种讨论"史学"的教本都首先要面对的一个问题。在这一点上，中西截然不同。"在西方，讨论这方面的专文及专著，可以称得上是汗牛充栋。一般讨论史学理论与方法的专著，在开头差不多都会谈到'什么是历史'这个问题。以'What is History?'名其书者，亦屡见不鲜。"①而且，最后的结果总是"意见纷纭，莫衷一是"。"自古以来，有多少史学家几乎就有多少种历史概念。"②这一事实道出了这一问题的复杂性。史家如何界定"历史"实际上是如何看待"历史"的派生物，而史家如何看待"历史"则受到众多因素的约束。所以，"历史是什么"是一个难以一概而论的问题。

一提起"历史"，人们便往往想到《史记》《汉书》《后汉书》《三国志》《资治通鉴》和所谓的"二十四史"等，想起《拿破仑传》《华盛顿传》《列宁传》《毛泽东传》《周恩来传》等，以为这些便是历史，便是中国史和世界史，便是拿破仑、列宁、毛泽东、周恩来本人。的确，若要研究历史，离不开上述诸书，在上述诸书之外，没有什么历史可言。其实，上述诸书只是历史的记录，不是历史本身。但人们常常自觉不自觉地混淆二者的界限。下面，我们就从若干方面厘清二者的关系。

一、"史"之本义及其双重内涵

人们常常将"历史的记录"和"历史本身"混为一谈，这并非意味着人们在故意犯错误。细究起来，这种"错误"其实部分发源于"史"字本

---

① 杜维运：《史学方法论》，三民书局(台北)，1999年，第23页。
② 特纳：《历史的含义》，转引自杨豫：《西方史学史》，江西人民出版社，1993年，第5页。

身。换句话说,"历史的记录"和"历史本身"这两种不同的东西是用同一个"史"字来表达的,这注定了二者之间纠缠不清的关系。

"史"字在中国和西方,理解起来都有歧义。在我国,甲骨文、金文中就有"史"字。但在先秦乃至两汉时期,"史"所标示的既非历史书籍,亦非往事本身,而只是官职名称。《说文解字》曰:"史,记事者也。"《汉书·艺文志》曰:"左史记言,右史记事。"所指均是记事"者",不是所记之"事"本身。而那些用来载言载事的东西,则称作"书"、称作"记"。至于那些标准的历史记载,在春秋战国年间,或称作"乘"(如"晋之乘"),或称"梼杌"(如"楚之梼杌"),或称"春秋"(如"鲁之春秋""百国春秋"),就是没有称作"史"的。从此时迄汉末,似乎一直如此。现在叫做《史记》的书,一直被称作《太史公书》,《汉书》《后汉书》《三国志》《东观汉记》等,也无一称"史"。唐代李延寿作《南史》《北史》后,"史"用来指称"史籍"、指称"历史的记录"的情形才流行开来。据说迄至清末,"史"才与"历"相连,才产生"历史"一词。①"历史"一词诞生后,"史"才似乎有可能指称"往事"本身、指称一种事物在时间中的"经历"和"过程"。这样,"史"在既有的"史籍"的内涵之外,又被赋予"过程"的内涵。在中国史学界,较早将"历史"一词的双重内涵作出明确而又充分的界说的,可能是李大钊。他在《史学要论》中说:"二十四史"无论怎样重要,也只能说是历史的记录,是研究历史必要的材料,不能说它们就是历史。那些卷帙、册案、图表、典籍,只是那活的历史一部分的缩影,而不是那活的历史的本体。从前许多人为历史下定义,都是为历史的记录下定义,不是为历史本身下定义;这种定义,只能告诉我们什么构成了历史的记录、历史的典籍,不能告诉我们历史究竟是什么。我们应该在此类记录之外,另找真实的历史。②

同样的情形也出现在西方。"历史"在英语中为 History,在法语中为 Histoire,在意大利语中为 Storia,据说三者同出于希腊语及拉丁语的 Historia。这是希腊时代希罗多德写作的一部书的书名,后人即以

---

① 参见贾东海、郭卿友主编:《史学概论》,中央民族大学出版社,1992年,第11页。另参俞旦初:《二十世纪初年的中国的新史学》,载《史学史研究》1982年第3期。

② 参见李大钊:《史学要论》,载《李大钊史学论集》,河北人民出版社,1984年,第198页。

此为"史"字之起源。希罗多德的书(汉译为《历史》)实际上是一部以讲故事为主的旅行调查记。所以,History的初义本是"询问""追问""问而知之""通过对目击者的证词进行调查而获得事实真相",后为把调查的结果写出来,遂引申出"记录"的含义。而"历史"在德语为Geschichte,在荷兰语为Geschiedenis,则有"发生的事件"的含义。"综起来看,'历史'一语的初义,因国而异;而行用既久,滋义甚多,则中国与欧洲诸国同然。但是概括观之,'历史'一语的初义,都是指事件的记录而言。"① "历史"所具有的指称"往事本身"的内涵看来均是后赋的。黑格尔对"历史"的这双重内涵有很准确的论述:"在我们的语言中,历史一词兼有客观的侧面与主观的侧面,因而既表示事件的记录,又表示事件的本身。历史是事实的描述,亦是事实本身。"② "历史这个名词有这么一种双重意义:它一方面指事迹与事象本身,另一方面又指那些通过想象为了想象而写出来的东西。"③

那么,"历史"究竟是什么的问题也就有了一个初步的答案:"历史"一是指"实实在在发生过的往事",二是指"对这种往事所作的记录、陈述和对这种往事真相的追究"。前者可称为"实在的历史",后者可称为"描述的历史"。

二、实在的历史

这里所谓"实在的历史"就是上文所说的历史本身,也即那种已经离我们而去、消逝得无影无踪、但确实存在过且又不为后人的意图所左右的过去,是"确有其人""确有其事"中的"人"与"事"。是指真实的秦始皇而不是《史记》《汉书》中的秦始皇。是指真实的秦王朝而不是《史记》《汉书》中的秦王朝。

这种"实有""实在"层面上的"历史",其含义也是多种多样,难以一言以蔽之。这种"历史"看来可从以下若干角度去规定:

---

① 李大钊:《史学要论》,《李大钊史学论集》,第204—205页。
② 参见黑格尔:《历史哲学》,王造时译,上海书店出版社,1999年,第63页。据宁可、汪征鲁编著的《史学理论与方法》,中央广播电视大学出版社,1991年,第4页。
③ 黑格尔:《哲学史讲演录》第1卷,贺麟、王太庆译,商务印书馆,1983年,第109页。

1. 从纯粹时间的角度看,凡是过去的都是历史。这个过去的,也许是千年前、百年前、十年前、一年前、一月前、一天前乃至一秒钟前。从逝者如水均为史的意义上说,历史就是一切,一切都是历史。历史在这里确实就"像一个年迈的管家婆,只知道忠实地保存着她所接受过来的一切,并且原封不动地传给后代"。①从这个角度看,历史似乎是没有价值内涵的,过去的东西在都是历史这一点上就都是等价的、均值的,无高下、无贵贱、无好坏。这里事实上牵扯到历史与时间的关系问题,也牵扯到时间本身有无价值的问题,需要在这里多说几句。

"历史"的本质是"变迁"和发展,"时间"所昭示的则是事物所呈现的先后顺序。为了确切地显示人和物所发生的变迁,必须将这种变迁置于一种时间框架中。"历史"与"时间"在这里发生了关联。恩格斯经常说非洲没有历史。这并不是说非洲未经历时间,而是说在同一时间内非洲千年停滞未发生相应的变迁。我们这里所说的"时间"当然是历法时间或天文时间,指的是地球相对于太阳的位置,也即牛顿的所谓"绝对时间"。实际上,与"历史"关系最密切的"时间"是人们有意识确立的纪年框架,如目前通用的"公元纪年",如中国历史上的"干支纪年"(如所谓的"辛酉政变""甲午战争""戊戌变法""辛丑条约""辛亥革命"之类)和帝王年号。相对于天文时间,这是一种更具体、更充实、更有内容的时间。"时间"意味着一种节律、节奏、间歇、周期之类的东西,天文时间意味着一种循环往复、一种自然的节律,"公元纪年"之类则具有了社会意义。"时间"于是具有了"价值"。上面说了,时间昭示的是一种前后新旧的关系,即使在这种最一般的量度中,在进化观念的制约下,时间也有不小的价值。如人们总是"喜新厌旧""重前轻后",总是向往创造"新局面"、进入"新时期"、开辟"新纪元",总是关注"前"景、"前"途、"前"沿等,总是认定"新的"就是"好的"、"前边的"胜于"过去的"。这里就不说"公元纪年"一类的时间框架所具有的意义了。以基督降生作为时间的开端,是一种典型的基督教的时间观,全世界通

---

① 宁可:《试论马克思主义的历史主义》,葛懋春、项观奇编:《历史科学概论参考资料》(下册),山东教育出版社,1985年,第877页。

用这一纪年框架,是西方的强势和优越感的结果,这反映的是一种价值观。某种时间一旦设定,似乎这种时间就没有意义了,但这种时间的设定本身却是有意图、有目的的,这正如把某一天作为纪念日、分水岭、转折点是有前提的一样。1919年的5月4日这一天,从历法时间的角度看,不过是很普通的一天,但由于这一天有3000多学生在天安门前游行,这一游行导致后来一系列事件的发生,于是这一天就被看得格外重要,被赋予非同小可的意义。其实,这都是人们在一定前提下有意设定的。总之,"时间"是人们为了自己的方便和某种特殊的考虑而设定的,它是度量历史变迁的一种手段;"历史"与"时间"之间的关系是复杂的,在某一"时间"点之前的一切是否都是历史,这要看你如何定义"历史"。

2. 从与现实相对的意义上看,历史是过去的现实,现实是将来的历史,或者说,"历史是稳定凝固了的现实,现实是流动变化着的历史"。历史与现实的区别,在这里主要是看对象是否基本上凝固了。稳定凝结了的活动才是历史,未稳定下来的活动依然是现实。那么在现实中发生发展着的活动、事物到什么时候才能纳入历史的范围?以下三点可以看作区别历史与现实的标准:(1)事物的发展过程出现了阶段性,即已经"告一段落";(2)事物的本质已暴露到十之七八,人们能大致对它形成基本的共识;(3)具备了足够说明问题的材料。到了这时,一些问题才大体上可以作为历史问题来处理。[①]历史研究工作一般说来应以稳定了的过去为范围,未稳定的就是现实。当一个事件还处在变动不居的过程中的时候,它不应属于历史的范围。

这并不意味着当代史不能研究,而是说当代人撰当代史可能要冒许多风险或存在着诸多不便:(1)一般说来,相关材料非得等到研究对象在时间上消失很久以后才能齐备,而在此之前,任何撰述及其结论,都有失之轻率的可能。当代史的研究就随时有这种失之轻率的可能。(2)当代史的创造者们大都仍然健在,偶有失慎、失误和失真,创造者们如果现身说法,作者容易陷于被动、尴尬的境地,这当然不像研究

[①] 参见孙思白:《试论历史与现实的联系和区别》,载《历史研究的理论与方法》,红旗出版社,1983年,第101、105页。

千百年前的历史,"死无对证"。(3)由于所研究的时代尚未完全终结或仍在展开过程之中,这个时代给不同的人的感受又很不一样,对这个时代或憎恶或眷恋的情绪仍在感染着人们,研究者很容易受这种或那种情绪的影响而不能十分冷静地对待其中的人和事,从而出现较大的偏颇;尤其是当研究者与某些仍然在世的研究对象有某种感情上、精神上的联系而又不能认同于他(她)们的社会立场时,更会备受折磨——秉笔直书则有伤感情,加以讳饰则有伤学术良知,左右为难。所以,对人类生活形式的认识思考,总是从事后开始的,总是从发展过程中的完成的结果开始的,也就是说,总是从现实的事物彻底变为历史的事物的时候开始的。从结果追溯原因、从后代研究前代、从发展探索源起,是历史认识的基本特征。历史学家从来都是"事后诸葛亮",也只能充当"事后诸葛亮",因为历史研究既不能在"事"中进行,又不能在"事"前进行,只能在"事"后进行。

3. 从内容构成的角度看,若下个宽泛的定义,只能是李大钊说的:"历史就是人类的生活并为其产物的文化。"[①]历史无所不包,任何事物都有历史。天文的、水文的、气候的、地理的、生物的等自然现象,无不有自己的历史,无不呈现为一种过程。但研究这些过程"不能认为属于史学的范围。史学非就一般事物而为历史的考察者,乃专就人事而研究其生成变化者。史学有一定的对象。对象为何? 即是整个的人类生活,即是社会的变革,即是在不断的变革中的人类生活及为其产物的文化。换一句话说,历史学就是研究社会的变革的学问,即是研究在不断的变革中的人生及为其产物的文化的学问"。[②]再进一步地说,历史学是唯一一门整合各个学科的认识手段以探究人及其心灵世界也即人性的学问。历史认识实质上是人类自我认识与反思的形式之一,历史研究的对象实际上是把自己对象化在时间隧道另一端的自我。当然,这并不意味着历史学不研究人生存于其中的物质世界(包括人自身的肉体性生存),不过这种研究对历史叙事来说,只应该是一种背景性、从属性或起源性说明,不应该成为历史叙事的主要内

---

① 李大钊:《史学要论》,《李大钊史学论集》,第199页。
② 同上书,第206页。

容,特别是不应该成为历史研究的主旨与归宿。换句话说,历史学不是以物质世界为主要研究对象的追求通则或规律的实证科学,而是一门旨在把握或通向人的不确定的心灵世界的诠释学。①

近代以来,各种各样的人从内容构成及其比重的角度对"历史"这一概念作出过形形色色的界定,由于这些界定十分著名,值得在这里略作论述。如"只认政治的历史为历史,此外的东西似乎都不包括于历史以内"就是其中一种相当流行的看法。典型的表述就是"历史是过去的政治,政治是现在的历史"。一句话,历史就是政治史。"以政治为中心,即是以国家为中心。"以国家、国务活动为中心,当然就是以"帝王将相"为中心。中国以往的所谓"正史",正是如此。"其中所载,大抵不外帝王爵贵的起居,一家一姓的谱系。"②著名的《资治通鉴》取材也以政治为限:"专取关国家兴衰、系生民休戚,善可为法、恶可为戒者,为编年一书。"这些都是"只认政治的历史为历史"的结果。另外,"历史是国家的传记""历史是伟人的传记""历史是帝王的坟墓,是贵族继往开来的历史"等说法,均为"历史是政治史"的变种。"原始社会解体以来的历史都是阶级斗争史",则是关于历史的另一个广为流行的说法,从这一说法又衍生出下面一种说法:"阶级斗争,一些阶级胜利了,一些阶级消灭了,这就是历史,这就是几千年的文明史。"③这些说法的核心,是认定阶级斗争是历史的主要或基本内容。对历史内容的这种认定对近几十年间中国历史的编纂曾产生过决定性的影响。"只认阶级斗争的历史为历史",与"只认政治的历史为历史"一样,看来也未脱政治的范畴。突破政治内容对"历史"的限制,认定历史是经济史或社会经济史的观念,也是近几十年间中西史学界对历史内容的流行看法之一。对"历史"的这种界定虽不像"只认政治的历史为历史"那样,是从排他的意义上作出的,但认为历史的经济成分具有基础的、初始的、第一位的意义则是可以断言的,认为经济是历史的中心内

---

① 参见王学典:《历史是怎样被叙述的?》,王文章、侯样祥主编:《中国学者心中的科学·人文》(人文卷),云南教育出版社,2002年,第56页。
② 李大钊:《史学要论》,《李大钊史学论集》,第200页。
③ 《毛泽东选集》第4卷,人民出版社,1991年,第1478页。

容、核心内容也是无疑的。从20世纪70年代以来,历史女神又发生了一个新的转向——文化史的转向。"重估观念在历史进程中的作用"的现象已经形成为一种有影响的思潮。这样,历史是文化史或文化史是历史的重要内容的看法便流行开来。

　　历史无所不包。但历史又是生活的镜子:现实中的人们主要在做什么、希望什么,史书中当然就会多记什么、强调什么,什么就自然构成"历史"的主要内容。当历史只是官僚写给官僚看的历史的时候,政治、军事、外交等内容当然充斥史书;当经济实力成为上上下下追求的目标的时候,历史的经济内容当然就占了主要地位;当生存不再成为问题、匮乏为富裕所取代的时候,精神、观念问题就凸显出来了,历史的文化内容便浮现在眼前,人们便主要从文化的角度来论列历史。在这个过程中,把历史说成是从任何角度所看到的东西固然都有问题,但既然经济目标比起政治军事斗争的追求代表人类历史上一个更宽广、更合理的阶段,那么,把历史的主要内容视为经济比视为政治无疑也更为宽广、更为合理。文化的地位取代了经济的地位,无疑也是这样。正是在这种意义上,我们认为李大钊的"历史就是人类的生活并为其产物的文化"这一对历史内容的概括,将会为越来越多的人所接受。

　　4. 从与自然史的比较来看,通常所说的"历史"指的是"追求着自己的目的的人的活动",但这种活动的总体特征又有与盲目的无意识的自然界相似之处。具体说来,这一意义上的"历史"有以下特征:(1) 这一意义上的历史是人们有意识创造的。在自然界中活动的全是不自觉的、盲目的力量;在社会历史领域内活动的全是有意识的、经过思虑或凭激情行动的、追求某种目的的人,在这里任何事情的发生都不是没有自觉的意图、没有预期的目的。(2) 人们自觉地、有意识地、有目的地、有计划地创造自己的历史这一特征,不仅没有消除人类历史现象中的盲目性和偶然性,反而大大加剧了这种盲目性和偶然性:自觉的人有计划创造历史所造成的偶然事件比盲目的力量所造成的自然界的偶然事件不知要高多少倍。这主要表现在人们对自己从事历史活动的后果难以预料、难以把握。历史总是那样不照顾人的善良的愿望、美好的感情、崇高的目的,不管某些个体如何努力,总体的历史似乎依旧具有某种宿命的性质。这就是列宁对历史偶然性所作的那个幽默的说明:"历史喜欢捉弄人,喜欢同人们开玩笑。本来要到这个房间,结果却走进了另一个房间。"从这个方面说,由自觉的人所创造的历史却照样具有不可捉摸的盲目性质。(3)历史是人们有意识创造的,但人的意志总的来说又是受制约的、被动的、非自由的。决定人的意志的东西恰是那些单个意志的合力。社会由单个的人组成,社会现象也由许许多多个人的感觉、情绪、意志、行为构成,或者说,社会现象是个体现象的结果。在这里,统治着单个人的是一种无意识的自发势力,而这种自发势力本身则是许多个人自觉意识的产物。这就是说,由个人意志构成的某种社会结果一经形成之后,这种社会结果就决定着个人行为。社会现象在多数场合不反映或很少反映单个的人的意志,反而强制地统治着这种意志,以致单个的人时常感到社会自发势力的压迫。这就牵扯到历史创造过程中结构与选择、必然规律与意志自由之间的关系这样一些经典难题,下面我们将专门探讨这些问题,此处不赘。

三、描述的历史

我们上面考察的是"实在的历史"亦即通常所说的"客观的历史"的特征,这种历史当然是可以部分直观的历史。如"文革"的历史、1949年前"中国革命"的历史,我们甚至至今还能部分感受到它们的"实在"性。它们尽管就像高速行驶的列车,渐行渐远,但还没有在我们的视野内最后消失。不过,像秦代的历史、陈胜吴广起义等遥远的历史,怎么去观察、去把握?主要的只有借助《史记》《汉书》等典籍,而《史记》《汉书》则是司马迁、班固们写的。所以,有人说,史学家是用别人的眼睛来观看历史。借用前人留下的资料来考察历史,还是历史认识的主要途径。这不像从事社会学、经济学研究的人可以直接同自己的研究对象打交道,直接考察、研究社会事实和经济事实。史学家研究所谓"中国古代史"只能依据"二十四史",研究"晚清史"只能依据《中国近代史资料丛刊》,而这就把我们从"实在的历史"引向"描述的历史"。

(一)"描述的历史"的含义

史学家依据一定的理论预设、一定的参照框架、一定的价值准则,为达到某种特定的意图,采用一定的方法,对零散、杂乱、众多的历史事实进行选择、取舍、整理、强调、归纳、组合而勾画出的一定区域、一定时间内的人类社会的变迁过程,就是这里所说的描述的历史。

在这个说明里边,有几点需要加以强调:

1. "参照框架"在历史叙事中必不可少,问题是选择什么样的叙事框架。在中国古代史学中占主导地位的是"纪传体"的叙事框架,这实际上是一种空间框架。近代以来,无论东、西,明里虽然是所谓的"章节体",实质上采用的都是时间框架,只是叫法不同而已。如通常所说的"上古""中古"与"近代"。仅就"上古"而言,从考古学的角度又可分为"旧石器时代""新石器时代""铜器时代""铁器时代",从人类学的角度又可分为"洪荒时代""蒙昧时代""野蛮时代"和"文明时代",从社会性质的角度又可分为所谓"母系氏族社会"和"父系氏族社会"。就整个历史叙事而言,近几十年来占主导地位的是一种所谓的"社会形态框架",即"原始社会""奴隶社会""封建社会""资本主义社会"和"社会主义社会"这样五种社会形态的依次更替。如同上边所说,"社会形态框架"实质上依然是时间框架,因为这几种社会形态显示的是一种从低级到高级的先后顺序关系。"描述的历史"之需要"叙事框架",就在于历史既无所不包,又是混沌一片、乱麻一团,要想把几乎无限多的史实用有限的篇幅表达出来,必须使用一个线索清晰、层序分明的模型,将尽可能多的史实简化汰选之后分装其中。没有这样一个模型作叙事工具,历史的描述无法进行。

2. "历史总是记述以何理由惹人注意的事,至于如何的事才惹人注意,则古今不同。"① 这就是我们要在这里强调的:历史并不平铺直叙所有的东西,实际上,每一种历史叙述都是有特定意图的,这种意图或"效果期待"构成了筛选历史事实的价值准则。"历史知识考虑的事件

---

① 李大钊:《史学要论》,《李大钊史学论集》,第205页。

是同价值有关的事件……我们研究过去的同我们有利害关系的东西。"①历史是由活着的人和为了活着的人而重建的死者的生活。所以,没有哪一种历史叙事是无谓的、无意义的。价值准则决定了哪些史实可以进入历史叙事,哪些人物可以登场,哪些资料可以入选其中。而且,哪些史实可以进入中心位置,受到格外强调,哪些人物应该成为历史叙事的边缘部分,受到特别的蔑视,也大都由价值准则和利害关系来左右。在历史叙事中,与"理论预设"相比,"价值准则"可能带有更根本的性质,因为采用什么样的"理论预设",严格地讲,与贯彻什么样的"价值立场"可能有一定关联。"官僚写给官僚看的"二十四史,只能采用"正统史观";为"革命"而写出的历史,也似乎只能采用"人民史观"。

3. "历史"是"被叙述""被描述"的,在"历史"被叙述、被描述时,"历史"本身早已消逝,只有一些踪影、一些蛛丝马迹保存在所谓的"史籍"中。保存在"史籍"中的,只是"历史"的一堆碎片。"历史"就像沉埋在地下的陶罐,挖出来时早已破碎不堪;不但掉把、折嘴、破肚、损沿,而且不少碎片早已不翼而飞。更重要的是,这个陶罐本来是什么样子、应该是什么样子,谁也不知道。本身已不存在,也没有"图案""样子"可供凭借,如何复原这个陶罐当然是个问题。历史的描述所做的,就是考古学家所碰到的这个难题:想复原历史这个陶罐,但"原"是什么又不知道。被称为"近代历史学之父"的兰克提出"写如实在发生一样的历史"的主张,要旨也是要做这件事。所以,历史的描述过程也就是对那一堆或一片零散、杂乱的历史事实进行选择、取舍、整理、强调、归纳和拼装的过程。经过这番编排制作工夫之后,"历史"就"被叙述""被描述"出来了。但这是不是就是原来的那只陶罐,是不是那段真实经历过的历史,很难说。但历史描述只能这样进行。

总之,后人对历史的描述与曾经客观地发生过的历史是不能等同的两回事。

---

① 雷蒙·阿隆:《历史哲学》,田汝康、金重远选编:《现代西方史学流派文选》,上海人民出版社,1982年,第99页。

（二）"描述的历史"的特征

这种"描述的历史"看来具备以下两个基本特征：

1. 这种历史实质上体现的是一种过去观，而不是过去本身，因此，这种历史可以而且应该因人而异。由于各个人所怀抱的宗旨、对未来的期待、看待生活的方式不同，他们所写的同一段历史，面貌也可能不同。范文澜的《中国通史简编》和钱穆的《国史大纲》，写作出版的时间大体相同，所描述的历史时段也基本重合，所依据的历史资料可以说完全一样，但所提供的历史面貌却差异甚大，其源盖出于范钱二人的过去观不同：范著主要侧重"揭露统治阶级的罪恶"，突出下层民众"反封建"的内容，因而整部历史显得较为灰暗，基调低沉；钱著主张对过去的历史要充满"温情"与"敬意"，尽可能多地展示过去历史的积极内容和光明一面，因而历史描述的基调是上扬的。尽管两书所涉人、地、事大体一致，但整体情景却反差甚大。历史描述因人而异的特征在这里得到比较充分的说明。胡绳的《帝国主义与中国政治》和蒋廷黻的《中国近代史大纲》也提供了这方面的例证。胡著采取"革命化"的叙事立场，把鸦片战争以来的中国近代史写成一种"反帝反封建"的"革命"过程；蒋著采用"现代化"的叙事线索，将海通以来的历史看作是中国不断向西方学习，实现工业化、近代化的过程。这样，以鸦片战争为起点的同一部中国近代史就具有了两种面貌。

2. 这种历史可以随时翻新，不断重构，因此，这种历史又可以因时而异。历史的描述必须以追求真实作为自己的目标。但历史的真实有两个指向：一是说对曾经遭遇过的事件的记录是正确的，二是说对曾经遭遇过的事件的解释是正确的。前者相对说来比较稳定，后者则时时变动。因为解释与对事实的知识有关，而知识是天天增长、天天扩大的，所以解释也是天天变动的。"过去"可分为两种：如同前面所提到的，有实在的过去，有历史的过去（被记录下来进入解释中的过去）。实在的过去，是死了，去了；过去的事是做了，完了；过去的人，是一瞬长逝，万劫不返了；要它们有何变动，是永不可能了。可以增长扩大的，不是过去本身，而是后人关于过去的知识。过去的人或事的消亡，成就了他们的历史的存在；自从他们消亡的那一刻起，他们便已生存于后人的记忆中和想象中了。后人对这种记忆保存愈久,从中发现的东西可能就愈多,解释就可能愈益真切。实在的孔子死了,不能复生了,他的生涯、境遇、行为,丝毫也不能变动了;可是那历史的孔子,自从实在的孔子死去的那一天,便已活现于后人的想象中,潜藏于后人的记忆中,至今尚生存于人类历史中,而且将历万劫而不灭。汉唐时代人们想象中的孔子,与宋明时代人们想象中的孔子,已经不同了;宋明时代人们想象中的孔子,与现代人们想象中的孔子,又不同了;民国初年人们想象中的孔子,与"五四"后人们想象中的孔子,也不同了。所以,孔子传、基督传、释迦牟尼传、穆罕默德传,不能说不要重写。没有一个历史事实能有它的完满的历史,即没有一个历史事实不需要不断的改作。这不是因为缺乏充分的材料与特殊的天才,乃是因为历史事实本身,便是新史的产生者。一时代有一时代比较进步的历史观,一时代有一时代比较进步的知识;史观与知识的不断进步,迫使人们对于历史事实的解释要不断地变动。解释变动了,事实的意义也就可能与以往不同了;过去看不到的,现在看到了;过去认为是真理的,现在变得荒谬了。因此,一切的历史,不但不怕随时改作,并且都要随时改作。① 近百年西方史学的变化说明了这一点,近百年中国史学的变化也同样说明了这一点。没有一部历史是完满的,几乎所有的历史都处在不断的重写之中。

不断被重写,正是历史的魅力所在。

---

① 参见李大钊:《史学要论》,《李大钊史学论集》,第201—203页。

第一章　作为本体的历史

前面提到,历史有两种内涵,既是"往事"本身,又指对往事的"记录"。一般说来,对往事本身的研究,称为本体论,关于对往事的记录的研究,称为认识论。就具体的历史研究实践而言,历史本体是最基本的内容,对历史事实和历史过程本身的考察占首要地位。因为总是先有"历史",才有"历史研究""历史学""历史著述";先有秦朝和汉代的嬗替,才有《史记》和《汉书》等典籍。对历史客体本身的认识和重建是史学研究者最根本的职责。如果把历史研究仅仅归结为认识论问题,归结为主观的思想和活动,而无视历史中的客观存在和物质基础,将导致一场"演丹麦王子而没有哈姆雷特"的错误。对历史本身的关注和探索是历史研究的出发点和归宿。本章就依据古今中外学者的思考成果,对历史发展过程本身存在的基本问题和困惑作一初步的探讨。

第一节　历史活动中的决定与选择

人们在阅读历史或书写历史时,往往产生下面的困惑:人类历史是如何发展的,是对一个已经预先设定计划的实现,还是一个由人来创造的未知过程,是什么力量使历史呈现出这种面貌而不是另外的面貌?更明确地说,人类历史是自由选择的结果,还是某种外在于人的因素作用下的产物?这样我们就遭遇了历史理论中的一个无法回避的经典难题——自由意志与外在力量之间的关系。

对于这一难题的解答,存在决定论和选择论两种互相冲突的观点。决定论认为,在人类历史进程中,某种独立于人类主体之外的客观或主观的力量,起着支配性作用。黑格尔说:"人在脱离了上帝的情况下……他的行为所产生的结果总是与他的本意和愿望完全不同。"① 这表明,人的意志深受某种外力的支配。赫尔德提出过严格的决定论:"作为人类历史自身的文明纯粹是一种自然现象。各种事件严格地交织在一起;连续性没有中断;在任何一个特定时间发生的一切只会在那一时间发生,而且任何其他事件均不会发生。"② 形象地说,"世界好像是一个卷着的巨大的毛毯,图案花纹早已织好,只是在随着时间的推移在逐渐展开而已。宇宙又好像是一本早已写好了的书,时间老人在一页一页地翻着,但每一页上的每一个字、每一个标点符号,都是早已确定了的。"③ 这样决定论就沦为一种宿命论。

与决定论相对立的是选择论。选择论认为,人是历史活动中的能动因素,社会是人的活动场所,历史是人主观选择的产物。选择论充分肯定了人的自由意志的作用。一位英国学者说:"如果人的自由是实在的,这个世界便实在是非决定的。"④ 简单地说,人的自由选择活动使历史发展呈现出一种非决定性。存在主义者将选择论推到极致,他们认为,人有选择的自由,这种自由是绝对的,任何情境都不能构成对自由的限制。

决定论和选择论各有其合理性。决定论探求历史过程的深层本质,选择论揭示历史过程的表层特征;决定论从宏观层面勾勒了历史过程的基本轨迹,选择论从微观层面描述了丰富多彩的历史本身;决定论勘探到了历史事件的间接动因或远因,选择论寻觅出了历史事件的直接动因或近因。

一、结构力量与历史进程

决定论具有多种类型和形式,由决定因素的不同,可分为神意决定论、自然决定论、经济决定论、文化决定论和精神决定论等。上述类型的决定论都是一元决定论,尽管它们各自抓住了历史演变历程中的

---

① 黑格尔:《小逻辑》,贺麟译,商务印书馆,1980年,第307页。
② 转引自约翰·伯瑞:《进步的观念》,范祥涛译,上海三联书店,2005年,第169页。
③ 转引自王东生:《哲学决定论的历史形态》,《青海社会科学》1991年第5期。
④ 席勒:《人本主义研究》,麻乔志译,上海人民出版社,1966年,第96页。

某一侧面,但其偏颇性也显而易见,因为任何单一因素都不足以支配和左右人类历史的整个过程和全部方面。最高级、最完善的是结构决定论,它综合了历史发展中的多种因素,认为是整体结构决定了历史的进程。

人类社会系统由许多相互作用、相互制约的子系统构成,每一个系统都是由一系列要件构成。社会结构就是社会内部各因素按照一定的方式形成一种相对固定的关系。马克思揭示了人类社会最基本的结构:"(一)生产力的状况;(二)被生产力所制约的经济关系;(三)在一定的经济基础上生长起来的社会政治制度;(四)一部分由经济直接决定的,一部分由生长在经济上的全部社会政治制度所决定的社会中的人的心理;(五)反映这种心理特征的各种思想体系。"[①]社会由经济基础和上层建筑两大部分组成。经济基础主要是指生产力和生产关系,上层建筑是人们的政治关系、法律关系和思想道德关系以及依据这些关系形成的设施和制度的总和。历史的发展就是这个巨型结构运转的过程。生产力是历史运动的起点,生产力提高了,生产关系就要发生相应的变化。随着生产关系的变动,上层建筑也会或迟或早地得到更新。这样,人类历史不断地向前发展。人类社会仿佛一架机器,其运行依赖于各个部件之间的配合和协调,人的主观意志从属于这个庞大的结构。

结构决定论揭示了人类历史运行的客观机制,考察了作为主体的人的活动舞台。它关注的是历史客体。这些历史客体包括:各种自然条件,如地理环境、气候状况等;人们实践活动的物质结果,一定数量的生产力总和,人和自然以及人与人之间的关系,各种社会制度、国家政权、军队、教育文化机构等;已经物化的精神产品,以及风俗、习惯、传统思维方式等。也就是说,自然界和社会无不属于历史客体范畴。历史创造活动是主体与客体的互动,客体是主体实践的条件和对象。主体不是在真空中创造历史的,它必须在一定的环境中、一定的基础上进行活动。

历史中的人的活动无法摆脱社会经济文化结构的先天制约。无

---

① 转引自《普列汉诺夫哲学著作选集》第3卷,三联书店,1962年,第195页。

视这种制约,任意驰骋主观意志,只能受到历史的惩罚。在历史发展过程中,外在的社会条件既推动又制约着人类主体的行为。人的主观能动性再强,也离不开外在因素的支撑、超越不了客观条件的限制。社会外在因素不能保证某种可能性一定实现,但能保证某种不可能性一定无法转化为现实。其强制力就体现在这里。正像人不可能走出自己的皮肤一样,人也不可能完全走出社会经济文化所织成的巨大网络。

人类社会的整体结构对历史发展产生重要制约作用,在很大程度上决定了历史的面貌。"人类行为总是发生在制度和文化的结构——强有力、无所不在、隐而不现的结构——范围之内。……这些制度上、文化上的结构约束着日常生活的每一个行动,从早起对镜子刷牙到晚上卧床看小说,无一例外。……社会结构不能决定人的行为,却会在每一时刻限制着人可能作出的抉择。即使社会结构本身遭受变迁的冲击,其约束力依然存在。"[①]经济、政治、文化等要素不是孤立存在的,而是相互渗透、相互影响,并在更高层次上形成一种新质。观察历史、研究历史必须具备整体的眼光。但整体由部分组成,整体离不开部分,各部分之间相互作用,部分对整体也发生作用。因此,仅仅抽象地谈论整体是不够的,还必须分别对人类社会结构中几种要素对历史发展的影响加以具体考察。

(一) 地理环境的制约

地理环境是人类历史活动的舞台。地理环境主要指自然环境,是由岩石、地貌、土壤、水、气候、生物等自然要素构成的自然综合体。地理环境不单是人类历史活动的沉默背景和消极的旁观者,它本身就是人类历史创造活动的参与者,是这种活动的对象和材料。[②]地理环境对历史发展的影响可归结为以下三方面:

一、人们的生产方式和生活方式对地理环境有很强的依赖性。不

[①] 乔伊斯·阿普尔比、林恩·亨特、玛格丽特·雅各布:《历史的真相》,刘北成、薛绚译,中央编译出版社,1999年,第286—287页。

[②] 宁可:《地理环境在社会发展中的作用》,《历史研究》1986年第6期。

同的地理环境产生了不同的生存方式。在干燥的高地及广阔的草原和平原，只能过游牧生活，如蒙古人。他们的财产不在于固定的土地，而在于随他们漂泊的畜群；在大江大河流过的平原流域，土地肥沃，易于进行农业生产；在沿海地区，凭靠茫茫大海，多从事商业和航海事业。[①]要使某些工作方式或生活方式成为可能，必须有一定的自然条件作为前提。例如，捕鱼或航海在干旱的高原是不可想象的，在缺乏矿藏的地方就无法发展冶炼技术。[②]再如，希腊是一个多山地、丘陵，多海湾、海峡、岛屿的地区，即便有一些土地适宜农业，也无法大规模发展，向海外移民、航海经商几乎成为当时人们自然的选择。

中国地域辽阔，不同地方的地理条件差异很大，因而造成社会经济发展具有明显的不平衡性。在古代，从全国范围来看，主要形成以黄河流域中下游为中心的区域和以长江流域中下游为中心的区域；从局部范围来看，又可以分为以游牧经济为主的区域、以农耕经济为主的区域和以渔猎经济为主的区域。[③]黄仁宇在《中国大历史》中提出15英寸等雨线的概念，在等雨线的东南，平均每年有至少15英寸的雨量，适合发展农业，人口茂盛。而在等雨线的西北，干旱少雨，适合游牧民族逐水草而居。可以看出，地理条件和区域经济的形成具有直接的联系，制约着社会经济状况。

二、地理环境对各民族的政治制度有制约作用。国家政体的选择与地理环境有关。在黄河流域、恒河流域、两河流域和尼罗河流域，都曾建立过伟大的王国。亚洲因其平原的广阔而建立了专制国家，如果不实行专制制度，就会形成割据，使国家陷于一盘散沙，而割据局面是与其地理状况不适应的。相反，欧洲的领土却天然地划分为一些不大不小的国家，这种自然地理成为欧洲国家实行法治、人民追求自由并保持独立的前提。一个国家疆域的大小影响其政治制度。小国宜于共和政体，中等国家适于由君主治理，而大国多实行专制制度。[④]土壤

---

① 黑格尔：《历史哲学》，王造时译，三联书店，1956年，第132—134页。
② 阿·符·古留加：《赫尔德》，侯鸿勋译，上海人民出版社，1985年，第70页。
③ 罗炳良：《地理条件与历史发展》，《史学月刊》2004年第9期。
④ 孟德斯鸠：《论法的精神》上册，张雁深译，商务印书馆，1982年，第278—279页。

的肥沃程度与民族的政治制度之间也有密切关联。"土地肥沃的国家常常是'单人统治的政体',土地不太肥沃的国家常常是多数人统治的政体。"①

三、不同的地理环境对各民族的精神面貌、性格心理也有显著的影响。自然环境是"'精神'所从而表演的场地",即助成民族精神产生的"一种主要的、而且必要的基础"。②一般说来,居住在高原上的人粗犷、好客,易于冲动;生活在平原流域的人则表现得怯懦、守旧和呆板,因为"平凡的土地、平凡的平原流域把人类束缚在土壤上,把他卷入无穷的依赖性里边";沿岸居民则表现得勇敢和喜欢冒险。③

气候对一个民族的性格、感情、道德、风俗、宗教及法律等会发生巨大的影响。热带地区和寒冷地区之间形成明显的差异,炎热的气候使人体格纤细、脆弱、怠惰;而在寒冷的气候下,人的身材魁伟,精力充沛、勇敢、耐劳和精神有一定的力量使人能够从事长久的、艰苦的、宏伟的、勇敢的活动。④因此,"热带民族的怯懦常常使这些民族成为奴隶,而寒冷气候的民族的勇敢使他们能够维护自己的自由"。⑤

可以说,地理环境是人类历史发展中最基础、最长远的制约因素,但不能过分夸大它的作用。人类文明在源头上的差异首先来自地理环境。气候的变迁、河流的改道、资源的枯竭,可能导致一个国家的崩溃、一个民族的灭绝,或者一种文明的消失。即使被视为"地理环境决定论"代表的孟德斯鸠对此也有清醒的认识。他指出,自然因素在社会发展的早期阶段起了极大的甚至是主导性的作用,"大自然和气候几乎是野蛮人的唯一统治者",但是,随着历史的发展,道德风尚、法律规则和风俗习惯等社会因素就越来越占首要的地位。因为民族精神不仅仅取决于地理环境和自然因素,一旦一个民族确立了社会准则和法律体系,它们就会反过来成为影响民族精神的力量。⑥主张地理史

---

① 孟德斯鸠:《论法的精神》上册,第280页。
② 黑格尔:《历史哲学》,第123页。
③ 同上书,第134页。
④ 孟德斯鸠:《论法的精神》上册,第273页。
⑤ 《文明史》,《学部官报》第20期,1907年。
⑥ 孟德斯鸠:《论法的精神》上册,第305页。

观的英国史家巴克尔认为环境对历史的影响与人类文明达到的水平成反比,自然规律不是人类历史发展的最终决定因素。自然环境的影响主要作用于人类的幼年时期。①赫尔德也看到了地理环境作用的有限性。地理环境塑造了生活其间的人独特的体质和精神特征,使每个种族形成人性的一种特殊类型,一种永恒不变的类型。此后,环境不再能改变该种族的人性,而只能将此人性代代相传。②

影响人类历史发展的因素多种多样,地理环境并不能解释所有的现象和变化。正如黑格尔就认识到,从量的方面说,我们不应该把自然界的意义估计得太高或太低,比如,伊奥尼亚的温和的气候固然大大地有助于荷马史诗的优美,可是这个温和的气候并不能单独产生荷马,而且它并没有再产生其他的荷马。③同时,人类也不是自然环境的被动产物,克制自然力量的能力日益增加。自然环境对人发生影响,并决定了人类生产和生活的特殊道路。另一方面,人的能力和劳动反过来也改变着自然环境。人的本性在与气候的相互作用中不断发展。人们依靠自己的力量,对自然进行改造,可以把荒野变为良田,从而扩大人们的生活环境。④历史是在人类与地理环境的相互作用、不断调适中发展的。

(二) 历史发展中的经济因素

我国古代思想家很早就注意到社会历史中经济条件的作用。孔子曰:"足食,足兵,民信之矣。"(《论语·颜渊》)但是,他们认为"君子喻于义,小人喻于利"(《论语·里仁》),强调义利之辨,把谋利当作"小人"的本性,而不承认物质利益作用于人们的政治和精神生活的普遍意义。司马迁则认为经济利益是人们的共同要求。不仅各种违法乱律之徒是为了求利,即便朝中的贤人和岩穴的隐士,也是名曰求名实为求利(《史记·货殖列传》)。他赞同管仲的"仓廪实而知礼节,衣食足而

---

① 博克尔:《英国文化史》上,胡肇椿译,商务印书馆,1946年。
② 陈勇、罗通秀编:《西方史学思想导论》,武汉大学出版社,1995年,第95页。
③ 黑格尔:《历史哲学》,第123页。
④ 阿·符·古留加:《赫尔德》,第70页。

知荣辱"的主张(《史记·管晏列传》)。杜佑提出:"夫理道之先,在乎行教化;教化之本,在乎足衣食。"(《通典·自序》)因此,他将"食货"列为通典之首,又以田制居先,"地者,谷之所生也","有其谷则国用备,辨其地则人食足"(《通典·食货一》)。

从长远的眼光看,经济因素一直在社会基础或底层起着极其重要的作用。衣食住行是人类生存的基本条件,而人们不断发展的需求与有限的资源几乎是一个永恒的矛盾,而人们解决这一问题的不同方式(经济活动)就常使社会呈现为一些不同的类型。[1]"尽管文明有许多方面,但人们的生活方式在相当程度上取决于他们的物质生产能力的大小。"[2]在人类社会,"经济的力量可以说是原始的或基本的力量",这种力量必然决定着政治、法律及其所表现出来的思想和观念。[3]经济的力量是神奇的,它能使对立的国家走向合作。列宁说:"有一种力量胜过任何一个跟我们敌对的政府或阶级的愿望、意志和决定,这种力量就是世界共同的经济关系。正是这种关系迫使他们走上这条同我们往来的道路。"[4]

对历史发展进程中经济因素的作用进行充分阐述且产生了重大影响的莫过于马克思。马克思通过解剖当时历史上最发达、最具多样性和复杂性的资本主义社会有机体,得出结论:"人们在自己生活的社会生产中发生一定的、必然的、不以他们的意志为转移的关系,即同他们的物质生产力的一定发展阶段相适合的生产关系。这些生产关系的总和构成社会的经济结构,即有法律的和政治的上层建筑竖立其上并有一定的社会意识形式与之相适应的现实基础。""物质生活的生产方式制约着整个社会生活、政治生活和精神生活的过程。"恩格斯在《共产党宣言》1883年德文版序言中指出:"每一历史时代的经济生产以及必然由此产生的社会结构,是该时代政治的和精神的历史的基础。"因此,"唯物史观是以一定历史时期的物质经济生活条件来说明

---

[1] 何怀宏:《世袭社会及其解体》,三联书店,1996年,第4页。
[2] 欧文·佩基:《进步的演化》,蔡昌雄译,内蒙古人民出版社,1998年,第4页。
[3] 比尔德:《美国宪法的经济解释》,转引自田晓文:《唯物史观与历史研究——西方心智史学述评》,天津社会科学院出版社,1992年,第70页。
[4] 《列宁全集》第42卷,人民出版社,1987年,第352页。

一切历史事变和观念、一切政治、哲学和宗教的"。①尽管历史是我们自己创造的,"但是第一,我们是在十分确定的前提和条件下进行创造的,其中经济的前提和条件归根到底是决定性的"。②值得注意的是,对马克思、恩格斯的这种历史观予以片面的理解容易陷入经济决定论的误区。

经济因素的作用大小视不同的社会和时代而定。在一个"纯粹的传统社会"里,居统治地位的人们往往是借助于法律、文化、宗教仪式及其他一些手段掌握和控制着进入上流社会的途径,他们以荣誉和教养为个人价值的主导原则,凝聚他们的主要是传统和宗教。个人的社会地位并不依赖于他们正巧拥有什么,而是取决于他们被法律或文化术语定义的一切,取决于他与生俱来的身份、血统是否高贵,是不是特定家族的成员,有没有在相应的文化模式里受过教育,有无受尊重的气质。而在"纯粹的资本主义社会"中,社会的经济基础广泛地决定着市民社会内将个人联结在一起的政治、文化和法律的关系,个人的权利、财富和尊严要么完全由他们对生产资料的所有权来决定,要么完全按照他们提供给市场的经济能力来决定。在这样的社会中,几乎是由经济来决定一切,社会关系减少到了最基本的几种形式,很少有繁文缛节和文化分异的立足之地。③到了晚期资本主义社会,生产力和生产关系不再是社会的基础,政治不再仅仅是一种上层建筑,经济系统与政治系统的关系发生了变化。④

总之,经济因素在历史进程中居于非常重要的地位,但经济决定论的立场并不可取。我们应当剥除包裹在马克思主义身上的教条主义外壳,吸收其合理内核,正确运用马克思主义提供的历史洞察力,对历史发展中的经济变迁加以积极的关注和精细的研究。

---

① 《马克思恩格斯选集》第3卷,人民出版社,1995年,第209页。
② 《马克思恩格斯选集》第4卷,第696页。
③ 参见何怀宏:《世袭社会及其解体》,第3页。
④ 参见哈贝马斯:《重建历史唯物主义》,郭官义译,社会科学出版社,2000年,第154页。

（三）政治的作用

"人是天生的政治动物"，亚里士多德的这句名言揭示了人的政治特性。政治是人类社会最普遍、最一般的社会现象之一，正如人类一定要生活在自然界中一样，每一个社会成员也一定要生活在政治环境中。从现代意义上说，政治是人们围绕着特定的利益，借助社会公共权力，在对社会公共资源分配中形成的社会关系和社会活动的总和。政治离不开权力，有人即认为，政治是权力现象，是对权力的运用和追求。先秦法家主张政治之道的主要内容是法、术、势。韩非认为，"先王所期者利出，所用者力也"。近代西方政治学的鼻祖马基雅维利也认为，"政治就是夺取权力、掌握权力的必要方法的总和"。①

政治是一个社会系统的关键部分。如果我们把经济子系统看作是物质和财富的生产及再生产过程的话，那么相对于社会系统的政治则是对经济活动中生成的权力资源进行权威性分配的过程。没有政治过程社会就不能运转。政治过程履行着社会的关键性功能，政治系统处于社会的中心位置。孟德斯鸠就认为在历史上起作用的各种因素中，政治制度是主要的。②

政治因素在社会历史发展中的作用主要有以下几点：

第一，政治制度、政策制约干预经济发展。要准确理解政治因素在历史发展过程中的作用，必须澄清政治与经济的关系。有一种流行的观点认为，经济决定政治，政治是经济的集中表现，是经济的反映，二者之间存在着非常明确的层次关系。这种看法过于简单化了。从较长远的观点看，经济因素的作用是基础性的、支配性的，但就某一具体的历史时期来说，政治力量直接而强大，有时可能反过来决定经济。

波普尔认为："政治权力能够控制经济权力。这意味着政治活动领域的一种极大的扩大。政治权力是经济保护的关键。政治权力及其控制就是一切。"③雷蒙·阿隆对经济决定论进行反思后指出："政治作用并不能因为经济作用的增加而缩小。不管在何种经济和社会制度下，政治问题始终是存在的，这是因为由谁掌权，怎样决定当权者，怎样行使权力，当权者

---

① 桑玉成、朱勤军主编：《人类政治问题》，科学出版社，2000年，第3页。
② 雷蒙·阿隆：《社会学主要思潮》，葛智强等译，上海译文出版社，1988年，第46页。
③ 波普尔：《开放社会及其敌人》第2卷，郑一明等译，中国社会科学出版社，1999年，第201—202页。

和被治理者之间配合或矛盾的关系如何等问题都是由政治所决定的。政治作用和经济作用同样都是基本的、独立的,这两者是相辅相成的。"①

第二,政治结构和政治制度规约着人们的生存状态和生活方式。国家是一个重要的政治实体,是政治领域内的"利维坦"②,人类社会大规模的政治活动几乎都与国家有关。黑格尔曾神化国家,认为"国家是决定性的因素,市民社会是被决定性因素"。体现、贯彻国家意志的法律、机构是一种强制力,人们的言行必须在其许可的范围内。国家的力量渗透到人们生活的各个方面。

第三,政治导向在很大程度上形塑着文化学术的面貌。充满活力的政治生态能够促进学术的繁盛。例如,文艺复兴时期佛罗伦萨的共和政治对文化的兴盛发挥了积极作用。佛罗伦萨充满生机与创造力的共和政治,实现了个人与集体间的动态平衡,保证了人民的广泛自由,造就了绚烂的文化景观,一跃成为文艺复兴的中心。而后来政权向少数人手里集中,专制体制导致了文化的僵化,文艺复兴的精神在佛罗伦萨消失了,它的时代随之终结。③乾嘉史学形成也与当时的统治政策直接相关。清朝统治者夺取全国政权后,为加强思想控制,大兴文字狱,无情打击持有异见者。因此天下士人缄口不谈国事,学者不敢修当代史,逐渐将精力转向校勘古书、整理古籍上来,因而考据学一枝独秀,最终使学术发展出现偏向。

第四,政治变动尤其是政治斗争使整个社会发生根本性变革。"革命是历史的火车头",而政治斗争往往导致革命的发生。从概念上说,革命是指一个社会的政治制度、社会结构、领导权、政府政策及社会的核心价值观,发生了迅速根本性的转变。④亨廷顿说:"一场全方位的革命,包括摧毁旧的政治制度和合法性模式,动员新社会集团参与政治,重新界定政治共同体,接近新的政治价值标准与合法性的新概念,由新的、更有活力的政治精英掌握政权,以及建立新的、更强有力的政治制度。就政治参与

---

① 雷蒙·阿隆:《社会学主要思潮》,第208页。
② 这是是英国哲学家霍布斯所运用的一个比喻,见霍布斯:《利维坦》,黎思夏、黎廷弼译,商务印书馆,1985年。
③ 蔡纤:《文艺复兴时期佛罗伦萨的共和政治对文化的影响》,《湘潭大学社会科学学报》2003年第5期。
④ 王仲田主编:《政治学导论》,中共中央党校出版社,1997年。

的扩张而言,一切革命都包含着现代化;就新的政治秩序模式的建立而言,某些革命还包含着政治发展。"①革命就像火山爆发和地震,使长期积聚的社会能量集中释放,是历史发展中的质变。英国1860年革命、法国大革命、中国辛亥革命这些重大政治事变,都使历史出现了跃进,甚至改变了历史的航向,其力度与深度是常态下的社会改良所无法比拟的。

不过,以政治为历史之主体的政治史观却不恰当。其一,政治为人类生活之一方面,不足以解释人类活动之全体。其二,经济与科学因素影响日增,故社会事实,多非政治所能解释者。且政治状态为外象,其造成之原质散在各部,不宜轻忽。②因此,在以往社会中,政治力量虽长期居于显要地位,但并非历史演变的根本动力。

(四) 文化因素的作用

英国人类学家爱德华·泰勒认为文化属于精神观念范围。他将文化定义为"包括知识、信仰、艺术、法律、道德、风俗以及作为一个社会成员所获得的能力与习惯的复杂整体"。最广义的文化是指人类在社会发展过程中所创造的物质财富和精神财富的总和,一般则特指精神文化,如文学、艺术、教育、科学等。

文化是社会的神经,是人生活的第二层空气。人之所以能组织社会,区别于禽兽,就是因为有精神的生活,或叫狭义的文化。文化不单纯是经济、政治的反映,不是它们的附属物,不是比它们次一级的东西,而是与它们等价独立的事物。同时,文化也不是凌驾于其他因素和变量之上的支配社会发展的根本力量,而只能与它们共同发挥作用。韦伯认为,思想文化并不只是经济状况的反映,或是其上层建筑。思想文化因素是自主的,它们能够以同等的重要性同经济因素发生交互影响。③在漫长的中国传统社会中,文化的作用比政治、经济似乎更为根本。

文化思想能够对社会政治变革产生先导作用。学术文化被视为社会变革的动因。"古今人群进化之大例,必学说先开,而政治乃从其后。"④战

---

① 亨廷顿:《变革社会中的政治秩序》,李盛平、杨玉生等译,华夏出版社,1988年,第301页。
② 陈训慈:《史学观念之变迁及其趋势》,《史地学报》第1卷第1号,1921年11月。
③ 韦伯:《新教伦理与资本主义精神》,于晓等译,三联书店,1987年,第39页。
④ 夏曾佑:《中国历史教科书》第一册,商务印书馆,1905年,第255页。

国时期社会的变革,如族制、官制、财政、刑法之改革,有人归因于老子、孔子、墨子的学说。而18世纪的法国资产阶级大革命,则是由一批启蒙思想家、哲学家鸣锣开道,是有目共睹的事实,如伏尔泰、卢梭、爱尔维修、狄德罗、霍尔巴赫等人,竭力宣扬资产阶级的自由和平等,推崇"天赋人权",抨击中世纪的神权和王权。这些文化思想的进展为社会政治变革铺平了道路。

　　文化是社会经济制度演进的深层动因。马克斯·韦伯认为,资本主义之所以兴起于西方世界,除物质因素之外,还有一种独特的、源于西方文化深处的精神动力在起作用。这就是"资本主义精神",即合理地追求利润的态度。自从16世纪宗教改革运动以来,以马丁·路德和让·加尔文为代表的新教,为资本主义的形成奠定了精神基础。加尔文主义重视尘世,承认今生就是工作的思想,使人们把自己在尘世中的活动看作是为"增加上帝的荣耀",证明自己是上帝的选民的行为。由此职业上升到天职的地位,新教徒要服从上帝的召唤,为神圣的荣耀而劳动。同时,苦行主义教规不许他们把这些财富用于消费,这种限制使资本用于生产性投资成为可能。当谋利活动与消费的限制结合在一起时,"一种不可避免的实际效果也就显而易见了:禁欲主义的节俭必然导致资本的积累"。因此,韦伯认为新教对西方资本主义精神的产生"发挥过巨大无比的杠杆作用"。[①]"近代资本主义扩张的动力首先并不是用于资本主义活动的资本额的来源问题,更重要的是资本主义精神的发展问题。"[②]如果没有这种精神,资本主义在西方的兴起是不可能的。

　　中国没有成功地发展出西方式的资本主义,在马克斯·韦伯看来,主要原因则是缺乏类似的宗教伦理作为激励力量。在传统中国社会,精神的因素(儒教与道教)阻碍了物质的发展。虽然儒教也是一种入世伦理,但儒教惧怕、抗拒变革。它崇尚中庸之道,按其理想培养出来的君子是适应不了资本主义的。它重视家庭伦理和血缘关系,所有共同体行为皆系于"人",而不系于"事业",这样的社会格局中发展不出理性的非个人化的企业体系。道教与儒教尽管差异很大,但在妨碍资本主义上是一致的。道法自然,主张宇宙是和谐的,人们无需改造现有的秩序。道教主张隐居,与清教鼓励人们四处闯荡开拓创业相悖。中国人宗教伦理的这种特

---

① 韦伯:《新教伦理与资本主义精神》,第135页。
② 同上书,第49页。

点,使资本主义难以产生。①

在新一代的年鉴学派史学家那里,文化被提升为历史变迁的首要因素,"心态"或文化不能再归划为历史经验"第三层次"的一部分了。在他们看来,第三层次根本不是一个层次,而是历史事实的主要决定因素,因为心态结构不可以被归结到物质因素。经济的和社会的关系并不优先于文化关系,也不能决定文化关系;它们只是文化实践和文化生产的场所。按照这种观点,不可能用文化层面以外的经验来推论解释文化实践。人们是用文化的、心理的符号或密码来理解周围的世界。而一切实践活动,不论经济方面还是政治方面的,都依赖于这些文化的、心理的符号或密码。②

总之,文化因素在历史进程中的地位不可忽视。如果说经济、政治因素是历史活动的硬结构的话,那么文化力量就是一种软结构,有时软结构比硬结构的限制性更强,更让人难以挣脱。但文化只是历史多面体的一面,文化并非历史解释的唯一维度。毕竟历史结构本身是多元的,将多元归结为一元,把复杂还原为简单,结果只能导致历史面目的扭曲。

二、主体选择与历史创造

社会历史的一切过程是人的有意识、有目的的活动的共同结果。社会是人的社会,历史是人的历史,社会历史是由人的有目的的活动创造的。社会历史是人类有意识活动的历史,每一个社会现象都留下人的活动的轨迹,打上人的意志的烙印。人类的历史与自然的历史根本不同,它在受到外界环境和自身规律制约的同时,还具有鲜明的目的性、能动性,因而人类历史本质上是主体选择的历史。"在社会历史领域内进行活动的,全是具有意识的、经过思虑或凭激情行动的、追求某种目的的人;任何事情的发生都不是没有自觉的意图、没有预期的目的的。"③因而,"探讨那些作为自觉的动机明显地或不明显地、直接地或以思想的形式、甚至以幻想的形式反映在行动着的群众及其领袖即所谓伟大人物的头脑中的动因——这是可以引导我们去探索那些在整个历史中以及个别时期和个别

---

① 马克斯·韦伯:《儒教与道教》,洪天富译,江苏人民出版社,1995年。
② 乔伊斯·阿普尔比:《历史的真相》,第202页。
③ 《马克思恩格斯选集》第4卷,人民出版社,1972年,第243页。

国家的历史上起支配作用的规律的唯一途径"。①

那么,人类的历史创造或历史选择是如何实现的?其动力机制是什么呢?

选择是主体根据自身的需要在客体的多种发展可能性中取舍的过程。主体能够进行选择的依据主要有两方面:客观环境的可能性空间和主体需求的多层次结构。②客观环境的可能性空间是指事物存在和发展中各种可能性、趋向性的集合。它反映在主体身上,就形成了不同的目的、计划、措施,不同的方式、方法,对自己的活动不同的反思和调整。可能性空间是选择活动的前提条件。例如对新的社会制度的选择,需要在世界范围内存在着两种以上更先进的社会制度作为参照,还要考虑既存的社会经济文化土壤,才能大致确定选择的空间,不可能凭空臆造。

现实的可能性空间并非无限的,而是在既有的现实条件和环境的制约范围之内。这些可能性的数量是主体不能随意增加或者减少的。例如,袁世凯登上中华民国大总统宝座后,却一心要复辟帝制,试图使一种不可能性转化为可能性,逆历史潮流而动,最终落得身败名裂的下场。再如,太平天国"有田同耕,有饭同食,有衣同穿,有钱同使,无处不均匀,无人不饱暖"的大同理想远远超出了当时的物质生产水平和精神道德水平,因而只是在定都天京后实施了很短的时间就无法推行下去了。这都说明了客观环境的边际制约在起作用。

人的需要是历史选择的动力源。需要是人类社会历史的第一个前提,是人们从事劳动以及各种实践活动的一般目的和内在动机,"人们是在争取满足自己的需要当中创造他们的历史的"。③需要及其满足,推动着人们去劳动、创造,发展生产力,改进生产工具,提高劳动技能;需要及其满足,推动着人们调节各种社会关系,是人们改革同生产力不相适应的一切旧有的社会关系,从而进行社会革命或社会改革的内在原因。人们劳动、创造本身不是目的,而是直接或间接地为了某种需要的满足。需要是人们一切活动的出发点和归宿。

历史主体的需要及其对需要的自觉程度是选择的出发点。生存需要是人的第一需要,因而成为历史发展的初始动力。当一个部落或国家在

---

① 《马克思恩格斯选集》第4卷,第245页。
② 参见陆剑杰:《历史创造活动中的选择机制》,载《中国社会科学》1991年第1期。
③ 《普列汉诺夫哲学著作选集》第2卷,三联书店,1974年,第272页。

遭受自然灾害难以存在下去时，往往会发动战争，用武力夺取土地、粮食等基本资源。这并非出于好战的野性或膨胀的贪欲，而是迫于生存的压力。中国历史上长期以来游牧民族对中原地区的侵扰多属于这种情形。以历史上的匈奴来说，受自然条件制约，匈奴畜牧业抵抗自然灾害的能力很弱，一遇狂风暴雨、严寒大雪，或旱蝗虫灾，畜疫流行，牲畜便大量死亡，社会经济急剧萎缩，人民饥饿困毙，部族濒于绝境。据有关研究，每一次匈奴南下，皆与北方气候的剧烈恶化有关。当气候严寒，低于正常年份时，往往就是匈奴大规模南下、中原王朝与匈奴发生战争的时候。而当气候进入温暖湿润期，北方水草丰美，游牧民族无需南下，北方边疆也就相安无事。阿拉伯半岛历史上出现过四次干旱，大量人口涌向周边地区，也是为了满足衣食住等基本需要。

  人类追求自身需要的满足，需要所派生的欲望、热情、利益推动着历史车轮滚滚向前。人的基本需要来源于人的生存本能，因而具有某种客观性和自发性。但对人而言，需要又是被意识到的需要。欲望就是人对需要的自觉意识。欲望使人的需要明朗化，是人对某种事物既感到缺乏又期待满足的一种心态。"欲望的特点在于无限性，即欲望永远没有得到完全满足时。一个欲望满足了，又会产生新的欲望。"[1]欲望的无限性推动着人类历史的无限发展。而强烈的欲望激起人行动的热情。应当承认，在多数情况下，人们的历史选择活动不受高尚理想的导引，而来自恶劣私欲的冲动。

  康德发现，正是人恶的本性驱动人们为自我利益而奋争，促使他们追求荣誉、权力、财富和地位，从而推动着历史的进步。"出于虚荣心、权力欲或贪婪心的驱使而要在他的同胞们——他既不能很好地容忍他们，可又不能脱离他们——中间为自己争得一席地位。于是就出现了由野蛮进入文化的真正第一步。"[2]维柯认为人性本恶，"人类由于受到腐化的本性都受制于自私欲和自爱的暴力。这种自私欲迫使他们把私人利益当作主要的向导，他们追求一切对自己有利的事物"。[3]正是人们对自我私利的追求构成历史运动的动力。杜尔阁也认为，推动历史进步的是人类非理性的激情和野心："利益、权势欲和虚荣心制约着世界舞台上各种事件的不

---

[1] 梁小民：《经济学是什么》，北京大学出版社，2001年，第3—5页。
[2] 康德：《历史理性批判文集》，何兆武译，商务印书馆，1990年，第125页。
[3] 维柯：《新科学》，朱光潜译，人民文学出版社，1986年，第341页。

断更替,并用人类的鲜血浇灌大地。"①黑格尔认为恶才是历史发展的动力。他说:"人们认为,当他们说人性是善这句话时,他们就说出了一种很伟大的思想,但是他们忘记了当人们说人本性是恶这句话时,他们就说出了更伟大的思想。"恩格斯进一步解释说:"一方面,每一种新的进步都必然表现为对某一神圣事物的亵渎,表现为对陈旧的、日渐衰亡的、但为习惯所崇奉的秩序的叛逆,另一方面,自从阶级对立产生以来,正是人的恶劣的情欲——贪欲和权势欲成了历史发展的杠杆。"②"卑贱的贪婪是文明时代从它存在的第一日起直至今日的动力。"③正是无数资本家对财富无止境的追逐,推动着社会创造出比过去一切世代更多更大的生产力,使世界上众多的民族国家成为一个互相联系的整体。

　　人的活动都是由欲望或冲动引发的。欲望和热情是人们进行历史选择的推动力。精神和人类热情二者"交织成为世界历史的经纬线"。黑格尔认为"个别兴趣和自私欲望的满足的目的""是一切行动的最有势力的源泉",由自私欲望产生的冲动,"比起维护秩序和自制,法律和道德的人为的、讨厌的纪律训练,对于人们有一种更直接的影响"。④而热情"是指从私人的利益、特殊的目的、或者简直可以说是利己的企图而产生的人类活动——是人类全神贯注,以求这类目的的实现,人类为了这类目的,居然肯牺牲其他本身也可以成为目的的东西,或者简直可以说其他一切的东西"。黑格尔甚至断言:"假如没有热情,世界上一切伟大的事业都不会成功。"⑤人们受自利心驱使而迸发出来的恶的力量成为历史进程的推力。

　　热情并非全由私欲产生,还有源自理想、正义、使命、责任等高尚情感的,这种热情同样能够推动历史的车轮。马克思、恩格斯等以解放全人类为己任的革命激情,孙中山为共和理想奔走呼号的热情,以至范仲淹由"先天下之忧而忧,后天下之乐而乐"的传统士大夫情怀,以及许许多多为国家、民族、社会而奋斗、而奉献的人们的精神、勇气和热情,这些超越了个人私利、常常是牺牲了个人私利的高尚的热情,不但闪烁着人性的光辉,而且对历史进程发挥着巨大的影响。

---

① 阿·符·古留加:《赫尔德》,第50页。
② 《马克思恩格斯选集》第4卷,第233页。
③ 同上书,第173页。
④ 黑格尔:《历史哲学》,第58—59页。
⑤ 同上书,第62页。

从世界范围内来看,权力欲具有政治意义,统治者的权力欲在历史发展进程中扮演着重要角色。春秋五霸、战国七雄的角逐,除社会经济方面的原因外,各诸侯的夺取最高权力的野心、征服天下的欲望也是主要推动力。成吉思汗、拿破仑的大规模军事扩张行动,也是一种权力的争夺。两次世界大战则进一步升级,众多国家卷入其中,成为世界霸权的激烈争夺,最后确立新的国际秩序和格局。这种权力欲的喷发,对历史的发展产生加速或延缓、正面或负面的作用,总之是大大影响了人类历史的进程。

某些个人的物欲、贪欲、享受欲也对历史有所作用。古代帝王好大喜功、穷奢极欲、贪图享乐的行为比比皆是。秦二世修建阿房宫、骊山墓,动用了比修筑长城还多的人力物力,正如《汉书·食货志》所说,"竭天下之资财以奉其政,犹未足以澹其欲"。隋炀帝开凿大运河,慈禧修建颐和园,也是为满足个人享受。其他掠夺强占土地、人口、金银财宝以饱私囊的例子更是不胜枚举。这些由个人贪欲引发的行为,往往劳民伤财,导致社会矛盾的激化,酿成事变或政变,使历史的发展出现转折。不过,出于私欲的大兴土木,客观上也可能产生积极的后果。如万里长城的修筑,在一定时期内保护了中原地区人民的生产生活;大运河的开辟,也大大改善了交通运输条件。这都对历史的发展起到促进作用。

利益是历史杠杆的支点。提出过完整的利益学说的爱尔维修说:"人类的一切活动都是建立在个人利益的基础上的","利益是我们的唯一推动力。"[①]如果说自然界服从运动的规律,那么精神界就是不折不扣地服从利益的规律。"利益在世界上是一个强有力的巫师,它在一切生灵的眼前改变了一切事物的形式。"[②]他有一句名言:"河水不能倒流,人不能逆着利益的浪头走。"[③]马克思也说:"人们奋斗所争取的一切,都同他们的利益有关。"[④]物质利益方面的需要是劳动的目的和内在动力。

人们基于一定的利益关系而联合在一起,构成了阶层、阶级、民族、国家等各种各样的社会集团、社会组织,建立了反映一定经济利益要求的各种政治团体和党派。不同的"公民等级"存在着利益的"矛盾",这些等级

---

① 北京大学哲学系外国哲学教研室:《十八世纪法国哲学》,商务印书馆,1963年,第537页。

② 同上书,第460页。

③ 转引自王伟光、郭宝平:《社会利益论》,人民出版社,1988年,第12页。

④ 《马克思恩格斯全集》第1卷,第82页。

集团称为不同的"阶级"。①梯叶里指出,利益是一切社会活动的动力源泉。如果某项制度违反大众的利益,大众就会起来反对,如果统治者保护这种制度,大众就会起来反对统治者,这样就形成了阶级之间的斗争。②社会不同集团、不同阶层具有不同的利益,他们之间的冲突,归根结底就是利益冲突。贫民起义、国家改革、统治者对内对外政策、对外战争,无不与利益有关。利益是社会不同等级、不同集团矛盾斗争的基础,是历史上一切大小事件的基础。

人们在政治、思想和道德等问题上的分歧也是基于利益的不同。"利益支配着我们的一切判断",人们永远服从自己的利益。人们的意见纷纭,在于他们的利益各异。只有这样理解,"才能发现意见惊人地分歧的原因",因为这些分歧是"完全系于他们的利益的差异上的"。"无论在任何时候,任何地方,无论在道德问题上,还是在认识问题上,都是个人利益支配着个人的判断,公共利益支配着国家的判断。"③"人们的意见是听命于人们的利益的……这个利益是独立于人的意志的。"因此,伯林说:"对于各种观点、社会运动、人们的所作所为,不管出于什么动机,应该考虑它们对谁有利,谁获益最多。"④ 例如,晚清改良派与革命派之间发生的激烈的政治争论,归根结底是利益的不同,是如何选取使自身利益最大化的方式。

以上主要讨论了历史主体选择过程中主观意识因素的作用,实际上,客观环境的限制性也不可忽视。当充分地顾及外部社会条件的制约作用时,主体选择也就成为一种社会性的选择。社会选择是指"历史主体按照内在尺度与外在尺度的统一,能动地对客体(自然、社会乃至自身)进行判别、取舍、作用和创造的活动和过程"。⑤在社会选择中,人对外部世界进行着适合自身需要的,有目的性、创造性的选择,是主观性、客观性与社会性的统一。

---

① 《十八世纪法国哲学》,第531页。
② 王晴佳:《西方的历史观念:从古希腊到现代》,华东师范大学出版社,2002年,第127页。
③ 《十八世纪法国哲学》,第457—458页。
④ 拉明·贾汉贝格鲁:《伯林谈话录》,杨祯钦译,译林出版社,2002年,121页。
⑤ 郝立新:《历史选择论》,中国人民大学出版社,1992年,第72页。

三、历史运动是决定与选择的合力

片面的决定论和选择论都难以把握历史的真相。决定论倾向于将历史视作一个无主体的过程,强调不以人的意志为转移的结构的作用,否定了人的主观能动性,甚至将人从历史中完全抹除。人不过是各种各样的结构的囚徒。"人的确受制于各种社会结构和文化过程。但没有人的行动,结构是什么都做不成的。人类都是在特定的制度下活动的,可是制度就是结构化了的社会实践和人的生活习性。实际上,作为制度化了的社会关系,结构就是人们实践活动的产物。结构主义只看到结构对人的决定作用,却忽视了人创造结构和修改结构的力量。"[①]"决定论并不意味着历史过程中只有现实的某些局部才起作用,或者微观的偶然性或微观事件是以神秘方式构成的。"[②] 如果存在严格的决定论,历史的发展就变得一目了然,人们就能够为自己制定一个"社会日历",除了按这个日历活动之外再也无所作为了。

社会科学的决定论着眼于整体而忽略个人,"社会科学的因果决定论的假设并非是指个人的行为,而是指集体的社会行为","现代的因果决定论一般都是以概率的方式表述的,它通常指由大量随机现象所表现出来的统计规律"。[③] 但在实际的历史进程中,某些个人特别是英雄人物对历史发展的影响是举足轻重的,是不能只取平均值而忽略不计的。

更重要的是,当决定论沦为宿命论时必然造成事实与价值的分离,排斥道德判断。然而,历史是事实与价值的复合体,事实是外在于人的主观的客观规定;价值是人的绝对的超越指向,带有绝对的性质和意义,充当人的行为的终极尺度。历史不只是事实的堆积,而且是对永恒价值的维护。如果人只是社会结构的奴隶,一切历史事件就都是注定要发生的,人是无力改变的。既然如此,对历史人物进行价值判断就成为多余的了。

只有当个人具备自由选择能力时,才可能追究其历史责任。历史研究者在某种意义上类似断案的法官:(1)他们都必须追究有关行动是由什么思想支配的(如杀人,或是卫国杀敌,或是谋财害命,或是正当防卫,或是过失杀人);(2)他们都必须追究某个当事人的责任(如研究第二次世界

[①] 韩震:《略论结构主义历史哲学》,《天津社会科学》2000年第4期。
[②] 雷蒙·阿隆:《历史讲演录》,张琳敏译,上海译文出版社,2011年,第414页。
[③] 袁方主编:《社会研究方法教程》,北京大学出版社,2011年,第15页。

大战就要追究纳粹党和希特勒的责任）。①假如说第二次世界大战的爆发是当时整个社会结构决定的，是不可避免的；纳粹头子希特勒只是加速了其爆发的时间，这种说法实在是减轻了希特勒个人的罪行。其实，若20世纪30年代在德国执政的不是希特勒，而是其他人，历史完全有可能以另外一种面貌出现。希特勒绝不是被动、消极的历史的工具，他的主观选择理应受到道德谴责。

决定论往往从客观环境方面寻求原因，而不强调个人的责任。根据以赛亚·伯林的看法，任何决定论，强调历史事件之所以按某种方式发生，是因为不可能有其他的方式；人们之所以在过去和今天按某种方式进行活动，是因为不可能有其他的方式。②这样的"历史决定论"排斥了"个人的选择自由"和"个人的责任感"，把历史上发生的一切的全部责任推卸到物质因素和客观规律的头上。伯林认为，在这种情况下，"褒贬或讨论某些行动的可能的替换方法，褒贬历史人物的活动，变成了一种荒谬的工作"。③人必须对历史负责；而且越是在历史发展中占据着枢纽地位的个人，其责任越重大。决定论的分析只能开脱个人所不应负责的部分，但决不能解除其一切应负的责任。④

决定论容易导致对历史特殊性和多样性的轻忽。当代非决定论思想的集大成者卡尔·波普尔认为，决定论者企图借助经典物理学的方法揭示隐藏在历史进程中的"节奏""模式"乃至"规律"，这是根本无法实现的，原因是历史过程与自然过程不同，自然过程可重复、可复制，而任何社会现象都是独一无二的，"历史假说向来不是全称命题，而只是关于某个个别事件或一些这样的事件的单称命题"。⑤决定论视野中的历史是一般性、一致性占主导，差异性、多样性、特殊性处于次要位置。

选择论与决定论相反，它凸显了历史活动中主体的作用。主体的情感、认知、需要都会对历史过程有所影响。选择论使人重返历史舞台的中

---

① 参见何兆武：《苇草集》，三联书店，1999年，第179页。
② 以赛亚·伯林：《决定论、相对主义和历史的判断》，张文杰编：《历史的话语》，广西师范大学出版社，2002年，第237页。
③ 转引自陆象淦：《现代历史科学》，重庆出版社，1988年，第172页。
④ 余英时：《〈历史与思想〉自序》，《史学、史家与时代》，广西师范大学出版社，2004年，第121页。
⑤ 卡尔·波普尔：《历史决定论的贫困》，杜汝楫、邱仁宗译，华夏出版社，1987年，第85页。

心,填补了结构决定论造成的"人"的空白。它以具有意识的、经过思虑或凭激情行动的、追求某种目的的人为焦点。选择论充分注意到历史过程的主观目的性。人的一切活动都是有目的、有自觉意图的,总是为了实现一定的目的而采取的有思想、有计划的行动。离开了目的性,整个人类历史将变得不可理解。选择论突出了人的自决力量,使历史完全成为人的历史,使人具有了作为创造者所应有的尊严。

但单纯的选择论也存在误区。它从人的主观特性出发,摒弃历史过程中的自然因素,排除普遍的客观因果律,从自由、选择活动的不确定性推导出历史过程的非决定性,因而夸大了人的主观意志的作用。这种历史活动的主体,与其说是现实的人,不如说是抽象的人,因为它对人生活于其中的现实条件缺少应有的注意。毫无疑问,在某些环境中,人们总是面临选择并具有作出不同选择的自由。然而,这种自由却总是相对的、有限的,绝不是可以不顾自然和社会的决定因素的完全的自由。人们不能随心所欲地创造历史,不能在自己选择的条件下创造历史,而只能在制约着他们的一定环境中,在既有的现实关系的基础上进行创造。

平心而论,历史运动中的"决定"应是一种有限度的决定,称之为"限定"更确切。美国人类学家戈登威泽(A. A. Goldenweiser)曾这样区分"限定"与"决定":"限定"只是划下一个可能变异的范围,而"决定"则是指出某一必然的结果状态。[①]与"决定"相比,"限定"的程度较弱,更易容纳目的意志因素,为历史中的主体选择留下了更多的空间。同时,选择也是有限度的选择,而不是任意妄为、无拘无束的。将人类历史完全看作一个自由选择的过程是不切实际的空想,必须正视外在客观因素的强制性和不可选择性。

法国年鉴学派大师布罗代尔把历史分成三个不同的层面,三个层面分别遵循不同的时间旋律,具有不同的地位和作用。他指出,人类社会存在着三种不同的时间量度,即历史时间可分为长、中、短三个时段。长时段是指在一个相当长的时间内起作用的那些因素,如地理格局、气候变迁、生产率限度、社会组织、思维模式等。它是一种几乎不动的历史,布罗代尔称之为"结构的历史"。维持秦至明清中国传统社会模式长期延续的就是这种长时段的结构。中时段包括价格曲线、人口增长、国民收入等。它是一种缓慢而有节奏的历史,布罗代尔称之为"局势"的历史。促使中

[①] 转引自张宗颖:《社会学的历史观》,《中德学志》第5卷第3期,1943年9月。

国传统社会稳中有变的选举制度、土地制度、财税制度等方面的变革体现的就是这种局势的历史。短时段是事件的历史，事件与具体的人的思想和行动相联系。中国历史上秦皇汉武、唐宗宋祖、成吉思汗等英雄人物的出现往往一时掀起历史的波澜，这些是短时段的，时过而境迁。尽管布罗代尔的这一理论注重"结构""局势"，贬低"事件"，但他关于三个时段的划分本身兼顾了决定和选择。结构对历史的干预是决定性的，有些结构因长期存在而成为世代相传、绵延不绝的恒在因素，它们妨碍着或左右着历史的前进。另一些结构较快地分化瓦解。但所有的结构全都有促进或阻碍社会发展的作用。事件的历史是短暂的、迅速的，仿佛历史潮流掀起的泡沫，但它是最激动人心、最富于吸引力的。因为在事件的历史中，人最为活跃，个人的力量、意志得到充分的表现。三个时段理论体现了一种总体史观，包容了地理、社会和人，将历史发展的外在因素和人的主观活动联系起来了。

人类历史是决定和选择的统一体。从最长远的眼光看，自然地理环境的作用可能最为重要，它基本上决定了人类的初始面貌和大致的活动空间。但这一最根本、最长远的决定因素，对于生命非常有限的一代代人们来说，却常常并不在他们的视野之内。次之，则可能是不同民族国家所处的不同地理环境，它们在一开始决定着一个民族的生活方式和基本性格，但这一决定因素也由于其作用随着文明程度的提升趋于减弱和地域的越来越不可改变而不宜太多地被人们考虑。然后立足于一个较长远的观点，可能是社会的经济结构，一般要比政治制度起着更为重要的作用，而政治制度又比看起来更为炫目的战争、政变等事件作用更持久。然而，就此简单地把自然环境、经济结构、政治制度及事件等因素与历史的不同时段两两对应而构成一种多层次、多时段的决定论并不恰当。历史中的非决定因素也不容排除。例如，同样立足于一个较长远的观点，与由社会经济及由人与环境所构成的"生态"相比，由人们稳定的思维方式和情感意志所构成的"心态"也经常起着一种并不亚于前者的作用。同时，我们也不能全然拒绝考虑历史中的偶然性，有时一个事件，甚至一个人物也可能改变时代的方向。①这就是说，历史最终呈现的面貌，是由客观环境和主观目的共同塑造的，是决定和选择共同作用的结果。

---

① 何怀宏：《世袭社会及其解体》，第4—5页。

第二节　历史中偶然与必然的交响

与决定与选择的问题相关,历史运动中偶然与必然的关系也同样令人困惑。主流的教科书认为,历史发展是遵循一定规律的,受必然性支配,历史必然性是社会历史发展过程中合乎规律的、不以人的意志为转移的、一定如此的趋向,是一定条件下的不可避免性。历史偶然性则是历史发展过程中非确定性的东西,它可以出现,也可以不出现,可能这样出现,也可能那样出现。历史必然性是隐蔽在历史现象背后的规律性的东西,靠无数的偶然性来为自己开辟道路,历史偶然性是历史必然性的表现和补充。在整个历史发展进程中,历史必然性处于支配地位,它决定着历史发展的前途和方向;历史偶然性则居于被支配地位,对历史的发展只能起加速或延缓以及使之带有这样或那样色彩的作用。本节主要针对这种观点进行探讨和思考。

一、偶然与必然的对峙

(一) 必然支配偶然

重必然轻偶然的观点植根于西方理性主义传统。自18世纪启蒙运动以来,西方进入了一个理性的时代。康德即认为,"我们构想这个世界,就仿佛它那存在和内在规则都是由一个至高无上的理性而来的"[1],理性是历史的目标和推动力。霍尔巴赫认为,一切都是必然的,"自由意志是一种不现实的幻想"[2],因为"人在他生存的每一瞬间,都是在必然性掌握之中的一个被动的工具"。[3]

黑格尔则指出,历史是世界精神通过理性支配世界的过程,"理性是世界的主宰,世界历史因此是一种合理的过程"。[4]"'理性'统治了世界,也同样统治了世界历史。"[5]对理性的高扬决定了黑格尔在偶然与必然关系上的基本态度。偶然性是指"一个事物存在的依据不在它自己本身而

---

[1] 康德:《未来形而上学导论》,庞景仁译,商务印书馆,1982年,第151页。
[2] 霍尔巴赫:《健全的思想》,王荫庭译,商务印书馆,1966年,第76页。
[3] 霍尔巴赫:《自然的体系》上卷,管士滨译,商务印书馆,1964年,第71页。
[4] 北京大学哲学系外国哲学史教研室编译:《西方哲学原著选读》下卷,商务印书馆,1981年,第447页。
[5] 黑格尔:《历史哲学》,第64页。

在他物"。①偶然性属于"感性幻象",是感性水平上对靠不住的外在现象的主观认定,即尚未达到本质性认识时的感性想象。感性认定的偶然性背后都隐匿着必然性。必然性作为"理性的狡计","在本性上不是给偶然事物任其摆布的,却是万物的绝对的决定者","它不被偶然所动摇,而且利用它们、支配它们"。②偶然性只不过是必然性的一种表现,是实现必然性的外在的激发或机缘。科学和哲学的任务就是"从偶然性的假象里去认识潜蕴着的必然性"。③

马克思一派承袭了黑格尔的这一认识。恩格斯说:"偶然性只是相互依存的一极,它的另一极叫做必然性,在似乎也是受偶然性支配的自然界中,我们早就证实,在每一个领域内,都存在着这种偶然性中为自己开辟道路的内在必然性和规律性。然而适用于自然界的,也适用于社会。一种社会活动,一系列社会过程,愈是超出人们的自觉控制,愈是超出他们支配的范围,愈是显得受纯粹的偶然性的摆布,它所固有的内在规律就愈是以自然的必然性在这种偶然性中为自己开辟道路。""历史事件似乎总的说来同样是由偶然性支配着。但是,在表面上是偶然性在起作用的地方,这种偶然性始终是受内部的隐蔽着的规律支配的,而问题只是在发现这些规律。"④

认为历史上英雄伟人的横空出世也有着深层的必然性,则是这一逻辑的著名结论。"恰巧某个伟大人物在一定时间出现于某一国家,这当然纯粹是一种偶然现象。但是,如果我们把这个人除掉,那时就会需要有另外一个人来代替他,并且这个代替者是会出现的——或好或坏,但是随着时间的推移总是会出现的。恰巧拿破仑这个科西嘉岛人做了被战争弄得精疲力竭的法兰西共和国所需要的军事独裁者——这是个偶然现象。但是,假如不曾有拿破仑这个人,那末他的角色是会由另一个人来扮演的。这点可以由下面的事实来证明,即每当需要有这样一个人的时候,他就会出现:如凯撒、奥古斯都、克伦威尔等等。"⑤

列宁也强调,不能把偶然的机缘作为重大事件发生的动因:"让巨大

---

① 黑格尔:《小逻辑》,第301页。
② 黑格尔:《历史哲学》,第95页。
③ 黑格尔:《小逻辑》,第303页。
④ 《马克思恩格斯全集》第21卷,人民出版社,1972年,第199、341页。
⑤ 恩格斯:《致瓦·博尔吉乌斯》,《马克思恩格斯选集》第4卷,第506—507页。

的结果从微小的原因发生,引用一些轶闻奇事作为广泛而深刻的事件的第一原因,这在历史上已成了常见的笑话。这样一个所谓的原因,看来不过是一种机缘,或外在的激发,事件的内在精神并不需要这种机缘。所以历史的那种阿拉伯式彩画,让一幅巨大的形象从一根细柔的麦管中发生,虽然是聪明的,但也是极肤浅的办法。"①

不难看出,黑格尔、恩格斯和列宁的上述观点,奠定了国内流行看法的基础。

(二) 历史取决于偶然

与此对立的一种观点认为,在历史中,必然性无足轻重或根本不存在,偶然性起着更为关键的作用。17世纪法国科学家和思想家帕斯卡尔在《思想集》中写道:"假如克娄巴特拉的鼻子生得短了一点,那么全世界的历史都要为之改观。"意思是说,如果克娄巴特拉的鼻子短了一点,她就不会那么迷人,安东尼就不会迷恋她,也就不会发生后来的一系列事件,就不会出现罗马帝国时代。这样,此后欧洲的历史就会有所不同,而因为欧洲历史的特殊地位和影响,世界历史的面貌也将发生重大变化。1916年英国历史学家约翰·伯瑞发表了一篇题为《克娄巴特拉的鼻子》的论文。伯瑞认为,历史并不是由像成为科学主题的那种因果序列所决定,而是取决于偶然的"两个或更多的独立链索的冲突"。②

有人嘲笑信奉历史必然性的人,认为他们"相信他的雄鸡的喔喔而啼唤来了早晨的太阳"。尼文斯推崇偶然性的作用,他说:"不测的疾病、气候的改变、一封文件的丧失、一个男人或女人突然间所产生的一个狂念——这些都曾经改变过历史的面貌。"③费希尔宣称,历史中看不到节奏和模式,只有一个接一个的突然事件,像一个浪头盖过一个浪头一样。他说,埃及革命转变的关键在于1884年伊林·巴林爵士因重伤风暂时嗓音失调,于是他无法顺利下达关于戈登到达喀土穆时应遵循的指示。希腊国王亚历山大被他蓄养的一只宠物猴子咬了一口,于1920年死去这个意外引起了一系列事件,以至于有25万人死于这只猴子咬的一口。④《欧

---

① 《列宁全集》第38卷,人民出版社,1959年;《逻辑学》下卷,商务印书馆,第221页。
② 柯林武德:《历史的观念》,何兆武、张文杰译,商务印书馆,1997年,第218页。
③ 田汝康、金重远编:《现代西方史学流派文选》,第281、282页。
④ 爱德华·卡尔:《历史是什么》,吴柱存译,商务印书馆,1981年,第106页。

洲史》一书的作者K.费舍认为:"人类命运的发展只是一些偶然的、不可预见的力量的游戏。"①雅斯贝尔斯也指出:"世界历史看上去就像偶然事件的堆积……是泛滥的漩涡。就这样它由一种混乱转向另一种混乱,由一种贫困转向另一种贫困。"②

关于1815年滑铁卢之战拿破仑的失败,许多人将之归结为偶然性因素。例如,有一种说法,拿破仑在战役前夕患上感冒,影响了其军事才能的发挥。也有人说,法军战前的侦察工作做得不够充分,以致骑兵在发起一次决定性的进攻时掉入一条大堑壕里,从而导致整个战役的失利。又有人说,大战前夕天下大雨,拿破仑只好把发动战斗的时间推迟几小时,结果贻误了战机。还有人说,双方相持不下,谁的援军先到达谁就获胜。支援英军的普鲁士军队统帅布留歇尔是个慢性子,再加上下雨,走得更慢,而作为拿破仑援军的法国将军是一个急性子,但走到半路放弃主要目的去追击一支敌军。结果在双方等待援军望眼欲穿之际,是慢腾腾的普鲁士军队先到达战场,拿破仑只能一败涂地了。以上种种情况如果有一项发生改变,滑铁卢之战就可能是另一种结局。③

一个小小的细节导致了刺杀希特勒行动的失败,从而推迟了世界大战的结束。1944年7月,一群德国军官企图以刺杀希特勒来推翻纳粹政权。他们把装有炸弹的公文包安置于希特勒脚边的桌下。就在爆炸之前,一位毫不知情但是重视整洁的副官,注意到了公文包,并把它移到屋子的另一端。最终希特勒活了下来。原本期望能在那时结束的战争,又持续了十个月,也是整个战争中最具破坏力的十个月。④就是这样一个无意的、偶然的挪动公文包的动作不知影响了多少人的命运。

上述两种观点分别代表了两个极端,前者忽视了偶然因素对具体历史的作用,把历史发展的总趋势与任一时期的具体历史等同起来,似乎任一时期的具体历史发展都是非如此不可的"必然",从而使历史的必然性绝对化;后者则一味强调历史发展进程中的偶然因素,总是试图用纯粹偶然的事物来说明历史发展的主线,否认历史演变的总趋势。这两种观点的偏颇即在于过分夸大了偶然性与必然性二者的高下强弱。

---

① 转引自陈中立:《反映论新论》,中国社会科学出版社,1997年,第406页。
② 转引自刘放桐:《现代西方哲学》,人民出版社,1987年,第568页。
③ 宁可:《史学理论研讨讲义》,鹭江出版社,2005年,第64—65页。
④ 迈克尔·斯坦福:《历史研究导论》,刘世安译,世界图书出版公司,2012年,第182页。

二、偶然性、必然性的内涵及特征

笼统地说,必然性是历史进程中稳固的、确定的关系,偶然性是多变的、不确定的关系。不过,要认识偶然性与必然性在历史中的实现机制,必须准确把握它们各自的内涵、特征及作用。

(一) 偶然性的内涵及特征

最早提出"历史偶然性"这一概念的是英国学者伯瑞。他说,"偶然性意味着不可理解"。这就给历史偶然性蒙上了一层不可知论的神秘色彩。美国历史学家悉尼·胡克曾仔细分析过含义模糊的偶然范畴。他指出:"所谓偶然乃是不发生关系的意思,即与规律所蕴涵的事物之间的内在关系无关。""如果一个事件是作为两个事变系列的交叉点而发现的,而这两个事变系列又得分别由两种互不相关的规律来加以描述的话,那么,这个事件就是偶然的。"[①]偶然性是与必然性无关的一种特性,被视为历史过程中的残余物,一些无法理解的东西。斯宾诺莎说:"一个现象之认作是偶然发生的现象,惟一的原因,就是由于没有深刻的认识,现象的原因,为我们的知识蒙蔽了。"[②]"一旦人们的认识深化,深入到某种隐秩序中,那么偶然性就成为必然性。""偶然性只是人们认识过程中的一个驿站,是暂时性的存在,它在客观上是可以被排除的。"[③]总之,偶然性不具有合理性,是非正常的。

现代自然科学的进展已经推翻了这一认识。科学家指出,偶然性是事物存在的一种客观模式,在事物性质中是更为基本的。量子力学对微观现象随机性的揭示、分子生物学对遗传基因随机突变的发现,以及系统科学对各类系统中存在的随机噪声和涨落现象的分析,无不表明了偶然的客观性。现代自然科学已将偶然性作为一种回避不了、消除不了的客观事实摆在人们面前。偶然性不是事物外在的、个别的、局部的、非本质的、暂时的和不稳定的联系,而是具有普遍的、根本的意义。根据目前的认识,必然性的客观性弱化了,越来越联系于主体的认识,越来越带有一

---

① 悉尼·胡克:《历史中的英雄》,王清彬等译,上海人民出版社,1986年,第100页。
② 转引自陈啸江:《建立史学为独立的(非综合之意)法则的(非叙述之意)科学新议》,《现代史学》1935年第4期。
③ 李明华:《历史决定论的三种形式》,《中国社会科学》1992年第6期。

种主观的色彩。①偶然性则越来越具有客观性了。

这一发现对我们理解人类历史有重要启示。历史中的偶然因素几乎是无穷无尽的,任何一条必然性法则都不可能覆盖全部历史。如果否认了偶然性的存在,历史就无法得到合理的解释。正如马克思所说:"如果偶然性不起任何作用的话,那么世界历史就会带有非常神秘的性质。"②所以,偶然性绝非必然性的附属物和比必然性次一级的东西。历史偶然性有其独立存在的条件和价值,并不都体现历史的必然性,也不会都转化为历史的必然性。它和历史必然性是两个互相依存但又独立存在的实体,不能把历史偶然性看成是必须依附于历史必然性,自己不能独立存在的历史附属物。③

偶然性主要有两个基本特征:一是随机性。偶然性因素的出现是不可预测的,它何时何地以何种方式出现是不可预测的,它何时何地以何种方式出现是不必然的。二是不可重复性。每一偶然性因素的出现都有其特定的时空坐标。具体的时空交叉点上产生的偶然性都是独特的、非类同的。偶然性是绝对的一次性事件。由于具有这两个特征,偶然性使人类历史多姿多彩、千变万化、充满悬念。

人类历史中偶然性的存在根源于历史是有目的、有感情、有所作为的人的活动。人的活动不仅受理性支配,还受到欲望、冲动等非理性因素的驱使,同时具有自觉性和盲目性。承认了偶然性的存在,就承认了人不是必然性或规律的"傀儡"或"玩偶"。偶然性的作用空间正是人自由活动的舞台。离开了偶然性,历史只是物质生产不断发展或世界精神自我实现的历史,人的位置就无足轻重了,人除了充当历史不自觉的工具之外无所事事了。

偶然性不会随着人类认识世界和改造世界能力的增强而递减。所谓偶然性递减,是指"随着时间的进步,偶然性在人类历史进化中将会越来越不重要,而机缘对于事件过程的力量也就越来越小"。④这种说法并不恰当。偶然性包括由自然力量造成的偶然性和由人的力量造成的偶然性两类。说由自然力量造成的偶然性对人类历史的影响呈递减趋势大致正

---

① 参见郑玉玲:《必然性与偶然性》,北京大学出版社,1995年,第56页。
② 《马克思恩格斯选集》第4卷,第393页。
③ 李桂海:《历史的偶然性并不总是反映历史的必然性》,《晋阳学刊》1985年第6期。
④ 柯林武德:《历史的观念》,第219页。

确。在古代，一次自然灾害可以毁灭一个国家或一种文明，如克拉特文化、哈拉帕文化、迈锡尼文明的毁灭均是自然因素造成的。

今天则不然，即使大规模的地震、水灾发生，也不至于使一个国家或一种文明消失，因为人们防御自然灾害的能力越来越强。在过去的战争中，气候的突然变化，如气温骤降、风向转变或大雨滂沱，可以改变一场战争的胜负；如今军队作战的适应能力大大提高，气候因素的作用随之减小了。在农业社会中，干旱、水灾造成某一地区的人们无法维持生活，常常会引起社会大动荡；而现代社会，灌溉系统发达、交通运输便利，灾情可以迅速得到控制，不会蔓延成大的动乱。

但由人造成的偶然性却不会随着技术的进步和认识能力的提高而递减。也许有人会说，个人在历史上作用的逐渐降低将导致由个人造成的偶然性的减少。其实不然。个人在历史上的作用并没有降低，降低的只是个别人即英雄或伟人的力量，普通个人的力量相反却增大了。过去，只有伟人或英雄才可能对历史进程产生全局性影响，所谓"一言可以兴邦，一言可以丧邦"。而现在，有时一个普通人也可以决定一场战争的胜负、一个国家的存亡。比如说，高科技战争中，由一个普通技术人员负责控制的细小环节出现差错，这场战争就可能失败，而这次失败又可能使这个国家也不复存在。从这个角度来看，历史中的偶然性不是减小了，而是增大了，因为原来只有少数个人有能力造成影响历史发展的偶然性，现在多数人都能造成这种偶然性。所以说，偶然性的作用不会因人类力量扩展和社会进步而衰减。

人类对偶然性认识得越深刻、越透彻，就越能掌握必然性规律。但是，人类认识到偶然性，并不等于能排除偶然性。在每个历史事件中或历史关头上，机遇和方向的把握，不会因为人们认识到偶然性而减少选择的机会，只不过是由于人们认识到偶然性取得了更大的选择自由而已，偶然性并不会递减。一旦偶然性没有了，必然性也就失去了表现形式而不再存在。①偶然性与必然性具有共生共存的关系。

(二)必然性的特征及作用限度

长期以来，必然性被认为是客观的、预定的、不可改变的。人类历史

---

① 刘文瑞：《对历史偶然性的再认识——兼与启良同志商榷》，《争鸣》1988年第2期。

就像一架运转着的机器,"人的一切动作、运动、变化,人的各种不同的状态、变革,都是经常受各种普遍的法则支配的",甚至人的感觉、观念、意志也"都是他的各种特性以及推动他的那些东西的特性所造成的必然结果"。对人来说,一切都是必然的,一切都是存在物的固有本质早已预先决定好了的。① 必然性意味着除此之外,别无他途,某种结果一定会出现,没有其他可能和选择。

必然性本质上是一种因果联系。因果联系揭示的是前后相继、彼此制约的事物或现象之间的依赖关系。结果对于原因来说,具有合理性和必然性,即有因必有果。因果联系的存在保证了必然性的实现。正如霍尔巴赫所说:"宇宙本身只不过是一条生生不息的原因和结果构成的链条。只要稍加思索,我们就不得不承认:我们所看见的一切都是必然的。"② 这种因果必然性往往被绝对化。玻恩指出:单一因果关系"将所考虑的系统孤立起来,对可变的因素加以限制,改变条件,直至结果很明显地依赖于单一的因素"。③ 它作为一种严格的确定性强烈地排斥着偶然性。经典科学研究的因果关系大多是单值因果。在这种因果类型中,原因总是能得到唯一的结果,前因与后果之间具有严格的确定性。

现代科学主要是概率论刷新了人们对因果联系的认识。在新发现的统计因果中,原因所引起的结果不是唯一的,而且它仅仅确定着结果出现的统计趋势,亦即给一个或一组原因,它仅以一定的概率实现某一结果。④ 这种因果联系并不排斥偶然性。概率论认为,对于大量事件的系统,个体的出现和运动是随机的、不确定的,但作为个体的集合来说,它们的出现和运动方向是必然的、确定的。按照机械论的观点,"规律所表述的情况(属性、关系、发展方向等)是不变的、毫无例外的,但是,统计规律却只能作为占优势的趋势而出现。这种趋势无法在每一个单独的事件或现象中被观察到,只有通过对大量事件或现象的研究从整体上得以发现"。"统计规律或概率规律不同于以'纯粹的形态'表现的必然性,它所体

---

① 参见北京大学哲学系外国哲学史教研室编译:《西方哲学原著选读》上卷,商务印书馆,1981年,第218、219页。
② 《十八世纪法国哲学》,第595页。
③ M.玻恩:《关于因果和机遇的自然哲学》,侯德彭译,商务印书馆,1964年,第11页。
④ 参见庞元正:《决定论的历史命运》,第139页。

现的是客观事物发展进程中偶然性与必然性的统一。"①概率论使线性因果变为统计因果,既摆正了必然性的位置,又为偶然性提供了容身之地。

必然性还存在一个程度强弱的问题。必然性不是绝对的、无条件的。必然性包括两种形态:充分的必然性和非充分的必然性。充分的必然性,就是"只要如此,就会这般",是一种事物之间的确定关系。在这种情况下,如果缺少任何一种特定的因素,历史事件仍将不可避免地发生。当社会的、政治的紧张局势逐渐加大,已达到了爆发的边缘,许多很不相同的关键事件中的任何一件,都可以提供引爆火药箱的火星。如第一次世界大战的爆发,是由奥国太子斐迪南大公被刺杀引起的。但如果斐迪南大公不被刺杀,当时欧洲的紧张局势也能促使我们去猜想,其他某些重要的事变,也会产生类似的结果。非充分的必然性,是指"只要如此,就可能这般",是事物之间的一种不确定关系。

必然性并非天生的,而是由可能性转化而来的,是"承认可能性的必然"。②最初,历史是向各种可能性开放的,历史可以向不同的方向发展,但最后只有一种可能性变为现实,而其他那些可能性则夭折了。由于曾经存在过的那些可能性因素随着后来历史的延伸而消失得无影无踪,后人所能看到的只是那种变成了现实的可能性,以至于人们会产生错觉,认为当时只存在这一种可能性或只有这一种可能性能变为现实,这种唯一的可能性就是必然性,从而低估了历史发展的可能性空间。③比如,北宋灭亡之后中国历史的发展存在四种可能性。第一种是金不但占领和统一了北方,也南下消灭了宋的残余势力,最终统一中国。第二种是南宋政治力量重整旗鼓,收复中原。第三种是北方的抗金力量与南方的反宋力量联合起来,灭掉金和宋,建立一个新政权。第四种是金统一北方后,镇压了抗金斗争,但未能消灭南宋,从而形成南北对峙的局面。④历史的发展选择了第四种可能性,排除了前三种可能性。由于宋、金以及北方抗金力量等种种因素的组合,使宋金南北对峙由可能性转化为一种必然性。

必然性在历史中发挥作用,由可能转化为现实,必须借助于一定的历史条件。历史条件不可能一成不变,必然性也就具有了相对性。必然性

---

① 参见刘大椿:《科学活动论》,人民出版社,1985年,第97、102、103页。
② 何兆武:《历史研究中的可能与现实》,《史学理论》1988年第1期。
③ 参见王学典:《史学概论讲义》,未刊稿。
④ 参见李桂海:《现代人与历史的现代解释》,湖北人民出版社,1989年,第295—296页。

离不开各种条件、机缘的凑合,而不是命中注定、无法抗拒、自动实现的。尤其就某一具体的历史事件而言,必然性有可能起作用,也有可能作用甚微,不直接决定最后的结果,这在很大程度上取决于各种历史条件是否具备,而这些条件不少是偶然性因素。偶然因素的突然涌现,常常会使一种必然性发挥作用的条件消失,必然性也就终止了。这就像水的沸点为100度,但在99度时停止加热,它也就失去了沸腾的必然性。

"历史不是橡皮筋,不可能在一时变形后,还可以恢复到原来的样子;也不像在固定轨道上奔跑的列车,一时误了点,但还照常到达预定的车站;更不像有人常说的那样,一时偏离方向,但最后还会回归到正常的轨道。"①历史是一刻不停地在向前发展着的。历史不可能是静止的,历史环境一旦改变,某种机遇一旦消失,任凭谁也无力回天。

人们习惯于把历史上已经发生的事情,都归结为历史的必然。对于秦始皇统一中国的原因,通常的解释是:战国时期生产力的提高为全国的统一准备了条件,各国实行的郡县制和君主集权,为出现大一统国家奠定了基础,因此,经过战国而全国从分裂走向统一,是长期历史发展的必然产物。这样的解释无疑有其道理,但如果仅仅如此解释,就存在这样的问题:既然统一在战国时期就是必然,为什么到魏晋南北朝时期又会出现几百年的大分裂呢?既然统一是生产力提高的结果,难道经过两汉之后,生产力又倒退了?既然统一是人心所向,难道这时人们又不要求统一了?历史的必然性还起作用吗?在我们看来,战国后期当然存在着实现统一的某些因素,但同时也存在着继续分裂下去的许多因素。如果不是恰巧出现秦始皇这样一个具有如此巨大贪欲和权力欲、如此坚强的毅力而又有雄才大略的人物,中国的统一很可能在这时甚至很长一个时期内实现不了。也就是说,秦的统一既有一定程度的客观必然性,也具有相当大的偶然性。②应该看到,在一个有限的历史时期内,历史的节奏往往直接与一些偶然事件联系在一起。所以说,已然不一定就是必然。

以往还有一种流行的观点,认为历史必然性不可抗拒,是不以人的意志为转移的。这就把历史必然当作外在于人类意志的客观存在。我们知道,人是历史的主体,而人是有意识、有目的的,历史处处打着人类意志的烙印。将历史必然与人类意志对立起来,将人类意志完全排除在历史必

---

① 启良:《历史的偶然与偶然的历史》,《争鸣》1987年第5期。

② 参见王学典:《史学概论讲义》,未刊稿。

然的作用过程之外,实际上是抹杀了人的主体性。所以说,"历史必然是人类各种意志力的交合,我们可以在不甚精确的意义上说:存在着不依某个人的意志为转移的历史必然性,但不能说:存在着不依人类意志为转移的必然性"。①从微观上说,历史偶然性很大程度上来自某个人的意志;而从总体上看,历史必然是人们众多意志相互作用的结果。无论偶然还是必然,都与人类意志选择密不可分。

历史必然性不是不可动摇的"铁的法则",不是某种超验的、完全与人不相干的东西。所谓历史必然性,是人们自己活动的必然性,也是人们对历史活动特点的一种"事后认识",这种认识可以帮助人们预见未来。这种称为"必然性"的东西,并没有为我们规定好生活的一切方面。人们在此范围内,依然具有自我设计、选择的多种可能和余地。②

此外,历史必然性不是单一的,也可区分为不同类型,不同类型的作用强度自然存在差异。有学者认为,历史必然型有三种类型:矢向类型、树状类型、丛状类型。③另有学者则将历史必然性分为非规律的或具体的必然性、构成规律的必然性、经济必然性三类。④还有人认为社会历史必然性由"个别必然性""特殊必然性""普遍必然性"三个层次构成,分别指对个体、群体和社会总体作用的三个必然因素。⑤这种对历史必然性的分解细化,表明历史必然性本身也是具有一定弹性空间的,以往那种对必然性的绝对化的认识是片面的、极端的。

从本体论的意义上讲,历史中的偶然性与必然性是同等重要的,并没有主次先后之分,也不存在谁决定谁、谁支配谁的问题。但在实际的历史过程中,偶然性与必然性的力量对比常常是不均衡的,有时偶然因素表现得异常活跃,有时必然性的作用似乎不可抗拒。偶然性位于历史发展的表层,往往一目了然;而必然性隐蔽于历史的深处,不容易被人察知。就像一条河流,水从源头涌出,中途汇合各个支流,最终归入大海,它有一个

---

① 周农建:《人类意志的现实化》,学林出版社,1991年,第63页。
② 张鸣:《论作为历史主体的个人》,《江海学刊》1988年第3期。
③ 李桂海:《历史的必然性与偶然性的类型分析》,《东岳论丛》1990年第3期。
④ 赵世瑜:《关于历史必然性与偶然性的层次性与相对性问题》,《史学理论》1989年第2期。
⑤ 王健康:《人的自觉性与社会必然性及其相互关系的检讨》,《北京师范学院学报》1988年第2期。

总的流向。但我们能够直接观察到的情形比这复杂得多。沿途的地形地质状况不一,河床时宽时窄,时直时弯,河水时深时浅,水流时速时缓,有时还会决口泛滥。从源头潺潺溪泉直到入海河口的滔滔巨流,这条河的面貌已经大大改观,沿途的沙洲、滩石、波浪、漩涡以至泡沫,使我们眼前的这条河流几乎每一时刻、每一段落都不停地变幻、不可捉摸。①历史也是如此,表层的、直观的是偶然性,而深层的必然性需要观察者的概括、抽象才能发现。偶然性与必然性在时效上有所区别。必然性具有长期性,偶然性具有瞬时性。必然性在长时段的历史中缓慢地发挥作用,偶然性在短时间内释放能量。偶然性时刻在历史舞台上晃动着身影,而必然性隐蔽在幕后,导演着一幕幕悲喜剧。

其实,偶然性与必然性分别作用于不同的层面上,必然性更多地体现为对总体历史的影响,反映为一种总趋势,偶然性对具体历史发挥作用。"历史发展的可能性总和是客观原因决定的,它是历史发展的基本趋势,具有确定性,它形成了历史必然性;而其中哪一种可能性在现实中实现出来,则是由主观目的决定的,它是非确定的,表现为历史偶然性。"②比如说,在中华民族生存繁衍的这块特定的地理条件和自然环境的地域内,历史在相当长的一段时期内的发展趋势就是一种高度成熟和长期延续的农业自然经济,以及与此相适应的社会制度、政权形式、意识形态,乃至风俗习惯和民族心灵的存在,这种总趋势是必然的,只要外部条件不改变,它就会呈现为这种发展状态。但是,在这一总趋势的具体过程中,究竟出现哪些王朝,其统治时间长一点还是短一点,疆域大一点还是小一点,社会矛盾尖锐还是缓和等等,无数的具体事件和过程,都取决于无数的偶然因素,如领导者的才能和品格,采取的方针策略,乃至发生过哪些意外的天灾人祸,等等。当外部条件确定之后,只有历史发展的总趋势是必然的,而历史的无数具体事件和过程则都具有很大的偶然性。③"历史的必然"不过是指历史向某一趋向运动、达于某种结果的概率很大,而并非舍此无它。具体历史运动中严格的必然事件很少,而偶然性则是一切历史事变、过程中都包含的、变动不居而又经常起作用的因素的表征。偶然性有时

---

① 宁可:《史学理论研讨讲义》,第26页。
② 刘福森:《超越决定论与非决定论的两极对立——社会历史过程主体性的再探讨》,《人文杂志》1989年第5期。
③ 王和、周舵:《论历史规律》,《历史研究》1987年第5期。

仅仅造成必然性的偏离,有时则根本改变原有的趋势。①必然性规定了历史发展的可能性空间,确立了一个大致的活动范围。偶然性则直接影响历史发展的细节,直接体现为一系列的历史事件。总之,二者从宏观、微观共同作用于历史进程。

三、现代系统科学视野中的偶然与必然

现代系统科学特别是混沌学和耗散结构论的发现,为我们深入认识历史中的偶然性与必然性提供了新的依据。

1961年美国麻省理工学院气象学家洛仑兹在计算一组流体方程时发现,在一特定的方程组中,一个微小的误差可以导致灾难性后果。这一发现导致了后来混沌学的建立。当天气系统处于混沌状态,一个小小的摄动,就可能对全局产生重大影响,这就是"蝴蝶效应":依赖于初始条件的敏感性。换个形象的说法就是:"今天北京的一只蝴蝶扇动空气,可能改变下个月纽约的风暴。"②

"蝴蝶效应"同样存在于社会历史领域。当巨大的社会力量形成对峙状态时,也就形成了无处不在的能牵一发而动全身的临界点,即社会历史处于混沌状态,这时一个小小的随机扰动,都会掀起一场轩然大波。一个小小的机缘、一个小小的力量都可能决定哪一方面获得胜利。正如分水岭上的一股小势力会决定流水将注入大西洋还是太平洋一样。

例如,明朝灭亡、李自成建立政权后,刘宗敏强占陈圆圆、拷掠吴襄,似乎无关军国大事,但对正面临投靠满人还是倒向李自成大顺政权的艰难抉择的吴三桂产生了重要影响。当时,李自成农民军刚刚攻占北京,取得了巨大的军事胜利,而且控制着华北大部分地区和华中一部分地区,拥有几十万军队;满洲政权也正处于上升时期,它在大大小小的对明战争中,掠夺和积累了大量财富,拥有14万劲旅,并开始招抚明朝的残余势力,正野心勃勃地准备夺取全国的统治权。可以说,李自成政权与满人势均力敌、不相上下。这时历史达到一个临界点。但上面提到的细小事件却打破了这种平衡,促使吴三桂下决心投靠满人,于是"冲冠一怒为红颜",引清兵入关,最终清王朝成为中国新的统治者。如果陈圆圆事件不

---

① 赵轶峰等:《历史理论基本问题》,东北师范大学出版社,1994年。
② 张践明:《论历史偶然性与"蝴蝶效应"》,《湘潭大学学报》1994年第1期。

发生,吴三桂极可能倒向李自成,那么17世纪以后的中国历史就要改写了。

可见,一个微小的突发事件,足可以造成灾难性后果或戏剧性变化。少了一颗钉子,丢了一块蹄铁;少了一块蹄铁,失掉了一匹战马;少了一匹战马,失掉一个骑手;少了一个骑手,输掉一场战争;少了一场胜利,失掉一个国家。从少了一颗钉子到失掉一个国家,这一系列连锁反应充分体现出一些偶然的、微不足道的细节所产生的巨大作用。

耗散结构论也非常重视随机因素的作用。它认为,当开放系统远离平衡态时,它就包含着很大数目的分叉,在靠近分叉点时,系统"会呈现出很大的涨落,这样的系统好像是在各种可能的进化方向之间'犹豫不决',通常意义下的著名的大数定律被打破了。一个小的涨落可以引起一个全新的变化,这新的变化将剧烈地改变宏观系统的整个行为"。①社会历史正是一个典型的开放系统,它时常会进入非平衡态。一个随机性事件可以起到决定性作用。如果没有列宁,俄国革命将会完全两样,但却是一个很微小的力量促使德国政府允许列宁返回俄国。②

同时,现代系统科学也并非只见偶然性,不见必然性。洛仑兹即认为,"蝴蝶效应"并非偶然,而系必然,它是气象系统大小标度纠缠在一起的结果。"蝴蝶效应"本身是必然的,而具体的初始条件、某个小小的摄动是偶然的。"蝴蝶效应"产生于混沌系统,混沌不同于紊乱,它具有两重性,即宏观上的无序与微观上的有序。有序中隐含着内在随机性,而随机性中又有潜在的有序,正如玻恩所说:"即使偶然性也不是完全任意的,因为存在着一些机遇律,它们是用数学上的概率论表述出来的。"③这样,偶然性与必然性就统一起来了。

总之,历史中的偶然性与必然性交织在一起,互为补充。它们没有主次轻重之分。要全面地认识偶然性,离不开必然性;要准确地把握必然性,也离不开偶然性。偶然性不是个别的、多余的,必然性也不是注定的、不可避免的。随着人类认识能力和实践能力的提高,以及社会的进步,历史中偶然性与必然性的具体内容和作用形式都将有所改变,但却不会衰

---

① 普里戈金、斯唐热:《从混沌到有序》,曾庆宏、沈小峰译,上海译文出版社,1987年,第48页。

② 详参 H.卡斯特:《究竟是谁帮助列宁回到俄国》,《国外社科信息》1992年第15期。

③ M.玻恩:《关于因果和机遇的自然哲学》,第7页。

减甚至消失。

第三节　人类历史运行的轨迹和方向

"大江东去,浪淘尽,千古风流人物。"这是北宋文人苏轼《念奴娇·赤壁怀古》中的名句。历史的发展有如长江大河,滔滔不绝,人事兴衰随水而去。但历史将流向何处,它运动的轨迹和方向是什么呢？人类历史是一直上升的,还是在走向衰落？人类的未来前景是光明的还是黑暗的？本章即对此展开讨论,尤其对流行的历史进步观念进行反思。

一、从循环、退化到进步：历史运行的三种模式

大致说来,历史的运行不外乎三种模式：循环的、退化的和进步的。这也是宏观意义上的历史运动的大趋势、大方向。

(一) 循环的历史

中国古代流行的是循环模式,即循环变易说。老子云："万物并作,吾观以复。"《易传》曰："既往不复。"孟子说："五百年必有王者兴。"(《孟子·公孙丑下》)具体而言,就是"由尧舜至于汤,五百有余岁","由汤至于文王,五百有余岁","由文王至于孔子,五百有余岁"(《孟子·尽心下》)。清代龚自珍对循环变易说又有进一步的引申发挥："万物一而立,再而反,三如初。"(《壬癸之际胎观第五》,《本集》卷一)

支撑这种循环论的是五行说,尤其是邹衍提出的"五德转移"的历史观。所谓"五德",就是把土、木、金、火、水这五种物质存在的形式(五行),和历史过程的某些时期次第对应,并作为天赋于这一历史时期的总标志和政令、服色制度的总根据。历史就是按五行相胜的顺序,一代一代往复循环的。历史上的每一个朝代都以一种"德"为基础,受一种"德"的支持和支配,"德"有盛衰,朝代随之盛衰。朝代的变换按土德、木德、金德、火德、水德的顺序相继更替。黄帝得土德,"其色尚黄,其事则土"；代之而起的夏是木德,"故其色尚青,其事则木"；殷代夏,是金德代木德,"故其色尚白,其事则金"；周代殷,是火德胜金德,"故其色尚赤,其事则火"。邹衍预言未来取代周的是一个得水德"其色尚黑"的王朝。历史就这样随"五德

转移"而循环不息。

汉代董仲舒继承了邹衍的学说,提出"三统"循环的历史观。"三统"即黑统、白统和赤统。他认为在历史上夏王朝是黑统,商王朝是白统,周王朝是赤统。三者依次循环,改朝换代。班固的《汉书》即采用五德转移说解释朝代的兴衰更替。北宋的邵雍又编制了一套循环说。他以元、会、运、世作为时间单位,历史就在这些大小、层次不同的周期里循环不已。这套历史循环论,基本上是从阴阳八卦里推演出来的。

在西方,循环的历史观念也曾经风靡古代的希腊和罗马。波里比阿认为,人类社会政治制度的发展史是君主制、贵族制、民主制三种优良的制度及各自衍生的暴政、寡头政治、暴民政治三种虐政循环往复、不断交替的过程。希腊时代晚期的斯多葛学派坚持循环论:"我们的后代之所见毫无新颖之物,我们的祖先之所见亦如我们之所见毫无二致。一个四十岁之人已经具有最适中的智力,可以说他已经目睹了过去的一切和未来的全部;世界是何等地始终如一。"①斯多葛派持一种灾变说,认为宇宙在经过数个阶段的发展之后,必有一场大灾难降临,于是一切又重新开始。他们以为,历史的运动与自然界的运动一样,也是一个不断重复的变化过程。总的说来,"万事万物,不管是道德的变迁还是季节的变迁,都存在着一种循环往复"。②

为什么人类社会的早期会盛行一种循环的观念呢?人类最初的知识来源于他们对周围世界的感知,自然界和人自身呈现的周期性运动导致了循环论的出现。每个人都能清楚地观察到,太阳每天都东升西落,月亮每月都有盈亏圆缺;伴随着太阳和月亮的周期性运转,花草树木经历着春夏秋冬的四季交替,不断地发芽、生长、枯萎和死亡;人们也经历着从出生到少年、青年、壮年和老年,然后经由老年迈入坟墓的历程,一代代处于不断的轮回之中。正是自然界和人类的这种周而复始、序次更迭的现象给人以最初的启迪,使人们相信,人类历史是一种永恒的循环运动。循环的历史观将历史过程同化为自然过程。

再者,在古代社会中,社会生活的变化极其缓慢,后人几乎感受不到与先辈有什么不同。周代人的生活和夏代、商代人的生活基本是相似的,所思所为没有太大的差异。前人的经验在后人身上依然有效,历史的延

---

① 约翰·伯瑞:《进步的观念》,第9—10页。
② 塔西佗:《编年史》,王以铸、崔妙因译,商务印书馆,1981年,第178页。

续性体现得相当明显,历史的变动具有高度的稳定性。即使在变动节奏较为迅速的政治方面,政权更迭、王朝兴衰也只能给人一种重复的印象。"过去关于人类史中循环现象之观察,以属于政治方面者为多。"①历史循环观本质上反映了人与自然界的抗争中的失败和消极的心理,以求一种精神寄托。这一寄托可以指向天国,将希望放在遥远的天庭,也可以放在人世,但通常是在已成过往的时代。

西方的文艺复兴时期还出现过一种螺旋式的循环观,是一种在循环中上升、进步与循环并存的历史观。法国勒卢阿在《世界事物的变迁和差异》一书中认为世间事物,尤其是文化都不可能长久不衰,而是经历一个从兴起、繁荣、成熟到衰败、终结的循环的发展过程。作为一个整体世界的文化是循环发展的,它经历了从亚述、米底、波斯、希腊、罗马到西欧各国的递嬗,但这种递嬗不是重演而是进步的。在他看来,古代的自然环境和条件没有超越现在的地方,相反现今所具备的优越性和特殊条件却是古代所未有的。所以,在古代能产生柏拉图、亚里士多德这样的杰出人物,现今也一样能产生这样的人物。他坚信今胜于古的进步的必然性,认为三大发明开辟了现今社会进步的道路,而科技和知识的进步,商业贸易的发展,推动了整个人类社会的前进,从而走向一统。这种历史观承袭了古典时代的循环观念,不过不是过去那种单一的重演论,而是渗透了进步因素。②

维柯在《新科学》中构筑的文明史或世界史模式也是循环式的进步。他认为,世界各民族都在历史发展中经历了神祇时代、英雄时代和凡人时代,这三个时代的递嬗是社会进步的过程。在维柯看来,三个时代的更迭与进步并不是一次性的,理想的永恒的历史并不会随着三个时代的更迭而终结。历史在经历了三阶段上升的演进过程后,还会有复演过程,但下一次三阶段的复演过程并不是前一次的简单重复,而是在更高起点上的新的过程。③维柯阐述的"这种周期性运动并不是通过若干阶段周而复始的一种单纯循环,它不是一个圆而是一个螺旋;因为历史绝不重演它自

---

① 张荫麟:《传统历史哲学之总结算》,《思想与时代》第19期,1933年2月。
② 张广智、张广勇:《史学,文化中的文化——文化视野中的西方史学》,浙江人民出版社,1990年,第184—185页。
③ 严建强、王渊明:《西方历史哲学——从思辨的到分析与批判的》,浙江人民出版社,1997年,第13页。

身,而是以一种有别于已成为过去事情的形式而出现于每个新阶段"。①螺旋式演化与直线式进步不同,时有起伏波动,但总的趋势是上升、向前的。这表明,人类的历史认识正在从循环观向进步观过渡。

(二) 退化的历史

在中国古代,退化的历史观也占据着不少人的头脑。最典型的当属孔子。他认为三代是黄金时代、理想社会,后来越来越倒退,以致礼崩乐坏,道德沦丧。他说:"大道之行也,天下为公。选贤与能,讲信修睦,故人不独亲其亲,不独子其子,使老有所终,壮有所用,幼有所长,鳏寡孤独废疾者,皆有所养。男有分,女有归。货,恶其弃于地也,不必藏于己;力,恶其不出于身也,不必为己。是故,谋闭而不兴,盗窃乱贼而不作,故外户而不闭,是谓大同。今大道既隐,天下为家,各亲其亲,各子其子,货力为己,大人世及以为礼。城郭沟池以为固,礼义以为纪;以正君臣,以笃父子,以睦兄弟,以和夫妇,以设制度,以立田里,以贤勇知,以功为己。故谋用是作,而兵由此起。"(《礼记·礼运》)在孔子眼里,他所处的春秋时代已经比圣人统治的上古三代大大逊色退步了,所以他一心要"复三代之盛"。

春秋末期的老子推崇太古的原始社会,老子将"鸡犬之声相闻,民至老死,不相往来"的小国寡民的社会看作最理想的社会状态,认为人类文明是人类失去素朴本性的缘由,提倡返归素朴、退回到结绳记事的时代。宋代朱熹则认为,夏商周三代帝王的心中都是"天理流行",社会上的一切现象都是"光明"的,是王道盛世;三代以后的帝王心中"未免乎利欲之私",社会上的一切现象都是"黑暗"的,是"霸道"的衰世(《朱子文集·答陈同甫书》卷三十六)。

在古代希腊、罗马人看来,远古时代神灵和英雄们建立的社会秩序是最完美的,此后的任何改变,只能意味着倒退。柏拉图认为,理想的贵族政体曾经存在于世界回复原状时期初始阶段的某处,随后出现了4种政体,分别是类似斯巴达和克里特的荣誉政体、寡头政体、民主政体、僭主政体,这四种政体是逐渐退化的。对色诺芬、赫希奥德等古希腊思想家来说,人类社会是逐步从黄金时代退化到白银时代,再退化到他们所生活的黑铁时代的。生活在公元前8世纪的赫希奥德在《神的谱系》中,把人类

---

① 柯林武德:《历史的观念》,何兆武、张文杰译,中国社会科学出版社,第133页。

的历史划分为五个阶段：第一是"黄金时代"，那时的人们无忧无虑，过着神仙般的生活；接下来是"白银时代"，出现了残忍的行为和对战争的欲求；"青铜时代"人们的命运更为悲惨，无休止的战争使他们同归于尽；接着的"英雄时代"，战争继续连绵不断，最后那些半神半人的英雄都为战火所吞噬；赫希奥德把他自身的时代称为"黑铁时代"，这时人们的生活仍为凄苦、邪恶和死亡所缠绕，失去了往日的英雄气概，跌入了庸碌平淡的生活环境中。①

而早期的和中世纪的基督徒们，都把世界的历史视为是一种衰败：自从亚当夏娃在伊甸园里失去了天真以后，在地球上再也不能恢复人类的乐园了。他们还相信最后审判的来临，这一天将是所有现世历史的结束。希腊时代的塞涅卡认为，地球上的人类生活遭到周期性的毁灭，或是毁于大火，或是毁于洪水；每个时期均开始于一个黄金时代，而此时的人们生活于原始的简朴之中。至人类从这一状态退步时，艺术和发明借奢华和罪恶之手加速了退步的步伐。②

文艺复兴时期的欧洲人也相信，尽管他们重新发现了古代世界的许多文化，但是在道德和文化上，却远次于希腊人和罗马人。卢梭认为，人类在进入"社会状态"前，曾经生活在"自然状态"中，那时一切都是美好的。卢梭把"自然状态"描绘成一派清新纯朴的景象。但是，自然状态不能长期存在下去，后来人类出现了不平等，自然状态进入社会状态。私有制的产生标志着文明社会的开端，直接的后果是社会不平等。他认为，在私有制的基础上人类文明每前进一步，还伴随着精神上的不平等的深化和普遍的道德堕落。③ 1755年伏尔泰收到卢梭的《论人类不平等的起源和基础》一书后，给他写了一封信，信中说："我收到了你的反人类的新书，谢谢你。在使我们都变得愚蠢的计划上而运用这般聪明灵巧，还是从未有过的事。读尊著，人一心想望四脚走路。"④卢梭在这样一种认识框架内，要把人类的历史解说为一种持续的发展几乎是不可能的。

古人之所以产生历史退化的思想，源自私有制、剥削、压迫等社会不公及虚伪、欺诈各种邪恶现象的广泛存在，与传说中远古时代的正义、平

---

① 王晴佳：《西方的历史观念：从古希腊到现代》，第12页。
② 约翰·伯瑞：《进步的观念》，第11页。
③ 卢梭：《论人类不平等的起源和基础》，李常山译，商务印书馆，1962年。
④ 罗素：《西方哲学史》下卷，马元德译，商务印书馆，1982年，第229页。

等、纯朴的社会相对照所形成巨大的反差。关于童年期的人类社会的传说仍深深存留于人们的记忆中,人们对这种理想状态充满向往,成为衡量社会进退的价值参照。而邪恶、贪婪、欺诈等现象却与日俱增,人们自然会感叹世道浇漓、天良泯灭,产生今不如昔的感觉,从而悲观地认为人类历史处于倒退的状态。所谓人心不古,表达的就是这样一种感受。正因如此,退化的历史观仍然存在于不少西方现代社会的思想家之中。他们也以倒退的眼光审视西方社会的历史进程,认为近代理性和科学文化的发达,使社会走上了下坡路,变得物欲横流,精神空虚,人走向堕落和退化,人类社会出现了严重危机。历史退化观是以人类早期处于完善状态的假定为基石的。"世界普遍衰退的观点威慑着人类各种努力所带来的希望,也降低了人们努力的热情。"①

(三) 进步的历史

在古代没有形成系统的历史进步理论,近代的历史进步论滥觞于基督教的神学史观。公元4世纪的神学家奥古斯丁指出,人类社会按上帝的意志,经过若干必要发展阶段而将升入天国,达到获得永恒幸福的预定目的。他把人类历史的发展分为婴儿期、少年期、青年期、壮年期、半老年期和老年期六个阶段,六个阶段之后是末日审判,选民将进入永恒的天国。人类社会向理想的目的发展的同时伴随着人类在物质、在文化知识上的连续进步。这两种进步是一致的,选民的未来是美好的,无限幸福的。这种历史的进步出自"上帝的旨意"。他把人类社会的历史看作是一个只经历一次的不断进步的并且是直线进步的过程。中世纪基督教神学历史哲学用神学的语言阐述了某种历史进步的理论,但那是神的进步而不是人的进步,人在这种进步中不占主导地位。

近代意义上的进步观念是文艺复兴时期的产物。②时至16世纪以后,随着西欧资本主义经济文化的发展,世俗的历史进步思想逐渐取代了宗教的进步观。人们形成一种普遍的信念:历史是一系列朝向一个方向的不可逆转的变化,是持续的进步和发展。进步的理论来自进步的历史,社会历史的巨大变迁导致了历史理论的更新。

代表启蒙时期历史进步观念最高成就的是法国思想家杜尔阁和孔

---

① 约翰·伯瑞:《进步的观念》,第64页。
② 张广智、张广勇:《史学,文化中的文化》,第183—185页。

多塞。

1750年,杜尔阁作了题为《论人类精神的持续进步》的报告。在他看来,人类社会是一个服从进步规律的无穷尽的整体,历史进步是严格地决定了的有因果制约的过程。①杜尔阁把人类的历史与自然界进行对比,认为在自然界中没有真正的本质上的变革,一切都在产生,一切也都在灭亡,在那里看到的仅仅是重复,是循环;而在人类社会中却充满革新,充满了个性。人性本质上是创新,具有创新的自然倾向。所以,人类社会在向着日益完美的方向循序渐进地运动。

孔多塞把古、现代分别比作春天和秋天,如同自然界春天播种、秋日收获的生长规律一样,所以现代拥有过去所有世纪的成果,现代人们的知识和创造都远远超过古代的人们。他甚至认为基督教时代的成就也远远超过古代。他相信,社会是不断发展的,越往后,社会和时代越进步。人类将不再会衰退,也不再会有智力的退化,相反,由于知识的增长而不断改进,形成一种追求进步的天性。孔多塞相信,人类的进步和完善在其发展中是没有界限的,无限的进步是完全可能的。"自然界对于人类能力的完善化并没有标出任何限度,人类的完美性实际上乃是无限的;而且这种完美性的进步,今后是不以任何想要扼阻它的力量为转移的;除了自然界把我们投入其中的这个地球的生命而外,就没有别的限度。"②这些观念突破了人类历史的循环发展理论,洋溢着对历史无限进步的憧憬。

启蒙思想家坚信社会进步的必然性与无限性,把社会进步看作是一个由理性先定的、以知识积累和科学技术发展为基础的,以改造自然、改造社会与完善人性为基本内容的变迁过程。这种进步观念以历史决定论为基础:作为一种关于人类向美好未来前进的历史过程理论,进步观念凭借把全部人类历史描述为不断趋近这一理想目标的过程,从其中表现出社会发展所具有的不可移易的"趋势"与"规律",由此使它获得必然性、客观性与确定性。③进步观念成为西方社会的一个核心价值,正如彼得·伯克所说:"西方历史思想最重要或最显著的特点在于它对发展或进步的强

---

① 奥伊则尔曼主编:《十四—十八世纪辩证法史》,钟宇人、朱成光译,人民出版社,1984年,第235—236页。
② 孔多塞:《人类精神进步史表纲要》,何兆武、何冰译,三联书店,1998年,第2页。
③ 郝永平:《进步观念的当代重建》,湖北教育出版社,2000年,第37、67页。

调,换言之,在于它看待过去的'线性'观点。"①

近代西方的进步观念波及中国,并迅速传播开来,最终取代了传统的循环变易思想。晚期思想家魏源即提出:"上古之风,必不可复。""三代以上,天皆不同今日之天,地皆不同今日之地,人皆不同今日之人,物皆不同今日之物。"②康有为的《孔子改制考》中的公羊三世说和大同理想,体现的是一种明显的历史进化观。根据他的理论,人类将经过据乱世、升平世,最后到达太平世,达到一个完美的大同理想境界。它同中国历史上以往所有的社会理想的根本区别,在于把理想社会放在遥远的未来,而不是已经消失的过去。梁启超也是大力鼓吹进步、进化的典型。在1902年的《新史学》中,梁启超指出:进化之状,"其象如一螺线","其变化有一定之次序,生长焉,发达焉,如生物界及人间世之现象"。③循环略似一圆,周而复始,无所始终,起于此点,终于此点;而进化则体现了上升趋势。万事万物的进化,"非为一直线,或尺进而寸退,或大涨而小落,其象如一螺线"。他批评孟子的治乱循环说,是把历史的螺旋上升误认为圆形的简单重复,是"误会历史真相之言也"。他认为:"凡人类智识所能见之现象,无一不可以进化之大理贯通之。政治法制之变迁,进化也。宗教道德之发展,进化也。风俗习惯之移易,进化也。数千年之历史,进化之历史;数万里之世界,进化之世界也。"④历史进步观念遂成为20世纪中国思想界的主流。

人类历史的发展基本上不出循环、退化和进化三种主要模式。在古代,循环模式为人们所普遍接受,而退化思想则主要存在于少数忧世伤生的圣贤人物的思维中,近代独占鳌头的无疑是历史进步论。而20世纪以来,历史进步观念则因人类苦难的继续存在甚至扩大而日益动摇,但它在当代人的历史意识中仍产生着挥之不去的影响。人类对自身历史发展过程的批判性反思仍是以历史进步论为起点的。

二、历史进步观反思

近代以来,进步观念深深地影响着人们的生活,成为人们把握过去、

---

① 彼得·伯克:《全球视野中的西方历史思想:十个命题》,陈启能主编:《历史与当下》,上海三联书店,2005年,第5页。
② 《魏源集·默觚·治篇五》,中华书局,1976年。
③ 《新史学》,《梁启超全集》,北京出版社,1999年,第739页。
④ 《论学术之势力左右世界》,《梁启超全集》,第559页。

现在和未来的一个基本工具。彼得·欧皮茨指出:"有许多概念为这个时代打下了烙印,其中心概念是'进步'。"①比尔德认为:"在过去两百年内对大众和个人事务产生影响的那些观念中,任何一个都不会像进步这一观念那样具有更加重大的意义,也不太可能像进步这一观念对未来产生更大的影响。"②"人类进步的观念是一种理论,涉及一种对过去的假设和对未来的预言。它的基础是对历史的一种阐释,这种阐释认为人类是朝着一个确定和理想的方向缓慢前进——即一步一步地前进,并推断这一进步会无限期地持续下去。"③

在实际的、具体的历史中,进步的内涵主要可以区分为三个方面:物质生活的进步、科学知识的进步和道德人性的进步。其中,物质财富的增长、物质生活的进步是最基础的,科学知识文化上的进步是人类智慧不断发展、人类创造力不断提高的体现,道德或人性的进步则是人在精神层面的提升,是最终脱离动物状态的指标。前两个方面属于认识世界和改造世界的范畴,后一方面则是人类认识自身和完善自身的尺度。

(一) 物质生活的进步

这是任何人都能真切感受得到的。几千年来,人类的物质生活发生了巨大变化。远古时代的人类祖先,居住在野兽出没的原始森林中,茹毛饮血,以渔猎和采集为生,使用简单粗陋的工具,钻木取火,还时刻面临死亡的威胁。他们群居杂交,以树叶遮羞,处于半动物状态。而现代人居住在舒适的高楼大厦中,享用着营养丰富的美食,穿着华衣美服,乘坐着方便快捷的交通工具,使用着多样化的通讯交流手段。同时,先进高效的生产设备解放了人的体力,优越发达的医疗条件使人的疾病得到控制、寿命大大延长。可以说,今天一个普通平民所拥有的生活条件是古代最尊贵的帝王都享受不到的。

不同时期人类物质进步的速率大小不一。从罗马帝国创建到18世纪将近2000年的时间内,人类的生活状况改善的速度非常缓慢。拿破仑时代的人在衣食住行各方面与恺撒时代没有太大区别。古罗马人可以轻

---

① 彼得·欧皮茨:《"进步":一个概念的兴衰》,《中国社会科学季刊》(香港),1994年夏季卷。
② 约翰·伯瑞:《进步的观念》,比尔德"引言",第2页。
③ 同上书,第3页。

易地适应18世纪法国人的工作、技术和生活方式。但是当代生活则有如一座高耸的奥林匹斯山,远远超过了以往的水准。①尤其人类从农业文明进入工业文明后,物质生产力的增长出现飞跃。马克思、恩格斯在《共产党宣言》中曾指出:"资产阶级在它的不到一百年的阶级统治中所创造的生产力,比过去一切世代创造的全部生产力还要多,还要大。自然力的征服,机器的采用,化学在工业和农业中的应用,轮船的行驶,铁路的通行,电报的使用,整个整个大陆的开垦,河川的通航,仿佛用法术从地下呼唤出来的大量人口——过去哪一个世纪料想到在社会劳动里蕴藏有这样的生产力呢?"工业化创造了巨量的物质财富,极大地增进了人类的福利。如果没有工业化,人类就可能仍停留在食不果腹、衣不蔽体的落后状态;地球上也容纳不了这么多人口;人类的基本生存也没有保障,发展更是空谈。20世纪后半期从工业社会向信息社会的迈进,更是一个巨大飞跃。法国社会学家格·普·阿波斯托尔估计,当今物质生产力三年内的变化,相当于20世纪初三十年内的变化,牛顿以前时代三百年内的变化,石器时代三千年内的变化。②

人类社会的物质进步具有总体性和长期性,也就是说,宏观地看,呈现出上升增长的趋势。而在个别时期,也存在停滞甚至倒退的现象。比如,自然灾害、战争、经济危机都会影响物质生产和生活。有人预言,20世纪之后人类的物质进步的速度将放缓,甚至即将终止。"过去的进步已经大幅度地改善了技术与经济的能力,以满足人类的欲望,因此能够再进步的空间就非常有限。未来进步的幅度将局限在可能性很小的最新发明的范围内,而且增加的幅度将愈来愈小。"③这也是可能的,但总的进步趋向却没有根本改变。

物质生活的改进是人类历史进步的前提和基础。哈耶克突出强调物质进步的重要性,他说:"今天,只有通过快速的物质进步,才能满足世界上广大民众的种种愿望。只有在这个时代,人类的大多数才刚刚意识到,我们有可能消灭饥荒、脏乱和疾病;在经历了几个世纪甚至上千年的停滞后,人类才开始谈到扩展技术进步的潮流;哪怕我们的进步速度有所降

---

① 欧文·佩基:《进步的演化》,第7页。
② 格·普·阿波斯托尔主编:《当代资本主义》,陆象淦、刘开铭译,三联书店,1979年,第34—35页。
③ 欧文·佩基:《进步的演化》,第110页。

低,对我们也是致命的。"①19世纪以来的历史进步观首先是一种物质主义进步观。人类历史在物质生活层面的提高和改善是历史进步的最直接、最有力的证明。"这种自古至今都没有中断的明显的物质进步一直是现在流行于世的对进步的普遍信仰的支柱。"②

(二) 科学知识的进步

从牛顿的经典力学到爱因斯坦的相对论,从宇宙地心说到哥白尼的日心说,见证着科学的不断发展。而近代的历史进步观念首先是科学发展的结果,是建立在对人类科学文化知识的坚定信仰之上的。这种历史观坚信,随着人类科学文化知识的增长,人类社会也相应不断地向前迈进。从知识的进步联系到理性的增强,从理性的增强联系到道德的进步,从道德的进步联系到社会的进步,联系到人们更大的幸福,在历史进步的理论链条上环环相扣,建立了关于历史进步的全面的、系统的理论体系。随着科学技术的不断发展,自然的征服、财富的获取使人类日益成为自然的主人,人类面临的一系列难题也迎刃而解。科学技术的发展所引起的社会生活各个方面的深刻变化,使人们信奉科学技术的万能力量,使人们对进步的过程与前途充满希望。"所有的进步论都以知识的进步为出发点;其他事物都建立在这个基础之上。"③事实上,知识的进步成为一切进步的前提和基础。

科学具有神奇的力量。罗素曾不无夸张地说:"近代世界与先前各世纪的区别,几乎每一点都能归源于科学。"④人类学家麦克斯·格拉克曼指出:"科学是一门学问,它能使这一代的傻瓜超越上一代的天才。"⑤15世纪的达·芬奇因为能够驾驭大部分的世界知识而成为文艺复兴时代最早的学者,但是当今任何一个稍聪明的十几岁小孩都有很多知识可以学习。⑥16世纪法国哲学家拉穆斯评论道:"我们在一个世纪之内已经目睹

---

① 艾伯斯坦著,《哈耶克传》,秋风译,第25章自由宪章(上),中国社会科学出版社,2003年。
② 约翰·伯瑞:《进步的观念》,第226页。
③ 格鲁内尔:《历史哲学——批判的论文》,隗仁莲译,广西师范大学出版社,2003年,第125页。
④ 罗素:《西方哲学史》下卷,第43页。
⑤ 桂慕文:《人类社会协同论》,江西人民出版社,2001年,第124页。
⑥ 欧文·佩基:《进步的演化》,第172页。

到的在人类和承载知识的著作方面所取得的进步,要比我们祖先在此前十四个世纪的全部过程中所取得的进步要高尚伟大。"①

知识进步观的代表人物培根提出"知识就是力量"的口号,认为人类历史的进步是建立在人类知识进步的基础之上的。他指出,我们应该注意到人类的新的发明的力量、效用和后果。②并多次强调,知识的目的并不在于知识本身而在于人对自然的统治,由此他导召人们去努力认识自然和驾驭自然,一旦人们掌握并运用科学的知识,整个世界的面貌也将会发生深刻的变化。他要求人们不再迷信以往的知识成就,而应去重新构建一种新的科学的知识体系。他对未来科学的进步充满了信心,认为随着它的进步,整个人类社会也将不断走向进步。③

人类知识的进步是历史进步的动力,因为知识的增长是与道德的进步、人的完善和人们物质生活条件的改善、人们更大的幸福密切相关的。知识的增长不可避免地带来人的自由、美德和对人的自然权利的尊重,带来道德的进步。"这个时刻将会到来,那时候太阳在大地之上将只照耀着自由的人们,他们除了自己的理性而外就不承认有任何其他的主人;那时候暴君和奴隶、教士及其愚蠢而虚伪的工具,除了在历史之中和舞台之上而外就将不再存在。"④孔多塞把对社会的科学认识当作社会进步的前提条件,把人类历史看作"人类精神进步的"历史。

不过,人们感受最深、最直接的恐怕还是作为科学知识的实际应用的技术的不断发展进步。技术实实在在地改变着人们的生活,为科学进步提供着有力支撑。技术中有一种内在的东西似乎可以保证技术无限地发挥作用。首先,"技术中没有任何终极的东西。技术领域内的一个问题的解决总是开启了对新问题的探究。某个专业内的活动会引发出相邻的科学专业需要研究的问题"。其次,"人们对一般意义上的身体的舒适、安全、健康和幸福的热情追求,总是成为技术探索的潜在动力"。再次,"技术的背后有人类无法满足的好奇心,这种好奇心会引导着人类利用望远镜去探求天宇,潜到海洋的底部,探索原子世界"。⑤

---

① 约翰·伯瑞:《进步的观念》,第25页。
② 培根:《新工具》,许宝骙译,商务印书馆,1986年,第103页。
③ 同上书,第129节,第185页。
④ 孔多塞:《人类精神进步史表纲要》,第182页。
⑤ 约翰·伯瑞:《进步的观念》,比尔德"引言",第11页。

在进步观念的鼓舞下,人类历史一度凯歌行进,但好景不长。在当代西方,以理性和科学为理论支柱的历史进步观已经遭遇严峻挑战。依据这种历史观,人类社会的进步是以精神的、心智的进步为基础的,而科学知识是人类理性发展的结晶。因而它断定随着科学知识的进步,人类生活会变得越来越完善,越来越美好。然而事与愿违,近现代西方社会的深刻的内在矛盾和种种丑恶现象,物质文明与精神文明发展的巨大落差,连续两次世界大战的人类大屠杀,重创了人们的这种乐观信念,引起了不少思想家的反思和质疑。

成立于1972年的"罗马俱乐部"在其著名的研究报告——《增长的极限》中,列举分析了世界在人口、工业化、污染、粮食生产和资源消耗方面存在的全球性问题,直接驳斥了工业化以来西方国家在征服自然、发展经济方面取得成就后而产生的技术万能的论调,强调科学技术的进步及其不顾后果和不加限制的迅猛发展已使人类陷入困境。研究表明,技术进步导致了人与自然关系的危机,进而造成社会的危机与人类的困境。这就强烈地冲击了立基于征服自然、发展科学技术和实现经济增长之上的进步观念。

人们越来越认识到,不但科学知识的发展不能兑现社会的进步,即使科学自身也并非是不断进步的。1932年,史学家伯瑞在其《进步的观念》中就作过这样的陈述:"在过去的三四百年里,科学一直在不间断地进步;每一新发现都导致新的问题和新的求解方法;并开拓出新的探索领域。迄今为止,科学精英们从未被迫停止过,他们总是有办法向前发展,但是谁能保证他们不会碰到无法逾越的障碍?"[①]科学的发展不是一片坦途,而是前途未卜。

霍根在《科学的终结》中指出:"如果你相信科学,就必须接受这种可能性,甚或已具有几分现实性的可能性,即:伟大的科学发现时代已经结束了。这里的科学,并不意味着应用科学,而是指那种最纯粹、最崇高的科学,即希望能理解宇宙、理解人类在宇宙中的位置这类最基本的人类追求。将来的研究已不会产生多少重大的、或革命性的新发现了。"[②]科学要取得足以媲美达尔文、爱因斯坦等人的新发现已不可能。[③]持"科学末日"

---

① 约翰·伯瑞:《进步的观念》,第2页。
② 约翰·霍根:《科学的终结》,孙雍君等译,远方出版社,1997年,第9页。
③ 同上书,第24页。

观点的人认为,随着科学领域不断取得成就,人类面临的比较容易解决的问题差不多都已经解决了,剩下的都是一些无法回答的问题(如思维的本质)或无法证实的理论。

总之,科学是一把双刃剑。它可以用来提高生产效率,延长人的寿命,也可以用来建造死亡集中营,制造毁灭性武器。科学技术的利用并非总是带来善的结果,科学并不承诺社会历史的进步。但是,科学依然是人类知识的中心,依然是人类文明中最灿烂辉煌的部分,依然是人类认识世界、改造世界、认识自身、改造自身的强大武器,将来依然会在人类历史中担当重要角色。今天我们反思科学,不是要抛弃科学知识,退回野蛮蒙昧的原始状态,而是应当合理地运用科学为人类造福,尽力避免对科学误用和滥用,以达到推动历史进步的目的。

(三) 道德或人性的进步

人类与动物不同,在维持生存的基础上,人还具有精神需要和价值追求。人性是人类区别于自然界的最本质的部分,道德或人性的进步就成为标示社会历史进步的一个主要向度。人的道德不断提升,不断趋向于善,人性充分的发挥,是人类历史进步的题中应有之义。

古希腊的思想家很早就提出了善的概念。苏格拉底说:善是我们一切行为的目的,其他一切事情都是为善而进行的,并不是为了其他目的而行善。他认为善出于知,而恶出于无知,倡导"知识即美德"。柏拉图认为善不仅是人生的最高目的,而且也是全部社会生活的目的。柏拉图在《理想国》中展示给人们一个为了某种善的目的而存在的道德共同体。亚里士多德说:"人类所不同于其它动物的特性就在他对善恶和是否合乎正义以及其它类似观念的辨认。""人类由于志趋善良而有所成就,成为最优良的动物,如果不讲礼法、违背正义,他就堕落为最恶劣的动物。"[①]古希腊思想家所设想的完美的政治模型就是体现美德、正义与至善的道德理想国。他们主张城邦政治以伦理道德为基础,将美德和善作为人们公共生活追求的目标,人与人之间的关系以及社会生活建立在道德规范之上。

在康德看来,"人性中有一种趋向改善的禀赋和能量"。这不仅是一条善意的、值得推荐的命题,"而且还是一条尽管有各式各样的不同信仰

[①] 参见亚里士多德:《政治学》,吴寿彭译,商务印书馆,1981年。

者，但在最严谨的理论上仍然可以成立的命题，即，人类一直是在朝着改善前进的并将继续向前进"。所以，人类道德是进步的，从而善必定战胜恶。①"人身上的所有这些能力不仅是(消极或积极的)善(不违反道德法则的)，而且是具有向善的能力的(促进对善的服从)。它们是原初的，因为它们属于人本性的潜能。"②他是主张人性善的。

赫德尔认为，"人道"是人类天性的目的，是我们在世界中追求的目标，历史的未来就是趋向于更加人道。赫德尔认为一切历史进步都是对人道目标的部分实现，"人道"是内在于人类历史活动中的。③这样，对善和人性的追求，成为历史进步的驱动力。孔德则说："人类的进步实质上就是人类所固有的道德和理智品质的进化。"④

实际的历史却并非如此理想。"任何社会都既有天使，又有魔鬼。更确切地说，构成社会的人同时既有天使般善的一面，也有魔鬼般恶的一面，善与恶的比例孰大孰小，则取决于各方所得报酬多少。"⑤人类的历史并不是一部道德人性不断完善的历史。随着物质文明的大幅度增长，人类的精神家园日益荒芜。从古代迈入近代，人类的道德没有升华，反而堕落了。卢梭认为，随着私有制的产生、文明社会的发展，人类的心灵、行为和相互关系日趋腐败和堕落。⑥法国作家夏多布里昂说："当人类达到文明的最高点时，也就处于道德的最低级台阶，如果说人类是自由的，那么他也是野蛮的；他在教化礼仪之时，也为自己铸造了锁链。心灵的获益以大脑为代价，大脑的获益以心灵为代价。"⑦德国哲学家尼采敏锐地观察到，随着上帝之死，道德上、理智上、信仰上的危机出现了，世界本身丧失了意义，现代人陷入了"一切皆虚妄"的境地，因此"一步步颓废下去"，"这是我给现代'进步'下的定义"。⑧雅斯贝尔斯写道："与轴心时期相比，最

---

① 康德：《历史理性批判文集》，第155—156页。
② 康德：《宗教哲学》第一部分，《康德文集》，郑保华主编，改革出版社，1997年，第392页。
③ 韩震：《西方历史哲学导论》，山东人民出版社，1992年，第180页。
④ 汉默顿：《西方名著提要》，何宁译，中国青年出版社，1957年，第332页。
⑤ 福山：《大分裂：人类本性与社会秩序的重建》，刘榜离等译，中国社会科学出版社，2002年，第225页。
⑥ 卢梭：《论人类不平等的起源和基础》。
⑦ 约翰·伯瑞：《进步的观念》，第186页。
⑧ 尼采：《偶像的黄昏》，周国平译，湖南人民出版社，1987年，第106—107页。

明显的是现在正是精神贫乏人性沦丧,爱与创造力衰退的下降时期。"①

工业化不但对环境、资源、生态造成破坏,对人性也施加压抑。资本社会无情地摧毁了传统的道德伦理观念和价值体系。马克思、恩格斯在《共产党宣言》中说:"资产阶级在它已经取得了统治的地方把一切封建的、宗法的和田园般的关系都破坏了。它无情地斩断了把人们束缚于天然尊长的形形色色的封建羁绊,它使人和人之间除了赤裸裸的利害关系,除了冷酷无情的'现金交易',就再也没有任何别的联系了。它把宗教虔诚、骑士热忱、小市民伤感这些情感的神圣发作,淹没在利己主义打算的冰水之中。它把人的尊严变成了交换价值,用一种没有良心的贸易自由代替了无数特许的和自力挣得的自由。""资产阶级撕下了罩在家庭关系上的温情脉脉的面纱,把这种关系变成了纯粹的金钱关系。""一切神圣的东西都被亵渎了。"已经被破坏的不都是应当被破坏的,不都是历史的残渣,其中的确有一些道德人性中珍贵的东西被永远毁灭了。

西方现代化发展与人的沉沦之间的矛盾日益凸显,对此,托夫勒在《第三次浪潮》一书中提出这样的问题:"今天的技术变革和社会变动是不是意味着友谊、爱情、衣物、集体生活和关怀都结束了?明天的电子化奇迹会不会使人的关系变得比今天更加空虚和隔阂?"②

西方学者对现代文明社会的批判集中展示了道德人性所遭受的戕害,有力地驳斥了历史进步观念。此外,从精神道德本身来看,道德人性并无统一的衡量尺度,因而所谓进步即使有也是相对而言。道德人性处在不断的变动之中。一时代有一时代的道德,不同群体有不同群体的道德。某种行为在此时此地是道德的,而到彼时彼地则成为不道德的。如原始人类的群居杂交行为,兄妹之间的婚配现象,在当时是完全合乎道德的,在今天看来却是乱伦。再如,在中国传统社会中,儒家主张的"三纲""五常"是普遍公认的道德标准,而到了现代社会则是非道德的。此外,道德价值的标准不是一元而是多元的,人们衡量道德的升降时,选用的尺度不同,结果自然也不同。笼统而言道德的进退,多少有些偏执和绝对。

道德或人性的进步,是人类对自身发展的一种美好期待,虽为不少理想主义者所坚持,但在客观历史进程中却一再遭遇挫折。我们很难说今天的人比孔子时代的人更高尚、更有道德,事实可能恰恰相反。对善的追

---

① 雅斯贝尔斯:《历史的起源与目标》,魏楚雄、俞新天译,华夏出版社,1989年,第112页。
② 托夫勒:《第三次浪潮》,朱志焱等译,中国对外翻译出版公司,1985年,第457页。

求,道德的向上性,并非人性中自然而然的倾向,不是人的本能,而恶却常常左右着人的言行。人性的实现虽以物质生存为基础,但只是必要条件而非充分条件,物质的富足反而导致贪欲的膨胀,最终迷失人性。人们也曾经天真地以为,科学本身就是善的,知识即美德。科学的发达并不能保证道德的日益完善。正如罗素所说:"科学技术不像宗教,它在道德上是中立的:它保证人类能够做出奇迹,但是并不告诉人该做出什么奇迹。"① 科学与道德根本就是两回事。归根结底,作为环境产物的人,虽追求心灵的自由、道德的净化,却又常常身不由己,为外物所役,人类道德的进退,更多地取决于他所生存的时代状况。

历史的演进将是一个无穷的过程,人类思维能力所及只是其中的某一环节而已。无论循环的、退化的或是进步的,都难以完全穷尽整个人类历史进程和宇宙万物。它们"皆可为人类史之部分的考察之导引观念、试探工具,而皆不可为范纳一切史象之模型"。② 人类的好奇心又促使其不断地探索叩问自身历史的奥秘。宇宙的无限性和人类认识的有限性的矛盾是历史运行模式不能被最终发现的根本原因。

就目前人类经历的历史来看,的确呈现出一种进步的总态势,尽管其间夹杂着停滞和倒退。但这种进步并不具有必然性、确定性,进步的历史并不能保证进步的未来,人类的某种愚蠢行动(如发动核战争)将可能导致倒退甚至毁灭。人类必须不断反思、调整、约束自己的行为,才能保持进步的趋势。再者,这种进步已经不是近代的理性乐观主义者所信奉的那种单一的、直线的运动,而是充满着曲折和坎坷。正如俄籍流亡作家索尔仁尼琴所说:"进步曾被看作是闪光的、笔直的矢量,而事实上却是不规则的曲线。"③ 孔德也说:"文明的进程就其本身而言并不是直线前进的,而是像动物的爬行那样,歪歪扭扭,以平均运动为中心蜿蜒前进的。"④ 既然如此,历史的发展就不是单向的,而成为多元的,进步与退化交织在一起,幸福与苦难相生相伴。如伏尔泰所言,历史进步并不是平静的、平坦的进程,而是善与恶、理性与无知不断斗争的过程,全部历史就是"一连串的犯罪、狂妄和不幸,在这些现象中,我们也可以看到为数不多的美德、几个幸

---

① 罗素:《西方哲学史》下册,第7页。
② 张荫麟:《传统历史哲学之总结算》,《思想与时代》第19期,1933年2月。
③ 彼得·欧皮茨:《"进步":一个概念的兴衰》,第184页。
④ 雷蒙·阿隆:《社会学主要思潮》,第102页。

福的时代,犹如散布在荒野沙漠上的绿洲孤岛一般"。①

但人们还是愿意相信,倒退和苦难是可以战胜的,进步终将继续。进步成为"今天唯一能填补'上帝死后'的位置的,关于人类社会生活和历史创造活动的秩序性、指导性、肯定性、激励性历史观念"。②"所有西方最伟大的事物——宗教、科学、理性、资源、平等、正义、哲学、各种艺术等等——的历史,都深深植根于那种信仰和信心,即相信人们在其自己的时代所做的是对过去的伟大性和必要性的当下赞颂,以及对一个永远都更光明的未来的自信。"③在近代人类所形成的众多观念中,进步是人类赖以为生的最重要的观念之一,几乎是近代的一种宗教抑或宗教的替代品。④人类对进步、至善的向往和追求曾经是、现在是、将来也是历史前进的重要驱动力。在这里,进步与其说是一个事实,不如说是一种信念。

三、社会形态演化问题

以进化的观点来看,人类社会的历史是有规律的,人类历史是一个线性发展的过程,不同国家、民族、地区的历史遵循着共同的发展模式。从技术形态上,人们把人类历史划分为石器时代、铜器时代和铁器时代;从生产生活方式上,人们又把人类社会划分为游牧时代、农耕文明和工商文明等。这描述出人类社会的基本的演进轨迹。

德国哲学家黑格尔根据人类自由意识的发展将世界历史分为四个阶段:第一阶段是东方世界,包括中国、印度等国,只有专制君主一人是自由的;第二阶段是希腊世界,主要是个体的自由;第三阶段是罗马世界,形成一种抽象的自由;第四阶段是日耳曼世界,一切人的自由变为现实。⑤美国人类学家摩尔根在其《古代社会》一书中依据人类文明进程的阶段性,划分为野蛮时代、开化时代、文明时代,人类史的起源相同,经验相同,进

---

① 伏尔泰:《哲学通信》,高达观等译,上海人民出版社,1961年,第44页。
② 姚军毅:《论进步观念》,中国社会科学出版社,2000年,第39页。
③ 尼斯比特:《进步观念史》,转引自格特鲁德·希美尔法布:《新旧历史学》,余伟译,新星出版社,2007年,第222页。
④ 迈克尔·斯坦福:《历史研究导论》,第12页。
⑤ 黑格尔:《历史哲学》,第19页。

步相同。①黑格尔和摩尔根的学说对马克思、恩格斯影响甚大,成为其构建社会发展形态理论的重要来源。

马克思、恩格斯的社会形态理论通常被概括为五种生产方式学说。所谓五种生产方式学说,就是认为"人类社会共有原始社会、奴隶社会、封建社会、资本主义社会和以社会主义为其低级阶段的共产主义社会五种社会经济形态。它们之间的关系是前者产生后者,后者高于前者。如无特殊情况,它们中间的任何一种社会经济形态对于世界上每个民族和国家的历史来说,都是不可或缺的必经阶段,它们中间的任何一种社会经济形态都具有普遍意义"。②

学界多将五种生产方式说追溯至马克思在《〈政治经济学批判〉序言》中的一段话:"大体说来,亚细亚的,古代的,封建的和现代资产阶级的生产方式可以看作是社会经济形态演进的几个时代。"③在这一表述中,亚细亚为一地域名词,古代为一时间名词,与封建的、现代资产阶级的不在同一逻辑层次。马克思的这段话意思并不十分确定,为后世留下了不小的推论和想象的空间。其中,关于亚细亚生产方式就曾引发很大争论。

与马克思留有余地的表述不同,后继者几乎以斩钉截铁的方式断言:"世界各国所有一切人类社会数千年来的发展,是这样向我们表明这种发展的一般规律性、常规性和次序的:起初是无阶级的社会——父权制原始社会,即没有贵族的原始社会;然后是以奴隶制为基础的社会,即奴隶占有制社会。整个现代文明的欧洲都经过这个阶段——奴隶制在两千年前占有完全统治的地位。世界上其余各洲的绝大多数民族也都经过这个阶段。……在历史上继这种形式之后的是另一种形式,即农奴制。在绝大多数国家里,奴隶制发展成了农奴制。……后来,在农奴制社会内,随着商业的发展和世界市场的出现,随着货币流通的发展,产生了一个新的阶级,即资本家阶级……在人类历史上有几十个几百个国家经历过和经历着奴隶、农奴制和资本主义。"④这段话也被作为五种生产方式说形成的

---

① 摩尔根:《古代社会》,杨东莼等译,商务印书馆,1957年,第9页。王铭铭:《"裂缝间的桥":解读摩尔根〈古代社会〉》,山东人民出版社,2004年。
② 胡钟达:《再评五种生产方式说》,《历史研究》1986年第1期。
③ 《马克思恩格斯选集》第2卷,第33页。
④ 这段话出自1919年列宁在斯维尔德洛夫大学的讲演《论国家》的记录稿,1929年由《真理报》整理发表,未经列宁本人审定,其准确性尚有争议。参见胡钟达:《试论亚细亚生产方式兼评五种生产方式说》,《内蒙古大学学报》1982年第2期。

依据。

真正以明确、完整的形式提出"五种生产方式说",并将其定于一尊的是斯大林。他在《辩证唯物主义和历史唯物主义》中指出:"历史上有五种生产关系:原始公社制的、奴隶制的、封建制的、资本主义的、社会主义的。"苏联哲学家罗森塔尔与尤金主编的《简明哲学辞典》,把斯大林所说的五种基本生产关系引申为五种社会经济形态,并认为原始公社制度、奴隶占有制度、封建制度、资本主义制度以及社会主义制度(共产主义),是人类社会必经的社会经济形态。《联共(布)党史简明教程》将这一认识作为定论,看作是社会历史研究的范型。

五种生产方式学说同样被运用于观察中国社会历史进程:"中华民族的发展(这里说的主要是汉族的发展),和世界上别的许多民族同样,曾经经过了若干万年的无阶级的原始公社的生活。而从原始公社崩溃,社会生活转入阶级生活那个时代开始,经过奴隶社会、封建社会,直到现在,已有了大约四千年之久。""中国封建社会内的商品经济的发展,已经孕育着资本主义的萌芽,如果没有外国资本主义的影响,中国也将缓慢地发展到资本主义社会;外国资本主义的侵入,促进了这种发展。""自从一八四〇年的鸦片战争以后,中国一步一步地变成了一个半殖民地半封建社会。"现阶段"民主主义革命是社会主义革命的必要准备,社会主义革命是民主主义革命的必然趋势"。① 这一权威论断在很长一段时期内成为中国史研究的理论指南。

应当看到,五种生产方式学说不是一种纯粹的学理,它与现实社会的改造、未来社会的规划密切相关,它是国际共产主义运动的领袖们为实现其宏伟理想而进行的理论建构的一部分,适应了当时国际共产主义运动的需要。

五种生产方式学说是经典作家对人类历史发展过程的一种论述框架,不能以机械、僵化的态度来看待,不能将其直接等同于历史发展的普遍规律,作为适用于一切民族、一切时代的历史发展模式。根据目前的研究,西欧部分地区的历史是按照原始社会、奴隶制社会、封建社会、资本主义社会的序列发展。但五种生产方式学说无法涵盖世界上全部民族和地区的经验事实。②

---

① 《毛泽东选集》第2卷,第622、626、651页。
② 侯建新:《资本主义起源新论》,三联书店,2014年,第214—215页。

在以进步观念审视人类历史进程描绘出的诸多社会历史发展蓝图之中,五种生产方式学说可谓首屈一指,影响深远而又毁誉不一。五种生产方式关涉到人类社会演化的过程和形态,而这正是历史本体研究中不可回避的重大问题。

几十年来,在五种生产方式模式下的史学研究对中国历史上许多重大历史现象进行了清理,产生了大量社会形态方面的成果,这些成果是当代史学发展的基础。①更值得注意的是,新时期以来,许多学者在唯物史观的引导下,围绕中国社会形态问题进行了一些学术层面的新思考、新探索,力图构建中国特色的社会形态话语。

"氏族封建—宗法封建—地主封建"的社会分期说。此说一改将夏商西周作为奴隶社会的成说,认为中国由原始社会直接进入封建社会,夏商主要的组织形式是氏族,社会经济形态是封建制度,可称氏族封建制;西周宗族是社会的基本组织形式,宗法观念、宗法制度与封建紧密结合,可称宗法封建制。东周时期则进入地主封建制时期。以秦统一为界,中国古代社会又可区分为"氏族时代"和"编户齐民时代"。②

洪荒时代—族邦时代—封建帝制时代说。以重大政治事件和政治变革为界标,把从远古到晚清的中国历史划分为三个阶段:5000年前为洪荒时代;5000—2400年前为族邦时代,其中夏代以前是天下无共主的万邦时期,夏代为族邦联盟时期,商与西周形成中央族邦和地方族邦的统一族邦体系;以后直到辛亥革命为封建帝制时代。同时,论者还提出"历史大循环"论,认为封建帝制时期的战国至魏晋、南北朝至宋、辽金元至民国三个阶段实际上是大分裂—大统一—小分裂—小统一四个环节所构成的三次大循环。从分裂与统一来讲,这三个时期几乎是重合的。这种重复发生的历史现象几乎都反映着某种规律,即历史大循环的规律。③

商传、王和以"宗族血缘关系"这一中国古代社会深层结构的基本特

---

① 详情参见林甘泉等:《中国古代史分期讨论五十年》,上海人民出版社,1982年;张广志:《中国古史分期讨论的回顾与反思》,陕西师范大学出版社,2003年;罗新慧:《二十世纪中国古史分期问题论辩》,百花洲文艺出版社,2004年;王彦辉:《古史体系的建构与重塑》,河南大学出版社,2010年;李杰:《马克思社会经济形态理论及其论争》,云南人民出版社,2011年。

② 晁福林:《夏商西周的社会变迁》,北京师范大学出版社,1996年,第227—285页。晁福林:《论中国古史的氏族时代——应用长时段理论的一个考察》,《历史研究》2001年第1期。

③ 田昌五:《中国历史分期问题》,《上海社会科学院学术季刊》2000年第4期;《中国历史体系新论》,《文史哲》1995年第2期。

征为线索,对中国历史进行分期,并对每一时期的特征作出全新概括:多元发展的史前文化(夏以前);宗法集耕型家国同构农耕文明(夏—春秋战国);专制个体型家国同构农耕文明——确立与反复(秦汉—魏晋南北朝);专制个体型家国同构农耕文明——发展与成熟(唐宋—明中期);农耕文明的变异走向近代(明中后期—清中期);向工业文明转轨(19世纪中后期)。①

另有学者依据中国国家形态发展的历程,把中国历史分为酋邦时代(五帝时代)、封建王国时代(夏商西周)、转型时期(春秋战国)和专制帝国时代,其中专制帝国时代包括汉民族第一帝国时期(秦汉魏晋南北朝)、汉民族第二帝国时期(隋唐)和多民族帝国时期(宋元明清)各具特色的独立的三个阶段。②

宗法地主专制社会说。此说对长期习用的"封建"概念进行澄清,重新审视中国"封建社会"问题。秦汉以后长期延续的社会主流,是宗法地主专制社会,而非封建社会。中国历史可分为"氏族时代""封建时代""皇权时代""共和时代"四期,又可细分为"原始群时代""氏族共同体时代(先夏及夏代)""宗法封建时代(商代及西周)""宗法封建解体时代(春秋战国)""皇权时代前期(秦至中唐)""皇权时代后期(中唐至清)""共和时代(民国、人民共和国)"。③

王权社会说。此说认为中国传统社会形态的根本特点在于"王权支配社会"。王权支配社会是一种社会体系和结构。王权统治的社会,不是经济力量决定着权力分配,是权力分配决定着社会经济分配,社会经济关系的主体是权力分配与占有的产物。在王权形成的过程中,同时也形成相应的社会结构体系。王权—贵族、官僚系统既是政治系统,又是社会结构系统、社会利益系统,这个系统及其成员主要通过权力或强力控制、占有、支配大部分土地、人民和社会财富。这个系统在社会整个结构系统中居于主要地位,其他系统都受其支配和制约。在意识形态方面,王权主义是整个思想文化的核心,最主要是王尊臣卑的理论与社会意识。王

---

① 曹大为:《关于新编〈中国大通史〉的几点理论思考》,《史学理论研究》1998年第3期。
② 叶文宪:《关于重构中国古代史体系的思考》,《史学月刊》2000年第2期。
③ 冯天瑜:《秦至清社会形态再认识笔谈》,《湖北社会科学》2007年第1期;冯天瑜:《"封建"考论》(修订版),中国社会科学出版社,2010年。

权崇拜是整个思想文化的核心。①

"世袭社会""选举社会"说。此说借鉴韦伯等学者的社会分层理论,将如何分配三种主要的社会资源——政治权力、经济财富和文化名望,社会统治阶层或更广义的上层是如何不断再生产的,作为划分社会形态的标准。从西周到春秋的社会,基本上是"世袭社会",即权钱名的分配主要是根据血统,即"血而优则仕"。经过战国时代的过渡和秦朝统一官僚体制的确立,从西汉到晚清的中国社会发展趋势,则是向"选举社会"演变,权钱名的分配越来越主要根据学术能力或文化能力,即"学而优则仕"。尤其在宋以后,"士大夫多出草野",统治阶级的再生产发生根本转变。这里的"仕",或者说获得政治权力始终是至为重要的,获得政治权力才能获得或巩固财富和名望;文化的能力和名望又成为获得权力或官职的基本手段或主要途径。而经济财富却处于相对次要的地位,它本身并不足以获得政治权力或文化名望。"世袭社会""选举社会"的概念从主要社会资源的分配决定社会结构的角度观察历史,显示了中国历史文明所独具的特色。②

郡县制时代说。论者认为,秦以后中央集权对内控制的主要障碍是地方与宗族势力。流官制的确立与科举制的推行,使国家权力深入宗族内部,迫使宗族依附于国家权力。由此缔造出一个强大到极点的君主,一个萎缩到极点的社会,以及一个个沉默到极点的奴仆化个体。而这三者赖以实现的行政体制,就是郡县制。因此,郡县制构成了中国秦至清两千余年间的基本社会关系。先秦时期的封建制社会是以血缘关系划分民众并建构国家权力,秦至清的郡县制社会则是以地缘关系划分民众并建构国家权力。③

总之,上述中国历史分期方案各具特色,试图从不同角度来把握中国社会形态的演变,创制与中国历史实际相契合的概念体系。这些新的解释框架的效力当然尚待学术界的检验,但可以肯定的是,学者们大胆的探索与尝试,为建构基于本土经验的中国史观,做出了可贵的努力。而创造

---

① 刘泽华:《分层研究社会形态兼论王权支配社会》,《历史研究》2000年第2期。
② 何怀宏:《"选举社会"的概念——秦汉至晚清社会形态命名初探》,《文史哲》2010年第6期;《世袭社会的另一种形态——对六朝士族社会的一个初步观察》,《史学月刊》2011年第2期。
③ 李若晖:《郡县制时代——由权力建构与社会控制论秦至清的社会性质》,《文史哲》2011年第1期。

一种基于本土经验的中国史观,仍是未来历史研究领域的基本方向之一。

【思考】
1. 什么是历史本体论?什么是史学认识论?什么是史学方法论?
2. 什么是决定论?根据历史决定因素的不同,决定论可以划分为哪些不同的类型?如何合理地看待它们?
3. 如何理解主体选择与历史创造之间的关系?
4. 为什么说历史运动是决定与选择的合力?
5. 如何看待历史运动中必然性与偶然性的关系?
6. 什么是历史循环论?什么是历史退化论?什么是历史进步论?如何合理看待它们?

第二章　历史学的学科性质

历史学作为人文学术的一个重要门类，其性质如何界定？长期以来，特别是历史研究职业化以来，就一直是个纷纭难决的问题。对此，人们不是想把历史文学化，就是想把历史哲学化，抑或想把历史艺术化；其中流行最广、影响至今的做法，是力图把历史科学化，尤其是自然科学化。因此，本章首先要谈谈"历史"与"科学"之间的关系。而"历史"与"科学"之间的关系所涉及的，其实是历史的"客观性"问题。说历史科学不科学，实质上就是说历史客观不客观。因此，如何理解历史知识的"客观性"问题，将构成本章讨论的重点。

第一节　历史学与自然科学之间的关系

"近代史学研究方法是在她的长姊，即自然科学方法的荫庇之下成长起来的。"① 这一现象与其说揭示了历史学与科学之间的深刻的渊源关系，不如说已经点明了近代的历史学就是由自然科学直接塑造的。

一、19世纪的自然科学对历史学的同化

近代的自然科学、特别是19世纪的自然科学，从以下几个方面塑造了历史学：

1. 认为历史学与自然科学一样，也必须是严格实证的：第一位的工作是确立事实。"中世纪哲学和神学一直认为思想是可信的权威。哥白尼、伽利略、牛顿和18世纪大批大批的科学家胜利地认定可信的权威是'事实'，而不是意见。历史家花费了很长的时间才认识到这个真理的重要性。党派偏见、政治或宗教成见、英雄崇拜、野心、民族情绪、种族或民族自傲诱使历史家歪曲或隐藏他们手边的实况。他们并不像科学家那样

---

① 柯林武德：《历史的观念》，何兆武、张文杰译，商务印书馆，1997年，第319页。

尊重事实。当真实情况对他不利时,有些历史家甚至于低下到想象出他们的'事实'。他们不这样犯罪时,就用别的方式犯罪:他们往往醉心于推理式的猜测,或略去重要的证据,因为这种证据会打翻他原来的先入之见。这是……18世纪史学思想的一个污点。"① 在自然科学家的影响下,19世纪的历史学家将"事实"置于首要地位。对此,英国历史学家卡尔作了这样的描述:"19世纪是个尊重事实的伟大时代。……在19世纪30年代,当朗克很正当地抗议把历史当作说教时,他说历史学家的任务只在于'如实地说明历史'。这句并不怎么深刻的格言却得到惊人的成功。德国、英国、甚至法国的三代的历史学家在走入战斗的行列时,就是这样像念咒文似地高唱这些有魔力的词句的:'如实地说明历史。'"② 力主把历史当作科学,因而"崇拜事实",进而遵守"首先确定事实,然后从这些事实之中得出结论"③的工作程序,是19世纪历史学的基本特征。

2. 认为历史学与自然科学一样,也必须在"确定事实"之后,"根据归纳法来概括这些事实"以发现规律,这就是所谓的"实证主义的历史编纂学"。④ 从一般的意义上来说,"实证主义可以定义为是为自然科学而服务的哲学"。而实证主义的历史编纂学就是在实证主义影响之下出现的一种新的历史编纂学。这一历史学"服从着实证主义精神"。"根据实证主义的精神,确定事实仅仅是全过程的第一阶段,它的第二阶段便是发现规律。"⑤ 社会学的创始人孔德当年就坚定地认为,应该"把物理学、化学和生物学中比比皆是的法则的科学理论照原样引进社会研究"和历史研究中,"这样做就有可能发现制约人类社会的'定而不移的法则'"。孔德及其门徒们"相信对社会'法则'的了解会使国家不但掌握历史方向,并能预知历史进程"。总之,"实证主义者的目的,是想发现一套解释历史的有效的假说或法则,就像牛顿和其他一些人为自然科学发现的那样"。他们所关心的问题是:"历史的最后解释是什么,或者更朴实一点说,决定社会事件的那些力量是什么,这些事件是按什么法则活动的?"⑥ 生活在19世纪"唯科

---

① 汤普森:《历史著作史》下卷第4分册,谢德风译,商务印书馆,1996年,第605—606页。
② 爱德华·卡尔:《历史是什么》,吴柱存译,商务印书馆,1981年,第3页。
③ 同上。
④ 柯林武德:《历史的观念》,第89页。
⑤ 同上书,第190页。
⑥ 汤普森:《历史著作史》下卷第4分册,第609—610页。

学主义"高潮中的恩格斯声称发现了这些所谓"定而不移的法则":"正像达尔文发现有机界的发展规律一样,马克思发现了人类历史的发展规律",即"唯物史观","马克思还发现了现代资本主义生产方式……的特殊的运动规律",即所谓的"剩余价值学说"。①而且,不仅马克思、孔德在这样做,"19世纪自然科学获得空前伟大的成功,这就使得许多历史理论像要在历史学中追求一种像是在物理学中那样的因果律的努力,一时蔚成风气"。由于这些发现,人们认为,社会历史研究从此步入了科学化阶段。实际上,在整个19世纪的欧洲,历史编纂学只接受了实证主义纲领的第一部分,即收集一切所能到手的事实,而排斥了第二部分,即把寻求法则的主张悄悄抛到一边,认为发现和陈述事实本身对于他们来说就够了。②这就是前边说的,19世纪仅是个"尊重事实"和"崇拜事实"的"伟大时代"。而"尊重事实"本身在许多人看来就已经很科学了。

3. 19世纪的自然科学对历史研究的另一个重要影响,"是使历史家深刻地认识到研究事物根源的重要性"。因为在当时的人们看来,"科学的主要胜利是通过追查事物的根源取得的"。例如,"在物理结构方面,追查到分子和原子;在动物生命方面,追查到神经细胞、原形质或任何最简单最原始的东西"。影响所及,史学家"在近代史方面,也作出完全相同的努力。和18世纪比较肤浅的历史学派比较起来,最明显的努力莫过于作出决定追查各种制度的起点与原意,对原先被传说和神话占领的那些古老岁月都进行了耐心的研究"。③这种对社会制度"起源"的追溯,当然主要应归功于"进化论"的促进。"自从达尔文以来,任何历史家都不能忽视历史发展上的进化因素。……这种概念使历史学者对各种制度的发展有了新的理解,使他们认识到现在的一切都深深植根于过去,从而使他们尊重传统。"④而且,"进化论"还导致了整个19世纪思维方式的变化,从而更深刻地塑造了这一世纪的历史观念。"所有近代思想和科学用的都是历史方法。……博物学一直都是对现存物种的分类,现在人们以同样的力量研究物种的起源了。地质学已不仅仅研究地壳,而是要考察地壳如何形成的问题了。……运用历史方法,是我们的近代思想和过去所有时代的

---

① 《马克思恩格斯选集》第3卷,人民出版社,1973年,第574页。
② 参见柯林武德:《历史的观念》,第194页。
③ 汤普森:《历史著作史》下卷第4分册,第607—608页。
④ 同上书,第624页。

思想区别开来的主要特点;这种方法和进化这个概念联系密切,进化……指的是一个过程,不只是事物现在的情况,还有它们是怎样形成这个样子的。"①

4. 19世纪的德国历史学家认为,"只要有正确的方法,真理就会从中产生,而且准确无误"。因此,与自然科学一样,历史学也是"可以向完全正确的知识前进的"。在这个意义上,"历史简直和一门自然科学同样明确"②,历史学家观察他的研究对象也能做到"就像人们观察昆虫蜕变那样"。③ 导致历史学家产生上述自信的"正确的方法"是什么呢?这就是由19世纪的德国历史学家、特别是兰克发明的"语言学考据方法"。这一方法有以下特征:历史可被切割为无数细微的事实,每件事实都要单独予以考虑④;目击者的叙述和原始的文献材料最为权威,"最接近事件的证人是最好的证人,当事人的信件比史家的记录具有更大的价值"⑤;"一个历史学家必须被当作一个证人,除非他的诚实能得到验证,否则是不能信任的";等等。其中,对后世影响最大的,莫过于兰克提出的"不偏不倚的教诫"了。⑥

"不偏不倚的教诫"主要源于下面这一实证主义观念:每件事实不仅要被思考为"独立于其他一切事实之外,而且也独立于认知者之外,因此历史学家观点中的一切主观成分(像是它们被人称为的)必须一概删除。历史学家一定不要对事实作任何判断,他只应该说事实是什么"。⑦譬如,兰克为了写出"无色彩的""中立的""不偏不倚的"和"不加臧否、不作"判断"的历史,"决心有效地压抑自己身上的诗人、爱国者、宗教和政治党徒"的气质和倾向,"不支持任何事业,并使自己从书本中完全摆脱出来,且决不写作会满足自己感情或宣示个人信念的任何东西"。因为在兰克心目中,历史研究本身就是一种"不偏不倚的事业","神圣的事业,因为它带来

---

① 汤普森:《历史著作史》下卷第4分册,第629—630页。
② 同上书,第623页。
③ 同上书,第613页。
④ 柯林武德:《历史的观念》,第194页。
⑤ 古奇:《十九世纪历史学与历史学家》上册,耿淡如译,商务印书馆,1989年,第179、193页。
⑥ 阿克顿:《历史研究讲演录》,见何兆武主编:《历史理论与史学理论——近代西方史学著作选》,商务印书馆,1999年,第354、355页。
⑦ 柯林武德:《历史的观念》,第194页。

真理和荣誉","不偏不倚就是力量的源泉"。"历史学以最高限度的缄默，以大量的自我克制，以及时的和审慎的超然态度，以对生杀问题的保密而可以超越于争议之上，并造就一个可以为人接受的法庭，对所有的人都一视同仁。"而且，"当他控制自己不下判断时，那对他来说乃是一场道德上的胜利，这时他表明(他描述的)双方都可以畅所欲言，而其余一切则留待给天意"。[①]据说，兰克还曾经表达过这样的愿望："为了使自己成为事物的纯粹镜子，以便观看事件实际发生的本来面目，他愿意使自己的自我泯没。"[②]兰克就这样确立了一种"以旁观者不偏不倚的态度编写历史的习惯"。这种"习惯"的最高境界是："他从不让我们知道他对任何事情的看法，而只让我们知道他面前的事情"；"使历史学从历史学家那里独立出来"。[③]达致这一境界，历史学就成为"客观的"历史学，也就是成为一门"和数学一样纯的科学"[④]了。

总之，"客观主义"的历史学、自然科学化的历史学，看来是以下面三点基本认识为基础的：(1)历史是在历史学家头脑之外存在的一个或一系列的事件；(2)历史学家可以知道这些事实，并一如其实发生的那样客观描述它们；(3)历史学家可以排除任何宗教的、政治的、哲学的、道德的等等利害的考虑。[⑤]一句话，历史学家可以像物理学家、化学家、生物学家那样面对和处理它的研究对象。再进一步地说，人文与自然、历史与科学之间没有什么差异，即使有差异，也微不足道。其实，它们之间的距离很大，非常值得分析。

二、史学对象和事实与科学对象和事实之间的差别

历史学与自然科学是两种不同的知识形式。这种不同，当然表现在许多方面，其中比较大的，一是研究对象性质的差异，二是由此差异所导致的基本研究方法之间的差异。

[①] 阿克顿：《历史研究讲演录》，见何兆武主编：《历史理论与史学理论——近代西方史学著作选》，第357、356、355—356、358页。

[②] 恩斯特·卡西尔：《人论》，甘阳译，上海译文出版社，1985年，第237页。

[③] 阿克顿：《历史研究讲演录》，何兆武主编：《历史理论与史学理论——近代西方史学著作选》，第349、344页。

[④] 汤普森：《历史著作史》第4分册，第624页。

[⑤] 比尔德：《那个高贵的梦》，转引自何兆武、陈启能主编：《当代西方史学理论》，第683—684页。

1. 自然科学可以直接面对和研究确定的、能感知到的事实,而历史研究无法面对"过去"本身。这是历史学与自然科学的基本差异。

科学的对象可以直接观察。史学的对象没有可能和条件现场感受。无论是可以直观的花鸟虫鱼,还是在实验室里虚拟的自然现象,人类都可以借助所谓的"哈勃望远镜"、显微镜等技术手段和中介工具,予以直接观察。但是,凡是成为或可称作"历史"的东西,均是在事实上已经发生过且已经消失了的东西。这样,"历史"这个概念本身实际上昭示的是个悖论:"历史"在本质上意味着"真相"和"事实",但这个作为"真相"和"事实"的东西又是一个已经不存在的东西。如同有的学者所说:"历史事实的独特性在于它与当下事实是不同的,当下事实具有历史事实所不具备的某种在场的性质,而历史事实在本质上是不在场的,是当下缺席的。"[①]这种"不在场"的"当下缺席"的"历史",只有借助于自然科学那样的所谓的"观察报告"才能察知,只有借助于通常所说的"文献",后人才能感知过去的"社会""事件"和"人物"。前边说过,19世纪的德国史学家认为:历史学家观察他的研究对象能做到就像昆虫专家"观察昆虫蜕变那样"。现在我们可以明确地说,这实际上是幻觉。不在场的历史怎能像昆虫一样供你拿着放大镜反复观察?花鸟虫鱼可以采集作为"标本",但以往的哪一页可以原样保存作为"标本"?癌症可以切片观察,而历史事件、革命、危机无法切片观察。

兰克的理想是写"如实在发生一样的历史",即"如实直书",但如上所说,作为"历史"的"实在"已经"缺席",而且永远"缺席"。"如实在发生一样的历史"又如何能写得出来呢?当兰克说"写如实在发生一样的历史"的时候,在他心目中大概有一个明确的预设:历史研究的对象与科学研究的对象一样,始终在那里存在着、矗立着,时刻等待着人们去复查、去核实、去实验,不然的话,如何去"写如实在发生一样的历史"呢?事实上,"实在"或者说作为历史研究真正对象的"历史",早已灰飞烟灭,遗留下来的仅仅是些"雪泥鸿爪""蛛丝马迹",保存在通常所说的"历史文献"之中。历史上曾经存在过一个轰轰烈烈的"秦"王朝,这没有一点问题,谁不承认这一点,谁就是一个不可救药的虚无主义者、唯心主义者。但另一个事实也是确凿的:这个一度存在过的"秦"王朝,无法像"秦时明月"一样仍在那里"实在"着。"秦"王朝现在只存在于《史记》和《汉书》等典籍之中,它在当

[①] 韩震等著:《历史·理解·意义——历史诠释学》,上海译文出版社,2002年,第43页。

下的存在不可能离开《史记》和《汉书》。17世纪的牛顿曾经对宇宙天体运行秩序作出过自己的描述,即使是四百年过去了,当年的天体仍然照旧运行着,四千年后仍会如此。这就是说,"秦"不可能像处于同一秩序中的天体那样可以离开牛顿的描述而存在。既然"实在"不在了,怎样"写如实在发生一样的历史"呢?又有谁能充当这种历史真假的参照与见证呢?仅仅在近几十年间,学术界不知道出版过多少部"秦始皇传""刘邦传""唐太宗传""明太祖传",同一个传主在不同的传记作者笔下形象差别很大,哪一部传记更像传主、更符合传主的本来面目呢?老实说,我们缺少最终的"参照"与"见证"。而自然科学几乎与此完全不同。一句话,写"如实在发生的历史",确实只是一种"高贵的梦"。但我们当然又绝不能放弃这个"梦想"(理由我们以后再论)。

2. 科学的对象仅仅是"现象",而且永远是"现象",而历史研究的对象却并不仅仅是"现象",何况这一领域的现象本身也可能不是最主要的东西。

自然界仅有外表,人类社会则在外表之下,还有更重要的东西。这就是一位哲人所说的:历史是人们自己创造的,"人们通过每一个人追求他自己的、自觉期望的目的而创造自己的历史"。由此造成了自然现象与社会现象的根本不同,即"在自然界中……全是不自觉的、盲目的动力……在所发生的任何事情中,无论在外表上看得出的无数表面偶然性中,或者在可以证实这些偶然性内部的规划性的最终结果中,都没有任何事情是作为预期的自觉的目的发生的。反之,在社会历史领域内进行活动的,全是具有意识的、经过思虑或凭激情行动的、追求某种目的的人;任何事情的发生都不是没有自觉的意图,没有预期的目的的"。另外,人们参与历史创造的"愿望是由激情或思虑来决定的。而直接决定激情或思虑的杠杆是各式各样的。有的可能是外界的事物,有的可能是精神方面的动机,如功名心、'对真理和正义的热忱'、个人的憎恶,或者甚至是各种纯粹个人的怪癖"。总之,"使人们行动起来的一切,都必然要经过他们的头脑"。[①]这一点对理解科学的对象与史学的对象之间的区别至关重要。

的确,"自然现象"背后没有什么东西可供追查,而"历史现象"背后却有挖掘不尽的思想、动机、考虑、构思、阴谋、算计等等。一场地震可以使几十万人丧生,但你无话可说,亦无可分析;一场战争、一次战役也可以死

[①] 《马克思恩格斯选集》第4卷,人民出版社,1972年,第243—244、245页。

几十万人,但这就有大量的文章可做了,如古希腊希罗多德的《历史》和修昔底德的《伯罗奔尼撒战争史》两部书,就是专门研究一场战争和一次战役的。1976年7月的大地震,摧毁了整个唐山市,死亡28万人,有什么可供推敲的?2001年9月11日纽约世贸大厦的被毁,却有说不完道不尽的话,而且可能会成为永远的研究对象。一个人被天上掉下来的一块陨石砸死,医生仅仅根据外部现象即可判断致死的原因,但恺撒被布鲁图斯刺死,史家却不能仅仅断言布鲁图斯是刺客就完事,他必须追究这一事件背后的一系列阴谋和这一事件的后果。因此,柯林武德告诉我们:一个历史学家的工作"可以由发现一个事件的外部开始,但决不能在那里结束,他必须经常牢记事件就是行动"、行动由思想支配这一事实。"就自然界来说,一个事件并不发生内部和外部之间的区别",因为"自然界的事件都是单纯的事件","但历史事件却决不是单纯的现象,决不是单纯被观赏的景观,而是这样的事物:历史学家不是在看着它们而是要看透它们,以便识别其中的思想"。他举例说,当一个科学家问道:"为什么那张石蕊试纸变成了粉红色?"他的意思是指"石蕊试纸在什么样的情况下变成了粉红色?"当一位历史学家问道:"为什么布鲁图斯刺死了恺撒?"他的意思是指"布鲁图斯在想着什么,使得他决心去刺死恺撒?"这个事件的原因,在历史学家看来,"指的是其行动产生了这一事件的那个人的心灵中的思想;而这并不是这一事件之外的某种东西,它是事件本身的内部"。①

因此,柯林武德告诉他的读者:一个自然过程仅仅是各种事件的过程,而一个历史过程则是各种思想的过程。"自然的过程可以确切地被描述为单纯事件的序列,而历史的过程则不能。历史的过程不是单纯事件的过程而是行动的过程,它有一个由思想的过程所构成的内在方面;而历史学家所要寻求的正是这些思想过程。一切历史都是思想史……都是在历史学家自己的心灵中重演过去的思想。"②根据历史的过程是一个思想的过程这一事实断言"一切历史都是思想史",自然稍嫌武断,但他由此指出的历史事实与科学事实之间的差别,却是显而易见的。这两种知识形式都基于事实,但作为两者对象的事实的性质却大不相同:"自然科学是基于由观察与实验所肯定的自然事实;心灵科学则是基于由反思所肯定

---

① 柯林武德:《历史的观念》,第301—302页。
② 同上书,第302—303页。

的心灵事实。"①历史事实当然是心灵事实。历史与科学之间的关系由于它们所依据的"事实"的性质的差异而拉开了距离。而且,这种距离还决定了两者基本研究方式方法的不同。

三、史学方法与科学方法之间的异同

爱因斯坦曾经表达过这样一种意见:历史有两种,一种是内部的或者直觉的历史,还有一种是外部的或者有文献证明的历史。后者比较客观,但前者比较有趣。使用直觉是危险的,但在所有各种历史工作中却都是必需的。②把同一个历史事件剖分为"外部的"和"内部的"两种,而且把两者对立起来,当然有问题。我们能否尝试着把两者统一起来,即能否写出以"有文献证明"为基础的"内部的或者直觉的历史"呢?应该说,这不仅是可能的,而且是必须如此的。既然历史的对象与科学的对象、历史的事实与科学的事实之间有如此大差异,用不同的方式和方法来研究它们就是在情理之中的了。

如同上文所说,历史是人们自己在自觉或有意识状态下的活动。但历史的创造者又早已消逝。后代的研究者如何把握这种"自觉"状态或"有意识"状态?看来,唯有设身处地的"体验"和"理解",才可能是通向历史"内部"的管道。

1. 自然科学研究的基本方法是"观察"和"实验",历史学接近和进入历史本身的基本方法、基本途径应该是"体验"和"理解"。

无论自然科学研究的对象本身多么复杂,它们均外在于研究主体,则是可以肯定的。既然可以外在于研究主体,那就是主体可以仅以观察者或旁观者的身份来对待它的研究对象,不管这个对象是宇宙天体还是花鸟虫鱼,对人来说,它们均属外部自然现象。何况,这种外部自然现象不仅可以"观察",还可以在人为的条件下进行"实验"。在自然科学研究中,通常所谓"观察"是指"人们通过感觉器官感受外部的各种刺激,形成对周围事物的印象",而"实验是人们根据一定的研究目的,利用科学仪器、设备,人为控制或模拟自然现象,使自然过程或生产过程以纯粹的典型的形式表现出来,以便在有利的条件下进行观察和研究的一种方法"。③"观察

---

① 柯林武德:《新利维坦》,转引自何兆武、张文杰译:《历史的观念》,"译序",第10页。
② 《爱因斯坦文集》第1卷,许良英等译,商务印书馆,1976年,第622页。
③ 刘大椿:《科学活动论》,人民出版社,1985年,第37—39页。

挑选自然提供的东西,而实验则从自然那里把握它想把握的东西。"① 作为科学方法的"观察"和"实验"看来均具有下列特点:第一,它们都可以直接面对或作用于对象本身;第二,对象就是对象、就是"实验"材料,与研究主体不发生任何情感上或精神上的联系,科学家完全可以做到"价值中立""客观公正"。历史研究的方法则与此不同。

这种不同,可能表现在以下几个方面:首先,历史所研究的是历史学家也置身其中的人类自己的活动。历史认识的实质是人类自我认识与反思的形式之一。历史学家不可能站在历史之外来认识历史,史学的对象永远也不可能外在于自己。所以,"观察"和"实验"的方法在这里不适用。其次,"认识你自己",是历史认识由此进行的前提。尽管时间与空间对不同时代和不同地域的人类的活动造成很大影响,但"自有史时代(historic time)以来,人的变化极为有限,人性的共通性,大致为中外学者所承认。史学家能够隐约窥见历史真理,这是最重要的关键"。②对这一点,王夫之看得特别清楚:"古今之世殊,古今人之心不殊,居今之世,以今人之心,上通古人之心,则心心相印,古人之心,无不灼然可见。"③今人之所以能认识和理解古人,端在于古今人性是相通的,全部历史研究的基础实际上都奠立在这个隐含的假定之上。其三,正因为古今人性是相通的,所以今人才能设身处地地理解古人,进入古人心灵之中,乃至"重演他们的思想"。这就是钱钟书说的"史家追叙真人实事,每须遥体人情,悬想事势,设身局中,潜心腔内,忖之度之,以揣以摩,庶几人情合理"。④也是古人所谓"取仅见之传闻,而设身易地以求其实"⑤;"设其身以处其地,揣其情以度其变"。⑥从这个意义上说,历史研究不仅是过去与现在的对话、历史与未来的对话,更重要的是生命与生命之间的对话。生命与生命之间,只能通过"体验"和"理解"才能对流。历史研究的深度在相当大的程度上反映了历史学家对人性体验的深度。"自然需要给予解释说明,对人

---

① 《巴甫洛夫选集》,科学出版社,1955年,第115页。此处引文据刘大椿《科学活动论》第40页。
② 杜维运:《史学方法论》,三民书局,1999年,第206页。
③ 王夫之:《读通鉴论》卷二十,《续修四库全书》。
④ 钱钟书:《管锥编》第1册,中华书局,1979年,第166页。
⑤ 王夫之:《读通鉴论》卷二十,《续修四库全书》。
⑥ 戴名世:《南山集》,"史论"篇,《续修四库全书》。

则必须去理解。"①"理解",是通向他人、也是通向古人的桥梁。"历史作为过去,与我们的时代之间横着一个时空上的距离,征服这个距离……沟通建立起两个不同时代的人在心理、思想、价值等方面的联系"②,这个任务,看来只能由"理解"来完成。

"从社会学家的角度来看,社会行为在很大程度上是可以理解的,就像心理学家所能做到的一样。"③而且,这种理解也可以是直接的。如:教授理解听他课的学生的举止;主人可以理解来赴宴的某些客人的拘谨;家长一下子就能理解初恋中的孩子的某些异常表现;后人也可以理解1959年"庐山会议"上毛泽东面对彭德怀指名道姓批评时的感受与反应;等等。总之,"人的行为具有一种内在的可理解性","社会行为具有一种可以理解的结构","行为和目的、一个人的行为与另一人的行为之间的某些可理解的关系常常可以立刻被感知"。人们的行为之间的这种共通性质给历史理解提供了广阔的可能性。但人类行为的这种可理解性丝毫不意味着历史学家仅凭直觉就能理解这些行为,"理解丝毫不是一种神秘的才能,一种理智以外的或高于理智、高于自然科学方法的能力"。④恰恰相反,历史学家必须根据各种书籍文件才能逐渐把这些行为再现出来。我们可以立即对他人的行为和著作作出解释,但不经研究、不取得证据,我们无法断定哪些理解与解释才是正确与准确的。"拿证据来",历史理解必须被置于证据的限制之下。

2. 自然科学研究的最终目的是概括出某种普遍的而且是确定不移的自然规律,所以,它的又一个基本方法是逻辑推理和本质抽象,最后则归纳为用数字和公式来把握自然。历史研究的终极梦想是依据有限的材料"还原"或"再现"早已消失了的特定人群、事件、故事……所以,它的又一个基本方法是想象推理,理想的境界则是事实基础上的艺术化了的往事。

"历史学家必须运用他的想象,这是常识。"⑤为什么?因为"史料总不会齐全的,往往有一段,无一段,又有一段。那没有史料的一段空缺,就不

---

① 殷鼎:《理解的命运》,三联书店,1988年,第103页。
② 同上书,第110页。
③ 雷蒙·阿隆:《社会学主要思潮》,葛智强等译,上海译文出版社,1988年,第534页。
④ 同上书,第533、534页。
⑤ 柯林武德:《历史的观念》,第336页。

得不靠史家的想象力来填补了"。①所以,"历史家需要有两种必不可少的能力:一是精密的功力,一是高远的想象。没有精密的功力不能做搜求和评判史料的工夫;没有高远的想象力,不能构造历史的系统"。②资料告诉后人:有一天恺撒在罗马,又有一天在高卢,而关于他从这一个地方到另一个地方的旅行,却没有资料说明。于是我们不得不想象恺撒曾经从罗马旅行到高卢。这就如同我们眺望大海,看见有一艘船;五分钟之后再望过去,又看见它已在另一个不同的地方;那么它从前一个地方到五分钟后的这个地方,其间所经历的各个中间位置,只能靠想象来确定。历史思维也同样如此。因此,我们不"构造历史的系统"便罢,一"构造历史的系统",就不得不借助历史的想象。前人的陈述总是残缺不全,我们所欲构成的历史系统又必须保持连续性和一贯性,其间待填补之处当然就是历史想象的空间。

"一个完美的历史学家必须具有足够的想象力,才能使他的叙述既生动又感人。"③英国历史学家麦考莱的这句话说出了多数人对"想象"功用的认定:想象能使历史叙述生动感人。柯林武德则认为,这种认定"低估了历史想象力所起的作用",在他看来,"历史想象力严格说来并不是装饰性的而是结构性的"。④使历史叙述生动感人只是"装饰性"的、技术性的,而所谓"结构性"的,则是指"历史的系统"的"构造"本身是通过"想象"来完成的。换句话说,历史学家关于他的对象的画面,实际上表现为一种用想象构造的网。⑤在用想象来构造这种"网"时,柯氏说,历史学家和小说家没有什么不同,"他们各自都把构造出一幅图画当作是自己的事业"。"它们的不同之处是,历史学家的画面要力求真实。小说家只有单纯的一项任务:要构造一幅一贯的画面、一幅有意义的画面。"而且,"最重要的,历史学家的图画与叫做证据的某种东西处于一种特殊的关系之中。……也就是指它能诉之于证据来加以证明"。⑥进一步说,就是它必须受到证据的限制。而所谓证据,不过是"靠批判的思想来获得的"某些"固定点",

---

① 《胡适日记全编》(3),安徽教育出版社,2001年,第431页。
② 胡适:《北京大学国学季刊发刊词》,《国学季刊》创刊号(1926年)。
③ 麦考莱:《论历史》,见何兆武主编:《历史理论与史学理论——近代西方史学著作选》,第260页。
④ 柯林武德:《历史的观念》,第273页。
⑤ 同上书,第275页。
⑥ 同上书,第279页。

历史学家用想象构造的网就在这些"固定点"之间展开,如果这些"点"出现得足够频繁,那就意味着可靠的证据就越多,由历史学家所构造的画面受到的约束就越多,那它也就越真实。对于"证据"与"想象"之间的复杂或互动关系,陈寅恪的《柳如是别传》一书,可能提供了最好的诠释。

《柳如是别传》(以下简称《别传》)充满了考证,而且不少考证"发三百年来未发之覆"。但陈寅恪研究专家余英时认为,这部大书的主要贡献和作者的基本意向却不在这些细节上。在余氏看来,整体地说,《别传》写的是一个充满着生命和情感的完整故事。其中的考据虽精,但这些考据的结果只不过建立了许多不易撼动的定点。由于点与点之间都是互相联系的,因此,又由点形成许多线,再进一步因线的交叉而形成一个比较清晰的网络。考据的功能大概只能到此为止。如果换一个比喻,我们不妨说考据足以搭起一座楼宇的架子,却不一定能装修布置样样俱全。而《别传》则不但是一座已完成的楼宇,而且其中住满了人。更重要的,楼宇中的人一个个都生命力充沛,各依不同的性格而活动。陈寅恪之能重建这样一个有血有泪的人间世界,在余英时看来,则不是依靠考据的工夫。他的凭借是什么呢?余氏说:一言以蔽之,是历史的想象力。他的想象力并不是始于或仅见于《别传》。事实上他在中古史研究上所取得的重大成就也是由于想象力的运用。但也许因为受了"乾嘉考据之旧规"的拘束,他的想象力从来没有像在《别传》中那样驰骋奔放过。通过丰富的想象,他使明清的"兴亡遗事"复活了,其中每一个重要的主角都好像重现在我们的眼前一样。他们的喜、怒、哀、乐,以至虚荣、妒忌、轻薄、负心等等心理状态,我们都好像能直接感受得到。余英时说:"陈寅恪运用历史想象力重建明清兴亡的故事,在《别传》中到处可见,而且是贯穿全书的主线。"他所着力叙述的若干个历史故事,"都写得很生动,但最关键的地方都不是考证所能为力的,而是依靠想象力的飞跃"。[1]"想象"之于历史研究,其作用于此可见一斑。

由上可知,在历史研究特别是在历史叙述中,"想象"的功能不是技术性的,而是基础性的、本体性的。不少西方杰出历史学家在谈论自己的治学甘苦和经验时,也都曾根据亲身感受道及此点。《意大利文艺复兴时期的文化》一书的作者布克哈特在一封信中说:"我在历史上所构筑的,并不

---

[1] 参见余英时:《陈寅恪晚年诗文释证》(增订新版),东大图书股份有限公司(台湾),1998年,第370—373页。

是批判或沉思的结果,而是力图填补观察资料中的空白的想象的结果。对我来说,历史在很大程度上仍然是诗;它是一系列最美最生动的篇章。"①《罗马史》一书的作者是德国历史学家蒙森,蒙森同时也是《拉丁铭文集成》和《货币史》两书的作者,而后两部枯燥的书根本就不是一个艺术家的工作的结果。"但是当蒙森应邀就职柏林大学校长并作他的就职演讲时,他却说历史学家或许更多的是艺术家而不是学者,并以此来说明他关于历史方法的理想。"②人们承认:"在探索真理方面,历史学家像科学家一样受制于同样严格的规划。他必须利用一切经验调查的方法,必须搜集一切可以得到的证据并且比较和批判他的一切原始资料。他不能遗忘或忽视任何重要的事实。然而,最终的决定性的步骤总是一种创造性想象力的活动",是"对实在的真相的想象力"。"真正的历史综合或概括所依赖的,正是对事物之经验实在的敏锐感受力与自由的想象力天赋的结合。"③

第二节 历史研究的客观性问题

在上述内容中,我们从差异的角度讨论了历史学与自然科学之间的关系。而历史学与自然科学之间的关系,如同本章开头所说,实质上提出的是历史学的"科学性"也即"客观性"问题。历史知识是否具备像科学知识一样的确定性质,是一个非常重要但又十分棘手的问题。

历史学的"客观性"概念,实际上借自于自然科学。在自然科学中,客观性是指:两个或两个以上胜任的科学家从同样的证据出发,会得到同样的结果,而且这个结果或结论可以被科学界同行普遍接受。④"自然科学家之间可以有不同的哲学观点,但是在所有的自然科学家之间终究是有一个共同尺度的;没有一个共同尺度,就没有可能衡量科学上的是非,而没有共同的是非,就没有科学可言了。"因此,"科学客观性的重要条件,乃是人们的普遍同意"。⑤而历史的"客观性"则比这要复杂得多,至少,若以

---

① 转引自恩斯特·卡西尔:《人论》,第258页。
② 同上书,第258页。
③ 同上书,第259页。
④ 参见沃尔什:《历史哲学——导论》,何兆武、张文杰译,社会科学文献出版社,1991年,第95页。
⑤ 同上书,"译序二",第16页。

"人们的普遍同意"为尺度的话,历史学简直没有客观性可言。但历史学当然又是有着自己的客观性约束的。下面,我们就谈谈这个问题。

一、导致历史非客观的因素

探讨历史研究的客观性问题,实际上是要回答我们怎样才能写出"客观的历史"的问题。要回答这个问题,必须首先明了究竟是什么导致历史叙述、历史阐释的非客观。导致历史阐述非客观的因素众多,大体上可以归纳为以下四类①:

1. 个人的好恶。个人的好恶指纯属历史学家个人的,与历史学家的个性、气质、地位相关的那些价值偏好或"偏见"。譬如在西方史学界中,《英雄和英雄崇拜》一书的作者、英国历史学家卡莱尔崇拜伟大人物,因而他的全部叙述都环绕着他的那些英雄的思想和行动,把他们作为历史的主宰。而《世界史纲》的作者韦尔斯,则对于一切显赫的军人都有反感,因而他在书中把他们的行动都写成是一团糟的、不诚实的、邪恶的甚至无用的。同样的情形在中国现代史学界中也不乏其例。毛泽东主席从小就喜欢"梁山好汉",认为中国史书中没有种田人的地位是不合理的,后来他一直对"精英人物"、上层统治者、富人、贵族持一种比较严厉的态度,乃至提出"高贵者最愚蠢,卑贱者最聪明"的看法,得出历史是下层人民创造的,只有农民的起义、农民的战争才是历史前进的真正动力等结论。郭沫若先生在这方面似乎最为典型。他喜爱浪漫主义的李白,拒绝杜甫的现实主义倾向,于是在《李白与杜甫》一书中"扬李抑杜":同样是"喝酒","李白斗酒诗百篇",杜甫善饮则有问题;同样是"狎妓",李白是为了刺激"灵感",杜甫则是"腐朽的地主阶级生活方式的表现";等等。个人的好恶如果走向极端,在叙述历史的过程中,当然容易发生走样和偏差,导致明显的非客观。

2. 集体假设或集团偏见。主要指与历史学家所属的某一集团的身份相联系的那些基本假定。比起我们个人的好恶来,这些假定是更不容易被察觉的,因而是更不容易被改变的。它们所起的作用更加微妙而又广泛,而且正由于它们为集体所普遍接受,更难以克服,在许多时候,它们甚至不是被视为可以调整的"偏见"和"假设",而是被看作不能违背的"原

---

① 参见沃尔什:《历史哲学——导论》,第99—105页。

则"。这些假定大约有下面几种表现形式:(1)民族主义观念。在"民族国家"的藩篱未撤除,甚至"民族国家"之间还存在着巨大不平等的时候,当不同的历史文化传统还未被充分兼容的时候,历史学家考虑问题可能会带有"国族"背景。1992 年,欧美史学界曾想组织一个哥伦布发现新大陆 500 周年的大型纪念活动,在许多第三世界国家的抗议下不得不终止。这一事件表明了哥伦布在历史上所处的地位。人们所认可的他的"发现"的价值,完全是"欧洲中心论"的派生物,是欧洲人优越感的表现,再进一步地说,是欧洲人的一种"集体假设"。(2)阶级立场。因类似的社会经济地位而导致的一种价值认同和情感倾向。如孔子的君子小人论、流行的人民群众是历史的创造者论等等。我们在许多现代史学论著中,既能看出有些史学家被贵族的偏见所支配,又能看出另一些史学家被下层的偏见所左右。(3)宗教偏见。基督教和伊斯兰教、犹太教和佛教,有这些宗教背景的人们在观察和叙述同一个时空内的历史时,所看到和展布的场景是会有不小差异的。(4)党派偏见。这种"偏见"对现代历史叙述的制约可以说比比皆是。党派偏见更多地以一种潜在的政治原则的方式出现。

3. 各种互相冲突的据以解说历史的学理。这些学理指的是有关历史进程中各种不同的因素相对重要性的见解,即通常所说的历史理论。毫无疑问,影响历史进程的因素是多种多样的,但究竟哪一种是基础的、初始的因素,认定起来却颇为困难,这导致不同的历史哲学的出现。唯物史观从经济因素的作用中找到了对一切历史事件的最终解释,在作用于历史事件的所有因素中,强调经济因素是事变的最后之因。马克斯·韦伯则把某种精神因素看得很重,用新教伦理特别是其中的"天职"观念来作为资本主义的始源,对历史进行文化的解释。一些多元主义者,则拒绝把任何单一的因果因素的类型看作是在历史上起决定作用的。如胡适就明确主张"秃头史观",即经济因素固然可以变动社会、解释历史,思想因素、知识因素也同样可以变动社会、解释历史,从而把历史中的政治、经济与心智因素平列并置。这里提出了一个要比我们上面已经考虑过的那些主观因素更为严重的问题。因为如果历史学家做出努力的话,他们是可以克服个人偏见和集体偏见的作用的,但是我们却不能让历史学家放弃所有的有关历史解说的理论,从而排除众多历史理论的存在对历史解释的客观性所造成的威胁。历史学家要使他的历史事实和历史叙述有意义与一以贯之的话,他必须以某种类似的理论作为观察工具和结构线索。

4．根本的哲学对立。这里主要指人们所持有的不同的基本伦理准则和形而上学信念或前提假设。与上面所说的政治、经济和心智因素相比,这里所说的"哲学对立",带有更多的超验的或先验的性质。这种对立,一方面表现在历史学家借以理解过去的那些终极的价值判断上,另一方面也表现在与这些判断相联系的对人性以及对人在宇宙中的地位的理论观念上。譬如,对人性善恶的假定,对"天赋人权"、人类正义、社会公正、人人平等、社会演化、历史的终极目标等方面所持有的见解,都影响着、左右着历史叙述,使得不同哲学视野下的历史学有不同的面相。历史学家总是以自己的哲学观念去看待过去。这种观念对他解说历史的方式有着一种决定性的作用。

总之,一个十分明显的事实是,在历史思维中有着一种无法排除的(不同于科学思维中所看到的)主观成分在起作用,"这一因素限制了历史学家所能希望获得的客观性"。[①]人们的确不能要求历史学家们不带任何预设地进入他们的研究对象,要他们以一种全然非个人的方式去研究他们的事实,以在历史学中追求那种物理学中的所谓非个人性。历史思维中的"主观成分"的存在是历史学成其为历史学的关键。没有哪一部历史书不是依托某一史观和预设写出来的,而且只有从这种史观和预设来观察,这些历史书才有意义。即使像《史记》这种被称为"实录"的著作,也是某种"观点"下的实录。在"纪传体"这种"王朝体系"中,《史记》可能做到了"如实直书"的地步,但在"社会大框架"下,《史记》还能否称得上是对当时社会生活的"实录"是很难回答的。"二十四史"则都是对"王朝体系"的说明,是贯彻王朝观点的叙事,它所叙述的事实都是被王朝观点所认可的事实。但"二十四史"绝不会因为王朝观点这一强大"主观成分"的存在而有损于它的价值。历史无所不包,但任何人又无法叙述一切历史,只能有选择地叙述其中一小部分历史;而选择取舍,又必须依据一定的标准,这个标准就是既有的"观点"。所以,历史著述本身是一种"主观"行为,历史不是自动呈现自我陈述的,历史是被史家叙述出来的。但历史叙述是"主观"行为,这一事实,当然不会在任何意义上说明历史学可以轻视"客观性"的约束,相反,它只是说明了"客观性"对历史学来说是多么重要。

---

① 沃尔什:《历史哲学——导论》,第108页。

二、历史学中的"客观性"是一个程度概念

"客观性"在自然科学中是一个刚性概念,而历史学中的"客观性"实际上则是一个弹性概念,具有量的而不是质的属性。

在我们看来,历史学中的"客观性"是指那种尽可能排除个人及其所属集团偏见的、与宣传品相区别因而意识形态色彩较弱的、严格遵循学术规则的、具有学术含量与学术生命力的史学著述的属性。

在对历史学中的"客观性"作上述界定时,我们基本上排除了普遍同意或同行公认这个自然科学中的"客观性"的基本属性。因为"普遍同意""同行公认"是以非意识形态性和非个人性为前提的,而完全的非意识形态性和非个人性在历史学中是很难做到的,除非你认可"史学只是史料学"从而将历史研究局限在文献考订和细节还原的层面上。换句话说,历史学中的"普遍同意"和"同行公认"大概仅会在"考据学"的范围内出现,而"考据学"只是历史学的辅助手段而不是历史学本身。只要一涉及史实的"贯通"和"解释",一般说来,"普遍同意"和"同行公认"的程度就会随着"贯通"和"解释"面积的增加而递减。而"究天人之际,通古今之变"则是历史学的最高境界,在这个境界上,"普遍同意"和"同行公认"的情形可能是非常罕见的。看得出来,我们对"客观性"的界定也主要是侧重历史研究的主体方面,而很少指涉历史研究的客体方面或对象方面。虽然"客观性"的终极要求是最大限度地接近历史本身,乃至与历史本身重合,但如同上文所说,本体论意义上的历史早已消失,我们已没有办法确证历史本身、历史的本来面目是什么,这样,所谓的"客观性"与其说指向历史本身,不如说是更多地强调对"主观性"的约束。

现在看来,所谓的"客观性"不是对客体历史真实性的一种承诺,而是对史家学术良知的一种衡量尺度。任何历史的叙述者、诠释者都希望看到他笔下的历史被尽可能多的人接受,而要做到这一步,他必须尽可能地克服他自己及其所属集团的偏见,他克服得越多、越彻底,也就越"客观"。所以,"客观性"在实践的意义上只是一个程度问题。"主观"与"客观"也并不是两个互不关涉、界限分明的独立范畴,它们在实际上只是一个比重问题、分量问题。也就是说,历史学中的"客观性"与自然科学相比,只有在一种弱化了的、次要的意义上才是可能的。

上面,我们揭示出了导致历史研究(叙述和解释)非客观的种种因素,

这使人们看到,研究主体的角色背景、个人气质、现实倾向、社会地位、集体预设、理论假定和哲学前提等等,对主体的干扰是如此强烈,致使人们在历史研究中很难做到纯客观、纯科学。但这种情形的存在并不能成为放弃对纯客观、纯科学境界追求的理由。很难乃至无法做到是一回事,不作任何努力,甚至任凭上述因素左右研究结论是另一回事。民国时期那些怀抱"为真理而求真理""为历史而历史"治史旨趣的历史学家们,也大都看到了历史研究无法做到纯客观这一特征。他们"为历史而历史"的主张只是力求在可能的范围内裁抑主观,设法抑制乃至最大限度地消除干扰客观性的种种因素。事实上,如果历史学家谨慎一些、细心一些,是可以争取做到尽可能客观的。这种谨慎和细心首先包括史家要努力意识到自己的偏向、偏好和偏见,从而在叙述和解释历史的过程中排除它们;其次还要求史家在知识问题上要诚实公正——努力意识到自己使用的一套价值准则(政治信念、伦理尺度等),不能让这些价值准则歪曲自己的研究;第三,史家要不懈地搜寻有关证据,不能对不符合自己所偏爱的观点的资料置之不顾,不要为着证明某个论点去处理数据,等等。历史学家不可能做到完全客观,因为即使尽到了主观上的最大努力,有些偏见还是很难意识到。但是,如果自觉地努力做到尽可能的客观,研究成果中的偏见就会大大减少。"如果客观性的定义就是对思想充分加以限制以便尽可能地减少由于个人偏见导致的歪曲事实的情况,那么,当然是有可能达到客观的。"①

从所具有客观性的相对意义上看,我们上面所列举的四点导致历史非客观的因素应该倒过来看:(1)如果史家在道德和形而上观念上持论一致,或能制定出一组为所有史家都有意接受的前提假设,提供出一套借以评判历史的标准的价值准则,都能做到同样的"善善""恶恶""贤贤""贱不肖",那历史叙述和解说就能做到最客观,或至少达致自然科学意义上的客观。现在看来,这是根本不可能的,无论如何也做不到的。(2)如果历史理论一致,也能做到比较客观。但要求史家在历史理论上都达成共识谈何容易!不同的历史理论实际上是赖以观察历史的不同的"眼镜","眼镜"的颜色不一,人们所看到的景观当然各异,但史家戴这副"眼镜"而不戴另一副"眼镜",并非随机决定的。陈寅恪喜欢用"门第""婚姻"和"文化"作工具分析历史,郭沫若、范文澜强调从生产工具、阶级关系入手把握

---

① 伊恩·罗伯逊:《社会学》上册,黄育馥译,商务印书馆,1994年,第33页。

社会，是与他们各自的背景、阅历、经验和感受高度相关的。既然我们不能让所有的史家均具备同样的背景、阅历、经验和感受，那我们也就无法让所有的史家均接受同样的历史理论。何况，即使在持同一种历史理论的史家之间，也难以做到意见一致，其分歧的深度甚至不亚于不同历史理论持有者之间的冲突。(3)如果能超越民族、宗教、意识形态、阶级、党派的集体假设，就能做到相对客观。这是不是可能呢？通过努力看来是有可能的。据说兰克就基本上做到了这一点。兰克是研究宗教史的，但有人认为兰克的宗教史研究是超越宗教派别的。他们说兰克的宗教兴趣宽广到了足以涵盖全部宗教生活领域的程度：他把历史看成是伟大的政治观念与伟大的宗教观念之间的永恒冲突，为了观察这种冲突的真正面貌，他不得不研究这部历史剧中的所有党派和所有角色，而且在从事这种研究时不含有任何好恶感或党派偏见，能同时容纳敌人与朋友。这样说并不意味着他没有同情心。但他的同情心能够包容所有时代和所有民族，他能够以同样公正而不带民族偏见的精神撰写教皇史和宗教改革史、法国史和英国史，尽管他们之间互相敌对。因此，兰克的同情心是真正历史学家的同情心，是一种特殊的类型，或可称为"普遍的同情心"，它并不包含任何道德判断，并不包含对个别行动的任何褒贬。当然，历史学家是完全可以自由下判断的，但是在下判断之前他首先希望能理解与解释"世界历史是末日的审判"。在兰克看来，在世界历史的伟大审判中，历史学家必须为判决作准备而不是提前宣布判决。这远远不是道德中立，恰恰相反，它是最高的道德责任感。根据兰克的看法，历史学家既不是原告的辩护律师，也不是被告的辩护律师。如果他作为一个法官来发言，那也只是作为预审法官来说话的。他必须搜集这桩公案中的一切文献以便把它们提交给最高法院——世界历史。如果他在这个任务上失败了，如果由于党派的好恶成见，他隐瞒或篡改了一点点证据，那么他就玩忽了他的最高职责。[①] 兰克的例子说明，历史学家克服党派偏见在客观上是可能的。但克服党派偏见是否就意味着拒绝对历史进行任何价值判断特别是道德判断？这一点在史学家们之间是有分歧的。有的历史学家认为，历史学家可以对过去的事件、制度或政策进行道德上的判断，但不应该对个人进行道德上的谴责。因为"历史学家不是法官，更不是一个能判决绞刑的法官"，所以，他不应随便对历史人物进行道德上的指责："这种指责忘记了

[①] 参见恩斯特·卡西尔：《人论》，第237—240页。

一个最大的区别:我们的法庭(无论是司法上的还是道德上的)是当前的法庭。这些法庭是为活着的、在积极活动的而且危险的人物设立的,而另外那些人已经在他们那个时代的法庭上出现过,那些人不能够判两回罪,或赦免两回。任何法庭都不能判他们有罪责,正是因为他们是过去时代的人,他们是属于过去时代的治安管辖的。……有些人借口编写历史,像法官似的到处奔忙,到这里来判刑,到那里去赦免,因为他们认为这就是历史的职责。……这样一些人一般是被认为缺乏历史感的。"①的确,谴责查理曼或者拿破仑的罪恶,揭露秦始皇和隋炀帝的暴行,今天的人们能从中得到什么好处呢?那些强烈坚持对个人进行道德谴责的人,实际上却不自觉地为整个集团或整个社会的犯罪行为进行了开脱。德国人可能直到今天还很欢迎对希特勒个人的邪恶进行谴责,认为这就很令人满意地代替了历史学家对产生希特勒的那个社会作道德上的判断。俄国人、英国人和美国人也都欣然参与了对斯大林、张伯伦和麦卡锡的个人攻击,把他们当作了大家的集体错误行动的替罪羊。然而,正如马克斯·韦伯所强调的:历史应该对制度进行道德上的判断,而不是对建立这种制度的个人进行判断。②历史学家不随便批评个别的东方君主。但是也不是要求他在东方的君主制度与雅典的民主制度之间保持无所谓和毫无偏袒的态度。他不会对个别的奴隶主作出判断。但这并不妨碍他谴责一个蓄奴的社会。③总之,历史学家可以超越党派的偏见,可以不偏不倚,但是这并不意味着历史学家可以放弃任何道德立场。(4)如果能摆脱或克制个人偏好,削弱和淡化太明显的个人色彩,可以看作是实现了历史研究的初步客观、起码的客观、说得过去的客观。需要说明的是,这里所说的需要克制和摆脱的所谓"个人偏好",并不坚持"历史学家必须摆脱他对各种事物和事件的偏好才能观看到它们的真相"这种方法论"公设"。④这里说的是那种以忽略所有有声望的历史学家都承认的某些基本规则为代价的近乎偏执的"个人好恶",譬如为了颂扬李白就恣意压低杜甫等等做法。任何历史学家都是有"偏见"或"偏好"的,但我们却看到,有些历史著作确实比另一些历史著作写得好一些、可信一些,不是说这些写得好一些、可信一些

---

① 克罗齐:《作为自由的故事的历史》,转引自爱德华·卡尔:《历史是什么》,第82页。
② 转引自爱德华·霍列特·卡尔:《历史是什么》,第84页。
③ 同上书,第79—84页。
④ 参见恩斯特·卡西尔:《人论》,第243页。

的历史著作没有史家"个人的偏见",而是这些"个人的偏见"被限制在同行公认的学术规则之内。在任何一种给定的"偏见"或"偏好"内,"历史著作都可以完成得好一些或者差一些。被党派宣传家用来鼓动信徒和感化动摇分子的历史学是坏历史学,并非因为它是有偏见的(所有的历史学都是有偏见的),而是因为它是以一种错误的方式而有偏见的"。这种错误的方式就是违反学术规则,譬如,"要详尽考订你的证据,只有当结论具有良好的证据时才能接受结论,在你的论证中要保持思想的诚实性等等规则。凡是忽略这些规则的历史学家,只能写出一种坏的意义上的主观的著作"。① 不加约束的"个人偏好",过于浓厚的"主观"色彩,看来是实现历史叙述客观性必须克服的障碍。

总起来说,历史学现阶段所要求的客观性,并不是关于道德和形而上的统一的价值预设、统一的历史理论,而是要求根除过于偏执的个人偏好,进而尽可能消除党派、政见、宗教和民族背景所赋予的局限,超越集团假设。努力做到这些,也就差强人意了。目前无人要求那种绝对的客观——自然科学意义上的客观,如果有人这样来要求历史学,否则就认为历史学一点也不客观,那当然是虚妄。另外,也需指出,"客观性"问题并不均等地出现在一切历史问题上,它与"主观性"之间的紧张关系一般只表现在那些与现实利害相关度较高的问题上;课题离现实、离政治越近,"客观"与"主观"之间的关系可能就越紧张。譬如,海峡两岸史学界无论怎样解说秦汉之际的刘项之争,基本上都不会出现所谓"客观性"问题,但一涉及抗战时期的"正面战场"与"敌后战场"的贡献问题,一涉及国共两党的"三年内战"问题,"客观性"问题就出现了。人们总是要求,在这些问题上,历史叙述最好要客观一些、公正一些。在这一意义上或在这些场合,与"客观性"相对的概念并不是泛泛的"主观性",而是特定的"政治性"或"现实性"。

三、不同层面上的历史的"客观性"问题

当我们谈论历史的"客观性"时,我们必须对这里所说的"历史"——当然是知识论意义上的历史——加以剖分,换句话说,我们应该看到,"历史"具有不同的层面。而不同层面上的"历史"的"客观性"内涵也有所不

---

① 沃尔什:《历史哲学——导论》,第114页。

同。一般说来,"历史"可划分为历史事实、历史叙述和历史解释三个层面,"客观性"对每一个层面上的历史都有相应的要求。

1. 对历史事实客观性的要求。在这个层面上,主要是要求在现有资料背景下的客观,不能要求原始史实或史实本身的客观。这是无可奈何的事。在历史考据学的层面上,人们所能要求的是,当记载出现矛盾或有漏洞时,哪种记载、哪条材料更可信?这种记载的真与假,从终极的意义上说,当然得靠这种记载与他种记载哪一种更接近历史本身来定夺。问题是,如同上文所说,历史本身已经永远消逝,具有不在场的性质,记载的可信与否,无法直接诉诸所谓的"历史本身"。所以,记载的可信与否与其说诉诸历史本身,不如说诉诸现有的证据和所谓的"逻辑"。如司马迁之死就是如此。从史籍上看,司马迁于太始四年(前93年)十一月作了著名的《报任安书》后,就已经没有任何他的生平资料了,这一年他43岁;即使按照王国维的推测,征和三年(前90年)司马迁仍还在世,那么,自46岁之后,司马迁就彻底从记载上消失了。他是怎样死的,史无明载。郭沫若综合各种资料,认为历史上流传的"下狱死"的说法是可信的。① 但我们也只限于承认"下狱死"的说法是可信的,不能断定司马迁就是"下狱死"的。因为司马迁究竟是自然死亡还是非正常死亡,所谓的"历史本身"无法给出说明。同样的例子还有李自成的结局。据说从清初至今,单就死地和终年而言,李自成兵败以后的下落就有16种说法。这些说法大体分为两类:李自成死于兵败之后;李自成兵败之后削发为僧,禅隐若干年后圆寂。而焦点是,李自成究竟是死于湖北通山还是禅隐湖南石门夹山?这在前几年的史学界曾掀起轩然大波。② 而这个距今不到400年的史事之所以成问题,关键就在于纷纭众说中的哪一说都无法诉诸所谓的"历史本身"。如此多的说法哪一种更可信?那就只有看证据。在都有若干证据的情况下,那就要诉诸逻辑:合不合乎逻辑?——这里的逻辑就是通常所谓的"情理"。合乎逻辑的,就可以采信,否则,不予采信。如果均无法采信,那就阙疑。总之,在历史考据学的层面上,所谓"客观性"就是通常所说的"真实性"和"实证性"。

---

① 郭沫若:《关于司马迁之死》,见《文史论集》,人民出版社,1961年,第173—175页。

② 请参阅:湖南李自成归宿研究会编:《李自成禅隐夹山考实》,湖南大学出版社,1988年;中国社会科学院历史所"李自成结局研究课题组":《李自成结局研究》,辽宁人民出版社,1998年。

2. 对历史叙述客观性的要求。在这个层面上,主要是要求可信资料基础上的组织严密的过程再现。再现历史真相当然是历史叙述客观性的本质要求。问题是这种"再现"根本不可能是"全景再现",历史叙事的过程实际上只能是一个取舍的过程、选择的过程,而且取舍、选择的幅度有时可能会极大。譬如,范文澜、蔡美彪主编的《中国通史》有10卷之巨,而中小学《中国历史》教科书仅有薄薄的两册,相对于《中国通史》,中小学历史教科书选入的史实和情节少之又少。而范、蔡的通史相对于"二十四史"所记录的史实更是不成比例,且不说"二十四史"相对于两千多年的历史本身之间的差距了。这里需要我们说明的问题是:有选择的历史叙事还能叫做"客观"吗?"选择性"会不会损害或削弱历史叙述的"客观性"?

任何历史叙事不管规模多大,都必须选择。假如"选择了的就不是客观的"这种说法能够成立,那我们事实上就等于宣布所有的史书都不是客观的、可信的,从而也就取消了历史叙事。其实,"历史学之作出了选择这一事实,一点都不蕴涵着它在任何一种坏的意义上乃是主观的。如果一种叙述是被缩写了的话,它并不必然地就是被歪曲了的;由于某些东西被删节是可以造成误解的,但是只要被节略的仅仅是相对琐碎的而又不重要的东西,那么节略本身并不是坏事"。①在这里有这样几点需要我们注意:第一,某种历史叙事客观与否,取决于用来支持它的事实本身是否确凿。只要能保证做到这一点,"选择"的行为反而变得无足轻重。第二,选择不具有本体性,还在于它必须得依据一定的"标准"来进行,这个"标准"就是事实是否重要、是否有价值和是否有意义。与这一点相比,"选择"当然处于被动的、工具的地位上。第三,某些事实是否有价值、是否有意义和是否重要。这取决于它们与历史叙事赖以进行,事实赖以结构化、情节化的某些基本预设及其所要实现的效果之间的联系。联系紧密的,当然重要,当然有价值、有意义,于是被选入叙事框架中,甚至还有可能被置于特别显眼的位置上。否则,就可能一概被删略。

所有的叙事性的历史作品几乎都是依赖某种特定的历史观点编写的,这样它才能构成一个一贯的整体和一幅完整的图画。所以,要衡量一部叙事性作品是否客观,一要看选入的史实是否确凿,二要看使这些确凿的史实有意义的观点是否体现了对历史的某种洞见。前者如《资治通鉴》一书,司马光说,他撰写此作的基本原则是"删削冗长,举撮机要",他由此

---

① 沃尔什:《历史哲学——导论》,第184页。

而定的取舍史实的标准是"专取关国家盛衰,系生民休戚,善可为法,恶可为戒者,为编年一书"。①也就是说,《资治通鉴》所记,几乎全为政治、军事等王朝大事,很少有现在所谓"社会史""经济史"和"文化史"的内容与事实,尽管这反映了某种"集团偏见",但无可厚非。他所选取的相关记载是经过批判考订的,是可信的,而且其组织、章法、体例又是严密的,这就已经是"客观"的历史作品了。后者如范文澜的《中国通史简编》,作者说,此书以唯物史观为指导,特别是以其中的阶级斗争理论为指导,因而本书特别突出了经济史、民众史的内容与事实,而把经济现象看作是历史的基础现象,将其他现象视为只具有次要的意义,这就是一种深刻的历史洞见。所以,建立在另一类材料基础上的范著也同样是一种比较"客观"的历史叙事。

3. 对历史解释客观性的要求。在这个层面上,人们要求历史学家所作的解释能经得起时间的考验与洗磨,也能经得起后出的更多证据的支持。

所谓历史的解释可能主要指两点:首先是指将所要考察的对象放到一个更广阔的历史脉络之中加以评估,也就是放到一种因果关系模式中给予说明,更进一步地说,就是不断对事情的发生提出"为什么"的问题,直到追寻到一个比较满意的答案。拒绝提出问题就是拒绝解释历史。"研究历史就是研究原因。"②大量学术争论事实上起因于下面这个做法:"提出以前认为勉强具有价值的原因,把它推到历史解释顺序的更高位置上。"③例如,"吉本把罗马帝国衰亡的原因归结为野蛮和宗教的胜利。19世纪英国的具有辉格派传统的历史学家,把英国霸权之兴起和旺盛的原因归结为体现着宪法自由的原则的政治制度的发展。今天看来,吉本和19世纪英国历史学家的观点是陈旧的,因为他们忽视了经济的原因,而近代历史学家是把这些经济原因推在最前列的"。"历史学家是以他所提出来的原因而知名的。"④从这个角度讲,历史解释的实质,一方面是寻找历史变迁的"终极原因"或"最后之因",另一方面——也许是更重要的方面,是在适当的地方打断因果关系的链条,寻求一种对症下药式的近似历

---

① 《资治通鉴》卷二百九十五,附录"进书表",《四库全书》本。
② 爱德华·卡尔:《历史是什么》,第93页。
③ 约翰·坎农:《历史学家在工作》,《世界史研究动态》1998年第3期。
④ 爱德华·卡尔:《历史是什么》,第96—97页。

史说明。

　　历史解释的另一重内容,就是挖掘历史现象、历史事实背后隐藏的意义。当然,历史的"意义"其实并不一定为历史所固有。换言之,历史本身可能并未固有什么"性质"和"意义"等待人们去发现、探求和挖掘。也就是说,"意义"并非所叙之历史自行给出、自动显现的。实际上,支撑历史叙述的"意义"大多是从外部"注射"进史体中去的。

　　因此,历史解释客观性的要求,首先表现在历史学家如何处理现在与过去之间的关系上。在这个方面,历史学家追求的客观性,不仅不是一种与现在无关的客观性,而且也不是一种与将来无关的客观性。联系现在、联系将来研究历史,才可能有所谓的客观性。那些主张应当为历史本身或过去本身的缘故去研究历史的人对此颇有微词,例如英国历史学家巴特菲尔德就坚持说:"在研究过去时,却用一只眼睛盯着现在。这是历史学中的一切罪孽、诡辩之源。"① 言下之意是,历史学家若背对"现在"就能实现客观性。这当然是错误的。事实上,"历史学家不是过去事件的编纂者,而是过去事件的解释者,他的成功很大程度上取决于他能否成功地在自己与过去之间找到一个恰当的位置"。"历史学家不仅不应为防止心灵的粗鲁污染而躲避现在,而且应该对于过去与现在之间永无止境的、复杂微妙的、变化多端的关系始终不渝地作出反响。"要保证写出客观公正的历史,"不是要历史学家将现在流放他处,而是要历史学家将他的论点谨慎地限制在他的证据能够支撑的范围之内"。②

　　其次,当我们说一个历史学家比较客观的时候,实际上是指以下两个方面:一方面是指他有能力超越自己所在的社会以及所在的历史之中的地位所具有的那种有局限性的眼光——这种能力,部分地要看他对在那种地位里自己牵涉进去的程度的认识能力而定;另一方面,是指他有能力把他的眼光投射到将来,因而这就给予他一个更深入、更持久的对于过去的洞察力,这当然要比那些把视野完全束缚在自己当前地位的历史学家所能得到的要深入、持久得多。今天,人们当然已不相信谁能写出终极的历史,可是,有些历史学家所写的历史是要比其他一些历史经久一些,具有较多的终极性质。③ 无疑,那些"具有较多的终极性质"的历史,就是人

---

① 转引自约翰·坎农:《历史学家在工作》,见《世界史研究动态》1998年第3期。
② 同上。
③ 爱德华·卡尔:《历史是什么》,第135页。

们通常所赞许的客观的历史。

其三,历史解释的客观性还与史家所确立的历史方向感有关。真正的历史,只有由在历史本身中找到了一种经得起时间检验的方向感并接受了这种方向感的人来写。因为只有将来才能提供解释过去的钥匙,而且只有在这种意义下,才能谈到历史中的根本的客观性问题。为什么?世界历史是末日审判,历史学家只有在"将来"之中才能找到历史判断的最后标准。历史是靠新的创造来评价的,而且必须等待最终结果出现之后才能评价。"五四"以后,中国主流思想界对"儒学"是持一种基本歧视态度的,但20世纪80年代前后,"亚洲四小龙"的经济腾飞,使"儒学"从现代化的罪人变成现代化的功臣,这时,人们再评说儒学时,就有可能更冷静一些了。如今,市场经济已经在中国取得了决定性的胜利,中国已经全面向国际社会开放,更坚定地走向人类文明发展的大道,这时,历史学家已经可以对中国近现代史,特别是对像洋务运动、李鸿章等历史现象和人物,作出更客观一些的历史解说了。对未来全球化文化格局的判断与把握,也很可能将决定着历史学家对此前一系列文化事件的重新估计与解释。

总之,在历史研究的全过程中,历史解释是其中一个"主观成分"最多的环节,因此,这个环节若要取信于人,必须得置于"客观性"的约束之下。历史解释可以突破证据的限制,也可以逸出真实之外,但不能不接受"客观性"的约束。历史的客观性与主观性之间的冲突在这里可能比在其他地方表现得更为集中。

第三节　历史学:既是实证的,也是诠释的

历史学不可能是一门科学,尤其不可能是一门自然科学意义上的科学,理由已如上述。但我们这里又必须强调,当我们上节说历史学绝不能轻易摆脱"客观性"的约束与限制时,我们在事实上又承认了历史学肯定具备"科学"的某些特征,特别是具备了"科学"的实证特征。正是在这一意义上,不少人称历史学为"实证科学"。历史学离不开证据,没有证据、没有材料,就丝毫也谈不上历史学。但历史学又不能局限于证据、满足于证据,只有证据、满足于证据的是史料学,而史学不是史料学。"历史学家

的任务不仅要确定事实,还得要解释它们。"①因为,"真正的历史研究决不能只停留在考订与叙述事实的水平上,而应该上升到有意义的理解与解释"。②所以,历史研究光考据不行,还得思辨。这就是说,与历史学必须具备实证的特征一样,历史学还必须同时具备诠释的特征。

一、历史学的实证属性

历史学是一门基于证据的学问,它的每一步、每一个环节,都受到证据的限制;没有证据就没有资格谈论历史。"历史研究不是研究过去,而是研究过去所留于现在的痕迹;如果人们所说、所想、所做,或任何遭遇,没有留下痕迹,等于这些事都没有发生过。"③这是至理名言。历史学家的确不能谈论任何没有证据的东西,尽管某种事件确确实实发生过,但你手中没有关于这一事件的证据,你就不能一口咬定这一事件就是如此。在这一点上,历史学家类似于法官:手中若没有确凿的人证物证,你不能指控任何一个人,尽管这个人可能有重大嫌疑。凭证据说话,甚至"有一分材料说一分话,有十分材料说十分话,没有材料就不说话",一般而言,是历史学的本分。有学者因此说:"历史既不是往事(亦即不是过去),也不止于是往事的记录……历史是研究往事的学术。"④这是十分有道理的。所以,考订材料、审查证据,永远是历史学的基础工序。"历史学是通过对证据的解释而进行的",证据指的是一般说来"叫做文献的东西的总称"。⑤事实上,历史学的实证属性不仅体现在考订现有材料、审查现有文献上,它还要从中发现许多被刻意沉埋的事实,恢复历史的真相。

尽管我们常常称史书为"汗牛充栋",但实际上,历史被忘记、失记和漏记的部分可能远远多于已记的部分,甚至远远也重要于已记的部分。所以,只有依靠考据学才有可能发掘出许多忘记、失记、漏记甚至被故意掩盖的内容。清人阎若璩在《潜邱札记》中说:"古人之事,应无不可考者,纵无正文,只隐在书缝中,要须细心人一一搜出耳。"说"古人之事,应无不

---

① 这是加拿大史学理论家德雷(Willian Dray)的话,转引自何兆武:《苇草集》,三联书店,1999年,第148页。
② 同上书,第155页。
③ 杜维运:《史学方法论》,第28—29页。
④ 同上书,第29页。
⑤ 参见柯林武德:《历史的观念》,第37页。

可考者",可能过于自信和乐观,因为被历史沉埋而不露任何痕迹的往事不知有多少——可考的往事比不可考的往事实际上要少得多。但那些留存下蛛丝马迹而本身藏在书缝中的"隐情",可以被"细心人——搜出"则是可能的,这就是考据学的功能之一。隋末北方群雄如刘武国、梁师都等几乎无人不接受突厥的可汗封号,以借助突厥的力量逐鹿中原。李渊起兵反隋时也曾正式接受同样的封号与旗帜。而主其事者实为李世民。但这一段往事却被史官严加讳饰,不为人知。但有一次唐太宗李世民在得知突厥可汗都利败亡的消息后,于大喜之余说:"太上皇(高祖)以百姓之故",曾"称臣于突厥"。陈寅恪据此蛛丝马迹,详列材料,细加推勘,遂揭出"隋末唐初之际亚洲大部民族之主人是突厥而非华夏也"这一历史真相。①田余庆先生所揭出的另一段往事的真相亦可资说明这一问题。南朝东晋时期一度废晋为楚的桓玄,篡位以后,只置一庙,庙祭只及于父而不及于列祖列宗,时人议论纷纷,但桓玄执意不改。桓玄对当时特别看重的宗庙大事为什么如此固执,如此违礼悖俗?其中包含了什么讯息?田先生据所能到手的资料,循着种种蛛丝马迹,最后推断出被隐讳的桓氏第六世祖就是被司马懿杀害的曹爽一党的核心成员桓范。桓范被诛,桓氏成为刑家,因而在逃子孙力图隐蔽桓氏家世的渊源。而"两晋官方,当然也不愿意触及易代旧闻。这样,在特重谱系的江左五朝,如此重要的谯郡龙亢桓氏,其谱系错乱缺漏,整理乏人,连桓氏家传的修撰者也不能加以考实,以至千余年来,无从发覆"。②能发千载未发之覆,这大概就是历史考据学的首要效能。

尤值得注意的是,前人已有的并非完整无缺的记载,也很难说都是可信的,所以,历史考据学的另一个效能就是把已列入"正史"但实际上是被改写的历史纠正过来,使史实准确可靠。"一个时代也如同一个人,并不愿意把自己及祖先的隐情全部抖搂出来,它有意将精心粉饰的形象公之于世,史官便是他的代言人。"③历史有时就像一个本身具有反侦查经验的罪

---

① 参见陈寅恪:《论唐高祖称臣于突厥事》,《寒柳堂集》,上海古籍出版社,1980年,第97—108页。

② 田余庆:《桓温的先世和桓温北伐问题》,《东晋门阀政治》,北京大学出版社,1996年,第155页。

③ 马克·布洛赫:《历史学家的技艺》,张和声、程郁译,上海社会科学出版社,1992年,"译者的话"。

犯一样，为人们断案设下一道又一道迷障。"最天真的警察也知道，取证不能仅仅以人们的证词为依据。"① 因此，历史研究的真正前提，是执意从记载中发现人们不愿说出的东西，最起码，要揭穿那些历史的骗局。而这只有依靠考据学。考证的确使我们抓住了"在幕后策划骗局的骗子"。②

在事实清理的意义上，考据学的确"犹如一支火炬，照亮了黑暗的历史长廊，使我们能够辨别真伪"。③ 历史研究的基本职能当然是存真剔伪。一个称职的历史学家必须首先是一个真诚的实证主义者，他必须不懈地采集一切与课题相关的可以得到的资料，养成"上穷碧落下黄泉，动手动脚找东西"的习惯，必要时或可能时不惜"竭泽而渔"，然后还要动用所有的知识储备，对资料进行批判性审查，从事所谓"外考证"与"内考证"的工作。在这个过程中，历史学家"必须能胜任那些往往是细小的、重复的种种苦差——核算账目、寻找家谱证据、合计选票、记载地名、计算犯罪案例、比较洗礼和葬礼数字"等烦琐的杂事。最后再将可信的资料排比归纳，以尽可能将对象即事实还原出来。经验表明，一个研究者的实证功力越深厚，实证手段掌握得越完备，他从历史资料中获得的信息就越多，他对对象的认识就越近真。历史学家在这里的工作规范、操作程序、推理方式，几乎与科学家无异，他所做的纯粹是科学所要求的工作。在做这一工作时，历史学家的工作室与自然科学家的实验室实质上具有同样的性质。而且在这里，历史学家也完全可以像科学家一样做到"价值中立""公正客观"。历史学家认同于自然科学的地方大概就在这里。在这个意义上，有些史学家想把历史学建设成与地质学、生物学一样的科学，大概无可非议。

二、历史学的诠释性质

用考据的方法来确定事实，用实证的手段来还原历史，对历史学来说十分重要。历史学离不开证据，离不开史料，但历史学又绝对不能限于证据、限于史料。说没有史料学就不会有历史学，大体正确，但说"史学本是史料学""史学只是史料学"，则显然值得进一步考虑。

历史学的首要任务当然是收集资料、厘清事实，但历史不等于事实，

---

① 马克·布洛赫：《历史学家的技艺》，第61页。
② 同上书，第71页。
③ 同上书，第64页。

尤其不等于资料。被我们所称作"历史"的东西实际上隐藏在事实的背后、资料的背后。研究一个历史人物，不是将有关这个人物的资料汇集拢来、排列补缀成篇就告完成，而是要透过资料深入到历史人物的心灵深处，看到人性里面所隐藏的许多幽微的丘壑和阴影。可以说，真正的研究开始于历史资料全部准备停当之后。把史料收集考辨等同于历史学，就是把手段等同于目的，把前提等同于派生物，把砖瓦砂石等同于房子，把布帛针线等同于衣服，把五谷杂粮等同于美酒，把猪羊狗牛等同于佳肴。准此而言，科学性、实证性仅仅是历史学的一个属性，不是历史学自身。历史学看来可以剖分为两个层面：史实认知层面和史实阐释层面。前一个层面是科学的天下，通常所谓的"客观性"主要来自这里，后一个层面则是解释学的领域，在这里，现代史学可能已无共识可言。历史学之所以成其为历史学，全有待于解释给它以生命。"历史学家就其本性而言，就不可能是实证主义的（科学的），也不可能是理性主义的（逻辑的）"①，而只能是人文主义的（理解的或解释的）。

在这里，对"历史"与"编年史"作出区分是必要的。在柯林武德看来，编年史乃是仅仅根据记载而被相信和肯定的过去，但不是历史地被认识到的过去。这种相信和肯定仅是那种要保存我们所并不理解的某些陈述的意志。如果我们确实理解了它们，它们才会是历史。任何一部历史，当它由不能复活它那些人物的经验的人来叙述时，就变成了编年史。譬如，由一个不理解他所谈论的哲学家的思想的人来写成的哲学史就是这样。过去留下来许多遗迹，这些遗迹是各种各样的，也包括历史思想本身的遗迹即大事编年。我们保存着这些遗迹，希望将来它们可以变成为它们现在还不是的那种东西，即历史的证据。我们现在想回忆的过去的个别部分和方面，取决于我们现在对生活的兴趣和态度；同时，还有其他的部分和方面是我们现在不需要回忆的；但只要我们承认总有一天它们将使我们感兴趣，那么我们的任务就应该是不要丢失或毁坏它们的记录。为了使它们将来变成历史资料而保存这些遗迹，乃是纯学者、档案学家和古物学家的工作。正像古物学家在他的博物馆里保存着各种工具和罐子而并不必然根据它们来重建历史；正像档案学家也以同样的方式在保存公共文献；同样地，纯学者们编辑、校订和重印古代哲学的文本而并不必然理

---

① 何兆武：《对历史学的若干反思》，见《史学理论研究》1996年第2期。该观点还可参见余英时：《钱穆与中国文化》，上海远东出版社，1994年，第177—182页。

解它们所表达的哲学思想,因而也就不能够重建哲学史。这种学术工作常常被当作是历史学本身,其实不是。这样加以误解之后,仿佛"历史学就在于接受并保存证词,而历史学著作就在于抄录、翻译和编辑了。这类工作是有用的,但它却不是历史学;这里……并没有批判,并没有解释,并没有复活过去的经验。它是单纯的学问或学力"。①

柯林武德关于编年与历史的区分与章学诚关于功力与学问的区分惊人的一致。章学诚说:"近人则不解文章,但言学问;而所谓学问者乃是功力,非学问也。功力之与学问,实相似而不同。记诵名数,搜剔遗逸,排纂门类,考订异同,途辙多端,实皆学者求知所用之功力尔。即于数者之中能得其所以然,因而上阐古人精微,下启后人津逮,其中隐微可独喻而难为他人言者乃学问耳。"②章还说:"学与功力,实相似而不同。谓学不可以骤几,人当致攻乎功力则可耳。指功力以谓学,是犹指秫黍以谓酒也。"③在章看来,学问是"纲纪天人,推明大道","通古今之变,而成一家之言者",即"有详人之所略,异人之所同,重人之所轻,而忽人之所谨,绳墨之所不可得而拘,类例之所不可得而泥,而后微茫杪忽之际,有以独断于一心"者,才是他心目中理想的史学。

总之,"记诵名数,搜剔遗逸,排纂门类,考订异同",仅是史料学范围内的事,仅是事实汇编,仅是常见的编年纪事。但这些只是历史学的基础,不是历史学本身。"历史并不单纯是文献所记录的事件,而是我们从记录中所选择出来的事件,作为是对历史有意义的而又可理解的东西。"④真正的历史是史家从编年纪事中选择出来的"事实"与史家思想融合的结果,是事实与思想的合金。史家不仅要叙述事实的实然,更要解释它的当然与所以然。事实本身不能自行解释自己,非仰仗历史学家的理论思维不为功。历史是在一定的思想取向下重建出来的。⑤我们的古人实际上早就明白这个道理:"古之所谓良史者,其明必足以周万事之理,其道必足以适天下之用,其智必足以通难知之意,其文必足以发难显之情,然后其

---

① 柯林武德:《历史的观念》,第287—288页。
② 章学诚:《章氏遗书》卷二十九,外集二,《又与正甫论文》,民国嘉业堂章氏遗书本。
③ 章学诚:《文史通义》,内篇二,《博约中》,民国嘉业堂章氏遗书本。
④ 何兆武:《苇草集》,第154页。
⑤ 参见何兆武《苇草集》,第174页。

任可得而称也。"①这也就是西人所说的:"任何傻子都要创造历史,而历史则有待天才而写。"②搜集资料,辨识真伪,审查证据,可能只需要工夫和积累,而写出一部首尾一贯、活生生的历史,除了需要工夫和积累之外,还可能需要天才、智者和哲人。因为这需要洞察力、诠释力和再现力。实证与阐释、材料与观点、事实与理论,犹如鸟之双翼、车之两轮,缺一不可。

【思考】
1. 19世纪的自然科学对历史研究产生过哪些影响?
2. 史学与自然科学在研究对象、研究方法上存在什么联系?又有什么差别?
3. 自然科学和历史学对"客观性"的理解有何不同?
4. 结合史学实践,谈谈导致历史叙述不客观的因素主要有哪些?为何说历史学中的"客观性"是一个程度概念?
5. 为什么说历史学既是实证的,也是诠释的?

---

① 曾巩:《南齐书》序,《元丰类稿》卷十一,《四库全书》本。
② 杜维运:《史学方法论》,第43页。

第三章　历史的价值与意义

历史有什么用？这是众多历史研究者和学习者无法回避又颇难作答的一个问题。当然，学界早已从不同的角度提供了种种答案，而问题似乎依然没有解决。其间的要害在于"历史"并没有死去，历史是依然活着的过去。历史与现在、与生活这种割舍不断的联系，使人们无法完全轻视历史、摆脱历史或者取消历史。历史的内容是过往之物，它却深深扎根于现实之中。人们只要正视现实，就必须面对历史。这是历史存在的坚实理由。

历史具有过去和现在双重指向，求真和致用也就成为历史价值的两个基本方面。而如何妥当协调求真和致用的关系，是实现历史的价值、推动史学健康发展的一个制约因素。无论是求真排斥致用，抑或致用压倒求真，都会有损史学的价值，甚至导致史学的畸形生长。而将历史学区分为基础历史学和应用历史学两个层次，通过专业分工以达到更高层次上的整合，则是一种化解求真与致用冲突的有效方法。历史的价值和意义将因此而得以充分实现。

第一节　历史是依然活着的过去

一提到历史，人们脑海中常常会浮现出荒凉的断壁残垣、原始粗陋的工具、泛黄的线装书……诸如此类遥远模糊的影像，联想到古老、陈旧、消逝等字眼。历史意味着一种与现在处境迥然不同的时空概念，它与人们当前的生活之间存在着一段难以取消的距离。在五花八门的关于历史的定义中，大都包含有"过去"或与之意义相近的关键词。如法国年鉴学派就认为历史是"关于人的科学，关于人类过去的科学"。的确，历史是回溯性的，它所关注的是业已消失的、被时光掩埋的东西，它与它的交谈对象之间横亘着一条不可逾越的岁月的鸿沟。过去性是历史与生俱来、无法选择、不能拒绝的根本特性。

历史研究的主题是已经过去的事物,是已经凝固了的现实,属于完成时态而非进行时态或将来时态。否则,就不能归入历史研究的范围。如果在第二次世界大战刚刚爆发时就研究"二战史",在辛亥革命还在如火如荼地进行中就开始写辛亥革命史,是一定做不好、写不成的。凡是进入史学视野的,基本上是业已在时间之流上固定为一点的。历史学的认识客体是人类社会中一去不复返的、不能耳闻目接的种种事物。这与其他学科有着根本区别。现代社会科学诸学科,如社会学、经济学、法学等,主要是研究现实生活的,它们目光是投向现在的。这些社会科学研究者可以直接面对其认识对象,进行实地考察,可以运用问卷调查、直接访谈等手段进行了解分析。历史学却永远不可能回到现场,永远不可能让古人开口说话。它只能通过一系列中介来接近其认识目标,通过以往人类活动的遗迹来识别过去。因此,过去性决定着历史研究的内容和形式,塑造着其学术形态和状貌。

但历史绝不只与过去有关。本来,过去、现在和未来是一个统一主体即人类的连续。三者之间并没有明确的界限。"无限的过去都以现在为归宿,无限的未来都以现在为渊源。"①如果承认历史是时间的学问,"历史应该将现在同未来同过去一样看待,而不应只是回忆过去的史迹,历史应该阐明从过去而现在而未来而不断的时间之流"。②现在之手将过去与未来综合起来。尤其是历史与现实、过去与现在是如此牢固地胶着在一起,以至于任何力量都难以将它们剥离。现在是全部过去的产物,回首过去又必须以现在为立足点。"只有现在是被经历的。过去与将来是视界,是从现在出发的视界。人们是根据现在来建立过去和投射将来的。一切都归于现在。"③历史与现实互渗共存,"历史是稳定凝结了的现实,现实是流动变化着的历史"。④可以说,历史不是关于过去的单一图像,而是由过去和现在两幅图像叠合拼接而成的。历史学的任务在于探寻过去,但它无法脱离时代与社会。

---

① 李大钊:《"今"》,见《新青年》第4卷第4号,1918年4月。
② 朱谦之:《历史科学论》,《现代史学》第2卷第3期,1935年1月。
③ 高概:《话语符号学》,王东亮译,北京大学出版社,1997年,第7页。
④ 孙思白:《试论历史与现实的联系与区别》,《历史研究的理论与方法》,红旗出版社,1983年,第101页。

一、重建的历史

历史不是被"发现"的,而是被重建的。历史不像北部冰层中冻结了几千年的猛犸或沙漠中埋藏的女尸、陵墓中的秦俑一样保存完好,静静地等待着人们去挖掘、去发现。历史早已像瓦罐一样破碎不堪,无法复原。人们只能通过对现实的认知,以现实为参照来重塑过去。历史研究所追求的实际上不是单纯的对过去的复述,而是对过去的复活,而且,历史学绝不是关于死亡的学问,而是关于生活的学问。

(一) 发现还是重建?

历史可以被"发现"曾经是一种很有影响、颇具诱惑力的观念。西方近代史学代表人物兰克即主张"如实地研究历史"。这一主张假设历史背后有一个具体的事实存在,而且这一事实又能够经过若干年代原封不动地呈现在研究者面前。既然如此,只要我们运用的方法没有误差,采取客观无私的态度,而史料的搜求又非常完备,就可以觅得历史的真相,就可以还历史以本来面目。这样,历史也就最终被"发现"了。但问题是,本体论意义上的历史事实是否能被人们直接感知呢?显然不能。客观的历史早已灰飞烟灭,后人对历史的把握必须通过史料这一中介。然而,史料并非独立于人的意识之外的客观之物。史料是历史当事人或后世史家对历史过程的记录或描述,它不可避免地打上主观的印痕,渗透着史家个人的偏见。可见,依靠史料,通过别人的眼睛观察历史,不可能完全发现历史真相。"历史真相不是一种纯粹的重现;它是一种智力活动。历史真相从其原始材料中制造出某些新东西……对其原始材料提出问题并将意义赋予个别现象……历史在其原始材料中揭示出意义和价值。这些意义和价值通过某种方式构筑了过去,从而产生一种新的建构。"[1]"只要历史学是一种认识,那么它就是一种通过重建而得到的认识。"[2]历史学家无法做出关于过去的确定描述,不是因为证据总会有空白,而是因为过去的事件与后起事件的关系将不断得到不同的描述。[3]认为客观的历史尘封在文件、档案、传记和日记等各类史料中等待着人们去发现、去访求,不过是一种

---

[1] 引自韩震主编:《历史观念大学读本》,中国人民大学出版社,2008年,第546页。
[2] 雷蒙·阿隆:《历史讲演录》,张琳敏译,上海译文出版社,2011年,第340页。
[3] 阿瑟·丹图:《叙述与认识》,周建漳译,上海译文出版社,2007年,第415页。

天真的幻想罢了。史料是主客观的化合物,不是纯净无瑕、一尘不染的。

　　这就是说,事实上有两个"过去":一个是客观存在的过去,一个是后人重建的过去。我们所能发现的,只是后人重建的过去。比方说,秦始皇生活的那个时代已经被时间之手拖到无边黑暗之中,留存下来的、后人能够观察得到的,只是一些遗迹,像残破的城墙、豪华的陵墓、威武的兵马俑等等。依据这些,根本无法复原秦始皇时代,我们必须求助于《史记》一类的史书。但史书是经过加工的,不是"原汁原味"的过去。因此,我们所做的工作,只是不断地重建历史,而不是发现历史。

　　历史只能被重建、不能被"发现",还在于历史解释的不可或缺性。历史学家的任务不仅是告诉人们过去发生过什么事,还要告诉人们为什么会发生这些事。他所陈列的绝不只是作为单个事件的事实,而是处在因果序列之中、悬挂在意义之网上的事实。否则,他就充其量只是一个编年史学者,而非真正的历史学家。"对大多数历史学家而言,重建过去在本质上不过是为解释过去做准备。他们的目标是确定趋势、分析原因和结果——简言之就是将历史解释为一个过程,而不仅仅是一系列色彩鲜亮的幻灯片。"卡尔·肖斯克将历史学家比作一个织工,他的技能就是从时间序列的经纱和同时代的纬纱中织出一块牢靠的解释织物。[①]事实就像一只口袋,你不放些东西在里面,它是站立不起来的。[②]这些东西就是研究者的解释。历史解释是对一定范围内若干历史事实的疏通,呈现他们之间的逻辑联系。若把历史事实比作一堆散落的铜钱,解释就是将它们贯穿起来的一根红线。离开了解释,就会沉没在无数单个事实的汪洋大海之中。以中国近代军阀史的研究来说,理清割据四方的各个军阀的形成和发展过程,叙述军阀间的历次厮杀争斗,是必要的,但只做到这一步是远远不够的。关键在于要从政治、经济、文化、社会等层面或角度对军阀割据或军阀混战局面的产生加以解释,使我们对近代中国社会的畸形状态有深刻的认知。只有通过史家的解释工作,近代军阀史体系才能真正建构起来。这里的解释显然不同于被动的"发现",是一种积极的创造性活动。

[①]　约翰·托什:《史学导论》,吴英译,北京大学出版社,2007年,第40、130页。
[②]　参见爱德华·卡尔:《历史是什么》,吴柱存译,商务印书馆,1981年,第6页。

(二) 立足现在的重建

"历史是由活着的人和为了活着的人而重建的死者的生活。"①人们赖以重建历史的基础只能是现在。历史本身是一笔糊涂账,是一团乱麻,唯有历史学家联系现在才使它变得井然有序,明白可解。法国年鉴派史学创始人布洛赫提出过一个著名的公式:"通过过去而理解现在,通过现在而理解过去。"法国学者高概说:"过去与将来是视界,是从现在出发的视界。人们是根据现在来建立过去和投射将来的。一切都归于现在。历史之难写,正在于它与我们的现在有关,与我们现在看问题的方式以及投射将来的方式有关。只有一个时间,那就是现在。"②总之,"以现实为参照,这不是科学的失败,而是历史研究本身的意向的合法表达"。③

历史所再现的往往是与现实生活密切相关的环节和事件,而那些与现实社会无甚牵连的事件就被筛选、淘汰掉了。从这一意义上说,历史不是单纯地研究过去,而是研究过去留存于现在的痕迹。如果前人的言行动作,对今人没有任何影响,没有留下任何痕迹,就等于完全不曾发生过。历史是"一个时代在另一个时代里发现的值得注意的那些东西的记录"。④民国史家张荫麟讨论写作通史如何选择史实时,提出一个"现状渊源的标准"。他认为我们的历史兴趣之一是要了解现状,要追溯现状的由来。历史事实与现状"发生学的关系"愈深则愈重要,久被遗忘的史迹每每因为切合现状而复活于人们心中。⑤威廉·德雷认为,"一切历史必然是从当前的立场出发来撰写的",历史就是"当前被看作是重要的那些东西的"历史。⑥

对现实一无所知的人,其研究历史也必定会徒劳无功。只要置身于现实中,我们就能立即感受到生活的旋律,而古代文献记载的情景,要依靠想象力才能拼接成形。这种想象力来源于当前的生活。人们总是有意无意地借用日常生活经验,并加以必要的取舍,赋予新的色彩,来再现历史、重构过去。比如一个研究古代官僚制度的学者,如果他本人取得一官

---

① 田汝康、金重远选编:《现代西方史学流派文选》,上海人民出版社,1982年,第95页。
② 陈启能主编:《二战后欧美史学的新发展》,山东大学出版社,2005年,第32页。
③ 雷蒙·阿隆:《历史讲演录》,第420页。
④ 转引自爱德华·卡尔:《历史是什么》,第57页。
⑤ 参见张荫麟:《中国史纲》,上海古籍出版社,1999年,第6—7页。
⑥ 威廉·德雷:《历史哲学》,王炜、尚新建译,三联书店,1988年,第72页。

半职,有些许混迹官场的经历,对研究过去的官僚政治会大有帮助。他完全可以凭借现实生活中的经验和感受来审慎地推知过去的情形。否则,只凭文献材料的记载来重现往事,很可能显得隔膜,不能洞悉权力运作的奥秘所在。在历史编纂大体局限于政治叙事的时期,担任公职的经历被广泛视为对历史学家最好的培训。吉本在谈及他作为下院议员的短暂经历时说:"我在国会中所经历的8届会议是一所培养公民审慎而明智的品质的学校,这些应是一位历史学家最基本的美德。"①

英国史家爱德华·卡尔认为,历史学家像其他人一样,也是一种社会现象,他既是他所属的那个社会的产物,同时又是那个社会的自觉或不自觉的代言人。他正是以这种资格去接触过去的历史事实的。如果把历史的进程叫做"在行进中的队伍",那么历史学家只是在队伍的另一部分里,拖着沉重的脚步在行进的另一种朦胧不清的人物而已。历史学家不是独立于历史之外的旁观者,而是历史的一部分,他在队伍中所处的地位决定他观察过去时所采取的观点。伟大的历史,恰恰是在历史学家对过去时代的想象为他对当前各种问题的见识所阐明时才写出来。②历史学家要解释过去,"必须以当下的视角看待过去","这种视角渗入了所有历史学家写下的文字中"。"对当下意义的关怀已达到支配性的程度使得历史学家并不仅仅是一个历史学家,而同时也是一个社会和思想的批评者。"③"史家记事的方式与所记的内容,都是受当时的文化情境与社会制度的限定。"史家挑选出来的记载项,"不是史家个人的发明,乃是当时他的社会的看法无形中替他安排好的"。④所以,历史学家的著作密切地反映出他生活于其中的那个社会。不管史学家如何努力保持客观的态度,如何坚持为过去而研究过去,只要他没有与现实社会完全隔离,他所受到的现在的影响就永远无法摆脱,这种影响甚至是具有决定性意义的。当我们拿过一本历史著作时,只看一看封面上作者本人的名字是不够的,还应该查一查出版或写作的年代,才能更深地体会到它扑面而来的时代气息。

在很大程度上,历史事物的意义取决于人们现在所持的价值尺度。

---

① 约翰·托什:《史学导论》,第141页。
② 参见爱德华·卡尔:《历史是什么》,第34、36页。
③ 克里斯·洛伦兹:《历史知识与历史真实:为"内在的实在论"辩护》,《书写历史》,上海三联书店,2003年,第91页注66。
④ 张宗颖:《社会学的历史观》,《中德学志》第5卷第3期,1943年9月。

例如对中国儒学的评价问题,在"五四"时期,由于当时激烈的反传统主义的笼罩,儒学被视作万恶之源,成为众矢之的,许多人弃之如敝屣;而到了20世纪90年代,传统文化的地位日益提升,儒学被奉为中华学术文化之正宗,蔚为一大研究热点。所以说,儒学本身是个多面体,其是非曲直也不是固定不变的,对它如何解释和评价往往取决于研究者所处时代的精神环境和文化气候。当下的价值立场塑造了儒学的形象。这已不单纯是关于过去的问题,而是一个现实问题。

再拿关于历史上的改革变法活动的研究来说,从商鞅变法、王安石变法到戊戌变法,对这些事件的认识挖掘都与当今现实有着不可分割的联系。历史学家对目前改革实践的切身感受和具体看法会或深或浅地影响和左右着他对历史上的变法活动的追索。古今之间的相似性,势必引起研究者的强烈共鸣。只有借助对当下改革的措施、途径和遇到的问题的认识,历史学家才能完成对历史上的变法事件的评判和重建。也只有在对当今改革的作用和效果有比较客观的估价的情况下,以往的变法运动的意义才能充分显露出来。也就是说,人们的现实关怀和切身感受支配着对往昔历史的追索。

历史已成陈迹,如何使之再现?没有神奇的摄影技术,可以使历史事件定格;没有特殊的录音设备,可以使古人的言谈重放。历史只能由史学家依照现在进行重建。现在是我们回顾历史、把握过去的支点。只有通过现在这双眼睛,我们才能看到过去,才能理解过去。

二、历史是过去与现在的对话

史家所研究的过去"并非是死掉的过去,而是在某种意义上依然活着的过去"。[①]奥克肖特提出:"历史中的过去随现在的变化而变化,它有赖于现在","历史中的过去根本不是过去",它是很大一部分的现在。[②]某一段历史、某一些人物虽然已经永远地消失了,我们再也捕捉不到了,但它们的影响却可以穿越时空,一直延伸到现在。秦代实施的郡县制,已是两千年前的事情了,但它的作用并未终止,我们今天的地方行政区划仍然可以看到它的影子。孔子也早已死去两千多年了,但他的思想与整个中华民族的文化传统紧密结合在一起,至今仍制约、规范着人们的思维方式、

[①] 爱德华·卡尔:《历史是什么》,第18—19页。
[②] 奥克肖特:《经验及其模式》,吴玉军译,文津出版社,2005年,第105—108页。

价值观念。实际上,过去以一种变异的形式融入了现在,我们研究过去,是试图从过去中寻找现在,从古人身上发现自己。

历史的目标是"通古今之变",而非博古不通今,知古不知今。因而,伟大的历史作品,绝不只是关于过去的知识,绝不只是一堆古董,而是一直流淌到现在的智慧之流。"研究过去之事实,正所以为应付今日之事务。读史非以为古,乃以为今。"①"只有现在生活中的兴趣,才能使人去研究过去的事实。这种过去的事实只要和现在生活的一种兴趣打成一片,它就不是一种针对过去的兴趣,而是一种针对现在的兴趣。""当生活的发展需要它们时,死历史就会复活,过去的就会再变成现在的。"②最明显不过的是,唯有当前活生生的兴趣,才能推动我们去寻求对过去事实的知识;因此,那种过去的事实,就其是被当前的兴趣所引发出来的而言,就是在响应着一种当前的兴趣,而非过去的兴趣。正是现在的兴趣,激活了尘封在岁月中的、僵化了的过去,使沉默的历史开口发言。

历史是现在与过去之间永无止境的对话,是今天的社会与昨天的社会之间的对话。爱德华·卡尔如是说。雷蒙·阿隆也指出:"历史展示出现在与过去的一种对话,在这种对话中,现在采取并保持着主动。"③历史学家的工作正是沟通过去与现在,从一个时代里发现另一个时代。如果缺乏对当下生活的热切关注,历史叙述要么成为一种纯粹满足好奇心的精神奢侈品,要么流为老年人毫无生趣的对逝去时光的唠叨。布罗代尔说:"现实与过去是以它们的光亮互相映照的。"④离开了现实的过去,只能是一团漆黑。

"一切真历史都是当代史。"克罗齐认为:当代性并不是某一类历史的特征,而是全部历史的本质特征,历史与生活之间是统一的关系。⑤他是从人类精神发展的角度提出这一认识的。其实,无论从哪个角度看,历史都不是对过去的简单复制,而必然包含着当代人的创造活动。基于此,每一代人都有每一代人的历史。"我们从我们自己的视野,以我们自己时代

---

① 衡如:《新历史之精神》,《东方杂志》第19卷11号,1922年6月。
② 克罗齐:《历史学的理论与实际》,傅任敢译,商务印书馆,1982年,第2、12页。
③ 雷蒙·阿隆:《历史意识的范围》,田汝康、金重远选编:《现代西方史学流派文选》,第97页。
④ 转引自姚蒙:《法国当代史学主流》,三联书店(香港)有限公司,1988年,第117页。
⑤ 参见克罗齐:《历史学的理论与实际》,第3页。

的观点,为我们自己的目的,以我们自己的方法来再现多面的历史。"[1]"历史总是要不断地改作。每一个社会有它的历史。历史的记叙随着社会本身的变化而变化;这个过去只有当它不再有未来的时候才能最终地固定下来。"[2]最后的、终极的历史是不存在的,因为它一直被变动不居的现实推动着。历史向现实敞开,永远处于一种未完成状态之中。当代性与过去性共同构成历史的基本属性。历史在指向过去的同时,它永远也无法脱离现在。

第二节 历史价值的二重性:求真与致用

历史兼容了过去与现在,这种时间上的二重性导致了价值的二重性,即求真与致用。求真是探求真相、追求真理,致用是发挥现实功用,服务于当下。大体说来,历史学的求真主要是指向过去的,而致用则基本上是指向现在的。求真是求过去之真,致用则是致当下之用。此外,求真和致用还有着内外之别。求真是史学内部的事情,受史学自身发展逻辑的支配,而致用是服务于史学之外的目的,受外部社会条件的制约。历史学是求真与致用的统一。求真与致用之间又存在着对立和紧张,历史学正是在不断调适、平衡二者关系的过程中走向成熟。

一、从传统到现代的史学求真

中国史学的求真观念的内涵随时代而不同,经历了一个从朴素求真观到科学求真观的演变过程。朴素或古典意义上的求真观存在于中国传统史学中,科学求真观勃兴于西方近代史学输入中国以后。

(一)朴素求真观

在中国传统史学中,求真原则发端甚早。作为先秦史官的书事原则的"书法不隐",是求真观念的萌芽。《左传》宣公二年记载:晋太史董狐书"赵盾弑其君"并宣示于朝,孔子对此评论道:"董狐,古之良史也,书法不隐。"《左传》襄公十四年记,齐太史书"崔杼弑其君",杀三人而书者踵至。

---

[1] 凯利:《神话历史》,《书写历史》,上海三联书店,2003年,第109页。
[2] 田汝康、金重远选编:《现代西方史学流派文选》,第99页。

董狐和齐太史被后世奉为秉笔直书的史家楷模。"书法不隐"体现着一般的求真原则的同时,又因先秦"国史"及其"书法"的性质而具有特定的意涵。西周、春秋之世的"国史"不仅是对前言往行的保存和记录,也是纲纪天下的国之"礼经"。因此,"书法不隐"的直接功能在于维系"礼法"于不坠,非纯粹的"求真"。先秦时代的求真观念是不成熟的,尚未取得独立的地位,仍包裹在致用之中。

班氏父子提出的"实录"观念,标志着中国古代史学的求真原则达到自觉。班彪评价《史记》说:"其文直、其事核、不虚美、不隐恶,故谓之实录。"(《汉书·司马迁传》)实录的标准在于文直,即史文质直地表述史事,以及"事核""不虚美""不隐恶",都是要求如实地记载以往的历史事实之意。与文直同义的"直书"一词较早出现于杜预的《春秋经传集解·序》中,亦指忠实地记录史事。刘知几清晰地概括出"直书"的内涵和特征。他所谓"爱而知其丑,憎而知其善,善恶必书"的直书实录(《史通·曲笔》),不仅指对史事客观如实的记述,也指史家在褒贬义例上的"直道"。后来,"直书"与"实录"并用,成为衡评史家或史著的基本尺度。

清代考据学居于主流时,当世考史大家王鸣盛、钱大昕、赵翼皆将"实事求是"规定为史学的第一要务,大大强化了求真原则在治史中的地位。钱大昕表明自己治史"惟有实事求是,护惜古人之苦心,可与海内共白"[①],王鸣盛言明自己治史是要"以校订之役,穿穴故纸堆中,实事求是,庶几启导后人"[②],汪中声称自己"为考古之学,惟实事求是,不尚墨守"[③],赵翼主张对待前人学术应该"要惟其是而已"[④]。总之,"清朝一代极盛行的朴学,其学风中最重要的一点就是求真,事事要还他个实实在在。自阎若璩以至崔适,终有清一代史家,尽多在这一点上用功夫"。[⑤]

清代学者多主张"据事直书"而慎言褒贬。王鸣盛批评驰骋议论的空疏学风,强调"凡史宜据事直书,不必下褒贬","作史者宜直叙其事,不必弄文法寓予夺;读史者宜详考其实,不必凭意见发议论"[⑥],钱大昕认为:

---

① 钱大昕:《嘉定钱大昕全集》贰序,江苏古籍出版社,1997年,第1页。
② 王鸣盛:《十七史商榷》序,中国书店,1987年,第3页。
③ 汪中:《新编汪中集》,广陵书社,2005年,第428页。
④ 赵翼:《陔余丛考》,河北人民出版社,1990年,第63页。
⑤ 金兆梓:《历史是否是科学》,《改造杂志》创刊号,1946年11月。
⑥ 王鸣盛:《十七史商榷》,第6、13页。

"良史之职,主于善恶必书,但使纪事悉从其实,则万世之下,是非自不能掩,奚庸别为褒贬之词!"他主张"史家纪事唯在不虚美,不隐恶,据事直书,是非自见。若各出新意,掉弄一两字以为褒贬,是治丝而棼之也"。①他们将善恶是非视作史实的内在因素,认为只要澄清事实,则善恶自明,不必加以褒贬,褒贬只会有害于事实。这样,乾嘉史家就将历史之真化约为事实之真、史料之确,与近代意义上的求真观已相当接近。

章学诚"史德"说的提出将中国传统史学"求真"观推至最高峰。章学诚说"史德"是指"著书者之心术"。心术又是什么呢?他解释说:"盖欲为良史者,当慎辨于天人之际,尽其天而不益以人也。"这里的"天"就是历史的客观性。同时,章学诚还认为,心术之慎,在于史家的自我修养,不断克服"气胜""情偏",力求"气平""情正"(《文史通义·史德》)。可见,章学诚实际上已经兼顾到史学的主观、客观两方面,追求二者的协调。可以说,在中国传统史学中,"求真"观念在章学诚那里达到了极致。

概括言之,传统的朴素求真观有两个主要特点:一是求真具有双重维度,即事实之真与价值之真。事实之真是认知意义上的,指与历史实际相符合;价值之真是评价意义上的,指与道德规范相一致。在传统求真观中这两层内涵往往水乳交融,难以区分。"善善恶恶"与"信信疑疑"同时并存,互不冲突。二是求真与致用之间不存在根本性矛盾,它们不但不彼此排斥,反而高度统一,求真往往以致用为旨归,致用又以求真为前提。二者之间基本上是一种和谐共存的关系。②

(二) 科学求真观

近代以来西学东渐,尤其是西方科学理念的传入,极大地改造了中国固有的求真观。科学以求真为目的。"科学的根本精神在于求真理。"③"科学不以实用始,故亦不以实用终。夫科学之最初何尝以其有实用而致立焉,在'求真'而已。真理既明,实用自随,此自然之势,无庸勉强也。"④历史被视为一门科学,自然也应以求真为首务。科学崇尚客观实证的精神,

---

① 钱大昕:《嘉定钱大昕全集》第9、7册,第285、350页。
② 关于中国古代史学求真观的演变,参见江湄:《"直笔"探微——中国古代史学求真观念的发展与特征》,《史学理论研究》1999年第3期。
③ 胡适:《我们对于西洋近代文明的态度》,《现代评论》第4卷第83期,1926年7月。
④ 胡明复:《科学方法论》,《科学》第2卷第7期,1915年。

也使中国史学的求真观念发生了根本性改变。受近代科学洗礼的人们坚信,只要采取超然物外、纯然中立的态度,严格遵循科学方法,就能够完全认识世界、发现最终真理。求真原则开始排除价值判断,并与致用分离。

1921年,梁启超在《清代学术概论》中申明:"真学者之态度,皆当为学问而治学问","学问即目的,故更无有用无用之可言","只当问成为学不成为学,不必问有用与无用,非如此则学问不能独立,不能发达"。他认为,清学正统派在文化史上具有价值,端赖于此;而晚清"新学家"康有为等的失败,即在于"不以学问为目的而以为手段"。他说学问实当"离致用之意味而独立生存"。梁启超甚至认为:"有书呆子,才能有学问。"①

王国维也高扬学术求真之旨,认为求真是学术独立的前提。他指出:"欲学术之发达,必视学术为目的,而不视为手段而后可。"又说:"学术之所争,只有是非真伪之别耳。于是非真伪之别外,而以国家、人种、宗教之见杂之,则以学术为一手段,而非以为一目的也。未有不视学术为一目的而能发达者。学术之发达,存于其独立而已。"他反对笼统的有用、无用之说,提出:"凡学皆无用也,皆有用也",理由是:"天下之事物,非由全不足以知曲,非致曲不足以知全。虽一物之解释,一事之决断,非深知宇宙人生之真相者,不能为也。而欲知宇宙人生者,虽宇宙中之一现象,历史上之一事实,亦未始无所贡献。故深湛幽渺之思,学者有所不避焉,迂远繁琐之讥,学者有所不辞焉。事物无大小,无远近,苟思之得其真,纪之得其实,极其会归,皆有裨于人类之生存福祉。己不竟其绪,他人当能竟之;今不获其用,后世当能用之。"②王国维的看法极具辩证眼光,超出同辈之上。

民国史学界主流派的言说更具代表性。胡适说:我们做学问不当先存一个狭义的功利观念,当存一个"为真理而求真理"的态度。③胡适称:"我不认为中国学术与民族主义有密切的关系。若以民族主义或任何主义来研究学术,则必有夸大或忌讳的弊病。我们整理国故只是研究历史而已,只是为学术而做工作,所谓实事求是是也,从无发扬民族精神感情的作用。"④"古史辨"派主将顾颉刚也说,学问"只当问真不真,不当问用不

---

① 参见梁启超:《清代学术概论》,上海古籍出版社,1998年,第48、98页。
② 《王国维论学集》,中国社会科学出版社,1997年,第212—215页。
③ 参见胡适:《论国故学——答毛子水》,见《胡适文存》卷二,亚东图书馆,1921年。
④ 《胡适致胡朴安》,《胡适往来书信选》上册,香港中华书局,1983年,第499页。

用",应用只是做学问的自然结果,而不是着手做学问的目的。①学者研究的目的,只是要说明一件事实,绝不是要把研究的结果送与社会应用。中央研究院历史语言研究所所长傅斯年也反对致用、崇尚求真。他认为,中国学术界有一个很大的弊病,就是"好谈致用",以为"学术之用","必施于有政"才谓有用,其结果"乃至一无所用"。②傅斯年主张把历史学建设成生物学、地质学那样的"客观的史学",他强调史学不是伦理,不是神学,不是去扶持或推倒这个运动、那个主义。③

与传统的朴素求真观相比,近代的科学求真呈现出两个重要特点:

第一,求真观与科学观联系在一起,求真观为科学观所支配。在当时大多数学者看来,科学是纯粹客观的。科学蕴涵的客观性观念是求真的支柱。"科学之真,不仅是在某些控制的环境里是真,不是暂时的真,乃是恒常的绝对的真。"④科学的这种客观性主要源自"方法","方法"是科学的根本。不论研究对象是否客观,只要应用科学方法加以研究,就能成为科学。这是一种以"方法"为核心的科学观。史学的求真必须依靠科学的方法。

第二,求真与致用的对立、冲突日益强化。在传统史学中,求真与致用是统一的,其差异也是以统一为前提的。到近代则不同,二者之间的和谐关系被打破,凡强调求真者,多反对致用,仿佛只有否定、压抑致用,才能突出求真。求真与致用完全成为对立的两极,势同水火。这使得以往边界模糊、混沌不分的求真与致用,逐渐隔离开来,开始获得相对独立的意义。在这一过程中,求真凸显,凌驾于致用之上。求真是第一义的,而致用是第二义的,二者有了主次轻重之别。

绝对意义上的科学求真只是一种理想状态,近世多数学者实际秉持的是相对意义上的科学求真观。求真所求为相对之真,是近真,而非全真,可以无限接近但永远也不会达到绝对之真。胡适提出:历史是一个百依百顺的小姑娘,任你梳妆打扮;历史好比一百个大钱,任你如何去摆;历

---

① 顾颉刚:《自序》,《古史辨》第1册,上海古籍出版社,1982年,第25页。
② 参见傅斯年:《中国学术界之基本谬误》,《傅斯年全集》第4册,台北联经出版公司,1980年。
③ 傅斯年:《史料论略及其他》,辽宁教育出版社,1997年,第2页。
④ 乔伊斯·阿普尔比、林恩·亨特、玛格丽特·雅各布:《历史的真相》,刘北成、薛绚译,中央编译出版社,1999年,第197页。

史好比是一块大理石,任你去如何雕琢。傅斯年也说,历史本是一个破罐子,缺边掉底、折把、残嘴。雷海宗指出:"绝对的真实永难求得,即或求得也无意义。"①历史认识只能是相对的,求真也只能求得相对之真,无法求得绝对之真。这样,科学求真工作就估计到主观因素在学术研究中的能动作用,力求利用这种主观因素服务于求真,使主观性由一种消极力量变为建设性因素。

二、史学致用的三种类型

与求真相对的"致用",其内涵也存在一个长期的演变过程。但它主要是随时代、社会的更动而变化。致用对外部环境、外缘因素具有强烈而明显的依赖性。大致说来,致用呈现出三种不同的形态:贵族本位、国族本位和社会本位的致用观。

(一)贵族本位的致用

贵族本位的致用观将历史学的服务对象设定为当时的统治者,即帝王、贵族和官僚。它是传统史学的一部分,又与中国传统社会相始终。中国传统社会的重心在政治领域和道德领域,因之,这一时期史学的致用主要表现在资治和训诫两方面,即宋人孙甫所谓"明治乱之本,谨劝戒之道"(《唐史论断》)。

资治是指为国家政府的政治统治、管理决策提供经验和教训。传统史学的产生和发展与政治统治的需要密不可分。孔子作《春秋》时就怀有直接的政治目的,即"拨乱世之反正"。最典型者当属司马光之著《资治通鉴》。他"专取关国家盛衰,系生民休戚,善可为法,恶可为戒者,为编年一书",要通过修史"监前代之兴衰,考当今之得失","穷探治乱之迹,上助圣明之鉴"。《资治通鉴》详细而全面地总结了前代的统治经验,成为一部"皇帝教科书"。传统史学还以历史上的种种制度模式,为现实制度创设提供参考。这在典制体史书中有集中体现。唐代杜佑在《通典》序言中申明:"所纂通典,实采群言,征诸人事,将施有政。"他毫不掩饰编纂此书的政治意图和现实动机。清乾隆帝视此书为"经国之良模"。

王夫之也认为史学是一种经世致用之学、鉴往知来之学。王夫之说:

---

① 《历史过去释义》,《中央日报》(昆明)1946年1月13日。

"所贵乎史者,述往事以为来者师也。为史者,记载徒繁,而经世之大略不著,后人欲得其得失之枢机以效法之,无由也。"(《读通鉴论》卷六)王夫之进而反对仅仅以史学求知的做法,他认为"曰'资治'者,非知治知乱而已也,所以为力行求治之资也"(《读通鉴论》叙论四)。这就是说要从对历史的学习中求得治理国家之"资"。他批评那种只求闻见而不重经世的史学。传统史学与政治联手、为政治服务,导致了史学的政治化。这也是史学为历代统治者所重视的关键所在。

训诫主要指道德教化。无论何种社会,都必须有一套共同遵循的道德规范来维系其存在。中国传统社会尤其如此,道德在人们心目中是至高无上的。史家著书的一个基本目的就是通过对历史人物、历史事件的记述和评判,以伦理的或道德的准则警醒人们、教育人们,维护一定的社会秩序。所谓"孔子成《春秋》而乱臣贼子惧"体现的正是这种道德警示作用。《春秋》笔法、善恶褒贬成为传统史学的一项基本功能,其力量也的确不可小看,"一字之褒,荣于华衮;一字之贬,严于斧钺"。

唐刘知几说:"史之为务,申以劝戒,树之风声"(《史通·直书》),指明道德训诫是史学的要务。宋代理学风行,道德褒贬尤受重视。朱熹的《资治通鉴纲目》以道德裁判取代功业成败为标准,斤斤于善恶是非之辨。朱熹说:"岁周于上而天道明矣,统正于下而人道定矣,大纲概举而监戒昭矣,众目毕张而几微著矣。"①《资治通鉴纲目》记载历史人物或去其官,或削其爵,或夺其谥,以此寓含褒贬之意。清乾隆皇帝在为重刊《二十一史》作的序中说:"史者,辅经以垂训者也。""史为经翼。""史以示劝惩,昭法戒。上下数千年治乱安危之故,忠贤奸佞之实,是非得失具可考见。居今而知古,鉴往以察来。"道德训诫有时甚至以牺牲真实性为代价。董狐名为良史,他所记"赵盾弑其君"其实与史实不合。弑君即杀灵公者是赵穿而非赵盾,只不过赵盾身为正卿,"亡不越境,反不讨贼",有违人臣道义而已。

总之,在古代,史学是经学的附庸,统治者利用史学来达到"垂训""教化"的目的。赏善罚恶、道德垂训是传统史学致用的重要内容。所以说,"中国传统下的撰写历史是一种政治和道德批判行为"。②

---

① 朱熹:《朱子大全》,四部备要本,第1351页。
② 余英时:《中国史学思想反思》,陈启能、倪为国主编:《历史与当下》,上海三联书店,2005年,第45页。

(二) 国族本位的致用

近代的史学致用主要从属于民族主义(或称"国族主义")运动,旨在唤醒或培育民族意识。民族主义是20世纪最强劲的思潮。西方列强以坚船利炮打开中国国门之后,中华民族的危机日益加深。维持民族自立自强遂成为时代课题,不少学者纷纷以史学为保存民族性、激发民族意识、增强民族自信心的重要工具。

章太炎即是一个典型。他认为,中国应永远保存的国粹即是史书,因为它是民族主义的寄托。章太炎提倡读史爱国,主张"用国粹激动种姓,增进爱国的热肠"。①他把史学的兴衰与国家民族的生死存亡联结在一起。戊戌变法失败后,梁启超在《新史学》中大声疾呼:"今日欲提倡民族主义,使我四万万同胞强立于此优胜劣败之世界乎?则本国史学一科,实为无老、无幼、无男、无女、无智、无愚、无贤、无不肖所当从事,视之如渴饮饥食,一刻不容缓者也。……呜呼,史界革命不起,则吾国遂不可救。悠悠万事,惟此为大。"

"九·一八"事变之后,中华民族的危机空前深化。这使以学术救国蔚为一时风气。钱穆撰著《国史大纲》意在发掘民族精神,为挽救民族危亡贡献心力。原本主张为学问而学问的傅斯年也一改其态度,发出"书生何以报国"的慨叹。他于1932年出版的《东北史纲》一书,目的是说服国际联盟李顿调查团确认东北自古以来就是中国领土,为国家争取权益。1934年顾颉刚组织禹贡学会,出版《禹贡》半月刊,试图通过研究历史地理,"以激起海内外同胞爱国之热忱",使人们了解、认识中国疆域的变化,"坚持其爱护国土意向"。至于当时的史学大家如陈垣、陈寅恪等也采取曲折的形式表达对国家民族的忧怀,他们将爱国思想寄寓在考据著述之中,使史学的求真与致用紧密结合起来。

马克思主义史学家更是史学致用的积极实践者。特别是在抗日战争爆发后,马克思主义史学工作者,毫不犹豫地把自己的研究纳入到抗日的洪流中,历史学被赋予浓厚的民族色彩。当时吴玉章提出,"在这个很需要发扬爱国热忱,继承革命传统的时候,研究自己民族的历史,有着特别重大的意义"。"凡一个民族,如果缺乏详实的历史记载,则会减弱民族的自尊心和奋斗的自信心。"②1936年,吴玉章在苏联期间,应国际教育处要

---

① 汤志钧编:《章太炎政论选集》上册,中华书局,1977年,第272页。
② 吴玉章:《中国历史教程绪论》,新华书店,1949年,第1—5页。

求写有一本《中国历史大纲》。其中说:"历史是革命斗争的有力工具。我们应该知道人类真正的历史,知道劳动者被奴役和解放的历史;应该知道我们从哪里来和往哪里去。因为,这能百倍地坚强我们奋斗的信心和给我们以获得胜利必需条件的知识。"①在他们的史学作品中,充满了民族主义、爱国主义的内容,他们歌颂抗秦、抗匈奴、抗契丹、抗元、抗金、抗清和御倭、抗英、反教、驱荷、拒俄等斗争,谴责石敬瑭、秦桧、吴三桂、慈禧、袁世凯等民族败类,以激起人们主抗战、反投降的正气。

民族主义倾向是近代史学致用的基本特点。"自孔子至今,史家之记事,以褒贬善恶,为其主要之目的;自今以往,史家之记事,以述国家文明之进步,民族存在之大势,为其主要之目的。"②它以学术研究服务于救亡图存的目的,以整个民族的利益为中心关怀,较之传统史学效力于统治集团,已大大推进了一步。但近代致用观扎根于民族危机严重的现实土壤之中,一旦危机缓解,不再那么迫在眉睫,民族主义倾向的致用观也就不能继续居于中心的地位了。近代致用观存在于社会、政治、文化的剧烈变动时期,它不能满足常态社会的需求。

(三) 社会本位的致用

长期以来,史学被作为一种鉴戒之学而发挥其实践功能,而在现时代,这一局面发生了根本性变化。有学者说,史学能在古代产生借鉴作用,主要是因为传统社会发展十分缓慢,前一时期的历史经验对后一时期的社会往往有较多的类比性和借鉴性。而现代社会形态及其状况与传统社会相比发生了很大变化,历史上治国的方法和经验教训,"能为现实提供的启示变得越来越有限了"。③西方学者也断定,传统史学所主张的从历史中吸取教训资鉴,"纯粹是一种幻想。……其所依据的假设是:认为自古至今人类的情况是始终一致不变的,因而它就能提供永久先例的价值。事实上,人类的情况,至少在我们现代,是变化得如此迅速,以致人们如果要想利用过去的经验来解决现代的问题,那是极其危险的。再说我们对于我们所假定的相同的过去情况很难得到十分可靠的材料,以供我们满足当前的需要。由此看来,所谓'历史教导我们'这句廉价的夸张语

---

① 《吴玉章文集》(下),重庆出版社,1987年,第809页。
② 吴贯因:《史家位置之变迁》,《东北大学周刊》第94期,1930年4月。
③ 杨权:《史学地位的衰落是不可避免的趋势》,《中国人民大学学报》1987年第3期。

句就是这种假定的类比,实际上它是经不起我们仔细研究的"。①

无论传统史学还是近代史学,为政治服务都是其致用性的一项重要内容。而如今,史学面临最大的时代挑战是其政治借鉴作用的动摇。全球的新技术革命在现在与过去之间划出一条鸿沟,过去的政治经验很难应用于今天。"历史学和政治的长久联盟已无可挽回地宣告终结。"②但史学的应用性不能就此完全丧失,这就必然要求产生一种新的致用观,我们称之为社会本位的致用观。这种致用观的核心理念是为社会服务、为民众服务、为生活服务。它的作用范围比传统意义和近代意义上的致用要宽泛得多。传统意义上的致用针对的是帝王将相和精英阶层,近代意义上的致用关注民族存亡问题,它们基本上局限于政治领域。而现代致用观关切的是占社会大多数的民众,几乎覆盖了社会生活的各个领域。更强调要为大多数人服务。目前的史学功能进一步拓展和延伸。"当今史学的社会功能已呈现多层次的网络结构,它包括:传统的历史经验的借鉴功能,这构成了史学社会功能的最基础层次;历史知识的教育功能处于一个较高的层次;史学所获得的新的应用功能或预测的功能,则属于更高的层次。"③当然,这与现代社会结构的变动息息相关。现代社会是以民众为基础、为重心的社会,其特点是民主化。这种新的社会形态排斥狭隘的致用观念,而呼唤一种最广泛的致用原则。

社会本位的致用是一种弱化了的、间接的致用,主要是发挥历史学的知识文化功能。历史知识应当是每个人知识构成中必不可少的一部分。一个人若想在现实生活中活得明白,他需要对人类以往的经历有一个基本的认识。这是就最起码的意义上来说。社会史研究的繁荣为人们全面了解前人的社会生活提供了基础,也为历史学更好地发挥知识文化功能提供了凭借。社会史考察、反映的是整个社会的历史境况,尤其关注民众生活的真实状态。日常生活中的衣食住行、婚姻家庭、风俗时尚等内容纷纷进入史学家的视野之内。这种生动的、有血有肉的历史容易为大众所接近,从而使历史学的致用面大大拓宽。

此外,历史学是人类文明的精神产品,对提高人们的精神品位、人文素质意义重大。在现代社会中,物质文明高度发达,精神文明却日益萎

---

① 鲁滨孙:《新史学》,齐思和等译,商务印书馆,1964年,第15页。
② 孟庆顺:《对历史学现状的反思》,《史学理论》1987年第2期。
③ 沈定平:《用新时代的精神看待史学的价值与功能》,《光明日报》1986年4月2日。

缩、衰退。精神层面的问题是现代人无法回避的。而历史学恰好可以为解决人们的精神问题、满足精神需求提供些许助益。历史学提供给现代人一片精神栖息、灵魂安顿的家园。现代人无时无刻不处在焦虑、孤独、虚无感的困扰之中,而借助历史可以极大地扩展生命空间,使人们从当下的时空中超脱出来,从种种烦恼、欲望的缠绕中解放出来,从而进入一种健康平衡的精神状态。

总之,现代意义上的致用达到前所未有的广度和深度,根本目的在于增进人类的福祉。"作为对那些我们不熟悉或陌生的事物的记忆储存库,历史学构成了最重要的文化资源。它提供了分享那种经验的一种手段,而那种经验是不可能在现实生活中拥有的。我们对人类所能达到的高度的认识、对他们所能达到的深度的认识、对他们在危机中表现出的足智多谋的认识、对他们在满足彼此需求中表现出的敏感性的认识——所有这些知识都是对过去不同时代背景下的人们所想和所做的了解累积得到的。"[①]在今天看来,发挥历史学的知识文化功能是最符合历史学本性的。

三、求真与致用的冲突及其解决途径

求真和致用是历史价值的两个基本属性,求真是史学赖以自立的基础,致用是史学保有活力的源泉。但二者的关系并非一直是平衡的,而是时常处于紧张之中,时而求真原则凸显、致用功能减弱,时而致用得到推崇、求真遭受冷落。这种状况的产生,既有学术演进的内部逻辑的支配,又有外在社会力量的作用。求真与致用此起彼伏、此消彼长的原因非常繁复,我们在这里无法作具体分析。我们更关注的是:二者之间的这种紧张关系究竟对史学的发展有哪些影响呢?

(一) 求真与致用的内在冲突

在中国史学的历史进程中,求真出现过两次高潮。一次是清代乾嘉时期,"实事求是"成为当时史家的一句流行口号;一次是20世纪20年代科学实证史学兴盛期,它上承乾嘉余绪,旁通西方的科学史学,标举"为学问而学问"的旗帜。在这两次高潮中,求真拥有压倒性优势,致用受到排斥,二者的关系处于高度紧张状态。但求真对致用的压抑所造成的问题

---

① 约翰·托什:《史学导论》,第27页。

此时也清晰地显现出来。

首先是造成史学与社会、时代、生活的脱节。求真基本上是指向史学自身的,较少过问史学外部的事务。但史学是社会的一部分,无法与时代完全绝缘。一味标举求真、压抑致用,使史学发展变革的外部驱动力大大减弱。本来,社会现实提出的问题推动着史学不断地向前发展。史学的致用不但有助于社会现实的变革和改造,而且有助于史学自身的完善。片面地崇尚求真拒绝致用,只能使史学越来越封闭,越来越缺乏活力。舍弃致用、与现在绝缘的史学研究只能认识已经死亡、僵化的过去,发现一堆朽骨、废墟。这种缺乏现在之光的照拂,缺少意义、支撑的历史,是没有生命的历史;这种史学工作者更像一个只对过去感兴趣的古董收藏家,而不是真正的历史学家。与现在失去联系的历史,是孤立的、断裂的、不可理解的。有必要说明的是,专注于求真而不问致用的若只是个别学者,并不值得担心。因为如果有千分之一、万分之一的学者将他的全部生命贯注于学问之中,不但无可厚非,反而应当尊重。但如果这种态度、做法超越个人行为,汇聚为一股势不可当的潮流席卷整个学术界,后果就令人忧虑了。

其次是使史学停留在史料整理层面上。一般说来,求真与客观性联系在一起,致用与主观性结合得更紧密。而客观性又与证据、事实、材料不可分离。因之,求真往往被理解为求证据之真、材料之真、事实之真,求真工作被等同于史料的搜集、辨伪、考订之类的活动。以乾嘉学派来说,他们的主要精力即放在考证古书上。王鸣盛的考史工作包括文字上的"改讹文、补脱文、去衍文"和史书所载的典制、事迹两方面。钱大昕的治学重点在考究文字、义例、舆地、职官等内容。所以,乾嘉学派对中国史学的贡献仅仅是史料而已。20世纪的实验主义史学也是如此。胡适等人将求真严格局限在史料工作范围内,视更高层次的工作为不可及、不必及。但我们知道,史料考订只是史学研究的基础,不是史学的全部,正如章学诚所说:"整辑排比,谓之史纂;参互搜讨,谓之史考;皆非史学。"如果将史学研究比作造房子,史料的搜讨、考辨只是准备了一些砖瓦材料,至多算是打好了地基,下一步甚至是更重要的工作是重建历史事实、还原历史场景,缺少这一环节,则房子永无造成之日。这是以往的求真工作所具有的一个致命缺陷。

最后是造成选题上的失衡。在求真的旗帜下,史家往往忽略不同题目之间的轻重缓急之别,凡是真的皆可求之。乾嘉学派对旧史的改作、补作、校注、辑佚和辨伪,不分巨细,不厌其烦。他们沉醉于对历史的细枝末节的追逐之中不能自拔。承清儒衣钵的实验主义史学更是有过之而无不及。胡适就提出,发明一个字的古义与发现一颗恒星具有同等价值。① 顾颉刚则认为史学研究应该有平等的眼光。只要是事实,就值得研究。一只猫、一块石、一根草、一座机械,与一个圭、一张皇榜、一个竈神、一首情歌,无不在科学研究的范围之内。② 他还主张做学问应当从最小的地方做起。本来,这也无可厚非,但不幸的是,他们的做法走入了极端。他们选择的题目,多是冷僻偏窄、无关宏旨。一个人的生卒年代,一个小说故事来源的考辨,一个名词的解释,往往成为万字长文的题目。然而不同题目之间的重要性毕竟有大有小,重要问题理应在研究中予以倾斜。与古书的作者、年代、版本等问题相比,社会变动、经济变动和思想变动似乎就重要得多。这类问题往往牵动中国历史的全局,解决它们有助于从整体上把握历史进程。但崇尚求真贬抑致用的学者们却舍此不顾,将时间和精力投掷在无数小题目的考索之中。这样便造成一种琐碎褊狭的不良学风。

当求真排斥致用时,史学的发展会丧失生机和活力。同样,当致用压倒求真时,其结果是史学丧失自主性,地位岌岌可危。

就中国史学发展的全程而言,致用一直处在重要位置。前面已经提到,传统意义上的致用主要是充当政治统治和道德训诫的工具,即"帝王览史以勉志,人民读史以励行"。③ 当然,这在维持既存的社会秩序方面起到了非常积极的作用,并且在很大程度上从外部刺激了史学自身的发展。但是,外部力量的干预和控制也让中国传统史学付出了沉重的代价。其中最主要的就是记载的失真。这在历朝实录的编纂中有明显的体现。例如《明实录》中因政治权力之争造成的记录不实之处就有许多。《太祖实录》原本撰于建文帝时,永乐年间竟两次改修,以确立朱棣继统的合法性;《英宗实录》中竟然不承认有景泰帝。《清实录》的问题就更多了。清朝自入关到光绪中叶,几乎不间断地对历朝实录进行修改,尤其是康熙、

---

① 胡适:《论国故学——答毛子水》,《胡适文存》卷二,第286页。
② 参见顾颉刚:《一九二六年始刊词》,《北京大学研究所国学门周刊》第2卷13期,1926年1月16日。
③ 陈训慈:《史学观念之变迁及其趋势》,《史地学报》第1卷第1号,1921年11月。

雍正、乾隆三朝对清初四朝实录作了大量的润色加工，使之绝大部分失去了初修时的面目。这种因权力升降和政治需要进行的频繁改作，极大地损伤了历史记载的真实性。

传统史学注重维护礼义纲常、道德伦理，避讳即是手段之一。但避讳也是导致记载失实的重要因素。避讳起源于周代，到秦代形成定制，以后历代相沿，有两千多年的历史，各朝所讳不同，避讳方法也不一致。这造成了史书记载的混乱和错谬，有时为避讳，古人姓名、官名、地名、书名、年号都被改变了。除了名称使用上的避讳外，在记述历史事件时也讲究避讳。古人主张："为尊者讳、为贤者讳、为亲者讳。"如《左传》及《公羊传》僖公二十八年记，"天子狩于河阳"，其实是晋文公召见周天子，但一经讳改，周天子大权旁落、颜面无存的事实就被歪曲了。又如陈寿《三国志》记："高贵乡公卒，年二十。"实际情形是高贵乡公曹髦为司马昭所杀，而陈寿轻描淡写一个"卒"字即将此事掩盖过去。这种避讳实质上是"曲笔"，它在苦心孤诣地维护礼法纲常的同时，已经背离了史学最基本的信史原则。

近代史学致用的问题主要集中在政治化、意识形态化方面。在近代中国，政治化是史学致用的最大问题。这时期史学公开拒绝中立性、超越性，主动成为某一社会集团进行思想控制的工具。20世纪初年以梁启超为代表的"新史学"潮流就与当时塑造新的意识形态的任务密切相关。在梁启超1902年发表的《新史学》一文中，"国民""国家""群""社会"等概念居于核心的地位，它们反映的是一种与传统相异的新型意识形态，它不仅提出了一种学术主张，更是政治理念的表达。梁启超和章太炎及国粹派政论与史论不分的做法体现出意识形态对史学研究的影响之大。学术还成为政治斗争、党派斗争的手段。30年代的中国社会史论战，参加者形形色色，具有不同的社会背景，但都怀着一个共同的目的，即追问中国社会该往何处去，这显然已不是一个学术问题，而是一个现实问题。参与论战的"新生命派""新思潮派""托派"等都不可避免地沾染上政治色彩，集中折射出各个党派之间的意识形态分歧。尤其是"新思潮派"，他们参加论战的直接目的就是为中国共产党"六大"制定的政治战略和路线提供历史证据和理论说明。1949年后，历史学与现实政治的相关性有增无减。如50年代著名的"五朵金花"问题讨论，就带有强烈的现实诉求。"五朵金花"即中国古代史分期问题、中国封建土地所有制形式问题、中国封建社会农民战争问题、中国资本主义萌芽问题、汉民族形成问题，无一不与当时主流意识形态的建构相关联。

"成也萧何,败也萧何。"过分的政治化使历史学获得了"显学"的地位,但与此同时,它也丧失了一些宝贵的学术品质。史学如果一味追逐政治行情,为社会政治作注释、说明,不仅极有害于其科学价值的实现,而且极有害于社会政治。①在与现实的社会运动的结盟中,历史学一度迷失了自我。但这并不是说,历史学不应该与现实运动发生关联,而是说历史学与现实运动应当保持适当的距离,不宜过度亲近。②这样,不但使史学更成其为史学,而且使现实更成其为现实。

20世纪90年代以来市场经济大潮的冲击,使历史学的生存环境大大改变,面临严峻的挑战,求真与致用的关系也随之发生变化。学者们纷纷主张历史学"为市场经济服务""史学应当走向市场""适应市场经济需要"等等,探索史学与市场接轨的途径,大力提倡旅游史学、通俗史学。但史学研究的盲目市场化,将直接导致求真品格的丧失,以致史学的自我丧失。大众消费市场不需要只为求真的"纯史学",但"纯史学"却是一个国家与民族历史研究水平的最高体现。"纯史学"没有市场,而让"史学走向市场",接受市场的调节,无异于让史学走向绝路。有鉴于此,有学者指出:"历史的价值就在历史自身,它不应直接面向任何外在的东西。史学就是史学,其余什么都不是。衡量历史学的价值,既不是政治功用的大小,也不是货币含量的多少,而是文化品位的高低。历史研究作为精神活动的一个分工领域,主要职责在于求真,历史家是一批被分工来专门求真的人。"③可见,市场化在为历史学的致用提供了新的渠道、新的机遇的同时,也使史学的求真再度遭遇危机。

综上,当求真与致用之间关系紧张时,历史学就不能正常发展。崇尚求真、压抑致用,只能使史学与时代、社会和生活脱节,失去现实之源,趋于萎缩而日益走向封闭;一味致用、无视求真,只能使史学丧失自主性和独立品格,成为外在之物的附庸,最终被逐出学术之林。究竟我们该如何实现求真与致用的协调统一呢?

---

① 张艳国:《历史学的危机与现代化的抉择》,《社会科学评论》1986年第11期。
② 徐梓:《史学危机:症结与超度》,《江汉论坛》1987年第9期。
③ 王学典:《二十世纪后半期中国史学主潮》,山东大学出版社,1996年,第142—147页。

（二）基础历史学和应用历史学的划分

将历史学区分为基础历史学和应用历史学两个层次，目前看来是调解求真与致用关系的一种可行的方法。①当做出这种区分之后，求真与致用就分别被安放在两个不同层次上，不再处于对立的地位，其冲突、紧张就会得到很大程度的缓解，统一共存的空间大大扩展。

基础历史学是指那些不带有科学之外的任何目的，不考虑现实社会的一时需要，纯以记述和认识历史本身为宗旨的史学研究活动。从事基础历史学探索的人往往怀抱一种"学术就是学术，其余什么都不是"的信念，全身心地投入到学术研究之中。基础历史学是一种纯正的历史学。从事基础历史学研究的人，更接近于持客观中立态度的物理学家、生物学家，不计现实利害，不掺杂个人情感，只关心研究对象本身。这种"纯史学"对学者具有很强的诱惑力。能够得到普遍认可的史学大师往往赖"纯史学"以自立，像王国维、陈寅恪、陈垣等皆是如此。而不能从事基础研究者，其学者的资格都要受到质疑。基础历史学带有某种为历史而历史的意味，基本不受现实利害的左右，像胡适考证《水浒传》《醒世姻缘传》《红楼梦》《水经注》，王国维的兵器兵符考、金文考、石刻考等文字器物的考证。至于专门化程度很高的敦煌学、甲骨学一般皆属于基础历史学的范围。基础历史学尽管与现实生活无甚关涉，它却是历史学存在的根本，是我们永远需要的。对基础历史学的承认体现了一种对"为历史而历史"的态度的宽容。②

基础历史学本身包括两个层次：一是整理事实、记录，主要完成的是史料学的任务；二是揭示诸历史事实之间的内在联系，尽可能复原历史的本来面目。正如李大钊所概括的："整理事实，寻找它的真确的证据；理解事实，寻出它的进步的真理。"③基础史学包含史料学和历史编纂学，这两方面的内容都是求真的工作。

应用历史学是指那些带有明确的现实动机，以满足学术之外的需要为宗旨的史学研究活动。它最突出的特征就是实用性和现实性。一般认为，应用史学具有强烈的实践性，使史学渗透到社会生活之中；具有积极

---

① 参见蒋大椿：《基础历史学与应用历史学》，《唯物史观与史学》，吉林教育出版社，1991年。
② 杜蒸民：《也谈基础史学与应用史学的划分标准》，《安徽史学》1986年第2期。
③ 《李大钊史学论集》，河北人民出版社，1984年，第190页。

的能动性,要求史学家不以认识历史为满足,而以改造现实世界为己任。①"强烈的社会实践性是应用史学最鲜明的品格,它直言不讳地声言为变革世界服务,为社会政治、经济、文化、军事服务。"应用史学应该是历史科学联系现代生活的纽带,是历史科学通向社会实践的桥梁,是历史科学实现社会功能和社会价值的中介。它把基础史学的成果和历史资源中一切有价值的因素加以筛选、提炼、加工、制作,形成一种新成果,然后输送到社会实践中去,使其在创造人类新的物质文明和精神文明的实践中发挥作用。②"应用史学的特点在于直接为现实服务。"其任务是,分门别类地探索和阐述以往人类各项实践活动的状况和特点,为各部门、各行业、各学科提供专门化的历史知识,为解决具体问题提供借鉴与指明方向。它具有专业化和实用化的性能。③

应用历史学一般根据社会现实需求来选择历史研究的课题,这些课题往往具有社会热点性质。这是与基础历史学的不同之处。应用史学可分宏观研究、实际研究和知识普及三个分支。在应用研究中,宏观研究是在基础史学已有成就的基础上,力图阐述历史现象中的若干规律,探索国家与民族前进的道路,即史学的资治与借鉴功能。史学的实际研究是直接为现实服务,可以实现史学对现实的咨询功能。知识普及主要表现为历史知识的教育功能和传播功能。④

应用历史学通常使用的方法有:一、仿效法。汉代发明的铸铁柔化工艺和炒钢法,为现代钢铁工业所袭用。隋代工匠李春创造的空腔式石拱桥,其精巧的建筑技术,近日的桥梁建筑仍在广泛应用。二、借鉴法。农业生产管理以孟子提出的天时、地利、人和为借鉴,注重农时,不违农时,发挥土地资源潜力,提高生产者积极性等,值得借鉴。三、抽象法。仁、义、礼、智、信是汉儒提出的道德规范,扬弃糟粕,仍可为今日个人道德修养的准则。四、类比法。用古今类比法进行思想教育。北洋时期内阁总理唐绍仪,后来担任广东中山县县长。毛泽东说:人民政府中"那些闹级

---

① 刘文瑞:《试论应用史学》,《西北大学学报》1985年第4期。
② 向志学:《对应用史学和历史资源研究、开发、应用的思考》,《武汉大学学报》1987年第5期。
③ 彭年:《"古为今用"与应用史学》,《社会科学研究》1986年第3期。
④ 袁庭栋:《历史学的多层次功能与开创历史研究的新局面》,《社会科学研究》1986年第3期。

别,升得降不得的人,在这一点上,还不如这个旧官僚。"① 五、启迪法。马王堆汉墓出土一坛藕片,运上汽车一开动,立即全变成水。这提示我们两千年来长沙地区未发生过大的地震。②

应用历史学最普遍、最常见的是发挥历史咨询功能。咨询功能体现在对各种层次的社会决策的指导和选择上。"社会决策在付诸实施以前,只能依据已知的历史规律和历史经验判断正确与否,并选择最佳方案。""大到全国性的重大决策,小到某一具体问题的选择判断,都可采取史学范围内的专题研究、顾问、咨询等方式,为其提供历史根据,并总结历史上成败得失的经验教训,以资现实的借鉴,分析可行性的大小。"③史学的实际应用包涵着一个广阔的天地,各门专史的研究者都可以根据社会各方面提出的课题进行历史的思考、提供历史的资料,直接为社会需要服务。在区域社会经济发展、旅游开发、影视产业等方面,相关历史学成果都具有重要的参考价值。④

应用历史学归根结底是研究历史的,而不是研究现实的。否则,它就不成其为历史学了。这是它与以表达现实为任务而引述历史知识的活动的区别。毛泽东在《中国革命战争的战略问题》和《论持久战》中曾征引大量古代战争例证,如同一部渊博的历史著作。但它毕竟不是历史学,尽管历史知识在其中起了非常重要的作用。毛泽东的著作是解答现实问题的纲领文件。所以说,应用历史学着眼于现实,但又与现实存在着一段不可取消的距离,不是用来直接指导和规划现实行动的。

将历史学划分为基础和应用两个层次,为缓解求真与致用之间的张力提供了一条可能的途径。在作出这种区分之后,两个层次的工作都取得了自己相对独立的存在空间,它们不再相互排斥、彼此冲突。这样,既保护了求真,又鼓励了致用。求真不再因远离现实、远离社会而受到指责,致用也不再因贴近现实、服务社会而遭受轻蔑。基础历史学和应用历史学的区分,认识功能和实践功能的适度分隔,使求真和致用在一个更高的层次上统一起来了。

---

① 《毛泽东选集》第5卷,人民出版社,1977年,第330页。
② 彭年:《"古为今用"与应用史学》,《社会科学研究》1986年第3期。
③ 刘文瑞:《试论应用史学》,《西北大学学报》1985年第4期。
④ 袁庭栋:《历史学的多层次功能与开创历史研究的新局面》,《社会科学研究》1986年第3期;张云:《在历史与现实之间:历史学的研究与应用》,《历史教学问题》2004年第1期。

第三节　历史价值的具体表现

求真与致用是历史价值的两个基本维度，是一种概括的说法。在不同的社会生活领域中，历史的价值和作用有着种种具体的表现。这可以从若干层次、方面分别加以讨论。

一、保存记忆：人类生存的本体需要

从不同的角度来看，历史的价值、用途自然是多种多样的，但在诸多直观、表面的表现形式之下，还有一种更深层、更本质的价值蕴涵在历史学中。

人们对历史怀有持久的兴趣，"反映了人类一种根深蒂固的需要"。[①]文德尔班直接将人定义为"有历史的动物"。[②]西班牙的奥特伽·加赛特也说："人没有本性，他所有的只是……历史。"[③]英国哲学家罗素认为，历史学之有价值，"不仅仅是对于历史学家，不仅仅是对于档案和文献的专业学者，而是对一切能对人生进行思考性的观察的人"。因此他断言："在所有人类借以获得知识国度里的公民权的各种研究之中，没有任何一种是像对过去的研究那样不可或缺了。"[④]罗素如此推崇历史学，是因为它具有一种普遍的价值。这种普遍的价值是一种深层、本质的东西，同时它又因其普遍而极易被忽略。历史学的这种普遍价值根源于人性最深处的内在需求。大致说来，主要包括两个方面，即自我辨识以维系人类生存的连续性和获得人生的超越感。

（一）自我辨识以维系人类生存的连续性

人类生存的连续性得以维系，很大程度上有赖于昨日记忆的留存。如同美国作家索尔·贝娄所说，"生命在于记忆"。历史实质上就是储存和整理记忆。对于每个个体来说，历史或记忆是不能被遗忘的。"一个人没

---

① 《历史上的一次冒险》，《奴役与自由》，第69页。

② 文德尔班：《历史与自然科学》，洪谦主编：《西方现代资产阶级哲学论著选集》，商务印书馆，1964年，第61页。

③ 奥特伽·加赛特：《历史是一个体系》，张文杰编：《历史的话语》，广西师范大学出版社，2002年，第434页。

④ 罗素：《论历史》，何兆武、肖巍、张文杰译，三联书店，1991年，第1页。

有对过去的认识,生命就无法存续;一些由于疾病或衰老而丧失历史意识的人,通常被认为无法再过正常生活。"①我们不妨做个假设。如果一个人早晨醒来,忽然发现自己完全失去了对往日的记忆,昨天做过什么、说过什么,什么留待今天去完成,这一切都荡然无存。他面对的只有一片空白。这个人起床之后该干什么呢?他只能是不知所措。这种失忆使他仿佛坠入了无底的深渊之中。因为在正常的情况下,一个人醒来时,其记忆便伸入过去,并将昨天发生的事情、见到的东西和说过的话与他当前的感知和将要做的事情联结起来。通过记忆,将过去的影像与现在的影像拼接在一起,个人才能获得一种确定感。美国史学家卡尔·贝克曾说过,"每个普通人如果不回忆过去的事情,就不能做他需要或想去做的事情"。②

人类生存的基本愿望之一是自我辨识,即"认识你自己"。而人类的自我辨识离不开历史。过去如同一面镜子,人类只有通过它的映照才能看到自己的完整形象。现在是转瞬即逝、难以把握的,人们必须了解过去,了解他从何而来、去向何方,正像一个人必须瞻前顾后、左顾右盼,才能确定现在的方位一样。彼得·伯克指出,对史学家而言,"研究过去的用处就在于它有助于我们在自己所生活的世界中给自己确定方向"。③从某种意义上说,我们回首历史,不是单纯地追思往事,而是试图从前人身上发现自己,从而获得一种个体连续性。人类从自然界中独立出来以后,只有借助历史才能消除"前不见古人,后不见来者,念天地之悠悠,独怆然而涕下"的空虚凄凉之感,只有通过对过去、对先辈的追忆,才能真正成为一种上有根基、下有传承的现实存在物。只有借助历史才能克服这种精神上、心灵上的无根感,找到自己的根才能真正认识自己。"历史的另一个用处是告诉人们他们的根、他们和他们的家庭所来自的文化。在一个越来越多的人感觉到在越变越快的世界中被连根拔起的时代……研究过去所具有的这种心理学上的功能有着重要的意义。"④因此,历史学是一种体现人之本质的对自我精神故园的回归情感,一种对自我个性特征作理性和

---

① 约翰·托什:《史学导论》,第1页。
② 卡尔·贝克:《人人都是他自己的历史学家》,田汝康、金重远选编:《现代西方史学流派文选》,第266页。
③ 玛丽亚·露西娅·帕拉蕾丝-伯克:《新史学:自白与对话》,彭刚译,北京大学出版社,2006年,第190页。
④ 同上书,第190页。

情感认同的寻根意识。①其实,无论个人或是群体,要维系其存在,都离不开对往事的回忆,都离不开历史这块精神基石。"历史学能修复记忆,满足人类的一个根本需求。靠着记忆,人类可以意识到自己是在时间之流里活着,人类因自负而迫切需要知道自己在这巨流中的地位。"②所以,柯林武德说:"历史是'为了'人类的自我认识。"③

对一个国家、一个民族或一个群体来说,历史的作用尤其重大。如果丧失了对往事的共同记忆,这个民族或群体将陷入无边的虚无之中,这甚至比一个个体丧失记忆更加可怕。哥伦比亚作家布里尔·加西亚·马尔克斯在其著名小说《百年孤独》中描写了一个叫马贡多的小村庄,遭遇一场奇怪的瘟疫的侵袭,致使村民们失去记忆。瘟疫的症状逐步加重,开始是村民失去对童年往事的回忆,然后忘记各种事物的名称和用途以及别人的身份,最后甚至连自己活着的意识也遗忘了。小说戏剧化地描绘了一个没有记忆的世界。在这个世界里,连原本最亲密的家人和朋友都变得相互陌生,作为沟通工具的各种符号失去了意义,社会赖以存续的各项活动无法进行。小说虽具有虚构性质,但它展示出一个群体丧失共同记忆后的可悲境遇。

人类社会的演化是前后相继的,记忆的断裂,意味着演化过程的中止。更为糟糕的是,如果失去了记忆,人类以往一切文明成果都将付诸东流,人类社会也将解体,退回到野蛮时代,从零开始。集体记忆不但对于群众不可或缺,对于个人也须臾不可离。个人是存在于社会之中的,社会性是人的本质属性。只有拥有部分共同记忆,个人才会有一种归属感。只有个人记忆而缺少集体记忆的人,是无法正常生存下去的。

(二) 突破时空局限获得超越感

历史在维系着人们生存连续性和确定性的同时,还帮助人们获得一种超越感。个体的生命是极其短暂的,只不过是历史长河中之一瞬,浩瀚宇宙中的一粒微尘。这种时空局限使人产生一种超越冲动,渴望获得永恒体验。罗素说:"人类总是局促于一个狭隘的时间和空间的领域之内的,总是陷于种种现实生活的烦扰和痛苦之中,那往往是烦琐、庸俗、无聊

---

① 刘鸿武:《历史学对人之本质的理性反思与精神体验》,《光明日报》2000年5月12日。
② 乔伊斯·阿普尔比等:《历史的真相》,第241页。
③ 柯林武德:《历史的观念》,何兆武、张文杰译,中国社会科学出版社,1986年,第10页。

而又摧残人的神经的,因此人生就总有一种要求超脱于现实的龌龊生活之外的向往,一种宠辱皆忘、与世相遗而独立地观照千秋万世的愿望。正像是安那克里昂人沉湎于醇酒而忘忧,一个历史学家则可以神游于古人或来者的世界,静观过去和未来;这可以提高我们的境界,在一种永恒的观念之下而达到一种精神上的无我或解脱。"①

借助历史,人们可以跨越时空的界限,不但生活在现在,还能生活在过去,个体生命汇入历史长河之中,从而大大扩展生命空间。读史能够大大开阔人的眼界和心胸,虽置身时代潮流之中,却能超越一时一地的局限,超越个体生命的范围。历史帮助人们寻觅到现在的源头,将短暂的现在与无限的过去连接起来,构建出一幅宏大的人类生活图景。历史帮助人们克服了自身生命的时间局限,摆脱了个体经验的空间制约,从而自由地穿梭往来于古今,获得心灵上的超越。

总之,历史既为人类维系生存提供了基本保障,又为人类超越沧海一粟的个体、超越特定的时空开辟了精神家园。一位美国史学家说:"对个人来说,知识或历史的最主要的价值无疑是他能在个人经历以外的更广阔的领域内认清自己,同时可以从较长远的观点来看这渺小的褊狭的现在,从而使他能够在不那么直接的和局限的经历中,来判断包括他个人在内的思想和行为。"②历史"是一种智慧形式……是一种在时间上拓展人类视野并超越地方经验和注意力的一种形式"。③雅斯贝尔斯则概括说:"对于我们的自我意识来说,没有哪一种实在比历史更为重要。它向我们展示了人类最广阔的视野,给我们带来了传统的种种内容——我们的社会正是建立在这些内容之上的;它也为我们指示那些衡量现在的尺度,它还使我们摆脱无意识的束缚而趋向我们自己的时代,并教诲我们从人的最高潜能与不朽的创造中去认识人。"④可以说,历史构成了人们赖以生存的一个重要支点。历史这一深层的、内在的价值,虽不如资治或教化功能直接而明显,为人们日用而不知,却是维持它存在合法性不可抽去的基石。

---

① 罗素:《论历史》,第38页。

② 贝克尔:《什么是历史事实》,见张文杰等编译:《现代西方历史哲学译文集》,上海译文出版社,1984年,第240页。

③ 凯利:《神话历史》,《书写历史》,第108页。

④ 雅斯贝尔斯:《智慧之路——哲学导论》,柯锦华、范进译,中国国际广播出版社,1988年,第67页。

这种普遍的价值,植根于人类的一种本体需要。历史之有意义,首先缘由于此。

二、强化民族、国家和文化认同

(一) 集体记忆与民族认同

对于个人而言,历史是个人关于过去生活的记忆。同时,历史还是一种集体记忆。作为一种集体记忆,历史可以促进民族、国家和文化认同。"个人的记忆在有形与无形的方面维系着个人的认同,借历史保存鲜活的国家记忆也同样赋予一个族群团体的认同,使交往联系变成团结精神,使政府的强制权威成为合法化。"①历史是对一个国家、民族集体记忆或共同记忆的保存和整理。一个民族时刻不停地向前走,当然有时要回过头来向后看一眼,以确定自己眼下所处的位置。历史学家就是一批接受民族、国家委托专司往后看的人。这样看来,历史学对整个民族、国家都是有用的。

历史中存储的集体记忆或共同记忆是激活民族精神、发扬国族主义的重要资源。历史是一个国家赖以自存和延续的精神基础。宋元之际就有"国可灭,史不可灭"的观念。清代龚自珍说:"灭人之国者,必先去其史。"章太炎主张"用国粹激动种性",认为国粹就是"我们汉种的历史"。"为甚提倡国粹?不是要人尊信孔教,只是要人爱惜我们汉种的历史。……近来有一种欧化主义的人,总说中国人比西洋人所差甚远,所以自甘暴弃,说中国必定灭亡,黄种必定剿绝。因为他们不晓得中国的长处,见得别无可爱,就把爱国爱种的心,一日衰薄一日,若他晓得,我想就是全无心肝的人,那爱国爱种的心,必定风发泉涌,不可遏抑的。"②钱穆也认为:"若一民族对其以往历史了无所知,此必为无文化之民族,此民族中之分子对其民族必无甚深之爱,必不能为其民族有奋斗而牺牲,此民族终将无争存于世之力量","故欲知其国民对国家有深厚之爱情,必先使其国民对国家以往历史有深厚的认识"。③德国哲学家叔本华也说,只有通过历史,一个民族才能完全意识到自己。所以,一切民族均须从自己的过去中来获得同一性,而唯有历史才能提供这种同一性。

---

① 乔伊斯·阿普尔比等:《历史的真相》,第253页。
② 《东京留学生欢迎会演说辞》,汤志钧编:《章太炎政论选集》上册,第276页。
③ 钱穆:《国史大纲》,商务印书馆,1994年,第2—3页。

历史认同是民族认同、国家认同的前提。一旦集体记忆或共同记忆丧失,历史认同也就会随之改变。赫尔德强调必须有一种民族文化认同:"让我们走我们自己的路……不管别人说我们的民族、我们的文学、我们的语言是好是坏,它们就是我们自己,这就足够了。"他强调应该提倡人们的历史意识,因为历史在塑造国家和种族的共同特性和认同。人类学家玛丽·道格拉斯说过:各国都有控制国民集体记忆的必要,因为国家若要维持安泰,就须塑造国民对历史的认识。①1982年时任法国总统的密特朗也认识到:"一个民族不教授自己的历史就丧失了自己的认同。"②

近年来台湾有人越来越倾向于把国史变为台湾史,自外于一种伟大的传统,其历史认同呈现出明显的变化。自清代开始,台湾在政治上、地理上一直处于中国的边缘,这种地位使它极力强调对中国文化的认同。但20世纪80年代以来,台湾当局积极推行本土化运动,民众的历史记忆也受到改造。当局为此重新编订中小学历史教科书,强调台湾自主性。③据一项关于台湾青少年对历史人物的认识的调查,在高二学生的社会历史记忆中,郑成功居于首位,孙权、丘逢甲、罗福星、连横、施琅等与台湾有关的历史人物也较为熟知。这表明,关于整个中国的历史记忆被弱化了,关于台湾一地的历史记忆被强化了。因之,台湾人特别是年轻一代的历史认同逐渐由中国认同转向本土认同。④历史认同的改变将导致民族认同、国家认同的改变。历史的认同功能如果被误用,可能导致灾难性后果。

(二) 利用历史强化认同的途径

"历史学是民族认同的熔炉。"⑤通过强化、重现部分历史记忆可以促进民族认同和国家认同。这主要包括两条途径:一是通过回忆光荣、辉煌的历史片断来增强民族自豪感;二是通过重温痛苦、屈辱的历史场景来激励民族自尊心,以收"知耻而后勇"之效。这种对历史过程的选择性回忆,能够使社会成员更加明确自己的归属,对自己的语言、文化和历史传统充

---

① 转引自乔伊斯·阿普尔比等:《历史的真相》,第50、136、91页。
② 安托万·普罗斯特:《历史学十二讲》,王春华译,北京大学出版社,2012年,第9页。
③ 参见王晴佳:《台湾史学50年:传承、方法、趋向》,麦田出版,2002年,第213—234页。
④ 参见王仲孚:《历史认同与民族认同》,《中国文化研究》1999年第3期。
⑤ 安托万·普罗斯特:《历史学十二讲》,第261页。

满感情,坚定地站在本国、本民族的立场上观察和处理问题,从而有力地维系着国家民族的团结统一。

就中国而言,在回忆辉煌历史、强化民族认同时,利用的主要是中国古代史。中国拥有五千年灿烂的物质文明和精神文明,是四大文明古国之一。四大发明、丝绸之路、万里长城、汉唐盛世等等,令每个中国人感到自豪。这些回忆,能够唤起每个社会成员的民族意识,使他感到自己与一个伟大的历史传统血脉相连,他属于这个传统,理应为这个传统的存续和发展有所贡献。回首历史时引发的自豪感促生了责任感,进一步强化了对本民族的精神依附和文化认同。

在重温屈辱历史以促进民族认同时,我们利用的主要是中国近代史。鸦片战争以后,当中国步履蹒跚、老态龙钟地在农业文明中徘徊时,西方英、法等资本主义国家已迎来了工业文明的曙光。由于中国的贫穷落后,中国人民备受列强的欺凌。中国被迫与西方列强签订《南京条约》《马关条约》《辛丑条约》等一系列不平等条约,一再割地赔款,严重丧失国家主权。尤其是日本进行侵华战争时,制造了惨绝人寰的"南京大屠杀",还利用中国人进行细菌实验。这一幕幕血泪交织的场景构成了中华民族痛苦的回忆。重温这些历史事件,能够强烈地激起社会成员的民族自尊心,促使他们紧密地团结起来,凝聚为一个牢固的整体。这也就是一般所谓国耻教育的作用。

追思、赞美历史上的民族英雄,斥责历史上的民族败类也是强化民族认同、国家认同的重要方式。岳飞、文天祥、史可法等杰出人物的事迹,曾使无数中华儿女受到鼓舞,投身于捍卫国家、民族利益的事业中。目前有人对岳飞等人是否为民族英雄的问题表示质疑,这涉及如何理解"民族"概念的理论问题和处理当前民族关系的现实问题,这里无法详论。但他们的英勇作为对激发民族情感、强化民族认同有着不可忽视的作用,这一点是不能否认的。声讨汉奸卖国贼与赞美民族英雄殊途同归。通过揭露批判石敬瑭、秦桧、吴三桂、慈禧、袁世凯等人出卖民族利益的丑行,使人们义愤填膺,民族情绪高涨。

在西方,利用历史促进民族认同的情形也屡见不鲜。美国学者麦克尼尔指出:19世纪的历史研究所起的最大作用之一是"为民族主义意识的高涨奠定了基础"。当时民族历史著作大量问世。每当一个民族尚未形成自己的国家时,富有民族精神的知识分子的首要任务之一就是"追寻他们祖先的丰功伟绩"。①德国史学在这方面最为典型。德国史学家尼布尔即相信历史研究中蕴含着对爱国精神的激励,他借罗马史研究来加强民族意识。艾尔霍恩的学术工作也充满着一种强烈的民族情感,他投身于复兴德意志的活动中,并以爱国主义精神撰成《德意志法律与制度的历史》第一卷。博默则公开宣称,他研究历史不是由于好奇心、雄心或业余爱好,而是"由于对祖国的热爱,由于相信过去的知识可以教育现在,以及希望真实可以导致善良"。②尤其值得一提的是,19世纪20年代,基于历史是民族生存的记录、民族自信心的根据的认识,德意志历史学家们开始大规模地整理史料,编纂出版《德意志史料集成》。此事由政治家斯坦因出面呼吁,并筹集巨款,设立德意志历史学会专门负责办理。《德意志史料集成》总共126卷,汇集了公元6世纪至15世纪一千年间所有关于德意志的重要文献资料,堪称真正的鸿篇巨制。历史学家用具体的历史事实激发了人们的爱国心,推进了德意志的统一运动。

在今天的全球化背景下,民族认同、国家认同不但没有削弱,反而得到加强。从表面上看,世界经济的发展产生出大量超越民族界限的经济因素和经济理念。但全球化格局不是在取消各个民族的利益的基础上形成的,将来也不要求完全取消民族利益,放弃以国家、民族为本位的话语体系。恰恰相反,在全球化趋势下,各民族国家都在努力保持自己的特色,延续民族传统的血脉传承,以求达到民族性和世界性的和谐统一。只有民族的才是世界的。世界性以民族性为前提。因此,保存和整理历史记忆,为民族一致性提供起源上的说明,强化民族、国家和文化认同,即使在全球化时代也丝毫不减其重要性。历史的这种功能看来还会长期存在下去。

三、维护人类共同的价值准则

历史学不同于自然科学,它是关于人的学问,它研究的不是冷冰冰的物质世界,而是活生生的人的生活。作为一种精神存在的、有理想、有目的、有追求的人不可能不与道德问题、价值问题发生关联,历史学家也不可避免地要作出道德判断和价值判断。历史学是"一门与价值相系的科

---

① 麦克尼尔:《西方文明史纲》,张卫平等译,新华出版社,1992年,第492页。
② 参见古奇:《十九世纪历史学与历史学家》上册,耿淡如译,商务印书馆,1989年,第97、132、166页。

学"。"认为在历史科学上有时也能持一种绝对摆脱价值的观点,不仅避免作出褒或贬的价值判断,而且还要避免使用理论上的价值联系,这乃是欺人之谈。"①英国阿克顿甚至说:"历史科学的职能就是把道德作为一切人和事的唯一公正标准来维系。""历史学的伟大贡献在于发展、完善并保卫良心。"②从某种意义上说,价值判断是历史学的灵魂。那么,历史学家从事道德判断和价值判断的标准是什么呢?我们认为,主要的一条就是应当维护和普及人类最基本的价值准则,谴责非正义、非人性的行为。

众所周知,道德与价值不是绝对的、抽象的,而是相对的、历史的,每一时代每个民族具有不同的道德观和价值观。但这并不说明人类没有一些共同的、最基本的道德价值准则存在。伏尔泰就认为,"尽管民族、时代、历史条件,各有不同,然而人类对于善恶、公正,还是一致的"。③美国伦理学家J.P.蒂洛通过对人类各种伦理体系的比较研究,发现几乎所有的伦理体系中都包含了五条基本的道德原则:生命价值原则、善良原则、公正原则、诚实原则、个人自由原则。道德规范体系尽管然随着文明的发展发生了很大的变化,但其中一些基本的原则和规范,一些具有坚实的人性基础的、符合社会发展进步要求的道德原则和规范基本保持不变。④的确,像不说谎、不偷盗这类准则就为古今中外所普遍承认,具有长期的稳定性,并不因时空转换而颠倒。举一个具体的例子,儒家道德规范中有"己所不欲,勿施于人"的教诲,各种东西方宗教中也有类似的内容,如"爱自己,亦爱他的邻居"(基督教)、"爱人如爱己"(犹太教)、"待人如待己"(印度教)等。⑤这些普通准则构成了人类生存和发展的精神基础。

社会正义也是一条基本准则。美国学者约翰·罗尔斯认为,"正义是社会制度的首要价值,正像真理是思想体系的首要价值一样。……每个人都拥有一种基于正义的不可侵犯性,这种不可侵犯性即使以社会整体利益之名也不能逾越。因此,正义否认为了一些人分享更大利益而剥夺另一些人的自由是正当的,不承认许多人享受的较大利益能绰绰有余地

---

① 张文杰等编译:《现代西方历史哲学译文集》,第24、36页。
② 巴特菲尔德:《历史的辉格解释》,张岳明、刘北成译,商务印书馆,2012年,第68页。
③ 伏尔泰:《道德、善恶、公正和不公正的普遍性》,周辅成编:《西方伦理学名著选辑》(下卷),商务印书馆,1987年,第25页。
④ 张嘉同、沈小峰:《规律新论》,中共中央党校出版社,1993年,第258页。
⑤ 参见欧·帕·盖尔:《世界十一大宗教论人生》,方舟译,文化艺术出版社,1989年,第33—35页。

补偿强加于少数人的牺牲。所以,在一个正义的社会里,平等的公民自由是确定不移的,由正义所保障的权利决不受制于政治的交易或社会利益的权衡"。①正义原则应当成为我们进行历史评价一个准绳。总之,尽管历史学家必须时常面对事实判断与价值判断的紧张,但在维护人类最基本的价值观这一点上是不应该有任何犹豫的。

道德或价值评判主要包括两个方面,一是肯定人类最基本的准则,一是谴责邪恶、暴行等消极的事物。历史是惩恶扬善的工具。在中国,"孔子成《春秋》而乱臣贼子惧";在西方,罗马历史学家塔西佗的著作被称为"惩罚暴君的鞭子"。"历史之最高职能在赏善惩恶,不要让任何一项嘉言懿行湮没不彰,而把千秋万世的唾骂,悬为对奸言逆行的一种惩戒。"②历史学家不但是搜索证据的侦探,还是裁断是非的法官。

像社会正义、人类的基本伦理、人与人之间相互友爱、国与国之间和睦相处、人们对幸福生活的追求,这些东西都是值得肯定和维护的。相反,像暴行、仇恨、屠杀、侵略等破坏和颠覆人类基本价值准则的行为必须予以谴责。尤其是,我们不能在任何意义上赞美暴力、仇恨等,无论它在多大程度上推进了历史的"进步"。我们不应当美化非正义的战争行为。对于暴行与战争,历史学家必须依据人类基本的价值尺度来书写,而不能完全从某一国家、民族、集团的立场出发。国家之间的战争、利益集团之间的流血冲突,都会不同程度地对人的生存构成威胁。我们绝不应该在任何冠冕堂皇的理由下,用"进步""统一"等词汇来粉饰、赞美这些消极的、负面的东西。事实判断不能取代道德判断,尽管在很多场合下恶是历史发展的重要动力。

史学间接有助于伦理道德的完善。"以历史之培养,濡染社会,则高尚之观念生,而恶念可以稍减。"③因此,在任何时候,历史学家都不应该回避或排斥价值判断。当写到秦始皇焚书坑儒、纳粹德国屠杀 600 万犹太人时,我们怎么能无动于衷、保持价值中立呢?这时再谈客观、中立,无疑是怯懦、是逃避。"善善恶恶"、是非褒贬仍然应当是历史叙述的一项基本职能。这种职能不但不能放弃,而且应得到强化。这是因为,在今天,人类

---

① 约翰·罗尔斯,《正义论》,何怀宏、何包钢、廖申白译,中国社会科学出版社,1988年,第3—4页。
② 郭圣铭:《西方史学史概要》,上海人民出版社,1983年,第49页。
③ 陈训慈:《历史之社会的价值》,《史地学报》第1卷第2号,1922年5月。

面临的危险不在自然界,不是风雨雷电、地震洪水、猛禽野兽,真正的危险是人类自己,是道德虚无、价值失落的人类自己。可能有一天,失去了道德约束的人类会被自己创造出来的科技力量(如原子弹、氢弹)所毁灭。所以说,在物质文明高度发达的今天,对道德价值问题的关注尤为迫切。

历史研究和历史书写中道德判断是不应缺席的。"一切真正重要的历史著述均要求采纳某种道德的和政治的标准","一部企图(不管它如何徒劳地)避免一切道德和政治标准的历史作品,必将最严重地削弱我们对过去的洞察,以及身处现在、面向未来的倾向性"。"在过去数个世纪中,历史著作史中的一切真正的进步,多少都能在过去的史学大师及有影响的史学家有意或无意采用的伦理的或政治的标准中找到其根源。"[①]美国学者戈登·赖特强调:史家在探寻真理时,"应该非常自觉地对某些深信不疑的人类价值观念负起责任"。[②]作为人文知识分子中的一员,历史学家不但是现实主义者,还应当是理想主义者,应当义不容辞、义无反顾地坚守看护人类的精神家园,捍卫被世俗所遗弃的道德理想和终极关怀。历史学家必须承担起自己的一部分社会责任,努力维护人类最基本的价值准则,引导社会向真、善、美的方向发展。

四、为规划未来提供参照

1851年12月2日,法国的路易·波拿巴发动政变,建立军事独裁统治。事变刚过,马克思即预测路易·波拿巴将会复辟帝制,并由此导致自身的毁灭。他在《路易·波拿巴的雾月十八日》中写下一段著名的预言:"如果皇袍终于落在路易·波拿巴身上,拿破仑的铜像就将从汪东圆柱顶上被推下来。"后来事情的进展是:1852年底,路易·波拿巴果然黄袍加身,正式登上帝位;1870年路易·波拿巴和他的帝国像纸房子一样倒塌了;1871年巴黎公社的炮火摧毁了汪东圆柱,拿破仑的铜像也滚落在地。上述情节与马克思的预言几乎分毫不差。他的预测为什么如此准确呢?主要原因就在于他"不仅特别偏好地研究了法国过去的历史,而且还考察了法国当前历史的一切细节"。[③]由此可见,透彻地理解历史,可以帮

---

① 弗兰克·安克斯密特:《为历史主观性而辩》(下),陈新译,《学术研究》2003年第4期。

② 戈登·赖特:《历史是一门伦理学》,《现代史学的挑战》,王建华等译,上海人民出版社,1990年,第258—272页。

③ 《马克思恩格斯全集》第21卷,人民出版社,1965年,第291页。

助我们洞见未来。

　　人们谈到历史的预测功能,就不能不涉及"规律",因为"规律"通常被作为预言未来的依据。一些从大量同类历史现象、历史事件中归纳总结出的概括性认识,由于覆盖面较宽,适用度较高,有时被冠以"规律"之名。我们认为,规律不是先验的、永恒的,世间万物的发展变化也不是必须依据规律不折不扣、分毫不差地进行。社会历史规律主要表示一种"趋势",实际上是一种统计规律或概率规律。统计规律"只能作为占优势的趋势而出现。这种趋势无法在每一个单独的事件或现象中被观察到,只有通过对大量事件或现象的研究从整体上得以发现"。社会规律大部分具有统计性质,是通过大量个别、单独现象的多值随机关系表现出来的。比如说,人们结婚的年龄各不相同,具有相当大的不确定性,但通过统计分析,仍然可以寻找到一个大致的规律,即人们多在某个相对确定的年龄段内结婚。"统计规律或概率规律不同于以'纯粹的形态'表现的必然性,它所体现的是客观事物发展进程中偶然性与必然性的统一。"假定我们研究肺癌的起因时,主要想了解吸烟与肺癌的关系。我们会将吸烟者、不吸烟者和肺癌患者、非肺癌患者进行统计调查,推断出吸烟与患肺癌之间存在着某种联系。但这个统计推断不能简单地引申为,吸烟是生肺癌的原因。我们只能说,吸烟者患癌症的概率远远大于一个完全不吸烟的人。这就是统计规律的意义所在。[①]规律不是必然地实现和发挥作用,因为随时随地都可能有不确定因素的介入,导致社会历史呈现出另一种状态。因此,历史规律是一种不完全的规律、弱化了的规律。依据这种规律作出的预测具有模糊性,只能发现历史运动的可能方向和大致结果,而不可能预知具体的历史细节。

　　重复性是历史规律最基本的属性,历史能否预言与历史是否可重复密不可分。历史重演被作为历史预言有效性和可行性的保证。如果历史可以重演,预言就可能相当准确;如果历史完全不能重演、重复,预言就很困难,必定会落空。

　　把握历史重演、历史中的重复性,应注意两点:第一,重复性有个程度问题。世界上没有完全相同的两片树叶,人不能两次踏进同一条河流,严格的、绝对的重复是不存在的。在自然科学实验中,只要具备了一定条件,氢和氧就会化合生成水,这种重复性是科学存在的基础,其误差小至

[①] 参见刘大椿:《科学活动论》,人民出版社,1985年,第97、102、103页。

可以忽略不计的程度。但这种重复性中也存在差异,氢氧化合生成的是井水还是河水,显然不一样,只不过我们没有计较这一区别罢了。在社会历史领域更是如此。以往对重复性的理解,是在相同情况下,无论在什么地方和什么时候,都会有同样的事情发生。但从现代科学成果来看,重复性主要表现为几率稳定性:对于大量事件组成的系统,个体行为的总体结果趋向于某一种几率。①因而,重复并非精确的重复。作为历史活动的主体的人是千差万别、各具个性的,因而历史观所呈现出的只能是一种近似的、大致的重复。

第二,历史具有重复性并不意味着一定可以作出准确的预言。重复性主要是对已经存在的事物的总结,而预言的对象是尚未出现的事物。虽然人们常常会依据某种重复性对历史进行预测,但二者毕竟不是一回事。重复性并不能保证预言的有效性。"不管这种或那种因素反复发生多么可能导致一种相似的结果,历史变迁的永恒过程都意味着未来一直会受到新的因素的影响,这些新的因素是我们无法预知的,它对我们所涉及问题的影响也是无可置疑的。"②历史的重演、重复性不是必然的,一定会出现的。重复性与预言虽有联系,但不能混同,预言功能并不包含在重复性之中,二者是可分的。

从历史发展实际进程看,古今人类的差异巨大,社会变动的速度加快,幅度加大,这也增加了历史预言的难度。传统社会发展十分缓慢,前一时期的历史经验对后一时期的社会往往有较多的类比性和借鉴性。而现代社会形态及其状况与传统社会相比发生了很大变化,历史上治国的方法和经验教训,能为现实提供的启示变得越来越有限了。全球的新技术革命在现在与过去之间划出一条鸿沟,过去的政治经验很难应用于今天。③未来比现实更加遥远,充满更多的变数,既然历史对现实的指导作用已经削减,其对未来的预测作用自然就要大打折扣了。这不能苛求于历史学,毕竟它是以研究人类的过去为目的的,而不是专门的预测学。

因此,历史预言的有效性总是局限在一定范围之内,它尤其不能准确地预言特定的历史事件。比如说,某所学校中有几个孩子患了麻疹,可以

---

① 参见张嘉同、沈小峰主编:《规律新论》,第61、62页。
② 约翰·托什:《史学导论》,第34页。
③ 参见杨权:《史学地位的衰落是不可避免的趋势》,《中国人民大学学报》1987年第3期;孟庆顺:《对历史学现状的反思》,《史学理论》1987年第2期。

得出结论说,这种麻疹将会蔓延开来,但是不能作出特定的预言,说张三或李四一定会得麻疹。我们在谈到历史上的农民起义、社会动乱的起因时,往往会提到政治腐败、百姓生活状况恶化、重大自然灾害的降临种种现象,但我们不能据此认为,只要出现上述情况,农民起义或社会动乱就一定会发生,我们只能说具备了可能性。

历史预测与自然科学的预测不同。自然科学的预测可以是特定事件。例如,根据天文学原理可以准确地计算出某颗彗星的运行周期,推知它在什么时刻能被地球上的人们观测到;根据地震学知识,可以推断某个地区某个时间将会发生多大震级的地震;根据气象学规律,可以预知未来一段时间的天气变化。历史预言却不可能做到这一点。"历史学是有关各种可能性的一个清单。"①它预测的是一般而不是特殊的,它揭示的只是一种趋势、一种可能性。有人做过一个形象的比喻。预见与未来是一种箭与靶的关系。即使我们已经做到精确瞄准,还会有许多因素,或者使靶子或者使飞矢偏离。所以人们在生活中,甚至在相似的背景下,反应和行动都不可能完全一致。历史学家在这里的作用是什么呢?是帮助我们确定靶子的一般方向和目标,仅此而已,但这绝不是不重要的。②

《吕氏春秋》中说:"今之于古,犹古之于后世也;今之于后世,犹今之于古也。故审今则可知古,知古则知后世。"吕思勉认为,社会虽然是变化的,但其变化是有规律的;"社会虽不是一成不变,而其进化,又有一定的途径,一定的速率,并不是奔轶绝尘,像气球般随风飘荡,可以落到不知哪儿去的。"人们之所以往往把握不住社会的发展趋向,是由于对史事了解太少。"然则世事之不可预知,或虽自谓能知,而其所知者悉系误谬,实由我们对于已往的事,知道得太少,新发展是没有不根据于旧状况的。假使我们对于已往的事情,而能够悉知悉见,那末,我们对于将来的事情,自亦可以十知八九。"③史学研究者的重要任务是述往事而知来者。"治历史者,将深观往事而知今日情势之所由成。知今日情势之所由成,则可以推测将来,略定步趋之准则。"④西方史家司各特则说:"自不明历史之人观之,

---

① 约翰·托什:《史学导论》,第28页。
② 严建强、王渊明:《西方历史哲学——从思辨的到分析与批判的》,浙江人民出版社,1997年,第242页。
③ 《史学上的两条大路》,《吕思勉遗文集》(上),华东师范大学出版社,1997年,第471页。
④ 《中学历史教学实际问题》,《吕思勉遗文集》(上),第479页。

生命不过一平面而已。彼既不知过去,亦不能推测现在之事件对于将来之影响。彼不过如窗上之群蝇,但知与他蝇盲目飞舞耳。于国家种族之由来,以及造成彼之各种势力,皆茫然也。"①

未来实际上隐藏在历史和现实之中,即已经消失和正在消失的时间之中。人们关于未来的一切设想,都是来自过去,为过去所启发。一个对历史有充分了解的人比对历史一无所知的人更有资格谈论世界的未来。将来人类应当做什么和能够做什么,历史学家也拥有更多的发言权。"对具有其自身合理性的过去的好奇心,肯定是人们研究历史的一种原因,但不是唯一的原因。社会还期望历史学家对与现实相关的过去做出解释,以此作为形成有关未来决策的基础。……他们事实上是唯一有资格向社会提供一种真正历史视角的人。"②历史学家虽不是预言家,却会常常处于一种要作出预言的地位。历史学家感兴趣的不只是已成过眼云烟的往事,人类未来的命运事实上时时萦绕于心。有人认为,一个历史学家的尊严就在于他关心着未来可能的忧患,这无疑乃深谙史家内心之论。

【思考】

1. "史学求真"有哪些不同的内涵?
2. "史学求真"与"史学致用"的紧张关系对史学发展会造成什么影响?如何解决二者之间的这种紧张关系?
3. 如何理解历史认识对现实社会的价值?

---

① 转引自齐思和:《齐思和史学概论讲义》,天津古籍出版社,2007年,第34页。
② 约翰·托什:《史学导论》,第43页。

中 编 历史学的基本工作

第四章 历史考证：史料与事实依据的审定

考证，又称考据，作为一项基础性的工作，在各个学术领域乃至社会活动的领域中是普遍适用的，在历史研究的领域则尤其有着突出的地位。历史考证的基本目的，是要通过考察和证明，以求得正确解释历史问题的史料依据或事实依据。按照近世较为宽泛的理解，凡属史料或史事的整理、鉴别、审查、辨订等工作，以及偏重于这一路向的相关研究及其成果，都可归入历史考证的范畴。这中间又包括两重含义：一是考证工作贯穿于史学工作的全过程中，考证是历史研究的一项基本功夫；二是考证本身也可以成为史学研究的专门领域，有时还具有划分史学流派的意义。

第一节 历史考证的缘起与中西考证学的源流

一、历史考证的缘起

历史考证及相关学术的发生，直接导源于历史科学的实证特性，同时也取决于史料本身的特点与史料积存的内在规律。历史科学的本质属性之一是尊重事实、靠事实说话，而事实即包涵于史料之中，因此历史研究必须以史料为依据，这是最普通的常识。梁启超曾说："治玄学者或治神学者或无须资料，因其所致力者在冥想、在直觉、在信仰，不必以客观公认之事实为重也。治科学者——无论其为自然科学、为社会科学，罔不恃客观所能得之资料以为研究对象。"[①]这话虽不能说全无理据，但也只是相对而言的，治玄学和神学者其实也并不能脱离现实的思想史料。所以更中肯的说法，还是他接下来所作的这一论断："史料为史之组织细胞，史料不具或不确，则无复史之可言。"从根本上说，治史之难无出于史料之"不具或不确"；而考证学之所以发生，事实上即以此为总根源。

---

① 梁启超：《中国历史研究法》，上海古籍出版社，1988年，第40页。

史料之"不具"的情形，在史学研究过程中是极为普遍并且最容易被感觉到的。如果说历史学就是研究人类社会以往事件的学术，那么往事如烟，杳忽缥缈，相对于人类活动的全部既往行实而言，任何时代的现存遗迹都不过是其中极少的一部分，甚至可以说是零碎的、片断的、微不足道的。特别是上古史，在有文献记载以前，人们至今所知道的，不过是一些零散的口口相传的材料和少量的考古遗迹所提供的"哑巴材料"。而就是口传的历史，在时间维度上也极受限制，在今至多也不过能够回溯到万余年前后；考古的追寻时代可以拉长，而长到几十万年以前，就更难以言史了。即使在有文献记载以后，史料的积存日益增多，渐至于汗牛充栋，而同时由水、火、兵燹等自然因素与社会原因所造成的史料损失也不断增多，所以过去有书籍的"五厄""十厄"乃至"十三厄""十五厄"之说。人间之物，有生即有灭。以史料求史实，诚如台湾史家杜维运所说，"（既往留存下来的）事实在量的方面，与实际发生的往事不成比例，以'沧沧海之一粟'来比喻，没有丝毫渲染"。①况且史料不是自然物，并非一切既往的人类活动遗迹都可称为史料——严格说来，只有当这些遗迹被认知并进入历史研究和历史编纂的领域，才能真正具有史料的价值和意义。但这也还只是问题的一面，问题的另一面是现存的史料群仍然庞大无比，充切于天地之间，史学家即使穷尽毕生的精力，也无法窥其涯涘。有人认为，研究近代史，无论如何刻苦用功的人，都不能阅读已出版书籍的四分之一。此又正如《庄子·养生主》所言："吾生也有涯，而知也无涯，以有涯随无涯，殆已！"从原则上讲，以一人之身而当无穷尽之史料，研究任何课题都不免会左支右绌。这就迫使史学家不得不穷搜冥讨，"上穷碧落下黄泉，动手动脚找东西"（傅斯年语），虽然最终仍只能就米下锅，而以不足为"足"。这样，史料总体层面上的不足与具体发掘层面上的不足，也就使史料之"不具"成为史学研究工作中最经常遇到的问题之一，而且往往会成为基础性的难点之一。

史料之"不确"的情形，比之史料之"不具"还要复杂得多。仅就文献史料而言，任何一种现存的记录都不是完美无瑕而处处可信的，其中可能有错误，可能有虚假，可能有私人的爱憎，可能有地方的及民族的偏见；况且同一文本在流传过程中，随时都可能会出现失形、失真、失格、失据乃至面目全非的情形。简册的缺脱、纸张的破损、传抄者的疏忽、刻校的不仔

---

① 杜维运：《史学方法论》（增订新版），三民书局，1999年，第26页。

细,这些自然会造成文字上的错误;而史书自身内在的纰漏和谬误,不论出于无心或有意,也往往难以避免。任何一位作者,其才智与精力都是有限的,既不可能周知天地万物之理,又不可能采编与撰写全无疏失,即使是通人之作,也不免高明与抵牾并存,无所谓"不刊之典"。至于主观上的回护与褒贬,以特定的意识形态凌驾于作史之上,则更容易造成历史记录的大缺陷。例如中国古代的官修史书,囿于当时的政治环境、社会现实、民族对立、阶级偏见等因素,避讳、失实、歪曲乃至诬蔑的记载就非常多;私家史著,同样受到种种主客观条件的限制,不敢、不肯、不便或不能如实记录的事实也不鲜见。明人方孝孺曾说:"同时而仕,同堂而语,十人书之,则其事各异。盖闻有详略,辞有工拙,而意之所向,好恶不同。以好恶之私,持不审之论,而其词又不足以发之,能不失其真者鲜矣。"①清人方苞也说过,"一室之事,言者三人,而其传各异",这是由于"言语可曲附而成,事迹可凿空而构,其传而播之者未必皆直道之行也,其闻而书之者未必有裁别之识也,非论其世、知其人而具见其表里,则吾以为信而人受其枉者多矣"。②这些既关系到记录者的利害考虑、私人情感、认识能力、学问素养、表述方式,同时也涉及当事人对于历史事实的观察角度。实际上,纸面上的"往事"不过是对"印象"的记录,事后的"印象"总不可能与客观实在的"往事"完全重合。所以,即使公认最为可信的直接史料,也可能有极不可信的地方;至于各种作伪的材料,问题就更大,已非"不确"二字所能形容。

  概括地说,所有的史料——不论是口传史料、文字史料还是实物史料,从总体上看,对于史学研究的理想要求都存在巨大的片面性和局限性。这就要求史家治史必须对所用史料精加考证,不事考证即笃信不疑,必然后患无穷。史家的本分首先在弄清事实,否则一切撰述都无从谈起,凭空说话则不啻是失职。换言之,以弄清事实为宗旨的考证原是史家分内之事、史学应有之义,只要史学存在,历史考证就永远必不可少。

  根据现时流行的观念,历史的考证和解释是有所不同的,但二者并非截然分成两橛。常规的处理是解释中有考证,考证中有解释,虽主导路向有显微之别,而二者关系上的相辅相成历来为史家所首肯。宋人朱熹曾说:"读书玩理外,考证又是一种工夫,所得无几而费力不少。向来偶自好

---

① 方孝孺:《逊志斋集》卷五,《晋论二首》,《四库全书》本。
② 方苞:《望溪集》卷十二,《万季野墓表》,清咸丰元年戴钧衡刻本。

之,固是一病,然亦不可谓无助也。"①这是注重解释的大理学家的口气,纵然率尔指称考证为"一病",却不可据以为朱熹便小看了考证,因为他赖以建立自己集大成式理学体系的一系列著作,特别是他的代表作品《四书集注》,也还几乎全都是在精心考证的基础上,以传统的章句形式组织起来的。近世史家陈垣也说:"考证为史学方法之一,欲实事求是,非考证不可。彼毕生从事考证,以为尽史学之能事者固非;薄视考证以为不足道者,亦未必是也。"②这是"新考据学"大家的治史观,即便用意与朱熹或有不同,而持平之论实无异。郭沫若在评论乾嘉考据学时更指出:"欲尚论古人或研讨古史,而不从事考据,或利用清儒成绩,是舍路而不由。就稽古而言,为考据。就一般而言,为调查研究。未有不调查研究而能言之有物者。"③此又为"史观派"领袖的恰当解说,言简意赅地道出了考证工作的价值底蕴。冯友兰也说过:"真正的史学家,对于史料,没有不加以审查而即直信其票面价值的。"④杜维运又强调:"史学家自诩识见宏远,不屑于琐碎的史料考证,是虚置自己于空中楼阁之上。没有卓越的史学家,不将考证史料,视作分内之事。"⑤这在今天看来,可说已是一种常识,或说是一种无须证明的预设、原理;而在这一结合点上,考证学和解释学之间理应不存在错位与冲突。

二、中西考证学的源流

中国式的考证之学滥觞极早。还在春秋末年,孔子已提倡"多闻阙疑""多见阙殆"(《论语·为政》);又说:"夏礼吾能言之,杞不足征也;殷礼吾能言之,宋不足征也。文献不足故也,足则吾能征之矣。"(《论语·八佾》)所谓"征"即援据考信之意,宋人或径释为"考据"。由此便可说,中国学术史上的征文考献自孔子已发其端。他的弟子子贡还曾针对周人的宣传,提出对殷纣王的重新评价问题:"纣之不善,不如是之甚也。是以君子

---

① 朱熹:《晦庵先生朱文公文集》卷五十四,《答孙季和》,四部丛刊景明嘉靖本。
② 陈垣:《通鉴胡注表微·考证篇序录》,科学出版社,1958年,第98页。
③ 郭沫若:《读随园诗话札记》,《郭沫若全集·文学编》第16卷,人民出版社,1989年,第394—395页。
④ 冯友兰:《〈古史辨〉第六册序》,《三松堂学术文集》,北京大学出版社,1984年,第410页。
⑤ 杜维运:《史学方法论》,第168页。

恶(憎恶)居下流,天下之恶(恶行)皆归焉。"(《论语·子张》)这又直接涉及具体的历史考证。此后百余年,孟子又有"尽信《书》不如无《书》"的名言(《孟子·尽心下》)。这话是针对他所看到的《尚书·武成》篇而言的,他认为周武王是"仁人","仁人无敌于天下,以至仁伐至不仁,而何其血之流杵也?"故谓"吾于《武成》,取二三策而已矣",其余的都删汰不取。孟子疑《书》的理由在今天看来是牵强的,何以"仁人"的攻伐就不会有战争的残酷?但他不信武王伐纣"血流漂杵"的夸张描述,却开后世二千余年间书籍辨伪的先河,影响久远。战国时学术界百家争鸣,考证古史的意向在诸子书中多有表现。如《韩非子·显学》篇也曾提到,对于儒、墨两家的"俱道尧、舜",须用"参验"的方法考察其"真"与"诚":"无参验而必之者,愚也;弗能必而据之者,诬也。"这已是非常明确的"考据"之说。《荀子·解蔽》篇又说:"无欲无恶,无始无终,无远无近,无博无戏,无古无今,兼陈万物而中县(悬)衡焉。""悬衡"即依据某种标准作衡量,"不滞于一隅,但当其中",无偏无蔽,作公正的评判。这话毋宁是对考证态度和原则的一种规范。

汉、唐之际,学术考证陆续有长足的进展。《汉书·河间献王传》称说其人"修学好古,实事求是",首次揭出了"实事求是"的考证信条,标志着中国考证学的日臻成熟,是以后世有"汉学"之称。此后历史学家的搜辑辨订,目录学家的"考镜源流",经史传注的名物训诂,古史学者的考史专书,史评著作的疑古惑经,以至类编文献的整齐排比,学者文集和笔记杂著的钩沉考异等等,历世累增无已,都包含了大量考证内容。下至两宋时期,相因于文献事业的发达与宋人治学的博大气象,文献考证与历史考证的范围转趋宽广,考证之学弥漫于各个学术领域,渐次成为基础性的通用治学方式,并由此而开辟了中国古典文献学几乎所有的路向与门径。驯至清代乾隆、嘉庆年间,由于种种历史因素、社会现实因素及学术流变自身因素的共同作用,考据学遂以空前的规模达到极盛的境地。其时以考证名家的学者风起云涌,学术界几乎为考据势力所独占,甚至帝王阔官、乡绅豪富也附庸风雅,靡然相从。由是一扫宋明理学家连篇累牍的空论浮词,借助踏实的学风和卓有成效的工作,使中国数千年的学术文化遗产得到全面而系统的清理、总结、甄别与疏通,从而也使考据之学成为一时历史学术的主流。迄至近世,继承和发展乾嘉传统并吸收西方史学实证理念的"新考据学"仍曾一度大兴,以至主导20世纪前半期的中国史学界，其余波至今未已。

在西方语言系统中，很难找到与汉语言文献的"考证"一词完全对应的词汇。"考证"的英译为 textual criticism（文本的批评）或 textual research（文本的研究），亦即文献考证之义。照通行的西方史学史著作所说，历史批判精神在古希腊时期已经萌芽，表明历史考证在西方也久有来历。① 如爱奥尼亚的"纪事家"赫卡泰厄斯（Hecataeus，约前550—前479），生平正与孔子同时，他写作《大地巡游记》和《谱系志》，就声明只记他所认为是真实的东西，而决不用那些"荒唐可笑"的传说。修昔底德（Thucydides，约前460—前400）用30多年的时间搜集材料，撰成他的名著《伯罗奔尼撒战争史》，也曾一再称说他的叙事绝不先入为主，所用的材料"总是用最严格、最仔细的考证方法检验过的"。古罗马史学家波里比阿（Polybius，约前204—前122）著《通史》，又曾把"真实"之于历史比作双目之于人身："如果从历史中挖去了'真实'，那么所剩下来的岂不都是些无稽之谈？"他强调历史学家不应以奇闻逸事取悦读者，而应以真实的事迹和言词取信于人，以使严肃的学者得益于永久。这些都可与中国古代史学巨擘司马迁的史料考订和"实录"精神相比照。西方中世纪史学为基督教神学所笼罩，考证传统弱化，而到文艺复兴时期，又出现了像奎恰尔迪尼（Guicciardini，1483—1540）那样精于史料考证的史学家，他的《意大利史》便曾经以取材精慎著称。

对中国近世考证史学曾发生深刻影响的西方实证主义思潮和兰克学派，兴起于19世纪上半期。在实证主义的创始者孔德（Comte，1798—1857）那里，历史学被当作精确的科学对待，以致认为对于社会历史现象也可以像通过病案作病理分析那样进行"间接的实验"。受这一思潮的激荡，历史学家们满怀热情地"从事研究他们所能确定的一切事实"，"结果是详尽的历史知识大量地增加起来，根据对证据的精确的和批判的考订而达到一种史无前例的程度"。② 较孔德稍早，德国史学家尼布尔（Niebuhr，1776—1831）著《罗马史》，已以"科学态度"和"科学方法"相标榜，主张历史编纂完全依靠精加考证的原始史料，而拒绝使用第二手资料。此后这一倾向被兰克学派发挥到极致。兰克（Ranke，1795—1886）著述宏富，终生提倡历史写作的"客观态度"，认为历史学"只不过是要弄

---

① 英语的 history（历史）一词，起源于希腊文的 historia，而后者本有调查研究之义。
② 参见柯林武德：《历史的观念》，何兆武、张文杰译，商务印书馆，1997年，第189页。

清历史事实发生的真相,按照历史的本来面目来写历史",所以要"有一分史料说一分话",而不必企求达到借鉴往史以教育当代、嘉惠未来的崇高目的。这一学派的史学曾经风行欧美,大师辈出,因此兰克也被称为历史研究"科学化"的开山。中国乾嘉考据学的兴盛与兰克学派的兴起略相先后,东西辉映,异域而同风,都使历史考证成为当时东西方史学的"正宗"。近世中国史学界也有"史学便是史料学"的说法,还是兰克学派治学方针的翻版。

无须赘说,东西方语言文化存在巨大的差异,各自历史考证的范式也不可能尽同。上述只在表明不论东方或西方,历史考证都源远流长,而不关乎对史学流派的具体评价。德国史学家伯恩海姆(Bernheim,1850—1942)曾说:"历史必须经过有方法的考证,方能成为科学。"[①]如今不管对"科学"一词怎样理解,精密而系统的历史考证都标志着中西史学的进步和成熟应该是没有疑问的。

第二节 外考证和内考证

一、考证的基本类型与一般途径

学术考证的实际情况千差万别,其类型划分也不一而足。如果纯按考证的对象、内容、作业方式、证据形式乃至资料来源、学科领域等各自归类,自然可以列出许多类别,但在实际工作中不一定需要对考证的分类问题作过细的考虑。专就历史考证而言,依据中国传统的考证意识,大要可分为文献考证与事实考证两大类,前者偏重于文献本身,后者偏重于主要见于文献记载的史实。实物史料与传说(包括见闻)史料的考证或可单列,而仍都与这两大类型的考证相联系。

西方学者习惯于将考证分为外考证(external criticism)与内考证(internal criticism)两大类。这一分类始于伯恩海姆的《史学方法论》,后来流行于欧美史学界,也为中国史学家所采用。所谓外考证,是指考察和确定文本的真伪及其产生的时间、空间等问题;所谓内考证,则指衡量文本内容的可信程度,也就是确定所记与客观事实相符的程度。可见这一种外、内之分,仍大略相当于中国传统所称的文献考证与事实考证。

---

① 转引自陆懋德:《史学方法大纲》,北京师范大学史学研究所,1980年,第37页。

两相比较,外考证可说是低一级的考证(lower criticism),内考证可说是高一级的考证(higher criticism)。古史辨大家顾颉刚曾说"校勘、训诂是第一级,我们的考证事实是第二级"[1],也是这个意思。

关于考证工作的一般途径,中国古代学者曾概括为"参伍错综"四字,意即用众多的资料参互稽考。朱熹对此有过精到的解说。他认为:"错、综自是两事。错者,杂而互之也;综者,条而理之也。参伍、错综,又各自是一事。参伍所以通之,其治之也简而疏;错综所以极之,其治之也繁而密。"[2]这便从哲学的高度揭示了考证方法的内在机理及实际操作上的具体程序。他的意思是说,"参伍"是资料的搜集、排比,其目的在于会通这些资料,因此在方法上可以以简驭繁,先广搜博采,粗分而不求密;"错综"则是比较鉴别("杂而互之")与综合考证("条而理之"),其目的在于穷尽考证类例,得出解决问题的办法,因此其方法也较为复杂而须求精密。这实际是把考证过程分成了"参""伍""错""综"四个相互联贯的步骤,而前、后各两个步骤又分属不同层次的工作;如果把"参""伍"合为一个步骤,"错""综"仍单立,则成朱熹所说的三事。今人谓考证的具体途径"一般是广集资料,鉴别真伪,究明正诂,分类归纳"[3],与朱熹的解说一致。

西方学者特重研究工作的技术程序,对外考证和内考证的具体步骤有更为细致的划分。如法国史学家朗格诺瓦(Langlois,1863—1929)和瑟诺博司(Seignobos,1854—1942)合著的《历史研究导论》,便将外考证与内考证各分为三个步骤:外考证追寻文本来自何处、作于何人、成于何时;内考证探讨作者所言真意如何、作者是否自信其所言、作者是否有理由自信其所言。不过这些条文都不是截然不相关的,在实际工作中,外考证与内考证必然是相互渗透而彼此为用的。

二、外考证:版本、校勘与辨伪

1. 版本的鉴别与校勘

外考证首先接触到的是史料文献或文本,因而版本(包括原稿、抄本、辑本等)的鉴别便是第一位的工作。这项工作与史料校勘的联系最为密切,但在中国文献学上也自成专学。二者的目的都在力求所采用的史料

---

[1] 罗根泽:《古史辨》第4册,"顾颉刚先生序",上海古籍出版社,1982年。
[2] 朱熹:《晦庵先生朱文公文集》卷五十四,《答王伯丰》。
[3] 白寿彝主编:《史学概论》,宁夏人民出版社,1983年,第111页。

为原本、真本或善本。

中国式的版本之学,有着鲜明的民族文化特点。特别是自唐宋之际雕版印刷渐次流行以后,版本学随之大兴,后来竟演化到如同古器物、古字画的收藏与鉴别一般的学问,其技术之专精世罕其比。不过学者用书,重视的是原本、真本、善本的内容和史料,而不甚留意版本的文物价值。清人陈其元的《庸闲斋笔记》载有一则故事:"好古者重宋版书,不惜以千金、数百金购得一部,则什袭藏之,不轻示人,即自己亦不忍数翻阅也。(余)每笑其痴。王鼎臣观察定安,酷有是癖,宰昆山时,得宋椠《孟子》,举以夸。书一观,则先令人负一椟出,椟启,中藏楠木匣,开匣,方见书。书之纸墨亦古,所刊之笔画亦无异于今之监本。余问之曰:'读此可增长智慧乎?'曰:'不能。''可较别本多记数行乎?'曰:'不能。'余笑曰:'然则不如仍读今之监本之为愈耳,奚必费百倍之钱以购此耶?'王恚曰:'君非解人,岂可借君赏鉴!'急收奔之。余大笑。"洪亮吉《江北诗话》曾将藏书家分为考订家、校雠家、收藏家、赏鉴家、掠贩家等,他们对版本的选择标准是不同的。为学问者,以原本、真本、完本、精本为善本;重文物者,则更以古旧、稀见之本为善本。不过有关版本鉴别的一些传统经验,不论对于考订、校雠家还是收藏、赏鉴、掠贩家,都还是可以通用的。鉴别版本的依据通常有:版本的版记、封面和序文;题跋识语和名家藏章;书名中的虚衔(如"皇朝""国朝""昭代"之类);行文中的避讳用字;刻工姓名;书本的纸张、墨色、字体、行款字数、版式、装帧形式等外在特点;各家目录书著录的情况等。治史者掌握这类基本的知识,对于搜集和选择较早、较可靠的史料也是一种便利条件。而要追寻或恢复某一种书籍的原本,首先就需要弄清此书的版本源流。

西方学者也有版本学的研究,但通常一并归入校勘学的范畴,不像中国的版本学这样专门。"校勘学"一词,英译仍用 textual criticism,则又与考证无异,而与 collate(核对、校勘)一词有别。大抵西方学者治史,多以编纂历史著作为要务,虽然实证史家亦极重史料整理,而真正以史料考订为专业的学者并不多。这大概也是西方实证史学有别于中国乾嘉考据学的特点之一——乾嘉考据学尽管造就了相当一批成绩卓著的考证名家,却很少有在考证的基础上写出系统的历史著作的学者,所以今人每以为乾嘉学者所取得的史学成果与他们所下的工夫不相称。正因为有这样的不同,所以与中国特色的版本、校勘以至辨伪、考证等学问相类似的知识,在西方学术界便往往都被纳入文本批评或文本研究、文本调查的范畴。朗格诺瓦和瑟诺博司的《历史研究导论》中,有专言著作文本和校勘的章节。他们把文本分为三种:一为原本(original copy),即原稿或原印本;一为善本(source text),指用原稿精加校勘之本;一为劣本(corrupt text),指辗转翻印而校勘不精之本。著作家的引用,当然最好以前两种为据,而文本的校勘亦当以前两种为准。所说校勘方法与校勘原理(axiom),要在恢复原本或善本(或说"史料原形"),大致不超出中国传统的校勘学经验,可知既是同类工作,中外便有共通的规律。

中国传统的校勘学是格外发达的,以至于广义的"校雠"二字可以成为古典文献学的代名词,而现时古籍整理仍有严格的校勘程式。校勘的一般方法是搜集各种版本和有关资料,然后择其善者、要者,比较异同,分别类型,作出分析考证,确定正误是非。陈垣在所作《校勘学释例》中,曾专就校勘类例,归纳出如下四种校法:

一是对校法,即"以同书之祖本或别本对读,遇不同之处,则注于其旁"。此即清人所说的"死校",主旨在校异同而不校是非,虽祖本或别本有误,亦照式录之,不参己见。这是"最稳当"的校法,看似"不负责任",而书籍中的有些文字错误(包括脱文),非用此法不能校出,且校勘之始只要有两种以上的本子,就必须先用此法。

二是本校法,即"以本书前后互证,而抉摘其异同,则知其中之谬误"。此法限于同一部书中的记事和文义前后相承而文字歧出者,有时也可用注文校正文。但同书前后文字若非出于一人之手,或采用前人文字而有不同来源,则此法必须慎用。

三是他校法,即"以他书校本书"。此法主要用于本书引前人之文或后人之书引本书之文的部分,有时也可以用同时之书并载的内容对勘。但不论哪一种情况,对于他书都只是择善而从,本书可通者不可擅改。

四是理校法,即在"无古本可据,或数本互异,而无所适从"时,以义理"定其是非"。这是一种综合运用各种知识而据情理作出推断的校法,要求很高,难度极大,且风险最大,所以"此法须通识为之,否则卤莽灭裂,以不误为误,而纠纷愈甚"。学识不济或使用此法不当是最容易陷于主观武断的,初学考证者应尽量避免使用。

这四种校法,除对校仅为比较异同外,其余三种都须分析和考证。考证的基本依据则有内证(本书证据)和外证(他书证据)两种。就方法论而言,校勘实质上就是考证,因此西方学术界对二者没有名目上的区分。

2. 史料文献的辨伪

与版本、校勘等都相关联的古籍辨伪,是史料工作中另一个更为要紧的考证类型。郭沫若曾强调:"无论作任何研究,材料的鉴别是最必要的基础阶段。材料不够固然大成问题,而材料的真伪或时代性如未规定清楚,那比缺乏材料还要更加危险。因为材料缺乏,顶多得不出结论而已,而材料不正确便会得出错误的结论。这样的结论比没有更要有害。"①顾名思义,辨伪的目的在于确定史料的真伪,包括确定史料的真实作者及其产生的时间、地点等,以便在使用时能够去伪存真。

依据过去的认识,中国古代的伪书或杂有伪材料的书籍是很多的,以致清末张之洞在所作《輶轩语》中曾说:"一分真伪,而古书去其半。"所谓伪书,一般是指作者隐匿本名而假托前人的作品,如《山海经》旧题夏禹或伯益作,《六韬》旧题吕尚作等,实际并非这些古人真有其书传世,而是后人假托他们的名字制作出来的。另有一些古书,如现存的《列子》《孔子家语》等,有学者认为是原有其书而后来亡佚,后人假托原书之名而拼凑出来的同名书。这类书籍之所以被认为是伪书,主要是就作者题名及书名的假托而言的。至于真书中的伪材料,包括擅改、窜乱、模仿、添加或节抄不谨等,情形就更为复杂。伪书出现的社会原因,比如诸子百家的托古立说、统治阶级的援古立法、社会名流的立异争胜、宗教派别的贪缘比附、复古学者的哗世取名、好利之徒的冒功邀赏、卑微学子的假重名人、浅薄之士的模拟真品、达官显贵的耻于己名或攻击对手、好事者的招摇撞骗或自作聪明,以及藏书家的好古、书商的造假等等,种种具体表现难以缕述。另外,古代书少,得书甚难,以致伪书易于流通,这也刺激了伪书的产生。宋元以后,伪书渐少,辨伪之风却日益盛行,这与印刷术的进步和文化事业的繁荣是有密切关系的。不过明清以后,制造伪书的现象也还并不鲜见。

中国学者的辨伪是随考证学的发展与时俱进的,汉、唐时代已有自觉的辨伪,两宋时期更大起疑古与辨伪之风。朱熹曾不无感慨地说:"天下多少是伪书,开眼看得透,自无多书可读。"②又总结自己的经验说:"熹窃

---

① 郭沫若:《十批判书》,人民出版社,1954年,第2页。
② 黎靖德编:《朱子语类》卷八十四,《四库全书》本。

谓生于今世而读古人之书，所以能别其真伪者，一则以其义理之所当否而知之，二则以其左验之异同而质之，未有舍此两途而能直以臆度悬断之者也。"①这是说辨伪要有理证和书证。后来明人胡应麟的《四部正讹》，考察有问题的古书甚多，并提出了八种审核方法，被认为是我国第一部古籍辨伪的专著。清代乾嘉考据学家的辨伪工作尤为广泛，如姚际恒的《古今伪书考》、崔述的《考信录》、阎若璩的《古文尚书疏证》等都是辨伪的名著。清代今文经学家的辨伪气魄更大，从刘逢禄、邵懿辰以至魏源、康有为等，都大作"翻案文章"，成为近世"古史辨"派兴起的直接推动力之一。梁启超有关史料辨伪的论述颇多，并撰有《古书之真伪及其年代》一书；张心澂的《伪书通考》，论辨之书达1104部，堪称是一部总结性的辨伪大著。历代辨伪积累了大量很好的经验，并总结出许多条例，这里仅引述梁启超在所作《中国历史研究法》一书的第五章所提出的12条辨伪"公例"如下：

一、其书前代从未著录，或绝无人征引而忽然出现者，十有九皆伪。

二、其书虽前代有著录，然久经散佚，乃忽有一异本突出，篇数及内容与旧本完全不同者，十有九皆伪。

三、其书不问有无旧本，但今本来历不明者，即不可轻信。

四、其书流传之绪，从他方面可以考见，而因以证明今本题某人旧撰为不确者。

五、其书原本，经前人称引确有佐证，而今本与之歧异者，则今本必伪。

六、其书题某人撰，而书中所载事迹在本人后者，则其书或全伪或一部分伪。

七、其书虽真，然一部分经后人窜乱之迹，既确凿有据，则对于其书之全体，须慎加鉴别。

八、书中所言，确与事实相反者，则其书必伪。

九、两书同载一事绝对矛盾者，则必有一伪或两俱伪。

十、各时代之文体，盖有天然界画，多读书者自能知之。故后人作伪之书，有不必从字句求枝节之反证，但一望文体，即能断其伪者。

十一、各时代之社会状态，吾侪据各方面之资料，总可推见其崖

---

① 朱熹：《晦庵先生朱文公文集》卷三十八，《答袁机仲》。

略。若某书中所言其时代之状态，与情理相去悬绝者，即可断为伪。

十二、各时代之思想，其进化阶段自有一定。若某书中所表现之思想，与其时代不相衔接者，即可断为伪。

这12条"公例"，后来梁启超在所作《中国近三百年学术史》第十四章又概括为6条方法：(1)从目录传授上检查；(2)从本书所载事迹制度或所引书上检查；(3)从文体及文句上检查；(4)从思想渊源上检查；(5)从作伪家所凭借的原料上检查；(6)从原书佚文佚说的反证上检查。他的《古书之真伪及其年代》论述更细。总的来说，辨伪的程序大致不外这样几条：查阅书目，旁求佐证(主要是引文和佚文)，审核原书内容及思想，分析作品文体及文风，推勘作伪材料上的漏洞及拼凑上的抵牾，皆详为考证而判断其是非，然后确定(或推测)其原作者及成书年代。

西方实证史家称辨伪为 investigation of authorship，意即调查史料文本的原作者；若不调查而误用伪史料，则称 fail in criticism，即"失于考证"。据陆懋德《史学方法大纲》介绍，西方实证史家的辨伪工作注重如下一些证据：(1)笔迹(handwriting)，用于手稿的鉴定；(2)程式(formula)，用于文件的鉴定；(3)文字(language)，考察所用体裁、句法有无差异；(4)事项(data)，考察所记典故事实有无矛盾；(5)称引(quotations)，考察同时他人著作是否已称引本书；(6)传记(biography)，考察当时作者的传记，看对所著有何说明；(7)知识(knowledge)，就所记某时某地之事，考察作者应知或不知；(8)意见(opinion)，考察作者对当时所发生之事是表示赞成还是反对。这些条款都可与中国学者的辨伪经验相参照。

有必要指出，对于伪书和伪材料也要有辩证的观点。历代伪书当中，有些其实是"伪而非伪"或内容不伪而仅仅书名或作者名有伪的，更多的则是真伪杂糅，真正全伪的只占极少数。对于"伪而非伪"的书，在稍加考辨之后就仍可当作"真本"来看待；对于真伪杂糅的书，只要切实下一番别择去取的工夫，也仍然可以利用；即使全伪的书，只要确定了它的产生时代和作者，那么用以研究这一时代的历史文化、社会风气和作伪者的思想，伪材料也就变成了真材料，并且很可能与原有的真材料同样可贵。

从这一意义上检查中国古代的"伪书"，对于过去的证伪工作及对伪书数量的估计等可能需要重新研判。近些年有不少地下简帛文献出土，而且迄今还在逐日增多,表明过去曾被证伪的一些书籍久有来历,多可上溯至战国时代或西汉以前,其伪与不伪实未可遽断。如现存所谓《古文尚书》,自清以来即被谳定为魏晋以后所伪造,而由近时问世的清华简等材料对照来看,这一结论还大有商榷的余地,故已有学者为此书翻案。再如今本《竹书纪年》,近世以来几乎众口一词地指为伪书,而其书实保存了古本《竹书纪年》大量原有的记载,并不全伪。即如相传为商代《易经》的《归藏》,旧时或题黄帝所撰,几乎无人相信它是真书,而近年也在秦墓中出土了该书的残简。这类例子还可举出一些,而出土文献的价值也越来越受到重视。古籍流传的过程甚为复杂,辨伪工作的标准当力戒简单化,尤其不宜把中国古代伪书的数量估计得过高。

史学上的外考证,所运用的文献学知识不止于版本、校勘和辨伪,其他如编纂、目录及注释、辑佚等知识也都要用到,兹不多述。

三、内考证:由知人论世而征实考信

1. 史料记载人信用和能力的考察

西方学者视为内考证的工作,以考察和确定史料记载的真实程度为主,中国学者有时统谓之文献考证,并不分内外。按照西方学者的习惯性表述,内考证首先要确定史料记载人的信用和能力问题,由此才能进而判断史料的陈述是否可信或可能。这类表述用中国学者的习惯用语来说,也就是考察史料作者的写作动机、背景条件及采择史料的标准和范围,所用史料的可信程度和价值等。现时一般性地介绍中国历史要籍的著作和文章,往往将每部要籍的介绍内容分为作者生平、成书过程、史料来源、编纂体例、史料价值几项,反映的即是中国式文献考证的普通程序。

知人论世之说,见于《孟子·万章下》:"尚论古之人,颂其诗,读其书,不知其人可乎?是以论其世也。"表现在史学上,考察史料记载的真实性问题,便不能不顾及作者的为人及其所处的时代环境。中国传统史学的评价标准是道德至上型的,也就是道德重于文章;倘若史料记载人道德高尚,有节操,不屈于权势,不诱于利禄,敢于据事直书,则其言可信;否则,人格卑下,或心术不正,则必曲笔回护,以虚为实,以恶为美,甚至故意伪造史料,泆秽于正人,流毒于异世,其言即无可取。见于《左传》记载的董狐、齐太史,是早期据事直书的史学家样板;《汉书·司马迁传》称颂《史记》"其文直,其事核,不虚美,不隐恶,故谓之实录",遂成为信用决定信史的

经典概括。在中国文化的大环境中,重视史家道德自有其正面价值,"实录"精神是永远值得提倡的;但风气所及,也容易导致泛道德主义,忽视相反方面的一些有价值的记载。西方史学与此不同,不甚倾向于道德评价,而更强调对原始史料本源和史料记载人性格与能力的分析。杜维运曾援引西方学者博林布罗克勋爵(Lord Bolingbroke)的一段话,以证西方确定史实可信性的一项重要方法,是从研究原始目击者(the original witnesses)着手:"一项历史事实,不与一般经验冲突,不与吾人的观察相左,已显现其可能性;如有适当的目击者作佐证,则几于完全真实,换言之,其真已到达高度的可能。……吾人对历史的认可程度,盖视原始目击者的数目、性格及环境而定"。[①]这样的考证程序,中国史家也并非不重视,但受道德传统的影响,往往多信"贤者"的言论而排斥"小人"的目击。刘知几曾批评《公羊传》《穀梁传》以"传闻之说"解释历史,不得与《左传》所记的"亲见者争先"(《史通·史官建置》);又说"大抵偏纪、小录之书,皆记即日当时之事,求诸国史,最为实录"(《史通·杂述》),而"先贤、耆旧、语林、世说,竞造异端,强书他事"(《史官建置》),则不足取。这些看法与近世西人的观点相近。陈寅恪论考证,强调除了注意史料中的"古典"外,还要注意其中的"今典",并以此说明考证之难。其说云:"所谓'今典'者,即作者当日之情事也。故须考知此事发生必在作此文之前,始可引之以为解释。否则虽似相合,而实不可能。此一难也。此事发生虽在作文之前,又须推得作者有闻见之可能。否则其时即已有此事,而作者无从取之以入其文。此二难也。"[②]这类"今典"可能出自目击者,也可能出自同时人的转述,都可看成是直接史料。有些屡经转述的史料,只要能推定其目击者及转述源流,就也可看作是直接史料。如司马迁记荆轲的事迹,自言闻之于董仲舒,董仲舒则闻之于夏无且,而夏无且曾为秦始皇的侍医,亲见过荆轲行刺秦王的情形,故所记高度可信。

　　史料记载人的能力,主要与知识、素养相关,对史料的真实程度也有直接的影响。美国史学家艾林·约翰逊(Allen Johnson)在所著《历史学家和历史证据》(1926年)一书中曾举过一个事例,后来屡被讨论史学方法者所转引。此事发生在1920年9月16日,地点在纽约华尔街。这里是纽约最繁华的市区,时当正午时分,人群拥挤,而突然有炸弹爆炸。奇怪

---

① 参见杜维运:《史学方法论》,第182—183页。
② 陈寅恪:《金明馆丛稿初编·读哀江南赋》,上海古籍出版社,1980年,第209页。

的是，爆炸伤人不多。华尔街报馆闻讯，即刻派人前往调查，并访问了目击者9人。结果8人说当时街上车辆甚多，一人说有10辆。其中有3人说炸弹是由一辆红色运货汽车运来的，只有一名退伍军官说炸弹在一辆小马车上爆炸，当时对面只有一辆汽车。事后证实，这位退伍军官的说法是对的，报馆因此称之为专家见证人（expert witness）。这是由于军人习见炸弹爆炸之事，故能临事不乱、头脑清醒、观察正确；其余8人虽在现场，而于一阵混乱之后，所述也不过是推测。这只是一个微例，而喻之于历史编纂也是一样，专家的参与有助于提高史书的质量。譬如中国古代的官修史书，在天文、律历等艰深的领域就提倡专家动笔，这样可以相对较少出错。刘知几反对文学家参与修史，也因为文学家喜欢藻饰，或致失实，专业的史学素养往往显得有所欠缺。

2．订正史实的几种基本证据形式

史料考证的核心是订正史实，某种史料需要订正的史实之多少，也就可以反映出此种史料的内容之可信程度。订正史实的方法很多，而基本的证据形式不外陈垣所说的"书证""物证""理证"三种。① 如果转换一下，这三种证据形式也就可以说是三种考证途径。

书证，即以现存的书籍资料作为证据。这是自有书籍来最为习见的、通过比较以考察史料可信性的主要证据形式。譬如两种或数种记载同记一事，又不是互相转抄的，而所记大略相同，那么其事就可信；两种或数种记载虽不是同记一事，而主要事实可以互相佐证，那么各自的可信性程度也较高。有些记载虽不见于他书，而所记涉及的一些客观证据（如天象、纪年、风俗等）可由群书印证，那么其事一般也是可信的。恰当地利用群书，对歧异资料作正反两个方面的异同比较，都可从中寻出较可信的史料。诸如此类，关键在于能够发现问题，善于寻证，并会"参伍错综"。

物证，是以实物作为证据。这类证据，通常主要是指考古遗迹和文物资料，它们对史料考证往往具有独特的不可替代的价值。其中也包括地下出土的古文字史料，这类史料对考证古史和古文献尤为有效，实兼具物证与书证的双重性质。汉人对此已有认识，如汉明帝时讨论五经误失，符节令宋元就曾上言："秦昭王与不韦好书，皆以书葬。王至尊，不韦久贵，冢皆以黄肠题凑，处地高燥未坏。臣愿发昭王、不韦冢，视未烧《诗》

---

① 陈垣：《通鉴胡注表微·考证篇》，第117页。

《书》。"①西晋时有包含多种先秦古籍的《汲冢竹书》出土,其中《竹书纪年》为现在所知我国最早的编年体通史,对考证古史年代价值尤高。北宋以来金石学大兴,用以证经证史的工作日渐展开。近世商代甲骨文的出土更为绝大收获,至今甲骨学已成为世界性的学问。而不断出土的战国以至汉、唐间的简牍、帛书、古文书等,也为学术研究及考证之学开辟了新的园地。具体的事例,如《孙子兵法》一书,旧题孙武作,两千多年间多有人不相信,梁启超也曾认为"当是孙膑或战国末年人书";但20世纪70年代在临沂银雀山汉墓中同时发现了《孙子兵法》和《孙膑兵法》的竹简,既往的争论基本上就消除了。近几十年间,简帛文献的整理与研究工作大兴,类似的例证已成为常见的现象。而没有文字的考古文物也多能印证古文献记载,并且考古学在相当程度上也要依赖于这种互证。

　　理证,按陈垣的定义,"凡无证,而以理断之者"即可归入此类,亦即在缺少书证、物证的情况下据情理作出判断。他的举例是公元前260年的秦赵长平之战。《史记·秦本纪》记载秦"大破赵于长平,(赵卒)四十余万尽杀之";《资治通鉴》卷五也记载此战秦人大胜,坑杀赵降卒40万人,又说秦军"前后斩首虏四十五万人,赵人大震"。胡三省注《资治通鉴》说:"此言秦兵自挫廉颇至大破赵括,前后所斩首虏之数耳。兵非大败,四十万人安肯束手而死邪?"陈垣指出:"《朱子语类》一三四,言:'赵卒都是百战之士,岂有四十万人肯束手受死,决不可信。'又言:'恐只司马迁作文如此,未必能尽坑得许多人。'此理证也。"朱熹是据《史记》的记录提出疑问的,《资治通鉴》仍据《史记》记录,胡三省注《通鉴》引用了朱熹的说法。理证的形式大致如此。不过此法既高妙又危险,须有深厚的学术素养和通识为基础,一般初学者不宜采用。即如长平之战事,秦军是否曾坑杀40万赵国降卒,虽不断有通家质疑,现在也还不能断定其事必无。倘若将来考古能够揭露当时的战场遗迹,则是非有无,可望自消,否则终不能无疑。据说在今山西高平一带已发现埋有130多人尸骨的大坑,不知是否为长平之战的遗迹。一般地说,理证多凭经验,但经验有时也靠不住。《颜氏家训》载:"昔在江南,不信有千人毡帐;及来河北,不信有二万斛船:皆实验也。"江南人不信有可住千人的毡帐,河北人不信有能载二万斛的粮船,及亲见而得验证之后,方知是实。史学讲求实证的道理即在此,理证尤其要力避以"耳传之谈"为据。当然,经验在上升为理论之后,也可以指导实

---

① 《太平御览》卷五百六十引《皇览冢墓记》,《四库全书》本。

践。如元人刘固的《夏日饮山亭》诗云："人来每问农桑事,考证床头种树书。"这便是以书本知识验证农事是否合理,书证和实证是相契合的。

中西史料有别,这一点也影响到考证的思路和方式。例如西方史料文本的文种更为多而杂,地方差异也更大些,因此西方学者在作史料考订时,就更为注意各个时代、各个地方语言文字的特别意义,以及史料记载人的行文习惯、不同语境中的词义变化、特殊用语的真实寓意等。语言和文字都是特殊的史料,近世西方史学中流行一种注重语义分析的倾向,可能多少与此有关。中国通用汉字,汉语言文献的一致性较高,而文本考证也应注意到方言的差异。

第三节 考证方法的综合运用

考证之学是综合性很强的学问。上述考证途径还都是单就某一方面而言的,实际在具体考证过程中,总是多种方法并用而不拘一格的,同时不仅要归纳、综合,而且始终不离分析、比较、演绎、推理等方法。尤其诉诸名家的大手笔,更不可以固定的规范求之。这里再试举几例,并附带作些说明,以见考证范式和其他学术一样,同样各具风姿。

一、宋人的综合考证举例

宋人的学术考证,名家辈出,综合考证之例不胜枚举。这里不妨以南宋学者对古代货币用年号为名的源流问题的辩论为例,以见其一斑。

先是南宋初王观国的《学林新编·开元钱》条云:

> 今之钱中,"开元通宝"钱最多,俗或谓是唐明皇开元年号所铸;钱背有半月手甲文,俗谓是杨妃甲痕,皆非也。案《唐书·食货志》曰:武德四年(621)铸"开元通宝"钱,有司进钱模,太穆皇后误以指甲损其模,遂铸甲文。盖"开元"者,唐高祖所撰钱宝之号,非年号也。自古未有以年号铸文者,唯唐乾封元年铸"乾封重宝",以一当十;又乾元初铸"乾元重宝",以一当十;复铸重轮"乾元"钱,以一当五十。此皆因经费不足,权宜而行之,未几皆寝罢。然则终唐三百年,皆铸"开元通宝"钱,毋怪乎此钱之多也。至五代,有"天佑""天福""唐国"等钱,而本朝始专以年号铸钱。然"宋通元宝""皇宋元宝"非年号,"宋

通"乃开宝时所铸,"皇宋"乃宝元时所铸,盖钱文不可用二"宝"字,故变其文也。

这是说"开元通宝"始铸于唐高祖时,"开元"二字本非年号,只不过因为唐人续铸此钱甚多,俗间遂误认为其"开元"之名为明皇年号。唐高宗、肃宗时虽曾偶以年号铸钱,而未几皆罢;五代时亦曾有以年号铸钱者,而铸钱专用年号实始于宋。

王氏的考证有见解而不到家,稍后吴曾的《能改斋漫录·铸钱》条指出:

> 予考后魏孝庄时用钱稍薄,高道穆曰:"论今据古,宜改铸大钱,文载年号,以记其始。"然则以年号铸钱久矣,王说非也。

这是根据《魏书》的明文记载,将铸钱用年号推溯至北魏末。

对这一问题考证最详的,是后来叶大庆《考古质疑》卷三所载的一段文字(无标题)。其文有云:

> 大庆谓王说之非,固不止此,吴氏所论,要亦未然。按《通鉴》,梁武帝中大通元年(529),魏多细钱,高道穆上表宜改铸大钱,载年号以纪其始,于是始铸永安五铢。永安乃魏孝庄年号,以甲子考之,时己酉岁。又齐明帝建武二年(495),魏人未尝用钱,魏主始铸太和五铢。太和乃元魏孝文年号,是则文载年号已见于此,时乙亥岁也,又先乎永安三十五年矣。故高承《事物纪原》云:"钱文以年,自魏孝文太和始。"盖以此也。大庆又按杜佑《通典》,宋景和二年(465)铸二铢钱,文曰景和,又宋孝武即位,铸孝建四铢。孝建元年(454),甲午岁也,又先太和四十二年矣。然则以年号铸于钱文,当以南宋孝建、景和为始,而北魏太和、永安皆后于此者也。故曰:吴氏所论,要亦未然。
>
> 乃若《学林》谓唐三百年皆铸开元,无怪乎此钱之多,非也。按《唐(书)·食货志》,高宗乾封元年改铸"乾封泉宝",肃宗乾元元年改铸"乾元重宝",而代宗时又铸"大历元宝",谓三百年皆铸"开元",误矣。又云五代有"天佑""天福"等钱,天佑乃唐末年号,初非五代。故曰:王说之非,不止如吴氏所云也。"开元"所以独多者,盖自乾封改铸之后,商贾不通,米帛涌贵,后行"开元"钱,天下皆铸之。又武宗时,

许诸道皆得置钱坊,李绅请天下以州名铸钱,京师为京钱,大小径寸如"开元"。夫以高宗时天下皆铸,武宗时诸道置坊,"开元"独多,此也。

叶氏接下来对唐武德四年所铸"开元通宝"及其"甲痕"问题,对吴曾有关议论的书证问题,以及自南北朝以来用年号为钱文的源流演变过程等,还有进一步的论说,因文字较长,兹不俱引。据叶氏所考,中国古代铸钱用年号实始于南朝刘宋时,最早在公元454年,而并非始于北魏或唐、宋时。

叶氏之文是以辩驳的形式展开的,皆先列前人之说,大抵引录原文,然后并用书证、实证和理证的方法,逐项加以讨论、辨证和攻驳,在补缺、订误及纠谬的同时,弄清史实,澄清认识,逻辑细密,结构有致,可称是一篇出色的考证论文。清初《四库提要》曾称其书"在南宋说部书中,洵可无愧淹通之目",此篇是很好的一例。值得注意的是,其文在写法和表述上,已极似近现代学者的考据文章,具体而微地反映出宋代考证学的日益成熟。是知考证之学有相对同一的模式,虽古今悬隔,而治学的路数并无大异。

二、王国维的"二重证据法"

近世因考古学的日新月异,传统考据学更为重视地下出土的文字资料。20世纪初年,王国维率先提出"二重证据法",是这方面的一项理论性的总结成果。他在自编的讲义《古史新证》第一章的《总论》中说:

吾辈生于今日,幸于纸上之材料外,更得地下之新材料。有此种材料,吾辈固得据以补正纸上之材料,亦得证明古书之某部分全为实录,即百家不雅驯之言亦不无表示一面之事实。此二重证据法,惟在今日始得为之。①

同时他在《最近二三十年中中国新发现之学问》一文中又指出:

古来新学问之起,大都由于新发现。……有孔子壁中书出,而后有汉以来古文家之学。有赵宋古器出,而后有宋以来古器物、古文字之学。晋时汲冢竹简出土后,同时杜元凯之注《左传》,稍后郭璞之注

---

① 王国维:《古史新证》,湖南人民出版社,2010年,第2页。

《山海经》,已用其说。然则中国纸上之学问,有赖于地下之学问者,固不自今日始矣。①

王国维用以印证"二重证据法"的最有代表性的成果,是他的《殷卜辞中所见先公先王考》及其《续考》。商代先公先王的世系,《史记》的《殷本纪》和《三代世表》有完整的记录,大抵本于先秦古籍《世本》及有关牒记材料;《汉书·古今人表》也有记录,而与《史记》所见有参差。《世本》等所依据的史料已不清楚,后来更无人能知《史》《汉》的记录是否确实,也无法校正二者的差异。王国维于1917年2月撰成《殷卜辞中所见先公先王考》一文,遍征相关金文及古籍资料,与卜辞相对照,对商人祖先夒(后改释夔,以为即帝喾)、相土、季、王亥、王恒、上甲、报丁、报丙、报乙、示壬、示癸、大乙、唐(汤)、羊甲(阳甲)之名,以及这些人物的传说事迹,作了综合的考证,又兼释祖某、父某、兄某等名。时隔月余,他得以见到更多的甲骨文资料,又撰成《殷卜辞中所见先公先王续考》,对前文作了补充,并释"多后"、中宗祖乙、大示、二示、三示、四示及商先王世数。他所谓先王,是指从大乙(成汤)以至帝辛(纣)的商代诸王;所谓先公,则指大乙建商以前的商人祖先。《续考》附有《殷世数异同表》,对照列出《殷本纪》《三代世表》《古今人表》及卜辞的记录,确定商代共十七世、三十一王,并纠正了纪、表中的少量错误。如《史记》误以报丁、报丙、报乙为序(当以乙、丙、丁为序),误以祖乙为河亶甲之子(实为中丁子);《汉书》误以小甲、雍乙、大戊为大庚之弟(实为子),误以中丁、外壬、河甲、祖乙为大戊弟(前三人实为子,祖乙实为中丁子)等。②其文发表后,立即轰动学术界,被认为是开启甲骨学研究的"脉络或途径"以及"研究商代历史最有贡献的著作","不仅为王国维一生学问中最大的成功,亦为近代学术史上的一大盛事"。③

王国维的这一考证所使用的方法,主要是比较和归纳,而关键在于以卜辞与典籍相对照。当时甲骨文正式为学者所见不过十几年,认识文字固然有困难,而有条理地用于考证古史,王国维、罗振玉是先行者。所以郭沫若曾说,"谓中国之旧学自甲骨之出而另辟一新纪元,自有罗、王二氏考释甲骨之业而另辟一新纪元,决非过论"。④王国维自称他的考证方法

---

① 见佛雏编:《王国维学术文化随笔》,中国青年出版社,1996年,第287页。
② 王国维:《观堂集林》,中华书局,1959年,第409—410页。
③ 陈清泉等编:《中国史学家评传》下册,中州古籍出版社,1985年,第1220页。
④ 郭沫若:《中国古代社会研究》,人民出版社,1954年,第214页。

为"二重证据法",并把这一方法用于考证商周金文、敦煌遗书和汉晋木简等;而在陈寅恪看来,王国维"取地下之实物与纸上之遗文互相释证,取异族之故书与吾国之旧籍互相补正,取外来之观念与固有之材料互相参证",用的实是"三重证据法"。①这中间蕴含了现代学术转型的机理,治学观念的更新是主导性的。在考证学上,"多重证据"当视为一条公例、原理,证据薄弱固不能成考据,而孤证尤为大忌(所谓"孤证不立")。自王国维之说出,其法便成为近世重建古典学术的一项基本原则。他在《毛公鼎考释序》中还谈到考释金文的经验说:"苟考之史事与制度文物以知其时代之情状,本之《诗》《书》以求其文之义例,考之古音以通其义之假借,参之彝器以验其文字之变化,由此而之彼,即甲以推乙,则于字之不可释、义之不可通者,必间有获焉。然后阙其不可知者以俟后之君子,则庶乎其近之矣。"这也是一切文献考证可以通用的方法和应有的态度。

三、吴晗的证伪考辨

王国维对"二重证据法"的实践,主导路向是证实。另有证伪一途,路向虽异,方法却无不同。见于《吴晗史论集》(光明日报出版社,1987年)的《胡惟庸党案考》一文,在这方面是具有代表性的。

胡惟庸,明初大臣,洪武六年(1373年)为右丞相,十年升任左丞相,十三年(1380年)以"谋反"罪被杀,史称"胡案"。这一案件不同于封建皇帝诛杀大臣的普通案件之处在于,据说胡惟庸被杀时,"反状犹未尽露",所以明太祖朱元璋不罢休,又接连兴起大狱,结果胡案一直持续14年,迄至洪武二十六年(1393年)开国功臣蓝玉复以"谋反"罪被杀,才算告一段落;受此案株连而前后被杀者达4万余人,一时功臣宿将也被诛除殆尽。朱元璋因此而废除丞相一职,分权于六部、王府、都察院、通政司、大理寺等衙门;外交上则与日本断绝关系。及朱元璋死,燕王朱棣起兵争夺皇位,建文帝因无元功宿将可用,苦撑数年而被推翻。皇统内部的大变,影响历史甚深,由是可说胡案的影响延及整个明代,直到明朝灭亡。

据《明史》《皇明祖训》及当时颁布的《昭示奸党录》《臣戒录》《大诰》等官方文件和其他记载,胡惟庸初为丞相时,以才能得朱元璋宠任,尚能自励。不过数年后,便以"擅权罔上"为朱元璋所不满。据说他因大将军徐

---

① 陈寅恪:《王静安先生遗书序》,《金明馆丛稿二编》,上海古籍出版社,1980年,第219页。

达在皇上面前说他的坏话,曾诱使徐府的看门人行刺徐达,被看门人告发。洪武八年(1375年),刘基(伯温)有病,朱元璋派他赐医药,结果他在药中下毒,刘基被毒死。此后,按后来公布的罪状,胡又与致仕丞相李善长相交通;又因旧宅中忽生石笋而有异志;又胁诱吉安侯陆仲亨、平凉侯费聚在外收集兵马,招纳亡命;又与御史大夫陈宁、中丞涂节等谋起事,阴告四方及武臣从己者;又派人劝说李善长一起造反。还曾遣明州卫指挥使林贤下海招倭寇,倭人乃派如瑶以贡使名义率兵来助胡;又遣一位名叫封绩的人北上沙漠,求援于北元。十二年,胡因其子死于车祸而杀挽车者,朱元璋责其偿死;同年,占城使者来贡,胡匿而不报,复被朱元璋怒责;又因以没官妇女私给文官而坐罪。十三年正月,御史中丞涂节告变,时以同官被谪的商暠亦因不满而揭发胡的阴私。未几,胡诡言自己宅第的井中冒出醴泉,请皇帝前去观看,欲以伏兵刺杀皇帝。及驾出西华门,有个名叫云奇的宦官遮道拦住大驾,欲说出实情,而因为紧张,气冲舌硬,词不达意。朱元璋怒其不敬,命左右挝捶乱下,云奇几被打死,犹手指胡的宅第。朱元璋登上城楼一看,果然胡的宅子里刀槊林立,遂立命发兵捕胡。旋即具状磔胡于市,一时连坐死者15000余人。未几,右丞相汪广洋被赐死。至十九年,宁波卫指挥林贤狱成,胡通倭事始显露,林贤被族诛。二十一年,蓝玉北征,俘获胡先前所遣封绩,李善长未以其事上奏皇帝。二十三年,穷究胡狱,李善长及陆仲亨、费聚等均被杀,并与日本绝交。词所连及,坐诛者达3万余人,乃发布《昭示奸党录》,株连蔓引,数年不靖。二十五年,靖宁侯叶昇以胡党被杀;次年蓝玉被杀,不入胡案,而株连死者亦达15000余人。以上主要是《明史》及明代官书所记胡案的构成及大体经过,而明人许多私家著作亦转相传抄。

　　吴晗的考证,征引中、日史料书达100多种,着重考证了以下几个问题:(一)云奇告变事件在时间上绝无可能,且与商暠告变相矛盾,清人或怀疑是附会蓝狱时事而来的;(二)有关林贤招倭事的各种记载矛盾百出,所谓"通倭"纯出于《大诰》的谎言,是事后为胡惟庸追加的罪名,所谓如瑶贡舶事件亦纯出于捏造;(三)胡惟庸的罪状,包括刘基被毒事、阻隔占城贡使事、以没官妇女私给文官事、与李善长交接事、封绩事等,或出于朱元璋的阴谋,或为佞臣所罗织,或根本就与胡惟庸没有关系,例皆莫须有的罪名。

　　胡惟庸的个人品格,据明人诸书所记,乃"是一个枭獍阴险专权树党的人","一个十足自私惨刻的怪杰"。这样的人,可为朱元璋所用,而终究不能为所容。但朱元璋的目的,是要借胡案诛杀功臣,因此在杀胡之后,又制造出一系列冤狱,直到把功臣几乎杀光。吴晗认为,胡案、蓝案也是朱元璋通过杀人以聚敛财富的一种手段,所以在一系列党狱中,他要把一切够得上籍没家产资格的人都一起网进去。另外,朱元璋出身微贱而赋性猜嫌,深忌士大夫,因而胡、蓝两案中被杀的几万人,大部分是知识分子,连为人谨慎的帝师宋濂也因其孙被胡党供词牵连而流放致死。

吴晗在考证中,大量使用了寻源、摘谬、本证、旁证、反证、悖论排除、逻辑推理等法,但总体思路是从大量事实的相互联系及事件的变化上、史料记载的衍传上探求胡案的真相。近代史学考据,强调先以所考的事实与大致同时发生的其他一系列业已得到证明的事实互相参证,看其是否与其他事实相契合;然后再从所考事实本身的发生、发展及变化上进行考察,看其是否前后衔接。这在考证学的方法论上被称为"内在和谐原则",其宗旨即在事实考证应力求合乎当时的历史场景及其转换规则。这一原则既适用于证实,也适用于证伪,凡"和谐"者即可证其实,凡"不和谐"者即可证其伪。通常所称的"自圆其说",主要即体现于此。如本例所考,先围绕胡惟庸被杀的日期,从诸人告变的时间、南京城坊的形势、皇帝出行的常规、宦官活动的规矩等,抉发种种矛盾记载,以证云奇告变之事不可能发生,从而否定胡惟庸的"谋反";又详考明初倭寇与中日交涉的历史,以确凿的事实和明确的时间线索证明如瑶贡舶事件之附会,从而否定胡惟庸的"通倭";对胡惟庸其他罪名的否定,也都联系相关事实作具体推考。而对胡案的整个过程,则特别注意伪材料的来源、作者的用意和心理,把所陈述的伪事实定位到可能发生的时段上细加分析。这样,在证伪的同时,反而令人信服地证实了制造胡案的真相,得出的结论就是可靠的。另外,本例的考证完全不带感情色彩,不同于一般的翻案文章,对胡惟庸并不表同情,这也反映了作者实事求是的考证态度和治学风范。吴晗治明史,一向提倡"以野史征实录,以文集碑志征实录,以实录订野史、文集、碑志,然后以所得折衷于《明史》"。本例在史料的运用上也是如此。

四、柯林武德的"问答逻辑"

西方学者讨论"推论的历史学",提倡一种侦破刑事案件式的逻辑思维和问答程序。英国史学家柯林武德为说明他的分析性历史哲学,在他的代表作品《历史的观念》(*The Idea of History*)一书的第五篇第三节,提供了这方面的一个"样品"。

一个星期天的清晨,约翰·道埃被人发现躺在了他的书桌旁,一把匕首刺进了他的后背。这时没有人指望会有目击者提供证词,也不可能会有谋杀者所信任的某个人泄露消息,更不可能谋杀者本人会走进乡村警察局自首;唯一的线索是匕首的柄上有一点新鲜的绿漆,像是约翰·道埃的花园和修道院院长的花园之间那座铁门上的那种新鲜的绿漆。然而当证词确实出现的时候,它的表现形式却是:一位年纪很大的邻家老处女,声称是她亲手杀死了约翰·道埃,因为他卑鄙地企图破坏她的贞操;当天晚些时候,又有一位偷猎者说,他曾看见乡绅的猎场看门人攀爬约翰·道埃书房的窗户;最后是修道院院长的女儿极其激动不安地跑来,说这件事是她本人干的。年轻的乡村警官(一位很和善但不很聪明的小伙子)懂得怎样工作,他一一否定了老处女、偷猎者和院长女儿的证词,而把视线集中到了院长的女儿"为什么要撒谎"这个问题上。结果是一个名叫理查德·罗埃的人顺理成章地成了这位乡村警官的怀疑对象:他是个有力气的男人,足可以完成谋杀这样的事;他是个医科学生,懂得匕首从人背的哪个位置上刺进去可以刺中人的心脏;更重要的是他是院长女儿的男朋友,星期六夜里就是在修道院里度过的,而修道院距死者的家不到一箭之地;还有,那天夜里在十二点和一点之间下过一场暴雨,当检察官得知理查德·罗埃的鞋子那天早晨很湿而盘问他时,他也承认在半夜时曾经出去过。这样,乡村警官也就很容易想到,院长的女儿为什么会这样急急忙忙地来自首了——她要包庇他。

案件的侦破出乎年轻乡村警官的预料,苏格兰场的侦探长詹金斯找到了真正的凶手。按照柯林武德的设计,詹金斯一步一步提出了一系列的问题(足有30多个),当然他也作出了一系列的回答。这是一个推理的过程,证据便是他所提出的一系列问题和回答。最终他认定凶手不是理查德·罗埃,而是修道院院长本人。约翰·道埃是一个敲诈犯,多年来他一直在敲诈院长,威胁着要公布他死去的妻子年轻时的某些越轨行为,这种越轨行为的果实便是她婚后六个月生下的院长的女儿。约翰·道埃手中掌握着一些信件可以证明这种事,这时他已经把院长的全部私人财产弄到手;而在那个致命的星期六的早上,他又勒索院长的亡妻留下的那份托付院长照管她的孩子的定期存款。院长下了决心要结束被敲诈的历史,于是当天夜里就出现了谋杀案。详述破案的过程不免烦琐,这里只需交代一句,修道院院长——这位侦探长的老朋友——看出了侦探长的询问正朝着哪个方向进行,从而找到一个机会偷服了氰化物并瞒过了行刑人,侦探长也因此受到了严厉的谴责。

柯林武德的这一举例想要说明的,是他所称"作为推论的历史学"中的"问答逻辑"。纯从逻辑上看,历史考证的基本步骤无非是:提出问题——找出证据——分析论证——作出判断。但在柯林武德看来,论证像侦破案件一样,"每一步都有赖于提出一个问题",而每一步的问题都是一个"新问题",对于新问题的陈述也就不同于对前一个问题的陈述,所以历史学"根本就不包括任何现成的陈述";同时这些问题并不是一个人向另一个人提出并期待着第二个人回答的,而是历史学家向自己提出并由自己来回答,且相信自己能够回答的,因此历史学家的"证据"就是自己的"自律的陈述",而不是任何"权威的陈述"(即前人的陈述),结论就从这种"自律的陈述"中作出。他从"问答逻辑"中引出的中心论旨是历史即是"心灵的重演",或说"一切历史都是思想史"。他曾反复申说:"与自然科学家不同,史家一点也不关心如此这般的事件本身。他只关心作为思想之外在表现的那些事件,而且只是在它们表现思想时,他才关心它们;他关心的只是思想而已。"基于这一种立场,柯林武德激烈反对实证史学,把实证史学蔑称为"剪刀加糨糊"的史学,以为它只不过是重复前人已经说过的东西,并不能使人真正"从历史中学到任何东西"。

其实,从历史考证的角度来看,柯林武德无论怎样反对实证,他所谓"心灵的重演"仍不能脱离客观的史实证据,只不过更拔高了史家主体意识的位置,以致使历史思想具有了某种本体论的意义。这点涉及历史解释问题,与辩证唯物史观的立场不同,当另外叙说;在此仅想指出,柯林武德主张连续提问的方法是历史考证可以借鉴的,所谓"心灵的重演"也可启示实证史家设身处地地考察历史事实,并注意审视史家主体意识(包括自身意识)的作用和分量。胡适也曾把考证比作法官的判案,并在《易林断归崔篆的判决书》一文中说道:"我现在提议,把易林一案提出复审,把一切人证物证完全调出来重付侦查,侦查之后,根据这些重新整理过的证据,提出一个新的判断。"[①]这是借《易林》一书作者的考证问题,强调建立细密的论证方法。

---

① 《历史语言研究所集刊》第二十本上册,1948年,第26页。

"问答逻辑"是一种推理方法,而推理在考证工作中是不可避免的。但学术考证毕竟强调实证,普通学者仍须力避纯粹的理证,更不宜作仅仅基于理证的演绎。相比较而言,在所有考证方法中,比较方法是最基本和最实用的。考证所用的史料林林总总,纷纭繁杂,在归纳之后,不经过精心的比较,就无法看出每一种史料的特殊性质及各种史料间的详略异同和衍传源流。傅斯年所谓"史料学便是比较方法之应用"①,有一定道理。

第四节 考证的专长与局限

一、专长与局限共生互存

作为史学流派的历史考证之学,其专长与局限都是在与对立学派的比较中显现出来的。这点在20世纪的中国史学界表现得最为突出。近时学者对20世纪中国史学进程中的"乾嘉范式"——亦即"新考据学派"的学术——有个精要的概括:"在这个范式下作业的考据家们,身具深厚的实证功力,内储取之不尽的旧学资源,矜尚考史但不著史的为学基准,怀抱'为真理而求真理'的治史观念,奉行以小见大、小题大作的作业方式,擅用穷源毕流、竭泽而渔的'清儒家法',推崇'以事实决事实,决不用后世理论决事实'的致知门径,对中国史学的现代化作出了重大贡献。"②大体上说,这里所概括的几条也可认为是中国古典学(主要是儒家经学)的基本特征。如果就用"乾嘉范式"代表中国古典学的基本治学模式,那么它的专长在此,局限性也在此。

自先秦元典诞生之日起,中经汉人的扩张和训诂,中国古典学的主体框架建立起来,从此"六经"便在冥冥之中成为中华民族文化的大本原。后来史学高涨,子、集膨大,各类典籍层出不穷,而经学优先的取向依然笼盖四部,迄至近世以前并无根本性的变化。大致说来,在北宋中期以前,古典学还属于建设的时期;其间玄风、佛学虽曾一度大盛,造成对古典学的不小冲击,但浪潮不过几个瞬间,且多限于南方,到唐初便又恢复重建。北宋庆历以后,疑古与辨伪之风趋盛,稍触及经学的根本,而到乾嘉时代,古典学的基础反而更加牢固。近世"古史辨派"崛起,声称"撕袍子"

---

① 《傅斯年选集》,天津人民出版社,1996年,第193页。
② 王学典:《20世纪中国史学评论》,山东人民出版社,2002年,第30页。

"扯裤子",欲将旧式的经学"偶像"全打翻,然而并未达成"革命"的目的。实在说,在近代西方学术输入中国之前,所有的疑古与辨伪归根到底不过是对传统古典学的一种负方向的补充;而在西方学术输入之后,仍用考据的手段攻击古典学,显然无法使它脱胎换骨,反不如像王国维等人那样,用新旧学结合的方式改造它、重建它更有成效。

中国古代的史学体系,大抵以史料的纂辑考订为主,分析与思辨的成分甚少,理论环节薄弱。历来占主导地位的鉴戒史观,通常仅止于史料、史实与论赞的比附,表现形式单调,说教色彩浓厚,欲借史学以"知人论世"的目标能否达到,并无理论、实践和技术上的保证。这在一向主张"究天人之际,通古今之变"的通史家的著作中也不能避免。严格说来,中国古代史学只是古典学的一个分支,司马光所谓"史者,儒之一端"即其真谛。在这样的学术环境中,考据学的延续、变通、发展或复兴也就成为合乎自在规律的事体,不尽是外部形势使然。所以现在分析历史考证的专长与局限,也须考虑到这样的大环境和大背景,未可仅仅拘执于考证本身的技术程序。

二、应当肯认的几项传统

中国史学有许多优秀的传统,构成自来史学遗产的内核部分。这些传统既覆盖整个史学,自然也浸润于历史考证的层面,同时考证本身所独有的层面特征也影响到史学其他层面的传统特征。专就中国考证史学遗产的正面价值而言,至少下列几项治学传统是应当给予充分注意和肯认的:

其一,推原求真、实事求是的传统。这是考据学的根本所在,也是它的原则性优势所在。大凡成熟的考据家,不论整理史料、考证史实,或研究问题、解释历史,无不以坚强的实证为基础和桥梁,因而所得成果往往以特有的力度和深度为学者所重,不仅资料丰富而已。在他们的治学观念中,华而不实、空灵古怪的风格是绝对受排斥的。傅斯年在《史语所工作之旨趣》一文中标榜"历史学只是史料学",虽然这一论断在表述上有其局限性,但看他所立论的依据,又未见得是以历史等同于史料。他说:

> 凡能直接研究材料,便进步;凡间接研究前人所研究或前人所创造之系统,而不繁丰细密地参照所包含的事实,便退步。

凡一种学问能扩张他所研究的材料便进步,不能的便退步。

凡一种学问能扩充他作研究时应用的工具的,则进步。

正是在这样的观念上,他把史语所的工作旨趣剖判为两点:"一、把些传统的或自造的'仁义礼智'和其他主观,同历史学和语言学混在一起的人,绝对不是我们的同志! 二、要把历史学语言学建设得和生物学地质学等同样,乃是我们的同志!"①这里暂且不说傅氏划分"同志"的"旨趣"有没有别的用意——现在纯从学术上看也不必计较这样的用意——仅看他强调利用第一手资料(原始资料)及扩张研究领域、扩充研究方法的重要性,实在也无可厚非。"实事求是"发源于学问考证,后来更成为公理式的学术评价标准乃至政治理论原则,历史研究尤当悬为功令。

其二,博学多识、力求创新的传统。考证之学从来都不是轻松的学问,不但需要丰博的知识,而且要有敏锐的观察和深到的思维工夫,而逻辑的素养和有关语言文字的知识尤为顺利进行考据的最基本前提条件。历代有许多成就卓著的考据家蔚成重镇,令后学在辇毂之下不敢侈谈学问,这便是博学多识与厚积精诣的作用。但考据家不是"书簏子",创新才是考据学的实质,否则郑玄不能成为经学家,朱熹不能成为理学家,沈括不能成为科学家,顾炎武不能成为清代考据学的开山,王国维不能成为甲骨学的先驱,顾颉刚不能成为"古史辨"的领袖。学术上的创新,别具识见地解读和利用新发现的材料是一途,但此途须有机遇辅成;更通常的途径还是在现有材料的基础上创新,即善于从现有材料中发现问题、解决问题。如傅斯年所说:"科学研究中的题目是事实之汇集,因事实之研究更产生别个题目。所以有些从前世传下来的题目经过若干时期,不是被解决了,乃是被解散了,因为新的事实证明了旧的问题不成问题。破坏了遗传的问题,解决了事实逼出来的问题,这学问自然进步。"②这话差不多可以看作是对考证学问重视发明和创新的一个声明。历史问题的积累、"解散"和层出是个必然的过程,自来有影响的考证所要解决的就是新出现的重大问题(这需学者的钻研和发现),这类问题的解决自然也就包含创新的因素。这和借助新理论、新方法重新安排旧材料而组成新的"结构""系统"的创新应当同等看待,不应厚此薄彼;而且事实考证上的创新往往比

---

① 《傅斯年选集》,第176—178页。

② 引见王学典:《20世纪中国史学评论》,第176页。

结构式的创新难度更大,因为前者全靠事实说话,后者则在一定程度上要依赖分析和思辨,而以事实比附思辨的"创作"历来为考据家所反对。

其三,修旧起废、订讹补阙、不废天下史文的传统。春秋末孔子论《诗》《书》,作《春秋》,被认为是修旧起废的典型。汉初司马谈、司马迁父子编次旧闻,著为通史,首彰不废天下史文的崇高责任和使命。后世考证学者以订讹补阙为己任,把史料整理和考订看作自己的天职,对古代史学遗产的批判继承功不可没。其中特别值得重视的是寓经世致用于考证的一路。如唐代杜佑撰《通典》,其考订之博洽当时罕有其比,而原原本本,皆为有用之实学,被誉为"经国之良谟"。后来马端临的《文献通考》一书承袭了这一路数。清初顾炎武的学术活动始终以"明道救世"为依归,他的考证名著《日知录》也贯穿了这一宗旨。

世人多以为考证是雕虫小技或不切实际的学问,这是一种极为片面的看法。通家的考证有理有据,虽曰博古而实亦通今,未尝泥古不化。即使乾嘉学者在政治高压下所作的考据,其中也有不少经世内容,避触时忌并不等于不能致用。王国维对考证之学的应用还有更宽泛的看法,他在所作《国学丛刊序》中说:"夫天下之事物,非由全不足以知曲,非致曲不足以知全。虽一物之解释,一事之决断,非深知宇宙人生之真相者,不能为也。而欲知宇宙人生者,虽宇宙中之一事实,亦未始无所贡献。故深湛幽渺之思,学者有所不避焉;迂远繁琐之讥,学者有所不辞焉。事物无大小,无远近,苟思之得其真,纪之得其实,极其会归,皆有裨于人类之生存福祉。"考证是"致曲"之学,由"致曲"可以"知全",从而探知"人生之真相"。对待考证之学,应当充分注意到它所包含的经世致用的传统。

其四,谦和谨慎、有错不惮改的传统。考证之学涉及各方面的知识,检索和考订之难人所共知,错误不可避免。历代考证名家大都对考证持谦和谨慎的态度,既不轻诋古人,对自己的错误也不惮改正,堪为后人楷模。清初王鸣盛作《十七史商榷》,时称考证名著,然书中议论常失之偏颇,每讥前人之失。当时钱大昕曾写信对他说:"愚以为学问乃千秋事,订讹规过,非以訾毁前人,实以嘉惠后学。但议论须平允,词气须谦和,一事之失,无妨全体之善,不可效宋儒所云,一有差失,则余无足观耳。"[①]钱氏在《廿二史考异》的自序中还说过:"桑榆景迫,学殖无成,惟有实事求是,护惜古人之苦心,可与海内共白。"钱氏为乾嘉考据学的代表人物之一,他

[①] 钱大昕:《潜研堂文集》卷三十五,《答王西庄书》,清嘉庆十一年刻本。

在当时史学界受尊敬的地位不仅基于他广博深厚的学术功力和杰出的考证著作,同时与他谦虚谨慎的治学态度也有直接关系。陈寅恪也说过:"夫考证之业,譬诸积薪,后来者居上,自无胶守所见,一成不变之理。……但必发见确实之证据,然后始能改易其主张,不敢固执,亦不敢轻改,惟偏蔽之务去,真理之是从。"①这一态度也适合于其他学术研究。历来正直的学问家都极重自身才、学、识、德的全面修养,而历史学既担负"彰善瘅恶,树之风声"的责任,历史学家对自身修养的要求也应当更高,并要首先注重史德的养成。

其五,治学方法上与时俱进的传统。考证有一定之规,但也随时代观念变化。陈垣在抗日战争时期曾谈到沦陷区史学风气及自己治史的变化:"从前专重考证,服膺嘉定钱氏(大昕);(七七)事变后,颇趋重实用,推尊昆山顾氏(炎武);近又进一步,颇提倡有意义之史学。故前两年讲《日知录》,今年讲《鲒埼亭集》,亦欲以正人心,端士习,不徒为精密之考证而已。"②这也是寓经世致用于考证的一例,而在研究方法上就不能不有所变化。他作《通鉴胡注表微》,借"表微"的形式表达他的爱国之心,就接近于西方学者所说"心灵的重演"。其书第一篇说明胡三省在宋亡以后未尝一日忘宋,第二篇强调读史以致用,第四篇详考胡三省事迹,都是超出普通考证的有为之言,不啻是孔子"微言大义"的复归,然已吸收了近世科学方法。新考据学家对科学方法的解释主要着眼于实证,与注重理论的学派解释不尽一致,但在主张研究方法与时俱进、不断更新的方向上并无差异。所谓"科学",实质上不过是对现代比较合理而精确的观察、实验及分析、归纳等分科研究方法的一种概括。

三、理论和方法上的缺陷

过去对考证的批评,集中指向"繁琐考证"与考证学者的"逃避现实"两端。这两种批评都不能说全无根据,但并不中肯綮。考证本是手段,不是目的,目的是要解决问题。有些问题的解决可以简化,甚至用三言两语即可,自当尽量求简;有些问题的探讨非旁征博引不可,则不得不"繁琐",只求简化而说不清楚还不如不说;还有些问题是非靠地下出土文物的实证不能弄清楚的,甚或永远不可能得出一致的看法,但又不能弃置不论,

---

① 陈寅恪:《金明馆丛稿二编》,第304页。
② 转引自陈清泉等编:《中国史学家评传》下册,中州古籍出版社,1985年,第1261页。

那么各种考证文字累积起来,就显得尤其繁琐。繁简只是考证文章的外观,不能仅以此作为衡量考证质量的标准。至于"逃避现实"问题,则与政治环境、社会现实及人生意趣等相关联,主导因素是学者的思想意识倾向,不能把这一点挂到考证学的账上,不从事考证的学者也未必就不"逃避现实"。郭沫若在《读随园诗话札记》一文中说过:"乾嘉时代,考据之学虽或趋于繁琐,有逃避现实之嫌,但罪不在学者,而在清廷的绝顶专制。聪明才智之士既无所用其力,乃逃避于考证古籍。此较之埋头于八股文或饱食终日无所用心者,不可同日而语。"史学经世的传统是应当提倡的,但社会科学与现实政治的关系极为复杂,学者群体的思想意识也各种各样,不可能要求大家都表现出一致或相近的学术方向。自古以来,中国大多数学者就反对以学术追求利禄,更反对以学术缘饰政治,这也是一种好的倾向。唯是以考证为"正宗",过分提倡"为学问而学问",则不可取。

传统史学考证的内在局限性,可从两个方面来看:一是过分囿于旧史的体系,不善于或不愿意作研究体系上的更新,这样就很容易造成累积式的学问和重复劳动,反而妨碍了历史学的资料和事实基础的扩充;二是过分强调了历史的"客观性",有意无意地忽视史家主体意识,从而造成历史解释上的先天不足,使得抽象意义上的历史理论始终处于若有若无的松散和肤浅状态,限制了历史学现实功能的发挥。这两个方面都包含着错综复杂的矛盾,不是一刀切的办法可以理清楚的,并且许多问题也不限于考证本身。

中国旧史的体系,以历来习称的"二十四史"为主干,传统史学考证即围绕这一主干系统展开。"二十四史"本身的注释、考证、订补等自成一大系统,其余种种类型的史料考证最终都曲曲折折地汇归于这一系统,很少有完全逸出于这一系统之外的,至少在考证学者的心目中这一系统是最主要的参照系。从原则上说,"二十四史"蔚为大观,加上其他各种历史文献,中国历史遗产之丰富足以令中国人引以为荣。因此,整理和继承这份史学遗产,以利现在和将来的利用,便被视为不朽的事业,这可以说是史学考证赖以发生、发展和发达的一大前提。由如此众多的文献参互稽考,自然可以提出无穷无尽的问题,而由旧问题又不断生发出新问题,这又成为考证本身所以会趋向繁琐的根源。实际上,这种方法亦导源于经学训诂。一套"十三经",总共不过65万字左右,而历代训释考证的著作少说也在4000万字以上,叠床架屋,不胜其烦。历史文献的考证与此相类似,如《史记》《汉书》《三国志》三书,现存清末以前的校、注、考、辨、证、补、辑佚、札记等著作就各有40余种;有关《后汉书》的同类著作也多至30余种。这些还不包括散见的考证文字。应当承认,前人的这类工作在一定程度上也有助于扩充和强化史学研究的资料和事实基础,而且多有创获发明,对于他们的辛劳和贡献不但不应否定,而且要充分借鉴和利用;但文献史料毕竟有限,考证有时而穷,即使把史书记载的源流全都搞清楚,所有的凝滞都得以消除(这当然不可能),也还只可称是前代历史著作家的"功臣",而不是系统的历史研究。另外,史料的片断性和事实的独立性,也决定了具体的考证会趋向孤单和细碎,以致考证越是发达的时代,重复劳动越多,反而越是写不出有系统、有质量的历史著作。旧史料多出于史官的记录和官府档案,民间史料缺乏,考证风气的流行也助长了这一趋势。这些都包含着一个预设的前提,即旧有的史学体系是个自足的共识性的体系,不须也不应改作,历史学家的任务仅在通过史料考订不断地完善这一体系。在这样的指导思想之下,史料考订的任务越来越繁重,历史研究的天地却越来越狭小,以致非考证未可言史学,这就必然会限制史学的发展。所谓"以小见大、小题大作"的作业方式就是由此而来的,因此章学诚曾批评乾嘉考据学者以"功力"等同于"学问"。至于近现代,旧的史学体系渐次被打破,新的历史科学体系逐步建立起来,传统的训诂、校勘、考证等方法就不够用了,因为这些方法毕竟还停留在史料整理或事实清理的阶段,并没有真正上升到本体论或认识论意义上的历史研究及历史解释的层次。

历史的"客观性"问题,涉及现代解释学,需要辩证地看待。作为已逝的历史现象和历史过程的存在本来是纯客观的,但它们一旦进入历史研究和历史编纂的领域,便不可避免地要受到史家主体意识的制约。实证史学家观察历史、研究历史,要求排除一切主观成见,"像镜子和天平一样"地"鉴空衡平",历史"是什么,照出来就是什么;有多重,称出来就有多重"[①],这在原则上是说得通的,但在事实上做不到。一般地说,历史记载中格外具象的遗留问题,可以通过实证的途径解决;但即使这类问题,只要进入历史解释的层次,实证也往往显得无能为力。举例来说,商王的世系是可以利用甲骨文的材料和文献记载加以证实的,王国维在这方面的创获正显示出实证史学的优势;但商代王位的继承法却并非如此简单,需

---

① 梁启超:《中国历史研究法》,第159页。

要联系当时社会的性质及发展阶段等一系列问题加以解释。

　　历史解释须以实证为基础,空言不能深切著明,实证亦须联系解释进行,否则便不能更好地发挥它在历史研究中的作用。在这一层意义上,传统考据学经过现代历史哲学的洗礼,就仍然大有用武之地;同时我国今后长期持续的古籍整理事业,以及旧有或新兴的史料整理工作,也仍须以传统考据学的经验为依托。实际上,现代史学的发展并没有减轻考据学的负担,反而不断加大了它的难度(例如知识量的扩充、取证范围的增广、课题及方法上的更新等等),因此任何轻视考证的思想都是没有道理的。史学研究本为分层的体系,不同路向的学术自有其位置,而在学格上并无高下之分。现代史学中的考证可能会不断摆脱"纯考证"而越来越趋向于与解释学相结合,但现代史学仍有充足的海量容纳并非无益的"纯考证"。

【思考】

1. 什么是史料？什么是历史考证？为何要进行历史考证？历史考证主要包括哪些工作？
2. 什么是外考证？梁启超曾提出哪些史料辨伪的主张？如何辩证地看待伪书和伪材料的价值？
3. 什么是内考证？前人在内考证方面积累了哪些宝贵的经验？订正史实主要使用哪些形式的证据？如何才能充分而合理地运用这些证据？

第五章　历史的叙述与编纂

一般地说,在史料的搜集、整理与历史事实的考察、辨订之后,史学工作便将转入历史的叙述与编纂的阶段,亦即按照史家的主体意识与一定的逻辑结构,将若干分散的历史事实组合贯通,形成一种合理的历史叙述,并最终主要以文本的形式,结集为可供应用的阶段性研究成果。这是史学研究的最后阶段,也是专业性很强的总结工作,其目的均在将所知所考的历史内容,组织成为有头有尾、有条理、有意义的整体,力求完整地再现历史的本来面貌,以实现各自传递历史的功能。其间叙述与编纂通常是一体进行的,并不截然分开,所以相关工作也可统称为撰述、编著或纂修等;但在历史文献学上,叙述与编纂也可作为两项工作看待,作分别的研究。

第一节　可以被叙述和理解的历史

一、历史叙述与叙事学

历史学是一种反向溯求的学术活动。仅从表现形式上说,历史学也和其他门类的学术一样,是倚赖于广义的叙述而存在的,没有叙述也就没有历史。这一命题的基本前提在于历史本身可以被追述、被认知的性质。现代历史学已经将历史研究的范围扩展得极其广泛,对于历史的理解和把握也已较之先前要复杂得多,甚至在某些历史理论或方法论的著作中还透露出某种不可知论的倾向,但没有人否定人类认识和回忆自身活动过程的自然取向。历史不是自然物,它是一种综合的信息系统,既凝聚于人类创造活动的某些物质遗迹及语言、文字、图画、音像等物质性的载体中,也存在于人们的记忆当中,具有客观和主观的双重品格。由记忆信息及遗迹等载体信息的结合而转化为不同形式的话语叙述,这些叙述所包含的有意义、有价值的系统知识整合起来,也就成为人们所理解的历史学意义上的历史,亦即所谓"描述的历史"。在这一层面上也可以说,一切历史都是叙述的历史,同时一切叙述也都是历史的叙述。

过去曾有主张史学就是史料学的学者,强调有一分事实说一分话,认为史学的任务即在史料或事实的考证,在考证工作完成之后,便没有必要再进行历史叙述;或者认为历史叙述已经是另一种性质的工作,有如各种文体的文章之写作,史家可以不为。这样的看法不免流于片面,显然不足以涵盖史学研究的全部工作,而且历史考证事实上也并不能完全脱离叙述。考证工作无疑是必要而重要的,但如果所考的事实皆处于分散而孤立的状态,则它们既不能说明自身,也无法自动呈现其意义,以致人们面对无数的历史事实,却仍然难以从中把握历史的整体内涵,认清历史的真相。事实考证是历史研究的起点而非终点,只有进一步通过历史叙述,将众多事实之间的联系揭示出来,构成一个有机的整体,提供一种合理的说明,历史研究才算真正完成了自己的任务。缺少了叙述这一环节,历史研究的任务将无法达成,历史考证的成果也将无法得到充分的利用。

中国传统的历史叙述,大抵是指对于历史的各种形式的叙说、表述而言的,有时也泛指撰述活动乃至历史作品本身。在汉语言文献中,"叙述"一词可以溯及久远,但先前大都是以"叙(序)"和"述"分称的,于口语与文献之间通用;只是到唐宋以后,随着语言的发展,"叙述"二字的联称才使用渐广。此种联称的基本含义仍与分称无别,而"叙事"或"序事"的概念亦同时流行,多用以指称事实的叙述。唐初刘知几的《史通》有《叙事》篇,专言史事的叙述,而其《直言》篇亦有"叙述"之语;至南宋真德秀编辑《文章正宗》,始正式以"叙事"为文类之名,与"辞命""议论""诗赋"并列为四。宋以后学者专谈文法的著作,对叙事的形式法则分解极细①,故清人刘熙载的《艺概·文概》又言及"叙事之学"。这类研讨广泛用于文史领域,而古人大都以叙事之学推本于历史学,如《文章正宗·纲目》即谓"叙事起于古史官",清初章学诚也认为"古文必推叙事,叙事实出史学"。② "叙事"

---

① 如元代陈绎曾的《文筌》,将叙事归纳为正叙、总叙、铺叙、略叙、直叙、婉叙、平叙、引叙、间叙、别叙、意叙十一种;清代李绂的《秋山论文》,又举出顺叙—倒叙、分叙一类叙、暗叙—追叙、补叙—借叙、特叙—夹叙五对十种;刘熙载的《艺概·文概》,复概括为特叙—类叙、正叙—带叙、实叙—借叙、详叙—约叙、顺叙—倒叙、连叙—截叙、豫叙—补叙、跨叙—插叙、原叙—推叙九对十八种。

② 章学诚:《上朱大司马论文》,《文史通义新编》,上海古籍出版社,1993年,第742页。

以文学论重在文法,以史学论则强调史法,二者都不止于技术分析。中国古代文史不分,所谓叙事文学实滥觞于先秦的历史叙述;而后世层出不穷的"稗官小说",亦大量采取历史叙述的形式,故又称"野史"或"稗史"。然"稗官小说"类的作品往往不登大雅之堂,与正规的历史叙述还应当分别看待。

20世纪60年代首先在法国文学界兴起的现代叙事学(Narratology),也称为叙述学,以广义的叙事作品为研究对象,在概念的使用上也极重"历史叙述"。此种学术赋予了"叙述"或"叙事"以新的含义,甚至包括各种非语言材料的表达形式在内,但在概念的理解上,较之传统的语义并无大变。由于这一流派一向注重神话、民间故事和小说的研究,研究的重点则在有关作品的思维模式、叙事结构、话语特征、修辞技巧等规则系统,因此在强调"故事"本身的历时过程和形态演变的层面上,也统冠以"历史叙述"的名义。客观地说,文学家所关注和诉求的历史,与历史学家心目中的历史有所不同,历史概念的不确定性即造成不同学科叙事学的不同特点。大要言之,文学家所称的历史叙述侧重于技术层面上的形式主义批判,更多地与历史文学相联系;历史学家所称的历史叙述则涉及历史编纂学的各个方面,偏重于对史法、史例的分析。这点大概也与中西史学不同的叙事传统有关系,西方史学习惯于"讲故事"的写作,中国史学则格外重视史书的结构模式。不过,在宽泛的理解上,文学作品也是反映社会生活的史料,文学上的历史叙述与史学上的历史叙述可说亦不相离。

上述现代叙事学从一开始就是开放性的,所以在逐时汲纳不同学科研究成果的同时,自身也相继分化出诸多分支学科。自20世纪80年代中期叙事学被引入中国以来,即渐呈风靡之势,后来更与后现代理论相融通,波及的学科范围日益广泛。在史学方面,已有不少学者利用新的叙事理论,分析《史记》《资治通鉴》等史学名著的叙事特征;或结合正史、野史的记录,比较不同时代、不同主体的叙事差异,就特定事件、人物评价等再作专题研究。对历史叙述的这类研究工作,可以看成是现代叙事学的一个分支,同时也是传统史学研究的一个侧面。本章谈历史叙述,仍主要着眼于传统的理解,因此与历史编纂一起论列。

二、历史叙述的发生和演变

从史学发生的原理上讲,历史叙述最早应起于原始人类口述或口传自身历史的活动过程中。不过在人类群体还处在极其分散和游动的状态之下,活动范围还非常狭小的远古时代,所有零星而片段的口述史料都极易失落,而不易形成相对完整的历史知识。大致到人类社会组织逐步由原始游群过渡到部落阶段,并进而结成大大小小的部落联合体之后,口述的历史才有可能随着部落文化的演进和文化交流范围的扩大而有系统地衍传下来。现存中国古籍中的上古神话和传说资料,如果可以视为当时口述历史的遗存,那么联系已知的考古资料考察,它们的起源时代便大抵都在新石器时代中晚期阶段;或者更准确一点说,它们初具自在的组织结构也不过在距今五六千年前后。这与世界范围内各民族神话传说的起源时代大体是一致的,如古代埃及、巴比伦、印度、希腊及北美印第安人的神话传说,笼统地说也都起于原始社会向文明社会过渡的阶段,而无法推溯到更早的年代。晚起的创世神话,以及人类遭遇洪水灭绝之后又再生的救世神话等,并不表明口述的历史可以一直上推到天地开辟或物种轮回而始有人类的时候。

早期口述历史的主体还是不同规模的部族群体。依据中国古代部族文化的实际情形,同宗共祖的部族为尊祖敬宗,相继建立起各自的祭祀系统,并围绕这一系统追述祖先的事迹,也就逐渐形成各自口述历史的系统。这类口述的历史最初都是群体的而不是个体的,是并行展开的而不是相互交叉的,其文化意义则在体现本部族存在的连续性及增进当下群体的凝聚力。《左传》僖公十年所谓"神不歆非类,民不祀非族",投射到口述历史的系统上,也就自然而然地显示出部族的分别。现代史家或称这种状况为"族类记忆",其转化形式也就是部族史的追述,追述的内容则以歌颂兼具诸神格与人格的部落英雄人物为主,同时添注若干"近取诸身"的生产活动事迹与相关的自然事象。"族类记忆"的显著特征之一是"神话"与"史话"的界限混沌不清,神与人往往不分。譬如中国上古传说中的伏羲、神农、太昊、少昊、炎帝、黄帝、颛顼、帝喾乃至尧、舜、禹等,这些名号所代表的究竟是神还是人?如果用现代历史观念作综合的分析,这些名号在上古时代实际上都是可以传承的,而在早期的口述历史中已转化为一种三位一体的代表符号,既代表各大集群的领袖人物,也代表各大集群的实体存在,同时还被用以表示各大集群的祖先神和自然神(最高神格为太阳神)。近世学者或习惯于区分原始神话与古史传说,以便确定神话人物与历史人物,实则初始形态的口述历史并无这样的区分,因为各部族的始祖诞生神话与图腾文化同时也是它们各自的"历史",与各部族的历史活动实迹并不相离。《诗经·商颂·玄鸟》篇说:"天命玄鸟,降而生商,宅殷土芒芒。"这其实就是后来商部族最正规的历史记录,而仍以玄鸟神话为部族史的开端。

早期的口述历史世代流传,随着民族融合、社会进步、语言的发展和人类叙事能力的提高,其内容和形式都日趋丰富和复杂。由此便不可避免地会出现重复、交叉、融汇及整合的倾向,尤其是在进入文明社会以后,先前相对独立而并行发展的部族或部族集群逐渐融合为涵盖地域更广、相互联系更为紧密的民族文化共同体,各部族口述历史的主干部分也就逐渐被纳入一个统一的体系中。后来被司马迁列为中国正史的开篇、在中国古史学上曾长期占据主导地位的"五帝"系统,即是此种整合的结果,其鲜明特点是将传说的不同部族的领袖人物编排为同一个等级化的谱系,使之在政治身份乃至血缘族属上都有着或远或近的传承关系。这样的编排当然并不都是"合理"的,与后世所称的"信史"尚不可同日而语,但在相当程度上反映了中国上古时代历史意识的成熟。"五帝"系统的定型化相当晚近,但有着久远的传说来历。学者或说它已属于"国家记忆"的范畴,不过它并不排斥"族类记忆"的成分,毋宁说它仍是"国家记忆"与"族类记忆"的混合形态。

在文字产生之前,口述历史的话语随时代演进,变异性很强,虽有结绳、刻木等辅助手段,而均非固定的记事形态。其衍传过程中的自然失落是一面,更主流的一面则是基于人类理性的日益增长,不断自觉地加以拣汰、增添、重组或改造。中国上古的口述历史也是有专职的,进入酋邦时代,掌其职者主要是管理原始宗教事务的巫、祝、卜等,后来王朝政治下理性化的史官制度实导源于巫觋的职事。史官制度兴起以后,口述历史的传统事实上并未断绝,而对早期口述历史的加工也成为史官的常事。这种加工实质上是不同时代对历来所存神话传说的重新诠释,其主导路向是不断增强神话传说的"历史化"程度,相应剔除一些在当下看来不合乎理性的神话,同时按现实要求增加新内容,包括一些新起的神话。

文字的发明和使用,使历史叙述首次有了固定的书面形态,从而使得历史学的意义也大大凸显。据说美索不达米亚的古文字,还在距今六千纪后期已被用于泥板文书,而到距今五千纪初期演变为运用拼音的楔形文字。中国古文字的萌芽绝不晚于这个年代,目前在仰韶文化及大汶口文化遗迹中发现的陶器刻符和图像,即被认为是汉字的祖型,其时间范围约在距今七千纪末期到五千纪中期。而到距今五千纪后期的龙山文化阶段,在各地遗址中已多次发现类似不同俗体的陶器文字。历久相传的仓颉造字之说,以及所谓"河图""洛书""八索""九丘"的神话,诉诸现代考古,绝非空穴来风。以此推测,至迟到夏代后期,应该已有成体系的文字。不过目前所见大批成熟的汉字记录,还只是距今三千多年前的商代甲骨文。同时铸刻在铜器上的文字日益增多,也成为后世所知重要的早期文献。

从商代后期到西周前期,史官制度和文献制度都日趋发达和完善,王朝档案制度也官守森然。西周时期的文献制作,举凡朝廷典章、王言记录、大臣奏疏、卜筮辞章、军事文告、礼制文件、册命文书、图谱牒记、时令文字,以及王侯贵族的诗篇乐章、铜器刻辞、盟誓契约、教学读本,官府职能部门的职事记录、往来文书等等,类型繁多。至西周灭亡,王纲解纽,王官文献散播,学术下移,遂成为后来民间私学、儒家经典及诸子学术的渊源。儒家经典凝聚了传统文化的精神要义,而《庄子·天下》篇已称"六经"为"先王之陈迹",其中蕴涵了丰富的史学内容,包括既往口述历史的核心部分。特别是《尚书》,作为体例完整的历史文献汇编,在中国史学史上具有特殊的地位,被称为中国史学的开篇。

在历史学家的语汇中,严格意义上的历史叙述首先展现在专门性的历史著作中。如上所说,史学的孕育可以追溯到久远的传说时代,而夏、商、西周王室世系的完整流传,表明正式的王朝史的记录和编纂萌芽很早,后来在《世本》《竹书纪年》等书中所见的三代事迹,以及《尚书》中所保存的极为古朴的商末周初史事文献,可能原都出于商、周王朝官方的记录、整理和修纂。此即后世封建皇朝官修国史的滥觞。西周时期,诸侯国史也相继出现,其中以鲁国史成编最早,依据现存的鲁史纪年资料(主要见于《史记·鲁周公世家》),仍可准确地将中国历史纪年的开端上溯到公元前999年(或前998年)。其余各大诸侯国的国史,大抵起于西周中后期。先秦时期,大概凡稍有实力及存世稍长的诸侯国即有国史,故相传孔子曾据"百二十国宝书"作《春秋》①,墨子也曾自称见过"百国春秋"。②现存的《春秋》《左传》《国语》都已是有组织、有体例的专业史籍,它们与《尚书》《世本》《竹书纪年》及《战国策》等书一起,综合开创史学著作体制化的先河,也展示出多姿多彩的历史叙述成就。下至汉代,自司马迁的巨著《史记》问世,凌轹古今,自成一家,遂令后人高山仰止,历史叙述从此进入全新的发展阶段。

在文献史学发达之后,口述历史的传统并未消失,它仍然是文献史学的重要补充形式。例如《左传》中的许多史料,即相传最早出于鲁国瞽史左丘明的口授。后世所见的各种野史、杂史、民族史、地方史、家族史等著作中,也都包含着丰富的口述史料。直到近现代大量出版的回忆录之类文献,也还是口述历史的转化形式。

三、史学三要素与早期的叙事理论

历史学对于历史叙述的因素构成有着特殊的规定性。这点在先秦学者的言论中,就已有明确的认知和表述。《孟子·离娄下》说:"王者之迹熄而诗亡,诗亡然后《春秋》作。晋之《乘》,楚之《梼杌》,鲁之《春秋》,一也。其事则齐桓、晋文,其文则史。孔子曰:'其义则丘窃取之矣。'"③这是中国学者首次完整地提出历史叙述(或说历史学术)包含事、义、文三要素的解说。

孟子的时代,用今天的眼光来看,中国史学还处在"童年"的阶段。然而当时已有成批的各方面文献流传,特别是集录传统王官文献的儒家经典,历经各学派的不断整理,也已逐渐趋向定型。其中《诗经》是定型较早的典籍之一,不但被用为官学和私学的基本教材,而且在当时的政治活动和社会生活中有着广泛的影响。春秋时期的诸侯国外交,或其他贵族礼仪场所的聚会,"赋诗言志"几乎成为一种风气,因此孔子曾说"不学《诗》,无以言"。④不过到春秋战国之交,随着大国争霸与"礼坏乐崩"局面的加剧,这一风气即迅速趋向消歇,而同时史学的重要性开始受到重视。这大概也就是孟子所说"王者之迹熄而诗亡,诗亡然后《春秋》作"的基本学术

---

① 《春秋公羊传注疏》卷首,《春秋公羊传原目·隐公第一》疏引闵因叙,《四库全书》本。
② 《隋书·李德林传》引,《四库全书》本。
③ 《孟子·离娄下》,《四库全书》本。
④ 《论语·季氏》,《四库全书》本。

背景。

　　春秋之世为人所习知的各大诸侯国的国史，如晋之《乘》、楚之《梼杌》、鲁之《春秋》之类，虽名称不同，其实都属于早期的官修编年史，性质并无不同，故孟子以"一也"概括言之。见于载籍的燕、齐、宋等国的国史，也都称为《春秋》，可见"春秋"一词在当时已成为各诸侯国史的统称。孟子所谓"其事则齐桓、晋文，其文则史"，反映的正是春秋战国之际社会转型期的史学特征。其时大国争霸的形势笼罩一切，各诸侯国史的记录也一如现存的《春秋》《左传》《国语》等书的内容所显示的那样，大抵围绕诸如齐桓公、晋文公等霸主的事迹展开，是谓"其事则齐桓、晋文"，宽泛的理解也就是各据当时的国际关系而记其国事。同时史书的记录明显地朝着专业化的方向发展，其文字风格也开始有别于其他类型的文献，是谓"其文则史"，也就是史文、史书也逐渐形成自己特有的裁制。此类早期的编年国史，现在唯存鲁国的一种不完本，仍名为《春秋》。它是否曾经过孔子的修订，至今尚不无疑问，但孟子是相信它本为孔子所改作的，并且集中贯注了古典史学惩恶扬善的精神大义。《孟子·滕文公下》说："世衰道微，邪说暴行有(又)作，臣弑其君者有之，子弑其父者有之，孔子惧，作《春秋》。《春秋》，天子之事也。……孔子成《春秋》，而乱臣贼子惧。"这是说社会动乱时期人伦大坏，道德衰落，孔子为端正等级名分、惩戒乱臣贼子而作《春秋》。是知到孔、孟的时代，史学已开始成长为独立的学术部门，故有三要素之说提出。所谓"其义则丘窃取之"，也就是托言孔子为史义的开创者，亦即奉孔子为中国史学的开山。

　　孟子所说的"事"大致相应于现在所称的历史事实，"文"则指历史记录及其纂辑成果。所说的"义"，含义则较为复杂，包括政治观、社会伦理观、历史观、史学观等，可以总称为历史思想。就文献史学的基本原理及古人的认知程度而言，史学三要素的提法可说已是一种相当成熟的理论。一般地说，任何历史记录必须先有事实，然后才能形于书面，整理成文。史事是一切历史记录和综合叙述的基础，史文则是历史过程、事实现象和历史思想的载体。历史思想的发生不一定和历史事实同步，然亦不能超越于历史事实发生之前，即使以"虚无"的神话充当"历史"内容，也不能完全摆脱现实的社会基础。历史思想要通过历史叙述来表达和实现，在文献史学相对发达之后，游离于历史作品或相关作品之外的历史思想通常是没有意义的。因此，由文献言史学，大要不外事、义、文三端，三者经纬互持,方能构成史学。中国古代的"史"字初指史官,后来用以指史官的记录和史书,而"史"字同时被用作"事"字,也可见"事"与"文"之间的紧密关系。《汉书·艺文志》说:"古之王者,世有史官,君举必书,所以慎言行、昭法式也。左史记言,右史记事,事为《春秋》,言为《尚书》,帝王靡不同之。"记言、记事乃一事之两面,都属于历史记录,而所谓"慎言行、昭法式"则即是"义",故《尚书》《春秋》皆号称垂训之书,只不过一为"言经",一为"事经"。这可以看作是史学三要素之说得以形成的常识性背景,古今中外莫不皆然。

事、义、文三者相合而不相离,但在历史学家的意识中,史义是史学的灵魂,为要中之要,一向最受重视。所以宋人程公说曾说:"孟子之言,则《春秋》传心之要也。"①清人章学诚也曾屡次谈道:"史所贵者,义也;而所具者,事也;所凭者,文也。""载笔之士,有志于《春秋》之业,固将惟义之求;其事与文,所以藉为存义之资也。""譬之人身,事者其骨,文者其肤,义者其精神者也。""史家著述之道,岂可不求义意所归乎!"②由于孟子之说原是针对《春秋》而立论的,故在后世《春秋》学史上有着格外深远的影响,历代学者的相关议论甚多。原其大旨,则皆从经学的角度,强调事与义、史与经的分别,以推崇孔子立义的权威为依归。一种普遍的看法是,鲁史《春秋》本来只是"以史之文载当时之事"的史书,而在经过孔子的改作并赋予褒贬大义之后,遂上升为经书,从此成为"百王之大法"。《文心雕龙·史传》篇说:"夫子闵王道之缺,伤斯文之坠,静居以叹凤,临衢而泣麟,于是就大师以正《雅》《颂》,因鲁史以修《春秋》,举得失以表黜陟,征存亡以标劝戒,褒见一字,贵逾轩冕,贬在片言,诛深斧钺。"此即所谓"以一字寓褒贬"的《春秋》书法,而总归于传统史学"彰善瘅恶,树之风声"的宗旨,是为中国史家讲求史义的主流。不过史书的义例本无成规,褒贬之法各从作者的思想和立场,也不必认为其法一定为孔子所创。宋人叶适已曾指出:"旧史自有义,孔子因之不能废也。"③古典史学原与经学不相分,古人以孔子为通立史义、刷新史学的巨擘,实起于经学为民族文化本源的思想意识。这点在今仍具有文化史、学术史上的象征意义。

---

① 程公说:《春秋分记·序》,《四库全书》本。
② 分见:《文史通义》内篇五《史德》、内篇四《言公》、外篇一《方志立三书议》(大梁本)、内篇四《伸郑》。
③ 叶适:《习学记言》卷十四,《孟子》,《四库全书》本。

宋人叶梦得在所作《春秋传》的序言中,将现存《春秋》一书的经学意义描述得尤为广大。其文有云:"夫以一天下之大,必有与立者矣。可施之一时,不可施之万世,天下终不可立也。然则为天下作欤,为后世作欤!故(孔子)即鲁史而为之经,求之天理,则君臣也、父子也、兄弟也、朋友也、夫妇也,无不在也;求之人事,则治也、教也、礼也、政也、刑也、事也,无不备也。以上则日星雷电、雨雹雪霜之见于天者,皆著也;以下则山崩地震、水旱无冰之见于地者,皆列也。泛求之万物,则螽、螟、蠓、蜚、麋、蜮、鹳鹆之于鸟兽,麦、苗、李、梅、雨冰杀菽之于草木者,亦无一而或遗也。而吾以一王之法,笔削于其间,穹然如天之在上,未尝容其心,而可与可夺、可是可非、可生可杀,秋毫莫之逃焉。迎之不见其始,要之不见其终,是以其书断取十有二公,以法天之大数,备四时以为年而正其行事,号之曰《春秋》,以自比于天。由是可以为帝,由是可以为王,由是霸者无所用其力,由是乱臣贼子无所窜其身。前乎此圣人者作,固有尧、舜、禹、汤、文、武、周公焉,而莫能外也;后乎此圣人者作,复有尧、舜、禹、汤、文、武、周公焉,而莫能加也。"①叶氏的基本意见是认为"《春秋》者史也,所以作《春秋》者经也",孔子之所以即鲁史而作《春秋》,不是为鲁、为周、为当时诸侯而作,而是为天下、为后世而作,意在"法天之大数"而为百王立法,以求"施之万世",故《春秋》之所记,举凡社会人伦、自然事象等无所不包。此虽论经,而实是将史义一途推向了极致,并且从天人关系的高度,深切著明地放大了史学的功能。不过他同时谈道:"可与通天下曰事,不可与通天下曰义。《左氏》传事不传义,是以详于史而事未必实,以不知经故也;《公羊》《穀梁》传义不传事,是以详于经而义未必当,以不知史故也。由乎百世之后而出乎百世之上,孰能核事之实而察义之当欤?惟知《春秋》之所以作,为天下也、为后世也,其所自比者天也,其所同者尧、舜、禹、汤、文、武、周公也。不得于事则考于义,不得于义则考于事,事义更相发明。犹天之上,有目者所可共睹,则其为与为夺、为是为非、为生为杀者,庶几或得而窥之矣。"②这是在批评治《春秋》者将史事与经义分治而使之相脱离的倾向。在叶氏看来,具体的史事是可以天下之人都有共通的理解的,而精微的经义却非人人皆能通晓,因此"事"与"义"在学者的诠释中未必都能够契合。如《左传》不注重讲解经义而详细疏证史事,然所记史事

---

① 叶梦得:《叶氏春秋传》,《四库全书》本,卷首《原序》。
② 同上。

未必真实;《公羊传》《榖梁传》放弃对史事的疏证而唯讲经义,则所讲经义亦未必恰当。他主张不能得史事之真实即考之以经义,不能得经义之奥蕴即考之以史事,二者相互发明,庶可得经典之真精神。这一种治经的路向,反映了宋代学术界提倡经史互证、事义互证的思潮之所趋,如今借用到叙事学、诠释学上,应当仍可视为一种普遍适用的原则。

联系现代史学理论通观三要素之说,其可贵之处还在于最早用简洁的话语,表达了现今已经通行的一个基本观念,即一切历史作品都是客观历史与主观意识相结合的产物。古今中外的绝大多数史家都承认,历史本体具有客观实在的性质,它原是不以人的意志为转移的;同时也承认,客观历史一旦进入历史叙述之中,它便不再是纯客观的东西,而是成为叙述者展示主体意识的材料,并与主体意识有机地构成人所理解的历史。最简单的例子,如中国古代史书对于人之"死"的记载,便有"崩""薨""卒"等不同的字眼。"崩"用于天子,"薨"用于诸侯,"卒"用于士大夫,平民或受贬斥者仍直称"死",其间贯注了鲜明的等级观念。另外还有其他避讳说法,如魏晋以后通用的"生前""身后"之语,乃借用佛教的"往生"概念,而以"生""身"代"死"。所谓《春秋》书法,即是由此类记录总结而来的,而在上升到史学理论的层面之后,便不再拘泥于少量字眼的使用,进而转化为史学大义的讲求,涉及历史叙述的社会职能与知识体系的各个方面。

通常所谓"信史"原则,实际上是就客观与主观两个方面而言的,即一方面相信客观历史能够如实记录和叙述,并要求史家治史尽量摒弃成见,使记录和叙述适得其真;另一方面,又要求治史者不可放弃正当、合理的主观信念,必须赋予史学以某种真理性的意义,以为述往知来的借鉴。在历史学者的具体实践中,客观与主观的尺度是不易把握的。常见的偏向,一是过分强调事实考据的重要性,以致否定史家主体意识的作用,如此则容易倒向削弱史学整体价值的客观主义;二是与此相反的议论,或过分拔高史家主体意识的位置,以致使人分不清史学的前提和目的,则容易倒向否认历史客观性的先验主义。这些都须从事、义、文三者的辩证关系上分析,以求根据不同的史学任务和课题确定相应而合理的叙事标准。

四、历史叙述与历史理解的关系

人类直接或间接地认识万事万物,都是通过理解来实现的。感性认识上升到理性认识,即可称之为理解,而感性认识事实上也属于理解的初级阶段。历史是一种特殊的事物,也是可以被认识和理解的,但通常要通过历史叙述来达成,未有口头叙述或文字叙述的历史实际上不成其为历史,也无法为人们所理解。理解属于思维活动,有理解方有叙述,然不能说人们头脑中的历史理解即是一种历史形态。

历史理解因人而异,千差万别,并且总是流动不居,有如谚语所说同一条河流中不存在两朵完全相同的浪花。西方学者所称的"人人都是自己的历史学家",即主要是就历史理解的差异性而言的。最简单的譬喻是,即使对于现实生活中刚刚发生过的事实,亲历者的理解也往往会人人各异;而且即使是同一亲历者的理解,今日与明天也可能会发生变化。以这种状况关照历史理解,也就不难明白为什么历史学家对于同一历史事实,往往会解释纷然,观点大异,甚至水火不容;至于理论上的分歧,则其复杂性更非一般事实的解读可比。因此从历史哲学的角度来看,这种客观存在的差异性乃是历史理解的本质特征之一,也是历史学得以持续发展的内在驱动力之一。极端言之,假如对同一事实人人都有相同的理解,又由一个个事实的相同理解而导致整个历史理解的高度趋同,那么历史学必将中断或终结。这样的情形当然是不存在的,因为不论何种学问,都不可能泯灭个体理解上的差异,有如文学上所称的"诗无达诂",历史语言的解码也各各不同。不过说到底,任何事物都是特殊性与普遍性的矛盾统一体,历史理解的差异性仍只是它自身性质的一面,另一面则是寓于此种差异性中的共同性,此即历史学家之间的共识。共识的存在也是历史学持续发展不可或缺的条件,所以历史的叙述者虽然人人有不同的历史理解,而最终都可会归于同一的历史学。

在历史学家的学术实践中,从历史思考到历史理解,再到历史解释与历史叙述,构成一个链条式的逻辑演进过程。现代叙事学着眼于学术活动的过程模式及其社会效应,注重叙事者、叙事作品与受众(听者与读者)之间的互动关系,从而使得历史学术的实践程序也获得一种结构性的新解释。其中叙事者的理解是这一程序链条上的中心环节。历史学家在开始工作之前,总要预先广泛收集资料,系统地加以整理和疏通,并通过各自的理解,使已有的以及新生成的认识归于系统化,进而构筑起自己的历史解释与历史叙述的框架。已有的认识是当下历史理解的前提和条件,学者或总称之为"成见"(prejudices),又称之为历史理解的"前结构"。这种"前结构"受到诸多个体因素与社会因素的影响和制约,但它必须是开放性的,能够接受和容纳新的理解和认识,以改造和优化旧有的认知结构,否则便不能形成不断更新的个性化历史意识。历史理解的过程实质上也就是历史意识不断更新的过程,它有起点而无终点,贯穿于历史思考、历史解释与历史叙述的全过程中。历史理解最终要落实于对历史事实和历史过程的解释,一个解释过程的结束及文本的形成,也就标志着同一个历史叙述的完成。这也决定了历史解释必须寓于叙事之中,不能采取纯思辨的形式。杜维运说:"历史解释与历史叙事有相依为命的关系,历史解释离开了历史叙事,将尽失其历史价值。"①

在常规性的历史作品中,作者的理解、解释和叙述都是围绕叙述对象而展开的,所以历史学家的工作如同与前人的对话。这种对话大要分两个层次:一是与历史活动主体的对话;二是与既往叙事者的对话。前者定位于历史主体的活动过程及其创造成果,亦即作者心目中特定社会发展阶段的历史场景和景象;后者定位于既往的历史叙述,亦即要有选择地参考前人的叙述成果,包括同时人已有的研究成果在内。相对于作者本人而言,这两个层次的对话是同时进行的,总归于对前此历史叙述文本的解读,并无工作性质上的分别。换言之,历史学家的所有工作都是在解读前人历史文本的基础上所进行的重构,而历史场景的重构和历史叙述的重构一体而不两分。这种解读和重构的关键是汲纳、消化、改造前人的历史理解,使之转化为自己的历史理解,也就是将自身历史意识的"前结构"转化为一个新的结构。由前述历史理解的差异性和共同性可知,二者之间的矛盾运动即造成不同的历史文本,并使之成为历史学传播和传承的桥梁。

历史学家的叙述文本形成之后,作者当下的历史理解即固化于其中,并借助文本的流通而传达给读者,使历史理解的循环往复进入到下一个阶段。历史文本是作者借以体现自身存在价值的结晶,它所提供给读者的不仅是具有某种固定形态的历史知识,更重要的还是具有普遍思维活力的历史理解。有效的历史文本之所以受到读者的欢迎,就是因为在读者看来,它既在建构作者本人的历史存在,也在建构为公众所认同的群体存在,读者可以从作者的历史理解中获取有益的成分,以增强对个体与群体的关系及自身存在价值的认识。读者对特定历史文本的理解,也一如作者对前人的理解,同中有异,异中有同,同是相对的,异是绝对的,当他

---

① 杜维运:《史学方法论》,三民书局,1999年,第233页。

真正消解作者的解读结果之后，便又成为另一个历史理解序列上的"自我"。不过读者的历史理解，也不是仅仅在阅读历史文本之后，才与作者的历史理解发生关系。实际上，还在历史学家准备或开始他的创作过程时，就已考虑到他自己的历史理解与读者的历史理解之间可能存在的差异。为了能够拥有更多的读者，他必须尽可能地优化自己的历史理解，淘汰其中可能不优于读者的理解水平以及可能不被读者接受的部分，以求组织起较之他人的同类作品更为有效的历史叙述，使预想中的文本价值的实现至少在创作的环节上达到最大化；同时他也深知，所有读者都是潜在的叙述者，他自己的叙述文本从问世的那一天起也就同样成为历史的东西，要希望它能够长久流传，就必须经得起时间的检验，经得起不同历史理解的冲击。如果作者有可能修订和再版自己的历史文本，则更须根据读者反馈的信息，再次解读自己以往的解读，更新自己的历史理解和历史叙述。这样来看，作者与读者之间的互动关系影响到文本创作和流通的各个环节，它或隐或显，而皆系于双方历史理解和认知程度的相对评价标准。这种评价标准无疑是作者与读者双向交流的结果，故西方叙事学者或称之为"主体间性"（对他人意图的推测与判定），它对读者而言带有受动的性质，对作者而言则明显地具有创作上的约束机制。

　　历史理解决定历史叙述的主题内容与核心理念，这是不言而喻的。而内容决定形式，形式服从内容，因此历史叙述的技术处理和外观形式也取决于历史理解的各个方面。历史叙述可以是综合各科的，也可以是分科或分题的；叙述方法可以是通常所理解的叙事式的，也可以是结构式、分析式或其他形式的，但分析式多用于专题的历史研究，综合性的历史叙述很少采用。不论哪种形式的历史叙述，从选题和选材，到叙述类型、结构模式、语言运用等等，没有哪个环节能够脱离历史理解。人类社会的运动过程本来就是复杂多变的，人们对社会历史的理解和解释自然也复杂多变，因此表述形式亦种种不一。然多变中有不变，从内容到形式都是如此，分类学的原理则尤其要求能够建立较易于为人们所掌握的形式系统。这样的形式系统，体现在历史编纂学上，主要是指史书的组织体系，亦即通常所称的体裁和体例。下面即另辟一节，专就中国特色的历史编纂之学，择要作些介绍。

第二节　中国历史编纂的基本结构

一、中国古代历史编纂的体制

任何历史叙述与编纂都有自己的体式和裁制,中国古代史学尤其注重于此。自先秦以来,中国史书的体裁和体例即呈现出多样化发展的趋势,且逐时更革转移,创造改进,既有相对固定的主流模式,又有不拘一格的辅助样式,而皆求精益求精,切于实用。就古人的认知途径、知识体系和技术手段、实用方法而言,这方面的工作比之西方史学要整饬完善得多。其主干部分皆多巨制宏构,枝分派别的部分亦斑斓多姿,非常直观地显示出中国史家的思维方式与中国历史的结构特征。

1. 以年代为中心的叙述——编年体

中国古代史体,以基于时间序列的编年体出现最早,在商周甲骨文、金文中已有萌芽。西周中后期普遍兴起的各诸侯国史,便都是按年、时、月、日的顺序记事的,现在仅存的《春秋》一书即为原鲁国编年史的春秋部分。《左传》以史实疏证《春秋》,大大丰富和完善了编年史的组织体系;成书与《左传》略相先后的《竹书纪年》,则已具备编年体通史的雏形。汉代以降,编年体与纪传体并驾,唐以前并称"正史",成为中国历史编纂最为重要的两大体裁。后世编纂不绝,名著踵出,其中尤以北宋司马光主编的《资治通鉴》为空前绝后的编年体通史巨著。

这一体裁的最大特点,首先在时间明确,契合历史发展的纵向过程,可以完整展示同一历史事件的历时演进脉络和因果关系,材料无重复,便于检索和研究;其次是也可充分展示同一单位时间内诸多历史事件之间的共时性联系,便于作空间上的横向研究。但历史是个复杂的体系,编年体以记大事为主,于人物事迹、制度细节、社会生活场景等往往不能详述;同时在史实叙述的连贯性及无年月可考之重要材料的编排方面,也存在缺陷。如唐人皇甫湜所说:"编年之史,束于次第,牵于浑并,必举其大纲而简于叙事,是以多阙载、多逸文。"①

---

① 皇甫湜:《编年纪传论》,见《文苑英华》卷七四二,明刻本。

2. 以人物为中心的叙述——纪传体

在传统的史书体裁中,纪传体是综合性最强的一种。这一类型的史书虽称以人物为中心,并且体裁亦仅以"纪"和"传"标称,实际所记无所不包,几乎涵盖历史知识的所有层系,并不止于通常意识下人物活动的事迹。中国早期的文献记录原是不拘一格的,战国晚期成编的《世本》一书,已带有原始纪传体裁的色彩。至汉初司马迁著《史记》,以宏大的魄力和雄伟的创造力汇纳群流,熔铸十二本纪、十表、八书、三十世家、七十列传五部分内容为一体,造就我国第一部大型的全景式通史,遂使纪传体成为典范的史书编撰形式。其十二本纪为历代最高层次政治史的纲要,十表为古代王侯世系表、大事年表及人物年表,八书为制度史、文化史的专篇,三十世家、七十列传为不同层次国别史、地方史及系列人物事迹的展开叙述,经纬互持,开阖自如。后人称道此法"出太古之轨,凿无穷之门","实为三代以后之良法","史家之极则"。东汉班固的《汉书》承用此法,而将"书"改称"志","世家"并入"列传",又使这一范式固化为纪、志、表、传四个部分。从此纪传体成为独尊的正史体裁,历代续修不绝,且其纂修日趋制度化,因而有"二十四史""二十五史"之称。此种正史系统构成中国历史编纂的主干,整合起来即为超巨型的中国通史,至今仍是全世界无与伦比的史学遗产。

这一体裁的最大特点是容量巨大,可以"包举大端""委曲细事""显隐必该,洪纤靡失",凡天地间著作之林所涉及的历史知识几乎无不可网罗纳入,因而可借以描述广阔的社会风貌,又从而为历史学家的创造活动提供同样广阔的用武之地。然因其架构庞大,记事包罗万象,"类例易求而大势难贯",重复史料不得不采取互见之法,未免影响阅读,也容易出现体例及内容上的舛互;同时用之既久,格式固化,或致填充式编纂,反有碍于创新。不过纪传体的实用价值极强,近世历史编纂仍多变通采用。

3. 以事件为中心的叙述——纪事本末体

围绕历史事件展开的叙述,自先秦以来的历史著作中就已多见;但一般认为,纪事本末体的正式创立,始于南宋袁枢的《通鉴纪事本末》。袁氏喜诵《资治通鉴》而苦其浩博,乃为区别其事而贯通之,各以事件立目,仍依时间先后,集录《通鉴》原文而成篇,然后汇纂成书。清初《四库提要》曾称其书"每事各详起讫,自为标题;每篇各编年月,自为首尾","经纬明晰,节目详具,前后始末,一览了然,遂于史家二体之外,别为一体,实前古之所未有"。①章学诚则谓之"因事命篇,不为常格","文省于纪传,事豁于编年"②,即自由命题,突破成规,别出心裁,既部分地吸收了编年、纪传二体的长处,又相对克服了二体的短出。近世梁启超更强调:"欲求史迹之原因结果以为鉴往知来之用,非以事为主不可,故纪事本末体于吾侪之理想的新史最为相近,抑亦旧史界进化之极轨也。"③换言之,这一体裁适用而灵活,拓宽了传统的治史途径,可说最接近现代历史叙述的方式方法。元、明以降,以纪事本末为名的史著日益增多,而不用其名、实用其体的著作更不胜枚举,遂逐渐发展为史书部类的一大系统。然其体只可与编年、纪传二体互补,而不能彼此代替。

4. 以制度为中心的叙述——典志体

中国旧史中以分类记载历代典章制度为主的一类典籍,过去或径称其体裁为典章制度体或政书体,后来也称典志体。这类典籍中的通史类型,最早以唐中叶杜佑所撰《通典》为开创性的代表作品,而其主要门类的划分实本于纪传体正史的书志,因此"典志"之名即由二者合称而来。后世以《通典》与两宋之际郑樵所撰《通志》(主要是其"二十略"部分)及宋末元初马端临所撰《文献通考》合称"三通",明清时期三书又各有数种续书,因而有"九通""十通"之名,遂亦为史书的一大部类。这一体裁的叙事会通古今,各立专题,特重典章制度的兴废转移、沿革源流,同时包含广泛的其他文化史内容,最切于政治上的实用及风俗史料的检视。在某种程度上也可以说,此体实质上是由纪传体分化出来的一大支系,而专题叙述又采取了编年体与纪事本末体的优长,并尽其翔实以补三体之短。这在古代历史编纂学上亦别开生面,创辟新途。

自唐以来,断代的典志体史籍多称会要。宋初王溥据唐人有关资料总纂为《唐会要》,又别撰《五代会要》。宋代历朝所修的《国朝会要》规模宏大,成书多至数千卷,资料巨细无遗,为官修当代正史志书部分的主要史料来源,现存《宋会要辑稿》即其摘要选编。自会要体通行之后,南宋学

---

① 永瑢等:《四库全书总目》,中华书局,1965年,第437页。
② 章学诚:《文史通义·书教下》,民国嘉业堂章氏遗书本。
③ 梁启超:《中国历史研究法》,《饮冰室史学四种》,江苏广陵古籍刻印社影印本,1990年,第20页。

者徐天麟即曾补撰《西汉会要》和《东汉会要》,而清人效此为书者尤多,自《春秋会要》以至《明会要》,差不多历代都已补齐,从而使会要之书也形成了一个贯穿古今的独立体系。元代近千卷的《经世大典》亦仿唐、宋会要修成,而以官职为纲的《明会典》《清会典》亦与会要之书相辅。

5. 纲目体、学案体及其他

近世以前的史书体裁,除上述四种外,经常被提到的还有纲目体和学案体。纲目体的产生,一般以南宋理学大师朱熹与其门人所编的《资治通鉴纲目》为标志。其书大体是在《通鉴》的编年框架内,先仿《春秋》经文,分条列出《通鉴》所记载的重要事实(大都为一两句话),以大字顶格书写,称为"纲";然后仿《左传》的叙事,节取《通鉴》之文,以小字注文的形式低一格书于各条之下,称为"目"。这样的编排眉目清楚,每事相对完整,举要的性质更为鲜明,方便阅读和检寻。明清时期,由于朱熹在思想界的崇高地位,此书受到高度的重视,有多种官修的续编问世,亦贯穿古今;而私家著史,或亦仿其体式。然朱熹所编,大要在明正统、斥篡贼、立纲常、扶名教、除史弊、法《春秋》,为扩张其理学而治史,以致过分讲求《春秋》书法,反使本书的史学价值为经学价值所掩盖。清代以康熙时的《御批资治通鉴纲目》悬为科举令典,实际上起着政治教科书的作用,已非单纯的史学著作。

学案体的创立,一般以明末清初黄宗羲的《明儒学案》为第一部代表作品。所谓"学案",大体是指以师承关系为线索,分门别派地叙述学术思想史的一种体裁。《明儒学案》综述明代学术流派,以学者小传与传主言论相结合,沟通史体与语体,类似于传记体裁的扩充;而全书系统展示各家学术脉络,结构明晰,取材精审,为学术史、思想史的会通与综合提供了一种相对固定而适用的叙述模式,在体裁上亦卓立一家。此后黄宗羲、全祖望师徒有《宋元学案》,民国时期有《清儒学案》,今人又有《民国学案》《朱子新学案》等,皆为大部头的著述,虽编纂结构与叙述方法随时代变化,而"学案"之名在今仍有推广的趋势。

历史叙述与编纂的分类及体裁难以缕述。章学诚曾谈道:"有天下之史,有一国之史,有一家之史,有一人之史。传状志述,一人之史也;家乘谱牒,一家之史也;部府州县,一国之史也;综记一朝,天下之史也。"①以此言之,除记录国史、朝代史、专题史的综合体裁外,记录地方史的方志、记录家族史的谱牒、记录个体史的传记行状等,都可形成独立的体系而各有自己的体裁。体裁的多样化是历史撰述本有的属性之一,而总的趋势是随着社会的发展和时代的演进不断创新。

杜维运曾说:"中国史学自十九世纪迄于当代,落于西方史学之后,十八世纪以前,则驾西方史学而上之。凡记注制度的完善,史料徵存的丰富,优良史籍的前后相望,相关学术的簇拥史裁,西方皆望尘莫及。即以史学方法一项而论,其新颖多变,不如西方,而切实可行,则逾西方。"②中国传统史书体裁的优势,较之西方史学也是显而易见的。

二、中国近现代历史编纂体制的转型

中国史学进入20世纪,整体风貌已与传统史学大异。概括地谈论近现代历史叙述与历史编纂体制的转型,自然首先要联系到史学研究领域的变动。梁启超曾就"史之改造"指出:"史学范围,当重新规定,以收缩为扩充也。学术愈发达则分科愈精密,前此本为某学附庸,而今则蔚然成一独立学科,比比然矣。中国古代,史外无学,举凡人类智识之记录,无不丛纳之于史。厥后经二千年分化之结果,各科次第析出,例如天文、历法、官制、典礼、乐律、刑法等,畴昔认为史中重要部分,其后则渐渐与史分离矣。"③现代历史叙述与编纂的总的趋势是分化,亦即在不废综合性的通史、断代史的前提下,朝着单独撰述门类众多的专门史(包括专科史和专题史)的方向开拓发展。这种变化,诚如顾颉刚《当代中国史学·引论》所说,以五四运动到抗战前的二十年中表现最剧,其时"由笼统的研究进展到分门的精密研究,新面目层出不穷,或由专门而发展到通俗,或由普通而发展到专门;其门类之多,人才之众,都超出于其他各种学术之上"。如果把社会人文科学与自然科学的各种专门史都包括在史学的范围之内,那么"史外无学"的状况,或说是史学的宽广博大居各学科之首的情形,在现代也还相对保持着,只是常规意义上的史学之界定要以"收缩为扩充"了。

---

① 章学诚:《文史通义》(大梁本)外篇一,《州县请立志科议》。
② 杜维运:《史学方法论》,《增写版自序》。
③ 梁启超:《中国历史研究法》,前引《饮冰室史学四种》本,第29—30页。

1. 叙述结构的变动与早期的新式通史

传统的史书体裁,特别是以"二十四史""九通"及"通鉴"系列为代表的"大叙述"体制,这时已不宜再照搬,然亦不能遽废。实际情况是,纪传、典志、编年诸体皆改头换面,被纳入"新史学"的结构体系中;纪事本末体则基本上照旧推广,变化不大。反过来说,也就是"新史学"仍广泛吸收传统史学的体式成分,只不过理念变了,在大架构上日趋更新,在类例上亦多方损益变通。叙述结构的变动根源于社会结构的变动,即如《清史稿》的纂修,虽仍用旧体裁,而其《交通志》《邦交志》之目也已染上现代色。这点说到底也还是旧史学的类目不断随时代更化的延伸。

20世纪初"新史学"结构的更新,集中体现在新编通史的设计与撰述中。梁启超的"原拟中国通史目录"撰写于1901—1902年间,凡分3部、40篇,其篇目如下:

> 政治之部:朝代、民族、地理、阶级、政制组织(上、下二篇)、政权运用、法律、财政、军政、藩属、国际、清议及政党;
>
> 文化之部:语言文字、宗教、学术思想(上、中、下三篇)、文学(上、中、下三篇,文、诗、词、典本、小说)、美术(上、中、下三篇,绘画、书法、雕刻、铸冶、陶瓷、建筑)、音乐剧曲、图籍、教育;
>
> 社会及生计之部:家族、阶级、乡村都会、礼俗、城郭官室、田制、农事、物产、虞衡、工业、商业、货币、通运。[①]

同时章太炎也提出了一个拟撰为61篇、共100卷的"中国通史目录":

> 表五:帝王、方舆、职官、师相、文儒;
>
> 典十二:种族、民宅、浚筑、工艺、食货、文言、宗教、学术、礼俗、章服、法令、武备;
>
> 记十:周服、秦帝、南胄、唐藩、党锢、革命、陆交、海交、胡寇、光复;
>
> 考纪九:秦始皇、汉武帝、王莽、宋武帝、唐太宗、元太祖、明太祖、清三帝、洪秀全;
>
> 别录二十五:凡合传十七(自"管商萧葛别录"至"康有为别录")、

---

① 梁启超:《国史研究六篇》附录,中华书局,1936年。

类传七(自"游侠别录"至"畴人别录"),另有"叙录"一篇。①

此外,陈黻宸撰《独史》一文,也提出了类似的通史编纂设想:

  表八:帝王年月、列代政体、历代疆域、邻国疆域、平民习业、平民户口、平民风俗、官职沿革;

  录十:氏族、礼、乐、律、历、学校、食货、山川、文字语言、昆虫草木;

  列传十二:仁君、暴君、名臣、酷吏、儒林、任侠、高士、烈女、一家、义民、盗贼、胥吏。②

史学既要创新,自须打破传统的结构方式,但看上面列出的几份纲目,旧史体裁的生命力并未终结。梁氏的计划实主于以典志体与纪事本末体相融合,章氏、陈氏则主于以纪传体与纪事本末体相融合,并且具体的名目亦多从旧。当时邓实(民史氏)所倾心的"民史"编写方案,欲包括种族史、语言文字史、风俗史、宗教史、学术史、教育史、地理史、户口史、实业史、人物史、民政史、交通史③,则几乎是通盘的典志体,只不过稍涉人物。梁启超后来又透露他所规划的《中国通史》拟分为载记、年表、志略、列传四个部分,则他的实际运作仍倾向于改造纪传体。

当"新史学"思潮兴起之时,西学的输入方如火如荼,而又正值清廷改革学制,规定以西方教育制度为蓝本,废科举,设学堂,于是学术与时需相激荡,编写新型的中国通史教材遂蔚成风气。这类新编通史教材在编纂上的共同特点,可以约举出这样几项:

其一,作者的历史观和指导思想都基于当时流行的历史进化理念和事物发展的因果律,相信直线式的历史进步,同时承认这种进步会有反复;学术立场则坚守华夏文化本位,于译述和著作活动中贯注强烈的民族情感与爱国热情,强调博古通今,以史为鉴,欲以改造积滞的"国民性",唤

---

① 章太炎:《訄书·哀清史第五十九》附《中国通史略例》附录。按:此据1904年重印的《訄书》通行本。白寿彝主编的《中国通史·导论》,据章氏《訄书》手校本,断定《略例》作于1900年,则章氏"中国通史目录"的初拟可能比梁启超的"目录"还要早些。《略例》曾以《章太炎来简》为题,正式发表于1902年8月4日出版的《新民丛报》第13号"饮冰室师友论学笺"栏,当时所附的"目录"作五表、十二志、十记、八考、二十七别录,与《訄书》重印本所载稍有不同。

② 陈黻宸:《独史》,《新世界学报》第2期,1902年9月16日。

③ 邓实:《民史分叙》,《政艺通报》第18、19号,1904年11月7日、21日。

起民族自觉，激发民族自豪感与自信心，树立民族精神。

其二，贯通全史，划分历史阶段，分期叙述。刘师培《中国历史教科书》的《凡例》说："西国史书多区分时代，而所作文明史复多分析事类。盖区分时代近于中史编年体；而分析事类则近于中国'三通'体也。今所编各课，咸以时代区先后，即偶涉制度文物于分类之中，亦隐寓分时之意，庶观者易于了然。"这样做的目的在于通古今之变，尤其是注重"历代政体之异同""种族分合之始末""制度改革之大纲""社会进化之阶级""学术进退之大势"。当时通行的分期法，还是梁启超在《中国史叙论》中已述及的上世、中世、近世三段论，或称上古、中古、近古，唯三段的分界各有不同。分期最细的是夏曾佑，所著《中国古代史》原计划分为三段七期：上古之世包括传疑（传说时代至西周末）、化成（春秋战国）二期；中古之世包括极盛（秦汉）、中衰（魏晋南北朝）二期；近古之世又包括复盛（隋唐）、退化（五代宋元明）、更化（清）三期。陈庆年的《中国历史教科书》以秦以前为上古期，秦统一至唐亡为中古期，五代至明为近古期，清建国后的三百年为"西力东渐"的近世期，反映出一种较为普遍的分期法倾向。

其三，叙述内容明显受到近世西方文化史学的影响，不同程度地突破了传统史学以王朝政治为中心及所谓"帝王将相史"的格局，从而广及于人类生活与社会文化的各个层面，特别是关注记述社会下层的"民史"。史料的采择不限于中国史籍，同时兼采新出的文物史料、西方及日本学者研究和叙述中国史的成果，并广参各类西学书籍。叙述不求面面俱到，一般是择取重要事实，各立专题事目，有考证，有诠释，力求"其文不繁，其事不散，其义不隘"[①]，"文简于古人，而理富于往籍"。[②]由于是分期叙述，整个架构仍有类于编年；至于史学要义、地理、人种、历史源流、大事提要、典籍叙录等概括的叙说，亦类似于以往正史的"纪"。具体的事类还是有归拢的子系统的，但不是每个时代都切块叙述。梁启超的"中国通史目录"虽立目数十，实际约略会集为政治、文化、经济三大部分，后来他在《中国历史研究法补编》中专谈"文物史"（犹言"文化史"），又明确地分为"政治、经济、文化三部"。这一格局对较晚出的通史影响甚深，然早期的新编通史教材仍多为纪事本末式的叙述，有时还兼取纲鉴的体式。1914年陈鼎忠、曾运乾撰写的《通史叙例》，仍称"综二家，通三体，纵有通（史）、古（史）

---

① 陈庆年：《中国历史教科书·序》，商务印书馆，1911年。
② 夏曾佑：《中国古代史·序》，商务印书馆，1935年。

二家,横有编年、纪传、记事三体"①,可见新型通史对旧史体裁的借鉴势所必然。史书的裁制形式范围有限,后人对前人的合理创造亦无由轻弃。

其四,诸书都采用由西方引进而时兴的章节体,对传统体裁的继承、借鉴和改造都纳入章节体的组织体系中。章节体结构灵活,眉目清晰,各部分叙事相对集中完整,以著述言可以充分发挥作者的自由,以教学言可以随宜讲读,拨典籍浩瀚之繁冗,归于历史理解之简括明了。不过此亦须作者思路明通,处置有方,善于把握宏观与微观、丰富与简要、事与人、点与面的关系,力避有骨架而无血肉。

其五,近世早期的通史教材为求通俗易懂,大致用浅近的文言文写成,或接近于白话,而不完全是白话。梁启超等人一度引领风尚的"新文体"(又称"时务文体""报章体"),"平易畅达,时杂以俚语、韵语及外国语法,纵笔所至不检束",而"条理明晰,笔锋常带感情"②,对"新史学"也有深刻的影响。"五四"新文化运动时期,曾有"文言"与"白话"之争。然如学者所说,"主张'文言'的人使用文言,而使用'白话'的人则既能用文言,也能用白话,对一般人而言其胜负可知"。③书面语言的转变不只是习惯问题,也影响到历史叙述的结构,中国古代所讲求的"名学",现代学术理论上的结构主义语言学,都是关系到历史叙述表里的学问。研究中国现代历史叙述的转型,还须更多注意到叙述语言由文言向白话过渡的形态,早期的新式通史教材及20年代兴起的白话通史,都可作为这方面的剖析对象。

清末以至民国初年,社会方死方生,史学亦旧亦新,学风有从有变,文体半文半白,这样的形势造就了新编通史教材的独特学术景观,亦别开一新生面。钱穆在评论夏曾佑的《中国古代史》时曾说:"今日所缺,则并非以往积存历史之材料,而为今日所需历史之知识。良以时代变则吾人所需历史之知识亦变。古来历史亦时时在变动改写之中。今日所急需者,厥为一种简要而有系统之通史,与国人以一种对于以往大体明晰之认识,为进而治本国政治、社会、文化、学术种种学问树其基础,尤当为解决当前种种问题提供以活泼新鲜之刺激。兹事体大,胜任愉快,骤难其选。"④ 撰写简明适用的通史,人人皆知不易,而近世早期的这类创作又还带有尝试

---

① 引见金毓黻:《中国史学史》,商务印书馆,1999年,第406页。
② 梁启超:《清代学术概论》,中华书局,1954年,第62页。
③ 王晴佳、古伟瀛:《后现代与历史学——中西比较》,山东大学出版社,2003年,第171页。
④ 钱穆:《评夏曾佑〈中国古代史〉》,《大公报》1934年3月31日。

的性质,所以也还存在一些问题。譬如在今天看来,过分直观的进化论,强烈的民族情绪,传统儒学的束缚,批判旧史的偏颇,模仿西洋的过犹不及,以及甩不掉的考据传统等等,这些都有碍于现代通史"史法"的"折衷至当"。不过理想的通史只存在于观念之中,有缺点的作品仍不妨流传为名著。当时的这类著作虽率为中学乃至小学教材,然多出于学问家的精心结撰,其特出者学术含量甚高,在今已未可仅以普通读物视之。

2. 多种类型与风格的通史著作

民国成立以后,特别是新文化运动以后,历史学术逐渐步入现代化的轨道,中国通史的编著也大大突破教材的限制,学术性的写作日益增多。但当顾颉刚撰写《当代中国史学》时,已批评"所有的通史,多属千篇一律,彼此抄袭",而作者"最易犯的毛病,是条列事实,缺乏见解",以致"其书无异为变相的《纲鉴辑览》或《纲鉴易知录》之类,极为枯燥"。又说:"其中较近理想的,有吕思勉《白话本国史》《中国通史》、邓之诚《中华二千年史》、陈恭禄《中国史》、缪凤林《中国通史纲要》、张荫麟《中国史纲》、钱穆《国史大纲》等。其中除吕思勉、周谷城、钱穆三四先生的书外,其余均属未完之作。钱先生的书最后出而创见最多。"①当时另有属于马克思主义史学的吕振羽《简明中国通史》上册(1941年)、范文澜《中国通史简编》上、中册(1941—1942年),翦伯赞《中国史纲要》第一、二卷(1944—1946年)等,顾先生没有提到。

吕思勉的《白话本国史》初版于1923年(原称《自修适用白话本国史》),顾先生特别称道他"以丰富的史识与流畅的笔调来写通史,方为通史写作开一个新的纪元"。②其书将中国历史分为上古(秦以前)、中古(秦汉至盛唐)、近古(唐朝安史之乱至南宋)、近世(元朝至清中叶)、最近世(西力东渐至清朝灭亡)、现代(辛亥革命以后)六个期段,从远古时代一直叙至民国十一年(1922年),可称是"新史学"兴起以来第一部完整的全史,又是首次用白话撰写此种全史的尝试。就此书的进化史观与文化史学的结构而言,它仍与前此的"新史学"相贯通,然作者贯彻忠实的史料原则,紧要处皆摘录原文,虽有删节而不改易,又特以史料的考订梳理见长。他的《中国通史》二册(1940—1944年),上册为分类的文化史,下册为政治简

---

① 顾颉刚:《当代中国史学》,上海古籍出版社,2002年,第85页。
② 同上。

史，叙述中兼有议论，也显示出作者独到的考述风格。顾颉刚称此书"纯从社会科学的立场，批评中国的文化和制度，极多石破天惊之新理论"，也就是说书中包含了作者许多不同凡响的新思想。吕氏还撰有《先秦史》《秦汉史》《两晋南北朝史》《隋唐五代史》四种断代史，故今人或称之为"通贯的断代史家"。①

钱穆的《国史大纲》初版于1940年，其实比张荫麟的《中国史纲》还要早些。当时正值抗日战争最艰苦的阶段，而钱书的中华民族文化意识又远较同时诸通史更为浓烈，显示出作者独特的史家气质，故曾一度风行大后方。作者在《前言》中说："所谓对其本国已往历史有一种温情与敬意者，至少不会对其本国历史抱一种偏激的虚无主义，亦至少不会感到现在我们是站在已往历史最高之顶点，而将我们当身种种罪恶与弱点，一切诿卸于古人。"其《引论》又称"中国为世界上历史最完备之国家"，其特点一者"悠久"，二者"无间断"，三者"详密"，"则我华夏文化，与并世固当首屈一指"；又论中国近世史学可分传统派（"记诵派"）、革新派（"宣传派"）、科学派（"考订派"）三派，而"治国史之第一任务，在能于国家民族之内部自身，求得其独特精神之所在"，以为国家民族永久生命的源泉及革新现实的参考；又说治国史者"仍当于客观中求实证，通览全史而觅取其动态"。②其书凡分上古三代、春秋战国、秦汉、魏晋南北朝、隋唐五代、两宋、元明、清代八部，部为一编，而末章叙及抗战胜利。其弟子严耕望后来曾以此书与吕思勉的《中国通史》相比较，认为"钱书才气磅礴，笔力劲悍，有其一贯体系，一贯精神，可谓是一部近乎'圆而神'之作"，然不免有所"疏阔"；吕书则"周赡绵密，可谓是一部近乎'方以智'之作"，可以"作为钱书之辅"。③故学者或又说钱书"是以气盛情深而获取成功的一部通史"，读其《引论》，犹如见"当代贾谊，痛苦复长太息者再而三，特忧'中国文化命脉'的衰息断绝，'历史生原'的遽然中斫"；然此种"自恋式的本位文化情结"，又不免多所回护，而少了一些历史批判，"对近世的落后、变革的艰难，也缺乏深沉有说服力的内省"。④

---

① 严耕望：《通贯的断代史家——吕思勉》，台北《大陆杂志》1984年第1期。
② 钱穆：《国史大纲》，商务印书馆，1994年，引文分别见于前言，引论第1、11、12页。
③ 严耕望：《治史三书》，辽宁教育出版社，1998年，第198—199页。
④ 王家范：《中国历史通论》，华东师范大学出版社，2000年，第398—399页；又见作者为张荫麟《中国史纲》所写的《导读》，第17—18页。

张荫麟的《中国史纲》，顾颉刚不惜以百余字别加点评，指出张氏"亦欲以极简洁的笔调，集合数人的力量，写一部通俗的通史，不加脚注，不引原文，使有井水处，人人皆熟于史事"。①张氏在《初版自序》中对本书的体例交代如下："(1)融会前人研究成果和作者玩索所得，以说故事的方式出之，不录入考证，不引用或采用前人叙述的成文，即原始文件的载录亦力求节省；(2)选择少量的节目为主题，给每一所选的节目以相当透彻的叙述，这些节目以外的大事，只概略地涉及以为背景；(3)社会的变迁，思想的贡献，和若干重大人物的性格，兼顾并详。"作者另有较长篇幅的《自序》，对写作动机、"笔削"标准(即选择"重要"史事的标准)和用来统贯"动的历史的繁杂"史实的范畴(即体现动态历史的系统结构的观念)等作了仔细的说明。关于"笔削"的标准，作者提出了五项，包括"新异性的标准""实效的标准""文化价值的标准""训诲功用的标准"及"现状渊源的标准"，并认为除"训诲功用"的一项外，皆当自觉地、严格地合并用作撰述通史的标准。关于统贯史实的范畴，作者提出了"因果的范畴"与"发展的范畴"两项，后者又包括"定向的发展""演化的发展""矛盾的反展"三项，故总言而有"四个范畴"，认为通史的撰述"应当兼用无遗"。其书最终只成他自己撰写的十一章，从商代写到刘秀建立东汉政权，于1941年作为《中国史纲》的第一辑在贵州遵义石印面世，故后来学者或又称之为《东汉前中国史纲》。他所以从商代写起，在第一章"中国史黎明期的大势"前言中也有交代："这部中国史的着眼点在社会组织的变迁，思想和文物的创辟，以及伟大人物的性格和活动。这些项目要到有文字记录传后的时代才可得确考。"②作者"说故事"的文笔是历来受到称道的，这种文笔现在仍为青年历史学者所青睐，其总体特点是将高深的哲理浅显化，繁杂的史事简单化，古奥的文字通俗化，力求用清新、简练、流畅、准确并时而带点骈体文学色彩的书面白话表达出来，作者的学识和心裁即寓于其中；遣事调度自如，举重若轻，虽句句有来历而不露斧凿的痕迹，用语常出人意表而皆归于稳当平实。如本书第五章题为"战国时代的政治与社会"，作者在第一节的开头概述说："春秋时代的历史大体上好比安流的平川，上面的舟楫默运潜移，远看仿佛静止；战国时代的历史好比奔流的湍濑，顺流的舟楫，扬帆飞驶，顷刻之间，已过了峰岭千重。论世变的剧繁，战国的十年每可

---

① 顾颉刚：《当代中国史学》，第85页。
② 张荫麟：《中国史纲》，上海古籍出版社，1999年，第1页。

以抵得过春秋的一世纪……"下面又接问道:"这变局怎样造成的?"这所谓"引人入胜"的手法,运用到"通俗的通史",立意在"通"而"活",以期融合史观与史实于无间,有效而系统地普及历史知识,若没有相当的哲学、史学、文学素养,也不易做到浑然圆通。

20世纪三四十年代,当中国通史的撰述逐步走向成熟之时,通史家的历史观已不再局限于直线式的进化论,而更多注重社会历史复杂多变的联系结构,并尝试探讨其运动规律。周谷城于1939年出版的《中国通史》,其导言部分即以"历史完形论"为题,强调社会历史是个有机的统一整体,有着必然的发展规律。因此在通史编纂的体例上,他不赞成化客观为主观的鉴戒形式及分类叙述的方法,而主张略依纪事本末体,"因事命篇,一依历史事情发展之次序为常格"。[1]这一原则也被他用于《世界通史》的撰写中。

中国式马克思主义的通史系列,一般以上面已提及的吕振羽、范文澜、翦伯赞等人的撰述为创始之作。新中国成立后,范氏之书扩充为由他主编的多卷本《中国通史》;翦氏之书仍以《中国史纲要》为名,亦扩充为由他主编的多卷本。此二书与郭沫若主编的多卷本《中国史稿》一起,并为曾长期主导新中国通史界的三大名著,而尤以范、郭之书影响为大。这一路向的历史认识,从一开始就以探讨和展示历史发展的一般规律为依归,而以五种社会形态的历史演进为总体框架,重视生产力与生产关系、经济基础与上层建筑的矛盾运动,主张用阶级分析的观点分析事件和人物,强调阶级斗争是历史发展的动力、人民群众是创造历史的主体。由此而彻底打破了传统史学的观念系统与结构体制,从根本上改变了中国史学的语言,建立了一整套评估和重现中国历史的全新标准。迄今为止,有关社会形态诸论说仍属于最高的历史哲学层次,但体现在中国通史的编著工作中,僵化的叙述结构充满了意识形态,也导致史料定性与归类上的偏颇。一个基本的问题是,中国社会历史形态的实际演变过程是否完全适合于五种社会形态依次递进的学说,特别是所谓奴隶社会与封建社会的定义及分期问题向来众说纷纭。中国传统史学的共识之一,是将夏商周三代及秦汉至明清的帝国大一统时代视为年代学上的两大历史区间,三代以前则统称为太古(远古)时代。近世古史学者及考古学者普遍以部族及部族国家的概念解释中国古史,认为由原始部族渐进至部族国家,又由

---

[1] 周谷城:《中国通史》,开明书店,1948年,第22—23页。

部族国家联合体演变为三代"王朝"式的政治结构,进而到秦汉统一为大帝国,即是中国古代社会组织体系的基本发展道路。先前部族国家的居民组织,大抵为都(国都)—邑(城镇)—聚(村落)的三级体制,帝国时代的郡县仍基本保留这一体制。循此考察中国古代的社会形态,就难以与五种社会形态学说相套合,而须根据中华民族历史发展的实际情况和特点,采取更为合理的叙述框架。

3. 通史著作的"新综合体"与断代史、专题史的叙述

近几十年间,中国通史的编著又呈现出立足于当下史学成就而变通采取传统体裁的趋势,类似于回归20世纪初年章太炎、梁启超等人所提倡的新式通史的走向。学者或称由此而组织起来的综合体制为"新综合体"。如张舜徽在73岁高龄以后独自撰成百余万字的《中华人民通史》(湖北人民出版社,1989年),凡分地理、社会、创造、制度、学艺、人物六编,每编又包括若干基本的门类,纵横交错,上下贯通,欲以系统概述中华民族的历史,体例明晰而自成一家。所叙偏重于广义的文化史,而加入社会史、政治史的内容与杰出历史人物的事迹和成就梗概,整体架构尚多与20世纪初邓实所提出的"民史"编写方案相通,然改以唯物史观为指导,史料运用和叙述风貌已与早期的"新史学"大异。

更有代表性的"新综合体"巨著,要推以白寿彝为总主编、由众多专家分编的多卷本《中国通史》(上海人民出版社,1989—1999年)。其书通叙自远古以至中华人民共和国成立之前的中国历史,共有十二卷、二十二分册,总字数多达1400万,规模空前,被称为20世纪最为浩大的通史工程。其《导论》部分一卷一册,凡九章,着重根据唯物史观的基本原理与中国历史的实际情况,从理论与史实的结合上,阐释了以下基本问题:(1)统一的多民族的历史;(2)历史发展的地理条件;(3)人的因素、科学技术和社会生产力;(4)生产关系和阶级关系;(5)国家和法;(6)社会意识形态;(7)历史理论和历史文献;(8)史书体裁和历史文学;(9)中国与世界。这些都反映出新时期历史认识与话语系统的继承和更新。正文各卷的编纂仍按时代先后为序,分为四个大时段、十个叙述单元:远古时代为一个单元,总叙夏以前,一卷一册;上古时代亦为一个单元,合叙商、周,一卷二册;中古时代则分为秦汉、三国两晋南北朝、隋唐、五代辽宋夏金、元、明、清七个单元,皆各为一卷二册;近代又分两个单元,以前编、后编各为一卷二册。各

卷体例，除第二卷依据现代考古成果作特殊的处理外，其余皆分为甲编"序说"、乙编"综述"、丙编"典志"、丁编"传记"四个部分，各按章节立目分述。"序说"部分重点介绍各时期的基本史料与研究概况，为以往通史所未有；"综述"部分概述历代政治、经济、军事、民族关系、学术文化等内容，为全书的主干；"典志"部分以制度史为主，而首叙农业、手工业成就及其技术；"传记"部分总括各方面代表人物，包括帝王在内，同时详述各时期的数学、天文学、地理学、生物学、物理学、化学、医学等学科知识和成就。不难看出，这样的综合体裁在大框架上主要借鉴了传统纪传体正史的编排优势，各部分的叙述则兼取章节体、纪事本末体及外国史著的长处，以求在广泛吸取现代史学研究成果的基础上，扩大通史的容量和内涵，多层次、全方位地反映中国历史，丰富人们的历史认知。但如何使现代科学分类与传统史体融合无间，进而创造出更为适用和完善的新史体，仍须作深入长久的研究和探讨。

以新旧体裁相融合而更新历史叙述的思路和做法，事实上自近世以来就未尝中断过，并且不仅通史的撰述如此，断代史、专题史的撰述也无不如此。断代史是通史的基础，而专题史又是断代史的基础，因此凡是集体编著的大型通史，各部分多由断代史或专题史的专家分别完成。新型断代史的体裁和体例也是综合性的，但往往包含更多个性化的研究成果，与一般通史的概括性叙述有所不同。如近年上海人民出版社推出的"中国断代史系列"，包括王玉哲的《中华远古史》，胡厚宣、胡振宇的《殷商史》，杨宽的《西周史》，顾德融、朱胜龙的《春秋史》，杨宽的《战国史》，林剑鸣的《秦汉史》，王仲荦的《魏晋南北朝史》和《隋唐五代史》，漆侠、乔幼梅的《宋辽夏金史》，周良霄、顾菊英的《元代史》，汤纲、南炳文的《明史》，李治亭主编的《清史》，多为作者数十年研究成果的汇集结撰，其中有大量章节实属专题研究。这些断代史著连接起来，也就类似于一部超大型现代通史的长编，其体裁和体例也大致与一般通史相合，只是没有人物传记。

近世以来中国社会史、文化史的撰述，是与通史平行发展的，而内容及体例也多与通史相交叉。专题史方面，由改造旧史体而结撰新作的尝试，要以罗尔纲的《太平天国史》（中华书局，1991年）最为成功。作者在《自序》中明确谈道："本书是以叙论、纪年、表、志、传五种体裁结合而成的综合体写的。这种体裁，是我对我国古代作为正史体裁的纪传体，经过长期探索，再三改变而成的一种史书体裁。""它用'叙论'概括全书，用'纪年'记大事,用'表'标明复杂繁赜的史事,用'志'记典章制度,用'传'记人物。'叙论'用综合概括的体裁。'纪年'用纲目体裁。'表'用表格体裁。'志'用专题研究体裁。'传'用传记文学体裁。""五部分各有不同的体裁,各担负不同的专职,它们之间,又互相联系互相补充结合而成为一整体,应该定名为'多种体裁结合而成的综合体裁'。应用这种体裁来撰著,使一部史书既有理论性的阐述,又有丰富的内容,与一般用西方体裁撰著的史书往往陷于有骨无肉干巴巴的境地迥异。"据《自序》所说,作者在数十年的思考和探索过程中,先后对此书体裁作过三次改变,从而使之与传统的纪传体有三点显著的不同:一是"增加'叙论',概括全书,不仅改变了纪传体'大纲要领,观者茫然'的大弊,而且能够担负起理论性阐述的任务";二是"取消'本纪',将洪秀全、洪天贵事迹移归'传'内,剔除了纪传体以君主纲纪天下后世的浓重封建性,另立'纪年'专记大事";三是旧史的纪传体"以人物为本位,表、志居于从属地位",现在的五个部分"各有独立的任务,传只占全书五分之一部分,在比重上和实质上对纪传体作了根本的改变"。全书凡88卷,分装为4册,洋洋154万字,以诸体有机配合,原原本本记述太平天国的历史,故被称为"新综合体"的代表作品。其尤为可贵之处,在于它大抵属于原创的性质,既以新史观为统领,会归各种原始史料于一编,又不失考订的特点,而非仅据前人的叙述改编。

从上述"新综合体"的创作来看,中国古代的史书体裁具有相当的普适性,可以弥补现代西方叙述模式的一些本有的缺陷。不过就现代学术的总体进路而言,这样的综合体裁可能更适合于有限范围的专门叙述,而不宜放得太宽,以致因史料的重复运用而使叙述内容显得过于繁重。宋代以后的佛教史和地方史著作多有采用纪传体的,近年地方通史的编著也多折中于纪传体,这一路向在今仍值得注意。

第三节 历史叙述与编纂规范

一、权威话语与历史叙述

历史叙述受到社会语境、意识形态、学术思潮及个体专业素养等多方面因素的制约和规范,其中权威话语是经常发生重大影响的因素之一。历史学是引经据典的学问,崇尚权威话语的特点较之其他学科更为明显。一般说来,体现在历史叙述中的权威话语,有些是政治性的,有些是学术性的。前者多反映出对不同时代主流意识形态的适应或屈从,意在加强历史叙述的合法性;后者则广泛涉及对前人有代表性、典范性的叙述成果的引用和吸收,更多地与历史叙述的传统相关联。权威人物的个人魅力,通常在历史叙述中不起决定性的作用。

中国古代直接影响历史叙述的最大权威话语,莫过于历代统治者都充分关注和强调的所谓"正统"观念。大抵自商、周以来,随着华夏民族文化共同体的融合与凝聚,大一统观念即逐渐趋向成熟和定型,而到秦始皇统一中国后变为现实。由此造成一种全民族性的心理定势,即认为统一是正常的、合理的,分裂则是反常的、不合理的。后世史家所称道的"《春秋》大一统",反映的即是对民族统一与文化融合的理想与肯定。这点投射到王朝体系的历史定位问题上,便派生出观念上的正统与非正统之别。"正统"之义大要有二:一是指中原王朝居天下之中,合天下于一;二是指中心王朝在传承统系上得天下之正,犹言嫡系或直系。相对于汉族政权而言,二者都包含了"华夷之辨",但也有不分华夷的"正伪"之分。"正伪"的界定又分两个层面:一是指分裂时代某一政权为"正统",其余并存的政权都被视为"僭伪";二是对某些统一的政权,也加以"正闰"的区分,如《汉书》就把秦王朝和王莽的新朝同等对待,都列入非正统的"闰位"。"正统"观念的实质是政治权力与社会制度的合法化。有如西方学者利奥塔尔(J-F. Lyotard)所说"元叙述"或"大叙述"的功能:它"把社会和政治制度的实践、立法的形式、道德、思想形式和象征体系合法化",这种合法性不是"建立在一个原初的'创立'行为的基础上,而是建立在要实现的未来,也即要实现的理念上面"。①中国古代史家撰述历史,即深受"正统"问题的困扰。例如西晋陈寿撰《三国志》,囿于魏、晋两朝的传承关系而以曹魏为正统,对曹魏君主皆称"帝"而立本纪,对蜀汉、孙吴君主则皆只称"主"而入列传。东晋习凿齿撰《汉晋春秋》,鉴于东晋偏处江左的历史形势,述三国事遂改以蜀汉为正统,而以曹魏为篡逆,故设定司马昭平蜀为汉亡晋兴,以晋承汉,其书名亦略去曹魏而只称"汉晋"。南宋朱熹撰《通鉴纲目》,亦因南宋渡江后的形势有类于东晋,故于三国史事改变《通鉴》原载的体例,取习凿齿之说而帝蜀伪魏。这样的编排虽然也包含了历史

---

① 利奥塔尔:《关于合法化备忘录》,见谈瀛州译:《后现代性与公正游戏——利奥塔尔访谈、书信录》,上海人民出版社,1997年,第181页。

连续性的观念，但不论以哪个政权为"正统"，显然都不是尊重客观历史的做法。元王朝官修前代正史，还曾因"正统"之争而久不能成书。先是世祖忽必烈灭宋后，已下诏总修宋、辽、金三朝史为一书。其时各族学者议论蜂起，或力主以宋为正统，或分主以辽或金为正统，或又主张以北宋为北史、南宋为南史，修史工作竟因此种纷争而停罢。是后因循五十余年，至元末脱脱为丞相而总裁史事，始确定三朝史分修而成《宋史》《辽史》和《金史》。这在客观上打破了"正统"问题的束缚，三史各予正统而皆无正统，等于是一视同仁。不过当时与宋、辽、金并存的西夏及南诏政权，仍承传统正史皆入列传而不立本纪，其客观做法亦不能贯彻到底。事实上，全部"二十五史"及其他许多官修、私修的重要历史著作，都不同程度地受到"正统"观念的影响，这一观念不仅体现在史书结构与体例的编排上，也体现在史料的选择与具体内容的表述上。

与"正统"问题相比，旧时官方权威话语对史家主体意识的影响还要广泛而深刻得多。如马克思主义经典作家所说，任何时代占统治地位的思想都是统治阶级的思想。这样的思想体系既代表着特定时代统治阶级的整体意志，同时也包含着某些社会性的共识，政治意志与社会共识的沟通即造成意识形态领域的权威话语。中国古代史书所体现的意识形态，至迟自汉代以来，便以相对固化而又不断更新的儒学为主流。儒家的思想路线，大要不越出于"内圣外王"的格言，也就是《礼记·大学》篇所高度概括的格物致知、诚意正心、修身齐家、治国平天下的理论。故在中国古代，经典儒学笼罩一切学术领域，史学有时也被视为"外末之学"。司马光曾针对南朝刘宋时所设的玄、儒、文、史"四学"指出："史者儒之一端，文者儒之余事，至于老庄虚无固非所以为教也。夫学者所以求道，天下无二道，安有四学哉！"①这无异于是将史学也看成了政治教化的工具。历代学者对史学的实践价值和原则也有不同的表述，但很少能够突破儒学的规范，这是由于儒学本身即包含了诸多社会共识的合理成分在内。近世提倡推倒经书偶像，学术语境已然大变，而同时也逐时形成了一些新的权威话语。历史学家经常面临的困惑之一，仍在怎样缓解历史学术与主流意识形态之间的紧张，力求在超越自身历史意识"前结构"的基础上，为不同面相、不同层次的读者提供尽可能客观公正的叙述产品，以实现自我期许

---

① 《资治通鉴》卷一二三，"臣光曰"。

的经验取向、价值目标和理想原则。

学术性的权威话语,更多着眼于前人的历史叙述在学术上的"合理性",而不欲过多纠缠于政治意志与意识形态上的"合法性"。学术权威的造成既取决于代表作家典范作品的学术成就,同时也取决于读者的评价与后来叙述者的选择和引用。就后者而言,通常又分两种情况:一种是对代表作家思想观点的继承和借鉴;另一种是对前人史料处理原则的认同和利用。这两种情况都以叙述者的判断为标准,他必须对前人的议论或考证的适用性和可靠性作出审慎的评估,然后选取其中自认为合理、确凿或具有普遍价值意义的部分,以作为强化自身叙述证据的证件。因此权威性的学术话语都是相对的,它们在作者和读者的互动关系中大抵皆因事而生成,非是因人而设置。在具体的研究领域,领异标新的理论叙述或考证成果流行开来,也会造成特定的语境,开创此种语境的典型文献即被称为权威文献。公认的权威文献大都具有恒久的使用价值,不过在中国旧史的体系上,由于学术话语深受官方话语的羁绊,高层次的权威文献往往出于"钦定",这也大大限制了学者自由创造的空间。用发展的眼光来看,"权威"乃是一种惰力,与史学的更新机制有着内在的冲突。现代科学的变革日新月异,已经大大淡化了权威的功能。如英国史家柯林武德所说,一旦人们理解到由一个特定的作者所作的特定陈述并不能作为历史真理加以接受的时候,就需要"对权威们进行有系统的检验,以便确定他们相对的可靠性,而特别是要建立进行这种确定所依据的原则",从而赋予权威文献以一种新的"资料"地位,使得"权威"这个词也逐渐"从历史学方法的词汇中消失"。[①]不过历史叙述是个连续的系统,对前人研究成果的吸收必不可少,"权威"的意识也并不那么容易消除;唯是在主观性价值认定的意义上,仍应提倡人人都成为自己的"权威",而不必囿于前人"陈述"的窠臼。

二、据事直书的价值追求

据事直书的观念,或说是客观如实地记录和叙述历史的观念,差不多在20世纪初年以前,还是大多数中外史学家共同尊奉的通则之一,并且至今仍然是史学界经常讨论的一个重大话题。在通常的意识下,历史事

[①] 柯林武德:《历史的观念》,何兆武、张文杰译,中国社会科学出版社,1986年,第293页。

实既然是客观发生的,那么它便有可能被如实地记录和叙述;所以历史学家的任务,首先就在弄清和还原历史事实的"真相",并力求保持它的"本色",而不应使之沾染个体或群体的各种主观因素的色彩。理想的状况则如公元2世纪古罗马时期的希腊裔学者卢奇安(Lucianus)所说:"历史家务使自己的头脑有如一面明镜,清光如洗,纤尘不染,照见人脸,丝毫不爽;这样,他才能如实地反映出生活的现实,既不会歪曲真相,又不会使之失色。"①梁启超也曾强调:"史家第一件道德,莫过于忠实。如何才算忠实?'对于所叙述的史迹,纯采取客观的态度,不丝毫参以自己意见',便是。例如画一个人,要绝对像那个人。假使把灶下婢画成美人,画虽然美,可惜不是本人的面目。""总而言之,史家道德,应如鉴空衡平:是甚么,照出来就是甚么;有多重,称出来就有多重。把自己的主观意见铲除净尽,把自己的性格养成像镜子和天平一样。"②西方兰克学派曾称这种"消灭自我"的原则是"历史编纂学的最高法律",因而提倡严格的史料批判,而不主张对历史作出解释和判断。

中国古代史家论据事直书,语不胜举,而大都直接诉诸史学担当的道德与气节问题。典型的话语如刘知几所称:"盖烈士殉名,壮夫重气,宁为兰摧玉折,不为瓦砾长存。若南、董之仗气直书,不避强御;韦、崔之肆情奋笔,无所阿容。虽周身之防,有所不足,而遗芳余烈,人到于今称之。"③相反的情况,则亦如刘氏所斥:"记言之奸贼,载笔之凶人,虽肆诸市朝,投畀豺虎可也。"④这些话主要是针对史家的人格而言的,如先秦晋国的史官董狐、齐国的太史和南史、三国时的韦昭、北魏时的崔浩,都不惜以生命维护史学的尊严。史家记事藐视政治权威,至以死为代价,这在中国传统文化的语境中,反映的还是儒家所提倡的道尊于势及正直知识分子以天下为己任的群体社会性格。而直笔传统同时也表明,中国史学从一开始就是社会公业和国家的重要行为,即便是私家著述,也应有公史的品格。所以对于中国史家的名节,只有从社会责任、历史使命、国家政治关怀与民

---

① 卢奇安:《论撰史》,见章安琪编订:《缪灵珠美学译文集》第1卷,中国人民大学出版社,1987年,第210页。

② 梁启超:《中国历史研究法补编》,《饮冰室史学四种》,第16页。

③ 刘知几:《史通通释·直笔》,《四库全书》本。所引南、董指先秦齐国太史、南史及晋国史官董狐,其事分见《左传》襄公十五年及宣公二年;韦、崔指三国吴韦昭及北魏崔浩,其事分见《三国志·韦曜(昭)传》及《魏书·崔浩传》。

④ 刘知几:《史通通释·曲笔》。

族文化自信的高度加以理解,才能使之得到真正的诠释。后世史家广而言之,以直笔传统诉诸著述者之"心术":心术正则文直而史正,心术不正则文不直而史不正。

西方文化特重个体的名声,而对史家道德也有同样的要求。如卢奇安说:"我的模范的历史家是这样的人:他无所畏惧,清廉正直,独立自主,坦白诚实,是非分明,不为一己的爱憎所左右,不因怜惜或敬佩而笔下留情;他是大公无私的判官,对谁都不怀恨,但是对谁都不徇情;他是放眼世界的作家,目中无皇帝将相,绝不考虑他们的喜怒,而如实记载他们的事迹。"①

我们在本章第一节谈到事、义、文三者的关系时已指出,传统上所称的"信史"实际是就客观与主观两个方面而言的,亦即强调史事的真实性与史义的公正性两个方面的结合。《汉书·司马迁传》称赞《史记》"善序事理","其文直,其事核,不虚美,不隐善,故谓之实录"。这个"实录"的概念不仅是指事实的考核,同时也指事理的明辨,有事实而无事理则不成史文;二者相结合的一个重要前提则在排除主观好恶,即所谓"不虚美,不隐善"(后世一般作"不虚美,不隐恶")。而所谓"鉴空衡平",最终目的也还是期望事实真相与历史思想的高度统一。梁启超说:"忠实一语,说起来似易,做起来实难。因为凡人都不免有他的主观,这种主观蟠踞意识中甚深,不知不觉便发动起来,虽打主意力求忠实,但是心之所趋,笔之所动,很容易把信仰丧失了。"②史书中常见的毛病,诸如夸大、讳饰、附会、歪曲、武断等等,自然都可说是出于主观成见。这些主观成见不尽关乎"心术"问题,也有个人理解"前结构"中的种种负面因素或欠缺之处的影响;而中国古代史家之所以特别强调名节问题,只是由于统治者干预史学、破坏信史原则的行为甚为突出,而不能保持名节的史官亦往往屈从,甚或借修史行其一己之私。统治者通过史官制度控制史学,特别是自唐、宋以降,官方修史的制度尤为严密,据事直书的传统也有所削弱。不过据实言之,这一原则的理论意义并未被否定,在实践上也大致被贯彻了下来。即如历代正史的记载,虽因官方话语的主导地位而造成不少问题,却也不能说都不客观,其中基本的事实部分,应该说大体还是符合历史实际的。

有关据事直书问题的深层探讨,起于近百年间一些史学流派对于历

---

① 卢奇安:《论撰史》,《缪灵珠美学译文集》第1卷,第208页。
② 梁启超:《中国历史研究法补编》,《饮冰室史学四种》,第16页。

史客观性的怀疑。最简单的设问是：究竟什么是历史事实？人们果真能够"如实直书"，原原本本地再现和重构历史事实吗？西方"现在主义"史学号称"历史事实存在于人们的头脑中，不然就不存在于任何地方"，"历史领域是一个捉摸不定的领域，它只是形象地被再创造，再现于我们的头脑中"。①反对实证哲学的分析史家还曾给出更为简洁的答案，认为一切历史都是人类思想活动的历史，"除了思想之外，任何事物都不可能有历史"。②胡适引进美国学者的实用主义哲学，也曾称"一切'真理'都是应用的假设"，因而社会历史也可以像小姑娘那样任人摆布③。这类当今学者大都耳熟能详的话语，无一不是建立在形上思维相对论的基础之上，重观念而轻事实，但都不足以否定历史存在的客观性。假如历史学果真只是人类心灵的重演，事实不过是主观的精神构造或自我意识流动的随机形式，那就不可避免地会陷入"此亦一是非，彼亦一是非"的境地。巴勒克拉夫（G. Barraciough）在谈到社会学和人类学对历史学的贡献时曾指出："里克特、狄尔泰、克罗齐和科林伍德等新唯心主义者建立的历史认识'模式'并不是必须的。正像有位作者所说的：'如果说有的历史学家从资料中看不出有结论性的东西，那是因为他根本没有去寻找'，而不是里面没有。从哲学的角度来看，对新唯心主义的立场是否正确总是可以怀疑的。"④

在"历史真相"问题上，比较平实的说法还是下列言论："我们强调，人类需要借助连贯的历史叙述进行自我理解，也需要有关于历史的各种客观解释，尽管这些解释可能是片面的。因此，我们不用讽刺的手法。我们不以专挑以往历史学家的缺点来证明自己的优越，宁愿从他们付出的努力去理解社会环境。我们不强调不可能做到完全客观或是得到令人完全满意的因果解释，而是强调有必要竭尽所能做成最客观之解释。这是唯一的前进之路，也许不是走向未来的平直的前进之路，却可走向更有思想活力、更民主的社会，走向一个我们乐意生活于其中的社会。"⑤许冠三在

---

① 卡尔·贝克尔：《什么是历史事实》，见张文杰等编译：《现代西方历史哲学译文集》，上海译文出版社，1984年，第231、233页。
② 柯林武德：《历史的观念》，第344页。
③ 胡适：《实验主义》，《胡适文存》一集卷二，黄山书社，1996年，第228页。
④ 巴勒克拉夫：《当代史学主要趋势》，杨豫译，上海译文出版社，1987年，第81页。
⑤ 乔伊斯·阿普尔比、林恩·亨特、玛格丽特·雅各布：《历史的真相》，刘北成、薛绚译，中央编译出版社，1999年，第207页。

介绍以殷海光及许氏自己为代表的中国"史建学派"时更郑重声明:"这一派学人确认:现代史学的要务,不外史实真相之重建,史情活态之再现,人类往昔行为之解释,以及古今社会变革之说明。这个学派又坚信,欲求新史学的健全发展,必须兼重方法、材料与理论,而又以材料处理为根本。"①现在人们都承认历史事实难以像理想的那样"如实直书",但既然无法否认事实发生的真实性,那么要连贯地叙述历史,就需要对历史的客观实在性存着基本的尊重和真诚,并且相信有可能做到或在相当程度上做到记事适如其事、记人适如其人。只强调史学本有的主观性的一面,以致发挥到绝对的境地,不但不能解除实证史家的武装,反而会使史学遭遇莫大的困难和危险。

三、鉴戒史观的取向与隔膜

在传统历史学的社会语境与话语系统中,鉴戒史观是和据事直书密切相关的,而浸润的范围又大大超出据事直书的技术层面。有学者概括说:"传统中国史学的功能主要不外'鉴戒'及'经世'二端。前者足以让乱臣贼子惧,后者则以为史学可以知历代兴亡之迹,故有治国平天下的作用。然而这些功能在后现代史学的冲击之下都受到了很大的挑战,因为后现代主张历史知识的不确定性以及客观的无法把握,人们对历史的认知及评断充满个人偏见及大环境促成的观点。这样的历史如何可以达到鉴戒及经世的目的?"②这又是一种困惑:如果说"个人偏见及大环境促成的观点"古今皆有,那么为什么古人能够以史为鉴,现代人却又不能呢?除非后现代史学所讲求的并不是真正的史学。

鉴戒和经世在中国古代的帝王政治中是不相离的。《诗经·大雅·荡》说:"殷鉴不远,在夏后之世。"《尚书·召诰》说:"我不可不监于有夏,亦不可不监于有殷。"可知鉴戒思想起源极早,直接关系到帝王政统的承续。其播迁于史学的显例,如汉高祖刘邦命陆贾"试为我著秦所以失天下、吾所以得之者何及古成败之国","每奏一篇,高帝未尝不称善",时号《新语》③,此有类于后世帝王经筵的读史。汉末荀悦又奉献帝之命,改编《汉书》为《汉纪》,此则实开《资治通鉴》的先河。唐高祖李渊的修史之诏说:

---

① 许冠三:《新史学九十年》,岳麓书社,2003年,第463页。
② 王晴佳、古伟瀛:《后现代与历史学——中西比较》,第177页。
③ 司马迁:《史记·郦生陆贾列传》,《四库全书》本。

"史官记事，考论得失，究尽变通，所以裁成义类，惩恶劝善，多识前古，贻鉴将来。"①这话表述史学的鉴戒功能最称简明周到。稍后唐太宗又有"览前王之得失，为在身之龟镜"的名言。②至宋神宗赐名司马光之书曰《资治通鉴》，则无异于将全部史学宗旨都纳入了鉴戒的范畴。帝王之于鉴戒之道，无非事鉴与身鉴两途，事鉴则重在制度之沿革损益，身鉴则主于政术之整饬变通。古人又以为二者皆系于帝王之心性修养，故王夫之有云："得可资，失亦可资也；同可资，异亦可资也。故治之所资，惟在一心，而史特为鉴耳。"③西方史学没有中国式的官修传统，而讲求史鉴的旨趣未必有异。如塔西佗便说过："历史之最高职能就在于保存人们所建立的功业，并把后世的责难，悬为对奸言劣行的一种惩戒。"④鉴戒史观所以成立的认知基础，则有如龚自珍所说："出乎史，入乎道，欲知道者，必先为史。"⑤无论治道或学术，都须先从读史中获取前人的经验知识和理性认识。人们重视历史并不是为了怀旧，史学家也不是无端沉醉于往事。

鉴戒史观在中国古代史书中的表达形式，往往为穿插于卷中或卷后的专门议论，如《左传》中的"君子曰"、《史记》中的"太史公曰"、《汉书》中的"赞曰"、《资治通鉴》中的"臣光曰"等等。这样的形式大抵就正文内容择要释义，或顺便阐发作者的观点，或又作专题的论说，具有提纲挈领的作用，可以加深读者的印象，有助于史事的通观与史义的开掘，学者或说"极得综合的真谛"。⑥但以叙事与议论两分，有时所论未必与正文相合，不免会给人以某种隔膜感；尤其是后期的正史拘于此种形式，以致在每卷之后必附以论赞，往往文成赘疣，徒增篇幅。刘知几曾批评说："夫论者，所以辩疑惑，释凝滞。若愚智共了，固无俟商榷。丘明'君子曰'者，其义

---

① 刘昫等：《旧唐书·令狐德棻传》，《四库全书》本。
② 王钦若、杨亿等：《册府元龟》卷五五四《国史部·恩奖》引，《四库全书》本。
③ 王夫之：《读通鉴论·叙论四》，《四库全书》本。
④ 塔西佗：《编年史》，王以铸译，商务印书馆，1981年，第185页。按：塔西佗的"保存功业"说，是继承希罗多德而来的，希罗多德曾明确谈到他写作《历史》(《希波战争史》)的目的，就是"为了保存人类的功业，使之不致由于年深日久而被人们遗忘，为了使希腊人和异邦人的那些值得赞叹的丰功伟绩不致失去它的光彩"(《历史》，王嘉隽译，商务印书馆，1959年，第167页)。修昔底德撰写《伯罗奔尼撒战争史》，自序说明"是想垂诸永远"，以使人们"了解过去所发生的事件和将来也会发生的类似的事件"(《伯罗奔尼撒战争史》，谢德风译，商务印书馆，第18页)，垂训鉴戒的观念更为明显。
⑤ 龚自珍：《尊史》，《龚自珍全集》，上海人民出版社，1975年，第81页。
⑥ 杜维运：《史学方法论》，第122页。

实在于斯。司马迁始限以篇终,各书一论。必理有非要,则强生其文,史论之烦,实萌于此。……自兹以降,流宕忘返,大抵皆华多于实,理少于文,鼓其雄辞,夸其俪事(指骈体文)。"又说:"寻述赞为例,篇有一章,事多者则约之以使少,理小者则张之以令大,名实多爽,详略不同。且欲观人之善恶、史之褒贬,盖无假于此也。"①其意以为论赞的撰写要在辨疑去惑,补释正文有碍理解之处;若正文已人人都能看懂,读者览其文、知其事即能明其义,则更不必强附以多余的说理文字。此意甚浅而为至理,可以针砭史家说教喋喋不休之病。

司马迁撰《史记》,是以夹叙夹议和篇后议论并存的,但他同时也是寓论断于叙事的大师。顾炎武曾特别指出:"古人作史,有不待论断而于序事之中即见其指者,惟太史公能之。《平准书》末载卜式语,《王翦传》末载客语,《荆轲传》末载鲁句践语,《晁错传》末载邓公与景帝语,《武安侯田蚡传》末载武帝语,皆史家于序事中寓论断法也。后人知此法者鲜矣,惟班孟坚间一有之。"②白寿彝对此有详细的阐释和推广的举证,又分三点以明之:一是司马迁"在文章内借用了别人的评论或反映以表达自己的观点,但更多的时候是在历史叙述中就已把论点表达出来了",特别是对于春秋末年以后及秦汉史事的叙述,这样的表达形式更为显著;二是"善于用两两对照的方法来突出历史的问题,以见作者意指";三是"常利用对历史人物细节的描写,有时似是不经意的捎带的叙述,而对历史人物的品评和对历史问题的看法表达出来了"。③中国史学在叙事的层面上,一向要求史论结合,繁简得宜,既要防止流于无事实依据的空论,又要避免无论断或思想贫乏的事实堆砌。然史论的形式亦须随宜设置,最忌比附。高明的史家常寓论断于叙事之中,亦即让事实本身说话,这也是历史叙述和历史解释的基本规则之一。当然,也要避免把史实自明推向绝对,以为可因之取消一切形式的议论或甄别评价性的话语。

四、史家修养与史法

史家主体的修养问题,自古即受到关注,先秦时习见的"良史"一词,

---

① 刘知几:《史通通释·论赞》,《四库全书》本。
② 顾炎武:《日知录》卷二六,《史记于序事中寓论断》条,清乾隆刻本。
③ 白寿彝:《司马迁寓论断于序事》,《北京师范大学学报》1961年第4期;又见白寿彝:《中国史学史论集》,中华书局,1999年,第80—98页。

已包含了道德及学识的评价。这一问题到刘知几而有精要的表述。《旧唐书·刘子玄传》载其语云："史才须有三长,世无其人,故史才少也。三长谓才也、学也、识也。夫有学而无才,亦犹有良田百顷,黄金满籝,而使愚者营生,终不能致于货殖者矣。如有才而无学,亦犹思兼匠石,巧若公输,而家无梗柟斧斤,终不果成其宫室者矣。犹须好是正直,善恶必书,使骄主贼臣所以知惧,此则为虎傅翼,善无可加,所向无敌者矣。脱苟非其才,不可叨居史任。自复古已来,能应斯目者,罕见其人。"所谓"三长",用今天的话来说,就是一个历史学家既要有专业的爱好、悟性和专长("才"),又要有深厚的学问功底和掌握丰富的历史知识("学"),同时更要有正直的品格与独到的认识能力("识")。所说史识一项,实包括道德与见识两项,后来章学诚以"史德"与"三长"并列,也可称为"四长"。

  德、才、学、识的要求和评价标准,在中国古代是经常和"史法"的概念联系在一起的。① 北宋吕陶说:"柱下之官,记人主言动,备一代典章,传信后世,惟博学多闻,习知史法之士,可称其职。"② 此与刘知几所说的"苟非其才,不可叨居史任",正为同一主张的两面说法。"史法"的概念与"史例"相通,很粗略地说,也可以认为史法即指历史叙述的体裁和体例。如《宋史·宰辅表》的序言说:"古之史法主于编年,至司马迁作《史记》,始易以新意。"这主要是就史书的体裁而言的,另有大量的用法指史书的具体类列。不过在古人的特定理解上,史法的涵盖面比之史书的编纂体制还要广泛得多,举凡撰述宗旨、价值观点、情感取向、义理逻辑及史事考证、史料处理、行文组织、书法修辞、语言风格、注释形式等等,也都可纳入史法的衡量范畴,因此古人或以史法与史学同观。概括地说,古人所称的史法实指史之所以为史的规则之总和,凡符合此种规则的处置即称合于史法,否则即不合于史法。历史叙述中常见的一些弊端,如是非褒贬不公、史料取舍不当、繁简失宜及体例上的舛互等,即多被指为不合史法;其中滥用所谓《春秋》书法而任情褒贬,或以私意擅加笔削的做法,尤被视为不合史

---

① "史法"一词,大约在汉代已经出现。今《十三经注疏》本《春秋左传正义》卷首录有杜预《春秋序》,孔颖达疏引东汉初贾逵云:"'周礼尽在鲁矣',史法最备,故史记与周礼同名。"意指春秋时韩宣子聘鲁,见《鲁春秋》而称"周礼尽在鲁",是由于鲁国的历史记录"史法最备",故以"周礼"称之。《初学记》卷十二"史法"条又引王隐《晋书》云:"何嵩善史法,为著作。"(此"史法"他书或引作"史汉")《史通·序例》篇说:"夫史之有例,犹国之有法。"所言即"史法"。而到宋人的著作中,"史法"一词已极流行,迄至近世仍然习用。

② 吕陶:《净德集》卷四,《辞免居起舍人状》,《四库全书》本。

法的典型。南宋吕中曾说:"修史之大弊有二:一曰隐讳,二曰窜易。以史法律之,隐讳之罪小,窜易之罪大。"①所言"窜易"是特指窜改原始记录而言的,而一切徇私意的改写都为史法所不允许。史法也是随时代而变化的,"物有恒准而鉴无定识"②,不同时代有不同标准的史法,但都要求历史学家应有全面的素养。南宋韩淲说:"史法须是识治体,不可只以成败是非得失立论。盖上下千百载,见得古人底里明白,然后可载后世所不可不载之事。泛然欲备,则不胜其史矣。"③这话涉及历史叙述的好几个重要侧面。第一,史家治史要有经世观念,能够通晓"治体",懂得社会发展的一般趋势、规律及治道之所需。第二,对待历史要有客观平正之心,注意总结正反两个方面的经验教训,善恶皆书,不可"只以成败是非得失立论"。第三,对史实要用历史的眼光加以考证研究,确实弄通古人行事的环境条件、客观形势、举措意向和内在道理,即"见得古人底里明白"。第四,历史事实每日每时大量发生,史料的选择要有益于鉴戒,务求载"不可不载之事",去不可不去之文,否则"泛然欲备",细大不捐,将书不胜书,不成其史。大抵学者论史法,重视史学自身的规矩法度,而综合来看,不出事、义、文三要素的规范及德、才、学、识的养成要求。

共识性史法的建立,除了义理上的要求之外,仍须以史料的审查批判为基础。不审史料,不考事实,纯从义理上推求,则史法的认同即是一句空话。史料批判一般以考证的形式展开,而有内考证与外考证之别,相关内容在本书谈历史考证的部分已有专述。历史叙述的甄别与创新亦有赖于史料批判。以传统所称四大体裁为例:司马迁首创大型通史,便做了大量文献及调查史料的考订工作;这些经过考订的史料类型繁杂,他要按自己的设想总汇于一书,于是不得不突破《春秋》经传的规模而别构纪传体,遂开一史法的新局。旧时学者过分注重《春秋》经学,或批评《史记》破坏了"古之史法",这看法并不合理,因为史法本来就无一成不变之规,批评

---

① 吕中:《大事记讲义》卷二二,《修国史》,《四库全书》本。
② 刘知几:《史通通释·鉴识》,《四库全书》本。
③ 韩淲:《涧泉日记》卷下,《四库全书》本。

者所依据的也只是当下史法,并非真是古代实有的史法。①杜佑创典志体通史,在体裁上相当于正史志书部分的补订和扩充,专题的史法趋向严密。作为编年体代表作品的《资治通鉴》,以史料批判的《考异》相辅,这本身即是一种新的史法,而编年体的完善亦借助于对旧史记载的斟酌取舍。袁枢的《通鉴纪事本末》全用《通鉴》之文,似乎未有史料批判,但区分类例的重新编排也是一种批判,而且在全部纪事本末体的史著中,这种照录原书文字的做法仍属特例,不是通则。

史法的改变自然会导致历史叙述话语系统的改变。顾炎武曾就所谓"钞书"批评说:"凡作书者,莫病乎其以前人之书改窜而为自作也。班孟坚之改《史记》,必不如《史记》也;宋景文之改《旧唐书》,必不如《旧唐书》也;朱子之改《通鉴》,必不如《通鉴》也。至于今代,而著书之人几满天下,则有盗前人之书而为自作者矣。故得明人书百卷,不若得宋人书一卷。"②此言所举的几例,实际都属于"改编",而皆基于史法的改变。班固改通史为断代史,录自《史记》的部分有意加详;宋祁所作《新唐书》的列传部分,凡《旧唐书》有传者则务求省文。这样的改编通常很难被首肯,唯是在纳入新书的大体系之后才得以流传。朱熹撰《通鉴纲目》,虽体裁有所创新,而刻意将史学引入经学、理学的轨道,实大不合于史法,故此书的影响自清初以后即渐次消沉。顾炎武没有提到《通鉴纪事本末》,大约因为其书实属忠实的辑录,而在史法上又大获成功。明人的"盗前人之书"自当别论,而另有一些认真的改编之作也成问题。例如《宋史》一书,虽出于元代官修,而有意避开了正统问题,大体上承宋代国史的体例,且多用宋修国史的原文。明代土木之变后,民族矛盾加剧,史学上的正统观念突出起来,遂兴起一股重修宋史之风。如柯维骐的《宋史新编》、王惟俭的《宋史记》、王洙的《宋史质》等,都大力扬宋而抑辽、金,《宋史质》甚至将朱元璋的血统推接于宋末宗室人物,这就不能不引起史料整理与叙述话语上的混乱。像这样的改编,虽在名义上欲纠前史之失,而实际的指导思想即有

---

① 如宋人叶适《习学记言》卷一九云:"孔子以诸侯之史,时比岁次,加以日月,以存世教,故最为详密。左氏因而作传,罗络诸国,备极妙巧,然尚未有变史法之意也。至迁窥见本末,勇不自制,于时无大人先哲为道古人所以然者,史法遂大变,不复古人之旧。"他所批评的举例,如《史记》以项羽列入本纪而"史法散"、"述高祖神怪相术太烦而妄""史法之坏始于司马迁"等,实际都是用后世观点所作的评价,皆非所谓"古之史法"所能笼括。实则《史记》的学术尚存古朴之风,体例上的不整齐之处及观点上的所谓"异端",正表明当时的古史法尚未相对定型。

② 顾炎武:《亭林文集》,卷之二《钞书自序》,《四部丛刊初编》本。

乖于史法。其尤甚者，如清初陈黄中撰《宋史稿》，于人物评价多从己意变更，乃至将北宋改革家王安石归入《奸臣传》①，就更无史法可言了。不同时代史法上的变化及话语特征，可通过史籍校勘了解其细节及把握其梗概。

第四节　文史不分的传统与历史文学

一、历史作品与文学表述

西方史家有句名言：你绝对不必写出很枯燥的文章来证明你是一位史家，优美的叙事是历史著作的防腐剂。②

中国古代曾有着悠久的文史不分的传统。这一传统从史学的角度看，也就是历史叙述同样讲求文采，不排斥文学。孔子曾说过"质胜文则野，文胜质则史"的话③，表明史官的记事文辞也是有修饰的，并不只是史实的堆砌。古人又说"言以足志，文以足言"，"言之无文，行而不远"④，这话同样适合于史事的记录和流传。这里所谓历史文学，即是就历史作品中的文学表述而言的，兼具浓郁文学风格的历代历史作品也就构成历史文学的系列，而不是指历史题材的纯文学作品。

在中国史学史、文学史上，历史文学的萌芽可以上溯到久远的古史传说及商周时代的档案文献、贵族诗篇和甲骨文、金文刻辞；而在《尚书》中至今还保存着的一些诘屈聱牙的叙事篇章，也已包含了明显的文学描述。先秦散文本无所谓文史之分，所以早期的诸侯国史，如现存的《春秋》，已被称赞具有"婉而成章"的特点⑤；而到《左传》中，更有不少记述人物、战争、历史场面的篇章，如晋公子重耳在外流亡十九年的事迹、曹刿论战、郑伯克段于鄢等，都成为脍炙人口、久传不绝的文学作品。

后世历史文学的大师，公认以司马迁居首。其文学描述最为成功的例子，如《史记·项羽本纪》记楚汉垓下之战时的情景：

---

①　见钱大昕：《潜研堂文集》卷二八，《跋陈黄中〈宋史稿〉》。
②　转引自王晴佳、古伟瀛：《后现代与历史学——中西比较》，第170页。
③　《论语·雍也》，《四库全书》本。
④　《左传》襄公十五年，《四库全书》本。
⑤　《左传》成公十四年，《四库全书》本。

>项王军壁垓下,兵少食尽,汉军及诸侯兵围之数重。夜闻汉军四面皆楚歌,项王乃大惊曰:"汉皆已得楚乎?是何楚人之多也!"项王则夜起,饮帐中。有美人名虞,常幸从;骏马名骓,常骑之。于是项王乃悲歌忼慨,自为诗曰:"力拔山兮气盖世,时不利兮骓不逝。骓不逝兮可奈何,虞兮虞兮奈若何?"歌数阕,美人和之。项王泣数行下,左右皆泣,莫能仰视。

这是悲壮的历史,也是悲壮的文学。同样优秀的文学篇章,在《史记》中不胜枚举。鲁迅称《史记》为"史家之绝唱,无韵之《离骚》"[1],以司马迁与屈原的作品并列为历史文学与诗歌文学的两大高峰,是为最高评价。循此而下,最堪与《史记》媲美的历史文学名著是司马光的《资治通鉴》。梁启超曾说:"事本飞动而文章呆板,人将不愿看,就看亦昏昏欲睡。事本呆板而文章生动,便字字活跃纸上,使看的人要哭便哭,要笑便笑。……光书笔最飞动,如赤壁之战、淝水之战、刘裕在京口起事、平姚秦、北齐、北周沙苑之战、魏孝文帝迁都洛阳,事实不过尔尔,而看去令人感动。"[2]历史文学的真谛在于艺术地再现真实的历史场景,使枯燥的历史故事变成活泼泼的历史叙述,以使读者愿意看、受感动,这也是中外历史叙述的通律之一。所谓"使一堆断烂朝报,变成栩栩欲生的人物;从枯燥的废纸堆中,建立起灿烂辉煌的琼楼玉宇"[3],中国的两司马及西方的希罗多德、修昔底德等,都是成功的人物。

历史文学依托于历史叙述,有着特定的写作要求,与一般意义上的文学创作迥然不同。前引卢奇安的《论撰史》,对此有不少精要的论说。第一,他认为历史艺术"在于给复杂错综的现实事件赋以条理分明的秩序之美","如果听众或读者觉得有如亲历其境,目击其事,而且称赞作者的技巧,那么历史家的雕像就算达到完美的境界,他的劳动就不是白花了"。第二,"历史精神的目的在于坦率诚实","历史风格也应该相应地力求平易流畅,明若晴空,既要避免深奥奇僻的词句,也要避免粗俗市井的隐语";其"辞藻应该雅而不滥,毫无雕琢的痕迹",以使"俗人能了解,文士能欣赏"。第三,"如果历史家认为加上一些修饰是绝对必要的话,他应该只

---

[1] 鲁迅:《汉文学史纲要》,《鲁迅全集》第9卷,人民文学出版社,1981年,第420页。
[2] 梁启超:《中国历史研究法补编》,《饮冰室史学四种》,第27—28页。
[3] 杜维运:《史学方法论》,第61页。

求风格本身之美",这种美是"华而实"的美、"真实的美",禁止"舍本求末,鱼目混珠,贩卖无中生有的浮词"。第四,"文笔简洁在任何时候都是优胜点,尤其是在内容丰富的场合",可行的方法是"简单扼要地处理不重要的细节,而对主要的事件则予以充分的发挥";但"任何主题都不应过分发挥,话长则令人生厌,途长则把马骑死";尤其是"你不要给读者这样的印象,以为你舞文弄墨,夸夸其谈,而不顾历史的发展","历史如果是夸夸其谈,就连欣赏的价值也没有了"。第五,"历史是可以歌颂的",也"需要运用一些高昂脱俗的调子",因而"历史家的气质不能不有一点诗人的风度";"但是歌颂要安于本分,要用得恰当,不要使读者讨厌",所以"史家措辞必须有所节制,只能把风格稍为提高一点以配合主题的壮丽,且不可耸人听闻,常常要记住适可而止","不能区别诗与史,确实是史学之大患"。第六,"历史中可欣赏的成分无疑是外加的东西,不是历史的本质"。

刘知几的《史通·叙事》篇,晚于卢奇安的《论撰史》约5个世纪,然所论异词同旨,一脉相通。第一,他强调"史之称美者,以叙事为先",而史家叙事职在"书功过,记善恶",固当"文而不丽,质而非野,使人味其滋旨,怀其德音,三复忘疲,百遍无斁",即以善与美相融洽。第二,"言嫭者其史亦拙,事美者其书亦工",优秀的历史叙述贵在"显其良直之体,申其微婉之才",以使述作的整体"条贯有伦,则焕炳可观",犹言美而不失真。第三,"国史之美者以叙事为工,而叙事之工者以简要为主",述作之尤美者在于"文约而事丰",能够"略小存大,举重明轻,一言而巨细咸该,三语而洪纤靡漏";且叙事之省,曰省句,曰省字,而"省句为易,省字为难,洞识此心,始可言史"。第四,严加刊定,"务却浮词",力求"文如阔略,而语实周赡","言近而旨远,辞浅而义深";"虽发语已殚,而含意未尽,使夫读者望表而知里,扪毛而辨骨,睹一事于句中,反三隅于字外",也就是"言虽简略,理皆要害,故能疏而不遗,俭而无阙"。第五,严格区分叙事之学与辞章之学,记事立言禁止"虚加练饰,轻事雕彩",以致"体兼赋颂,词类俳优,文非文,史非史",有如"刻鹄不成,反类于鹜"。

历史学家的叙事风格因人而异,文学表现亦各不相同。例如司马迁著《史记》,公认其文笔"辩而不华,质而不俚",最以"文质相称"享誉当时与后世[①];班固著《汉书》,则被评为"不激诡,不抑抗,赡而不秽,详而有体,

---

① 《汉书·司马迁传》赞:"自刘向、扬雄博极群书,皆称迁有良史之材,服其善序事理,辨而不华,质而不俚。"《后汉书·班彪传》作:"善述序事理,辩而不华,质而不俚,文质相称,盖良史之才也"。

使读之者亹亹而不厌"①,特以平实详明见长;陈寿著《三国志》,亦被时人称为"善叙事",而又通体以简明为主。但不论何种风格的叙事,历史文学仍须建立在历史真实的基础上,以保持史学求真的宗旨为底色,而不能脱离历史事实,以虚构的形式进行艺术加工。为此就要求历史语言以质朴为基调,以准确地反映史实为准,而不可过分藻饰,遂致以文害意。真实和质朴可说是历史文学的两大要素,合而言之即刘知几所说的"体质素美"②,其他种种文学手法的运用及风格的转移皆不得逾此规范。今人杜维运通论历史文章的特性,以为其最大者,厥有贵真实、尚通达及为文尔雅三项:贵真实则遣词用字皆须有来历,尚通达则繁简之间自有条理,为文尔雅则雍容祥和、不露分析痕迹而柔美洁净。③这些大抵为中外史家的经验性共识,而仍可总归于历史叙述"文质相称"的理想要求。

刘知几在谈到文史关系时曾指出:"文之将(与)史,其流一焉。"④这主要是就文学与史学的应用而言的,但也反映出中国古代以文学与史学相结合的传统。不过到魏晋以后,随着时代的变迁与学术的发展,文学与史学亦逐渐分道扬镳,各成部类。因此刘知几又指出:"朴散淳销,时移世异,文之与史,较然异辙。"⑤他特别反对以纯文学的手法修饰史文,以为由是大变"良直之体","树理者多以诡妄为本,饰辞者务以淫丽为宗","喻过其体,词没其义,繁华而失实,流宕而忘返"⑥,甚有害于史学的正常发展。也因此故,他才极力主张文人不得参与修史,并公开指斥说:"大唐修《晋书》,作者皆当代词人,远弃史、班,近宗徐(徐陵)、庾(庾信)。夫以饰彼轻薄之句,而编为史籍之文,无异加粉黛于壮夫,服绮纨于高士者矣。"⑦又说:"昔《魏史》称朱异有口才,挚虞有笔才,故知喉舌翰墨,其辞本异。而近世作者,撰彼口语,同诸笔文,斯皆以元瑜(阮禹)、孔璋(陈琳)之才,而处丘明(左丘明)、子长(司马迁)之任,文之与史,何相乱之甚乎!"⑧唐初修《晋书》,执笔者大都老于文学,笔力劲健,然每每好奇炫古,甚至以荒唐的

---

① 范晔:《后汉书·班彪列传》后论,《四库全书》本。
② 刘知几:《史通通释·语言》,《四库全书》本。
③ 杜维运:《史学方法论》,第250—262页。
④ 刘知几:《史通通释·载文》,《四库全书》本。
⑤ 刘知几:《史通通释·覈才》,《四库全书》本。
⑥ 刘知几:《史通通释·载文》,《四库全书》本。
⑦ 刘知几:《史通通释·论赞》,《四库全书》本。
⑧ 刘知几:《史通通释·杂说》,《四库全书》本。

传闻阑入正史。如下列诸例:

《杜预传》:"预初在荆州,因宴集,醉卧斋中。外人闻呕吐声,窃窥于户,止见一大蛇垂而吐,闻者异之。"

《石崇传》:"初,崇家稻米饭在地,经宿皆化为螺,时人以为族灭之应。"

《成恭杜皇后传》:"后少有姿色,然长犹无齿,有来求婚者,辄中止。及帝纳采之日,一夜齿尽生。"

这类记载既荒诞不经,又极不严肃,故刘知几反复斥之,以为是取史家之所"粪除""糠粃"而"持为逸史,用补前传","虽取悦于小人,终见嗤于君子"。①后来章学诚也持文人不与修史之说,而又格外强调:"史笔与文士异趋:文士务去陈言,而史笔点窜涂改,全贵陶铸群言,不可私矜一家机巧也。"②"文士撰文,惟恐不自己出;史家之文,惟恐出之于己:其大本先不同矣。"③进而言之:"文人之文与著述之文,不可同日语也。著述必有立于文辞之先者,假文辞以达之而已。"④"文士为文,不知事之起讫,而以私意雕琢其间,往往文虽可观而事则全非,或事本可观而文乃不称其事。"⑤总之是历史叙述虽不排斥想象,却不能凭虚别构,史文千变万化,仍须以"记言记事必欲适如其言其事"为根本原则。故如韩愈、欧阳修,在文学上皆不愧"泰山北斗""千古宗师","而史识、史学均非所长"。⑥

二、历史文学的科学性和大众化

历史学是科学还是艺术,还是"一半是科学,一半是艺术",相关的争论由来已久。然而历史学就是历史学,它有自己的特性,虽包罗万象,错综复杂,却又不等同于其他任何学术,只不过在方法上要兼取科学、艺术及其他学科可为自己所用的东西。以文史论之,历史作品可以生成文学,文学作品也可以反映历史,这本是昭然若揭的事。明清之际的小说评点

---

① 刘知几:《史通通释·采撰》,《四库全书》本。
② 章学诚:《文史通义补遗·跋湖北通志检存稿》,民国嘉业堂章氏遗书本。
③ 章学诚:《章氏遗书·与陈观民工部论史学》,民国嘉业堂章氏遗书本。
④ 章学诚:《文史通义·答问》内篇六,民国嘉业堂章氏遗书本。
⑤ 章学诚:《章氏遗书·庚辛之间亡友列传》,民国嘉业堂章氏遗书本。
⑥ 章学诚:《章氏遗书外编·丙辰札记》,民国嘉业堂章氏遗书本。

家,以叙事学的眼光看小说,率称《水浒传》《三国演义》《金瓶梅》的叙事抵得过一部《史记》①,是知文艺作品也可成为广义的史料。西方史家也说:"正像西梅尔和狄尔泰所论证的那样,历史学家必须用先验主义的方法去认识'事实'。这一点如果是确信无疑的话,历史学家要理解过去的唯一希望仅在于在自己的头脑中将它'复活',那么,为什么非要把自己局限在政治事件中不可呢?譬如说,巴尔扎克的小说不也是像布满灰尘的档案一样充分地展示了法国复辟时期的社会状况吗?"②但历史文学的法则在"以文运事",毕竟不同于小说的"因文生事",二者"先验主义"的程度有天壤之别。

以"先验主义"抨击历史学的浪漫行为,到后现代主义臻于极致。杜维运说:"后现代主义系对现代主义的反动,不满现状,不服权威,勇于创新,这是人类有史以来最叛逆的思想之一。……后现代主义者认为在历史上没有真理,没有客观,没有真实,历史是推论,意识形态的化身,史学家的语言游戏,与文学作品的虚构,没有两样,这是极为惊人的议论;从文献中,后现代主义者也不认为有'故事'能叙述出来,历史上更没有所谓连贯、和谐、一致;史学家所盛倡的移情、想象,设身处地的进入历史之中,后现代主义者同样认为是不可能的事;他们尤其坚持历史对现在及未来没有任何功用。"③这样一来,除了后现代主义者重新给出的最极端的表述形式,一切历史叙述都要陷于绝境了。据说这种形式应是"大杂烩式的,像拼盘,掺杂各种风格或文类的、没有一定诠释逻辑的写法,是一种不具意义却没完没了、不断重复的模式,有如现代某些音乐或小说",或者竟名之为"嘉年华会式"的写法;然而"这要让读者感到有点意义恐怕不太容易,而且学术界恐怕也很难接受这样的写法"④,因为"在后现代主义的零碎化

---

① 李开先《词谑》:"《水浒传》委曲详尽,血脉贯通,《史记》而下,便是此书。……倘以奸盗诈伪病之,不知序事之法,史学之妙者也。"金圣叹《读第五才子书法》:"《水浒》胜似《史记》……《史记》是以文运事,《水浒》是因文生事。"毛宗岗《读三国志法》:"《三国》叙事之佳,直与《史记》仿佛,而其叙事之难,则有倍难于《史记》者。《史记》各国分书,各人分载,于是有《本纪》《世家》《列传》之别。今《三国》则不然,殆合《本纪》《世家》《列传》而总成一篇。"张竹坡《金瓶梅读法》:"《金瓶梅》是一部《史记》。然而《史记》有独传、有合传,却是分开做的,《金瓶梅》却是一百回共成一传。而千百人总合一传,内却又断断续续,各自一传,故知作《金瓶》者必能作《史记》。"

② 巴勒克拉夫:《当代史学的主要趋势》,第13页。

③ 杜维运:《史学方法论》,第459—460页。

④ 王晴佳、古伟瀛:《后现代与历史学——中西比较》,第170页。

中,一切都变得把握不住了,而且也没有可能将诸种相异的碎片统一并协调起来"。①也许后现代风格的叙事可以提供一些新视角,并且时而会给人以意想不到的启发,尤其是对于打破意识形态的僵化理解是有用的,但是可以想见,"零散化"的、堆砌细节的"拼盘"绝不会是真正的历史,也不会是有体统的文学。如此"创新"的结果,大概只能是进退失据,不但在形式和风格上,而且在内容上,都将造成更有甚于刘知几所批评的"文非文,史非史"的局面。

历史文学在历史叙述的框架内展开,与叙述体裁也是相互影响的。美籍学者黄仁宇的《万历十五年》汉译本,20世纪80年代曾一度风行中国大陆,大约一半因为体裁的新颖,一半因为表述的生动——在不违背历史真实原则基础上的文学创造。作者《自序》说:"本书力图使历史专题的研究大众化,因而采取了传记体的铺叙方式。书中所叙,不妨称为一个大失败的总记录。因为叙及的主要人物,有万历皇帝朱翊钧,大学士张居正、申时行,南京都察院都御史海瑞,蓟州总兵官戚继光,以知府身份挂冠而去的名士李贽,他们或身败,或名裂,没有一个人功德圆满。即使是侧面提及的人物,如冯保、高拱、张鲸、郑贵妃、福王常洵、俞大猷、卢镗、刘𬘓,也统统没有好结果。这种情形,断非个人的原因所得以解释,而是当日的制度已至山穷水尽,上自天子,下至庶民,无不成为牺牲品而遭殃受祸。"其书"意在说明16世纪中国社会的传统的历史背景,也就是尚未与世界潮流冲突时的侧面形态",而所揭示的要点在于"中国二千年来,以道德代替法制,至明代而极,这就是一切问题的症结"。②作者称这是一种"大历史"的观点,亦即从"技术的角度看历史",从而看出中国传统社会晚期的结构"没有有效的组织",中央集权的体制缺乏"数目上的管理","技术不能展开,财政无法核实,军备只能以效能最低的因素作标准"③,这就不能不导致"大失败"的结局。此书观点如何评价,当作别论;而如此重大的课题,但以人物传记的形式展开铺叙,确是一种别致的安排。在写法上,则但选取"平平淡淡的"万历十五年前后的一段时间,围绕人物事迹的片段作全景式的观察,又运用种种叙事手法烘托主题,其中不乏"想象性"的细

---

① 弗雷德里克·杰姆逊:《后现代主义与文化理论》,唐小兵译,陕西师范大学出版社,1987年,第189页。

② 黄仁宇:《万历十五年》,中华书局,1982年,第4—5页。

③ 同上书,第262、264页。

节描写，有如在狭窄的空间上叙述复杂故事的电影作品。全书连注释和附录在内，尚不足20万字，文笔洗练，文学味极浓，且感慨所至，时有抒情的笔调。以历史的"大众化"而论，此书当不愧精品，但片段的连接有时也不免妨碍历史通观的完整性。作者另有《中国大历史》一书，凡十五章，从"西安与黄土地"，一直谈到"台湾、香港和澳门"，亦仅20余万字，其表述方法容易使人想到张荫麟的《中国史纲》，而张氏的章节标题还是历史学的，黄氏的设置也已转向文学化。

关于史学"大众化"的标准问题，历来已有许多争论，而据近年出版界的社会调查，读者的反馈意见又有新的变化。譬如要求史学摆脱浅层的媚俗作风，向更深层、更精致的学术作品转化；不再喜欢单纯知识性的作品，要求提供知识背后的深层思考；要求在发扬传统史学的基础上走向创新，能在政治、经济、社会、情感、文化诸方面给读者以全面的指导；要求摒弃枯燥的、说教式的文字表述，而代之以能够反映出时代气氛的，生动活泼的，具有文学、美学特点的新式语言；从单一教材性的读物向多元化的作品转变，纯粹的翻译作品向具有民族化和国际化相结合倾向的作品转化，以及加强理论性、突出人文精神等。①这类综合信息具有一定的普遍性，因此现时出版的普及性历史读物，多要求以科学性、学术性、通俗性、艺术性相结合。这样的标准似易而实难。当下需要特别警醒的是不可把传统意义上的历史文学变成对历史的抒情式的文学表述，甚者完全脱离历史叙述的正轨而走上"戏说"的歧途。中国本土的历史文学根深叶茂，对于西方特殊情境中时时翻新的思潮和式样，也要有质疑、有选择地汲纳消化，切不可鲁莽地趋之若鹜。

优美的历史叙述是史才的一个侧面，其中有天赋的因素，而更主要的还是训练和经验。"既雕既琢，还归其朴"，以事通人之朴心勤学苦练，便可以学到。

【思考】
1. 谈谈你对历史叙事与历史理解关系的看法。
2. 中国古代史书主要出现过哪些不同的体裁？试结合具体作品评述各种体裁的优劣。

---

① 参见朱孝远：《史学的意蕴》，中国人民大学出版社，2002年，第215—216页。

3. 试比较吕思勉《白话本国史》、钱穆《国史大纲》与白寿彝《中国通史》在史学体例、史学思想上的异同与得失。
4. 结合实例谈谈影响历史叙述的各种因素。
5. 何为"以文运事"和"因文生事"？二者有何联系与区别？

第六章　历史解释:意义的追寻

一个完整的历史研究程序看来应该包括以下三个关键环节:第一,考证清楚每一个研究对象所涉基本史实;第二,将有关史事贯通起来形成一个环环相扣的完整叙事;第三,挖掘出相关史事和过程背后的意义,并尽可能解释每一史事由以发生的原因。前辈史家洪业当年在燕京大学讲授"高级历史方法"时,据说屡屡强调:"掌握五个W,就掌握了历史。"所谓五个W者,即WHO(何人)、WHEN(何时)、WHERE(何地)、WHAT(何事)、HOW(如何),周一良先生后来说,还应该补充一个更重要的W,即WHY(何故)。① 这六个W实际上包含了上述历史研究的三个环节,何人、何时、何地、何事所涉均是历史事实的组成要素,"如何"则是指"事情是怎样发生或演变成现在的面貌的","何故"则主要指"为什么"或"原因何在",这也就是通常所说的历史解释。

历史是否需要进行解释和判断?中国史学史上大致有两种意见,一种持否定态度:只要弄清事实本身就够了,其余不必多言,如乾嘉学派的著名代表人物钱大昕说:"史家所征典制有得有失,读史者不必横生意见,驰骋议论,以明法戒也,但当考其典制之实……而或宜法,或宜戒,待人之自择焉可矣。……但当考其事迹之实……而若者可褒,若者可贬,听诸天下之公论焉可矣。……总期于能得其实焉而已矣,外此又何多求邪?"另一种意见持肯定态度,认为"史无裁断,犹起居注耳"②,其中,司马迁作《史记》的宗旨最有代表性:"究天人之际,通古今之变,成一家之言"(《史记·太史公自序》),而司马迁认为他的这一宗旨继承了孔子"别嫌疑,明是非,定犹豫,善善恶恶,贤贤贱不肖"的《春秋》余绪。而这一切,都是我们所说的"历史解释"的工作。事实上,《左传》中的"君子曰"、《史记》中的"太史公曰"和《资治通鉴》中的"臣光曰",也均属"历史解释"的性质,虽然这种

---

① 周一良:《毕竟是书生》,北京十月文艺出版社,1998年,第20页。
② 王鸣盛:《十七史商榷·序》,黄曙辉点校本,上海书店,2005年。

解释还处在一种就事论事的较浅的层面上。西方史学史大概也同样如此。专重史实者以兰克为代表,这就是所谓"如实直书"的"史料批判"传统。所谓"如实直书"就是写"如实在发生一样的历史",与主张"读史者不必横生意见"的钱大昕一样,兰克也总是"不让我们知道他对任何事情的看法,而只让我们知道他面前的事情"。①而20世纪西方史学界占主流的意见认为:"不可能有一种'表现真正的过去'的历史,只能有各种的历史解释,而且没有一种解释是最后的;因此,每一世代都有权利作出自己的解释。"②不仅重视理论的年鉴学派如此,而且"20世纪的三大历史思想派别都一致要求重视历史解释"。③

总起来看,无论中国还是西方,现代史学区别于传统史学的本质特征之一,是对历史解释的高度重视,是对在历史研究中引进理论和思想资源的渴求。

第一节 被解释的历史

历史自身混沌一片,如一团乱丝,缺乏明确的秩序和方向。而后人所看到的成型的历史文本,在大多数情况下,都具有一定的逻辑框架和意义结构,是可以被理解、被把握的。这表明,我们所看到的历史,其实已经经过了加工处理,尤其是被研究者和编撰者解释过了。应当看到,这种解释成分的介入非但无损于历史的真相,而且有利于真相的呈现。因为,处于混沌无序状态的历史,使我们难以接近,而解释为我们打开了一条通道,提供了一种可能。虽然解释超越了事实、实在,但却不可或缺,它使历史秩序化、条理化。或许有人会反驳说,通过叙述照样能够使历史变得富有条理,没有必要非得进行解释。历史的职能只是讲故事而已,"历史编纂学不过是这样的一个简单谈话的扩展,即'我在那儿,曾亲见其事,让我告诉你它的细节吧'"。④岂不知,大多数历史叙述已经潜藏着解释,无意义

---

① 阿克顿:《历史研究讲演录》,何兆武主编:《历史理论与史学理论——近代西方史学著作选》,商务印书馆,1999年,第344页。

② 卡尔·波普尔:《历史有意义吗?》,转引自朱本源:《历史学理论与方法》,人民出版社,2007年,第6页。

③ 同上书,第26页。

④ 同上书,第9页。

的叙述、"为叙述而叙述"的叙述极为罕见。比如,"寓论断于叙事"本身就是一种典型的叙述性解释。所以,无论有意还是无意、自觉还是不自觉,我们所面对的历史都渗入了解释的因素。从这一意义上说,历史从来都是被解释的历史。

一、历史解释的作用

从某种意义上说,历史文本归根结底是为传达某种意义而存在的,历史研究者的一个主要任务就是赋予历史以"意义"。意义通过解释而呈现,历史离不开解释,"历史学的基础就是诠释学"。[①]

历史学家所面对的过去,不是一个寂静的物理世界,而是一个沸腾的心灵世界。他所着力探究的,不是僵死的物,而是活生生的人。对物理世界的研究必须也只能用科学的方法和手段;对心灵世界的研究除了用科学的方法之外,更多的或者说主要的要运用历史学家的理解和感受能力。"真正的历史只有当历史学家穿越时间的屏障开始解释活生生的人时才得以存在。"而对于人来说,他的话语、姿势、头部的动作、穿的衣服、各种各样看得见的动作和行为都是表现形式;在这些背后有某种东西显露了出来,这就是一个灵魂。一个内在的人隐藏在那外在的人的后面:外在的人不过是在显示内在的人。那个隐藏在"外在"的人的后面的"内在"的人,就是"专属历史学家研究"的对象。[②]正因为人本身有"外在"与"内在"之别,而后人所能面对的,只是那些被记录下来的"外在"的东西——"内在"的东西已经随着当事人的死亡永远消逝,所以,那些"外在"的东西便具有了符号的意义,而不仅仅具有证据的意义。"内在"的东西变成了黑箱,"外在"的东西变成了从黑暗中输送出来的信号,成为指示人们进入黑箱的标记。历史记载只有在作为进入一个人、一个时代的精神世界的路标时才是有价值的。历史文献和实物当然都是那个已经消逝的心灵世界的象征与符号,但它们标志着什么或意味着什么并不是一望便知的。更不是能用"科学方法"可以归纳出来的。它们必须被作为密码和暗号加以破译,这就是解释学的任务。

恺撒在他的《高卢战记》中,记载了他于公元前55年和前54年两次率军远征不列颠的战事,战况惨烈。但恺撒两次入侵不列颠的目的何在?过

[①] 伽达默尔:《真理与方法》,洪汉鼎译,上海译文出版社,2004年,第257页。
[②] 恩斯特·卡西尔:《人论》,甘阳译,上海译文出版社,1985年,第246—255页。

去的研究者很少留意，而恺撒本人在著作中也从未提及。柯林武德作为罗马不列颠专家自认为这是一个问题。他提出并解决了这一问题并非由于他发现了新材料，而是由于他重新考虑了一些历史学的原则。譬如，历史学要研究并回答"问题"，不是剪裁并拼贴现成陈述；所有现成的"陈述""文献""资料"都只是"证据"；"在科学历史学中，任何东西都是证据，都是用来作为证据的"①；我们对过去唯一可能的知识乃是基于既有证据通过推论得来的等等。根据上述原则，柯林武德认为，恺撒对他的入侵目的缄口不言本身，可能恰好构成他的目的所在的主要证据。因为无论恺撒的意图如何，他都是无法向读者说明的。所以最可能的解释便是：无论他的目的是什么，他都未能取得成功；如果成功了，他就没有沉默的必要了。②在这里，恺撒的目的和意图就是我们上文所说的"黑箱"，而恺撒在《高卢战记》中的有关陈述，事实上仅是供读者解读恺撒意图的符码和证据。只有将恺撒远征不列颠的真实意图搞清楚了，整个有关的记载才能变得生动起来，这两次远征才能得到透彻的说明。

可见，历史研究、历史论证的"每一步都有赖于提出一个问题"，历史解释的实质是"回答问题"。弗朗西斯·培根提出：自然科学家必须要"质问大自然"。柯林武德认为："当他写这句话时，他所否认的是，科学家对待自然的态度应当是毕恭毕敬的态度，等待着她发言并把他的理论建立在她所决定赐给他的那种东西的基础之上。"在柯氏看来，培根"所主张的同时有两件东西：第一，科学家必须采取主动，为自己决定他想要知道什么，并在他自己的心灵中以问题的形式总结出这一点；第二，他必须找到迫使自然作出答案的手段，设计出各种刑罚，使她不能再保持缄默"。柯氏认为，这里所说，既是"实验科学的真确理论"，"也是历史学方法的真确理论"。③这两种"真确理论"的核心，是在研究者与研究对象的互动关系中，主张研究者处于更主动的地位，是一种更积极的因素。单单消极地等待"论从史出"，事实上就取消了历史解释。"解释"起源于"问题"，"问题"由史学家提出。"要研究问题，不要研究时代"④，是英国历史学家阿克顿勋爵关于现代历史学的"伟大教诲"。近代以来的历史学实际上是以"问题"

---

① 柯林武德：《历史的观念》，何兆武、张文杰译，商务印书馆，1997年，第386页。
② 同上书，第24页。
③ 同上书，第372页。
④ 同上书，第388页。

为中心的历史学。这也就意味着,现代历史学从本质上说只能是诠释的。

历史学必须超越"资料"、超越"证据",进入解释的层面。历史学当然能首先向世人提供许多确凿无疑的基本知识:秦始皇公元前221年统一中国,拿破仑死于1815年5月5日,毛泽东生于1893年12月26日,"西安事变"发生在1936年12月12日,美国世贸大厦被毁于2001年9月11日;另外,像确定一封信的日期,编辑一部契约集,揭露一份伪造文件,撰写一篇准确的记事等等,历史学家为了考订类似这些关键细节,可能也得花去大量时间,而且在这些细节上还不能有任何疏忽。可是,即使这些细节都能全部考订清楚,准确无误,广大的社会公众也并不满足于此,因为这里并不存在需要讨论的问题。人们希望历史学家在更为广阔的问题上发表意见:毛泽东的功过对20世纪中国历史进程的影响,"西安事变"在多大程度上左右了此后中国历史的命运,"9·11事件"对当今世界意味着什么,罗马帝国衰亡的原因何在,法国大革命的历史后果,十月革命是必然的还是偶然的等等。在这些问题上,证据、细节并不真正具有决定性的意义,"历史学家显然也不会提出相同的答案。突出哪个因素,排列孰先孰后的顺序,这靠历史学家定夺,事实本身不会提供判断"。①这就把"历史"从确定性的层面推到了非确定性的层面,从理性的层面推到了价值的层面,从科学的层面推到了人文的层面,更进一步说,从实证的层面推到了诠释的层面。

历史学家通过解读以往人类行为留下的遗迹(文献的和实物的)来解读以往人类行为本身,这使得历史学的对象具有了双重"文本"的性质:不但历史遗迹成为有待解读的"文本",连历史实在也可看作有待弄清、有待解读的"文本"。人和其他动物的一个重大区别,即人的行为从来不是无谓的,而是自觉的、有目的的、有意图的,换句话说是被赋予某种意义的。每一种"文本"都有"意义"或信息要传达,遗迹"文本"有"意义",实在"文本"也有意义。因此,"历史学家对于史料的作用就像文学批评家对他的文本一样:他对公众解释和传达它的意义"。甚至在狄尔泰看来,人文科学,尤其是历史,本质上类似于专注象征的意义的文学批评。②同一个《红楼梦》,不同的人却读出不同的意义:道学家看见淫,才子看见缠绵,革命

---

① 约翰·坎农:《历史学家在工作》,薛刚译,《世界史研究动态》1986年第11期。
② 参见张汝伦:《意义的探究——当代西方释义学》,辽宁人民出版社,1986,第51、54页。

家看见排满,社会学家看见"封建社会"的没落和资本主义的萌芽,还有人看到"理想世界与现实世界"的反衬;同样的投湖自杀,对一个村妇来说无非是"寻短见",对王国维来说却象征着传统学术文化的悲剧命运;而且,陈寅恪、顾颉刚和郭沫若都各自从王国维之死这一"文本"中读出了不同的意义。①王国维之死究竟是出于殉清、出于殉传统学术文化、出于对叶德辉之死的恐惧,还是出于罗振玉的逼债,抑或是出于对自己健康状态的绝望,只要他死了,这一切都变得难寻确解。当然,毫无疑问,解读者的这些所谓的"意义"都有相关证据来支撑。但是,那些被作为证据的东西并不能自行给出上述"意义"。"意义"归根到底是对"文本"进行创造性解读的结果。王国维之死这个较小的文化史事件是这样,那些较大的社会史、政治史事件亦无不如此:无论有关它们的文献和证据多么充分,这些文献和证据也同样不能自行给出这些事件的"意义",它们只是供人解读的文本。这进一步说明,历史学家要使"历史"具有"意义"和"价值",必须超越"实证",走向"解释"。

从历史研究的基本工作程序看,解释也是必不可少的。首先,任何一个历史事实的确定都离不开解释。"每个事实即是一个解释,而每个解释即是一个事实。"②历史事实不同于客观、实在的事实。实在的事实一去不复返,是静止的;而历史事实,进入历史记录的事实,是变动不居的。李大钊曾指出:"所谓历史的事实,便是解喻中的事实。解喻是活的,是含有进步性的;所以历史的事实,亦是活的,含有进步性的。只有充分的纪录,不算历史的真实;必有充分的解喻,才算历史的真实。历史的真实亦只是暂时的,要时时定的,要时时变的,不是一成不变的。"③历史事实是随解释而变动的。历史事实的确定不是一劳永逸的,而是需要不断更新的。历史事实的这种未完成性是由解释的变更推动的。例如,天文现象的变化,古代的史书都将之与神意、君德等联系起来;现代科学昌明之后,才知道日食一类的事,是天体运行中的自然现象,既不是什么灾异,也不关乎神意和君德。再如,火的发现、农业及农器的发明、衣服的制作,古代都认为是

---

① 参见陈寅恪:《王观堂先生挽词并序》,载《陈寅恪续集》,清华大学出版社,1993年,第10—11页;顾颉刚:《悼王静安先生》,载《文学周报》1928年第5卷第1期;郭沫若:《历史人物》,人民文学出版社,1979年,第215—217页。

② 陆懋德:《史学方法大纲》,北京师范大学史学研究所,1980年,第71页。

③ 李守常:《史学要论》,商务印书馆,1999年,第79—81页。

半神的圣人,如燧人氏、神农氏的功德;现代的进化论则认为,这些文明利器,是人类生活一点一点进步的结果,是社会上大多数人有意无意中积累的发现与应用的结果。由此可见,解释不同,历史事实也有所差异。历史事实的确定是与解释结合在一起的。①

其次,历史叙述的完成也离不开解释。完整、周密、有深度的历史叙述,不但叙述一件事,还叙述相关之事;不但叙述一事的表象,还叙述此事的内蕴;叙述历史事实的起源、原因、发展、影响,也叙述历史整体的演进以及过去、现在、未来三者之间的关系。这样,叙述的范围扩大了,种种解释自然融会于其中了。解释可以被视为广义的历史叙述的一个环节。前面已经提到过,历史叙述是对历史事实的组合贯通,要或隐或显地依据一定的理论观点、逻辑结构,这就不可避免地涉及解释。其实,历史叙述的每一步都有意义在导引,都以特定的理论取向作参照。历史叙述与历史解释常常是融合在一起的。即使是最初级、最简单的编年纪事,也包含了解释的成分,构成对历史对象的历时性"演绎"。因为编年纪事需要一道选择事实的工序,而支配史家筛选事实的是一定的历史观或历史解释。哪些事实能够进入历史叙述之中,并不取决于这些事实本身。史家的史观、史识才是最关键的。至于超越编年史的层次,形成一个有头有尾的故事,并赋予其一种意义和说明,这种叙述就更与历史解释不可分离了,它本身就蕴含着解释。通常历史叙述在对历史事实发生根源及来龙去脉的追溯中揭示出内在于发展过程的因果链条,这是一种发生学的解释。所以说,历史叙述与历史解释是一种相依为命的关系。②

二、历史解释的时间参照

既然历史解释不可回避,那么应该如何进行呢?历史解释不能向壁虚构、无中生有,而必须有一定的依据和准绳。历史学家的历史观、现实观和未来观,是进行历史解释的首要参照。

把什么样的"意义"输入历史,首先取决于史家如何看待"过去与现在的关系"。"意义"从来都是相对于某种"参照"而言的,人们在任何场合下谈论历史的"意义"时,所使用的首要"参照"是"现在"。遥远的过去之所以为今人所提起、让今人感到亲切有味,就在于它与"现在"有某种或直接

---

① 可参看蔡正平:《历史事实中包含着解释》,《唯实》1999年第8期。
② 参见杜维运:《史学方法论》,北京大学出版社,2006年,第166—167页。

或微妙的关联,就在于它在今人看来有价值。唯有当前活生生的兴趣才能推动我们去寻求对过去事实的知识。同样,过去的事实之所以被今人注意,就在于它能与当前的兴趣产生共鸣、打成一片。历史是当前仍然活着的过去,而不是死掉的过去。历史是由活着的人和为了活着的人而重建的死者的生活。所以,根本说来,历史的意义不是渊源于"过去"本身,而是渊源于史家生存于其中的"现在";没有"现在"这架天平,人们是无法确知"过去"的轻重的。

历史意义的解读,包括历史研究本身是历史与现实、过去与现在、问题与材料、学者与社会之间的一种极其复杂的双向沟通和对话。史家在历史解释中传达的一定是在他的时代看来有用的东西。"我们是否研究过去,这对过去自身决无影响。换言之,我们研究过去是为我们的缘故……我们是为自己的缘故研究过去。"[①]史家可以"为历史而历史",凭自己对历史本身的兴趣来研究历史,但史家的"兴趣",仍然包括在"现在"的范畴之内。

解读历史的意义时,人们不仅以实在的"现在"为参照,还以非实在的"未来"为参照。经验告诉我们,在实际生活中,并不像教科书上所说的那样,对未来的选择奠基在对历史的回顾上——历史学家极为喜欢这一抬高自身地位的说法。真实的情形往往令历史学家沮丧不已:对未来的判断常常左右着、诱导着人们应回忆哪些历史,凸现哪一部分过去,强调什么样的遗产,突出何种传统。换句话说,历史的"意义"或分量不仅要以它与"现在"的关系来确定,甚至更要以它与"未来"的关系来确定。世界历史就是末日审判,这就是说,历史是靠新的创造来评价的。你推倒了一个政府,颠覆了一个帝国,夺取了一片江山,这什么都不能说明。假如你明天把这片江山弄得更糟,那你就丧失了"起事"的合法性,而不论这种"起事"的动机多么美好。因此,只有"在将来之中"才能找到"历史判断的最后标准","只有将来才能提出解释过去的钥匙"。那些能给历史以合理解释的史家,总是那些具有"既看到过去同时又看到将来的、一种长远的眼力的历史学家"。这些史家"把他的眼光投射到将来",因为只有将来"能给予他一个更深入的、更持久的对于过去的洞察力,这比那些把观点完全束缚在自己当前地位的历史学家所能得到的,要深入、持久得多"。所以,"历史学家对过去的解释,他对于有意义的和有联系的东西的选择,是随

---

① 约翰·坎农:《历史学家在工作》,《世界史研究动态》1986年第11期。

着新目标在前进中的不断出现而改进的"。①从这个意义上来说,历史解释不仅是过去跟现在之间的对话,更是过去与可以看到的未来的目标之间的对话。因此,真正的历史解释绝不会由那些冬烘先生、知古不知今者和知去不知来者提供。事实上"恰当的名之为历史的那种历史,只有由在历史本身中找到了一种方向感,而且接受了这种方向感的人来写作。我们是从某地方来的,这种信念是跟我们正向某地方走去这种信念紧密联系在一起的。对自己有能力在未来向前进这一点上丧失了信念的那种社会,会很快地对自己在过去的进步不再表示关切"。②

三、历史解释的理论假设

尽管对历史意义的解读、诠释、传达离不开"现在"和"未来"等时间参照,但意义生成解读和诠释作为一种"理论行为""思想行为",尤其需要援用一些带有"普遍知识""普遍真理"性质的东西,也即依赖"理论"和"思想"本身,依赖特定的价值信念、人文理想。对历史研究来说,意义诠释由以进行和展开的主要资源首先就是历史学家的人文价值理想,而这种人文理想对于历史解读则纯属一种形而上学的前提假定。譬如,人人平等、社会公正、自由平等、人权博爱、人类正义、真善美、和平理念等,均非从历史事实中产生,也非从材料考据中拈出,更非科学所能给定,它们实质上都是一种价值预设。这些形而上的价值预设,是历史学不可或缺的前提。没有这些前提,就不会有历史学家据以解说历史的观念与思想,从而也就没有了历史学自身。因此,"历史学必定总是建立在一种前提假设之上的"。③正如年鉴派布罗代尔在论述历史学与人文主义价值理想的紧密关系时所说:"人文主义是一种希望的方式,希望人类彼此成为兄弟,希望文明(每一种文明自身以及它们的总和)能够拯救其自身并拯救我们","希望'目前'这座大门能朝着未来洞开。"④所有历史解释的终极指向,几乎总是要人们存有和点燃对未来的希望,因此,历史叙事和历史意义诠释

---

① 爱德华·卡尔:《历史学是什么?》,吴柱存译,商务印书馆,1981年,第135页。
② 同上书,第145页。
③ 引自何兆武、陈启能主编:《当代西方史学理论》,中国社会科学出版社,1999年,第255页。
④ 布罗代尔:《论历史》,转引自何兆武:《历史与历史学》,湖北人民出版社,2007年,第211页。

的全过程自始至终都贯穿着历史学家的人文价值观,以及他的理想、精神和追求。历史学家是以自己的人文情怀拥抱整个历史的。"从某种意义上说,历史学家对过去所构思出来的那幅历史图像,乃是他自己思想的外烁。"①如果他的人文价值理想是积极进取的,他所描绘的历史图像也必定是乐观明朗的;如果他的人文价值理想是消极悲观的,则他所描绘的历史图像也必定是阴森惨淡的。

在许多场合下,历史解释的实现还必须借助于某种理论假设。布鲁图斯于公元前44年3月15日刺死恺撒。历史学绝不应局限于或满足于这种纯粹的和精确的记述,它必须对这一事件发生的原因和导出的后果作出某种说明或分析,将这一事件放入某种因果框架中,这就是"解释"。每当要对某一事件的前因后果作出解释时,我们常常看到历史学家几乎都要乞援于某种明确的或含蓄的假设。譬如,对于"秦始皇统一中国"这一事实,如果人们只满足于记载,那么一句话就够了:公元前221年秦始皇统一中国。可这种陈述几乎不能使任何人满意。人们实际上感兴趣的是:秦为什么能够统一中国?通行的大学历史教科书认为:战国时生产力的提高为全国的统一准备了条件,各国实行的郡县制和君主集权为出现大一统国家奠定了基础,因此,"经过战国而全国从分裂走向统一,是长时期历史发展的必然产物"。②这里的说法实际上以一个暗含的假设为前提:如果没有秦始皇,历史也会造出另一个楚始皇、齐始皇、魏始皇来实现统一,统一在这时已成为大势所趋、人心所向。如果没有某种行为,某种事件的发生和进程就会完全不同。几乎任何历史解释都必须提出这样的问题。历史学家的工作绝不仅仅是单纯陈述事实,他还必须赋予这种事实以一种意义,他必须解释与说明事件的前因后果。

"理论预设"在历史解释中起着至关重要的作用。面对同样的史实、过程和问题,持有不同"理论预设"的史学家可能会给你展布不同的历史情景。这里所谓的"理论预设",就是通常所说的历史观,也就是"唯物史观""唯心史观""正统史观""英雄史观"之类。资本主义首先起源于西欧,这一点没有人有疑义,资本主义的起源是众多因素互动的结果,大概也是共识;但在资本主义起源过程中,究竟哪个因素是自变量,哪个因素是因变量,看法却有悬殊。唯物史观的创始人马克思坚持认为"经济"的因素

---

① 何兆武:《对历史学的若干反思》,《史学理论研究》1996年第2期。
② 翦伯赞主编:《中国史纲要》第1册,人民出版社,1979年,第83页。

是最基础和原始的因素，马克斯·韦伯以所谓的"唯心史观"为预设，提出某种伦理因素、精神因素更带有终极的意义。正是这种"理论预设"的不同，导致马克思在《资本论》、韦伯在《新教伦理与资本主义精神》中采取了不同的历史叙事，提供了不同的历史画面。范文澜的《中国通史简编》与钱穆的《国史大纲》，范文澜的《中国近代史》、胡绳的《帝国主义与中国政治》与蒋廷黻的《中国近代史大纲》，所面对的历史时空几乎完全相同，但所描述的历史情节却几乎完全不同，实质上也是两种"理论预设"的差异所致。

  历史观为历史的观察和研究提供一种宏观的、终极的角度和视野，但还无法完成对历史现象、历史事件的充分解释。要对历史现象、历史过程本身进行全面细致的解读，还必须借助于以社会生活各部门为研究对象的社会科学，必须向社会学、人类学、人口学、经济学等社会科学借取方法、模式和认识能力，用这些学科的学理去阐释相关的历史现象。对于复杂的历史问题、历史现象，甚至需要组合运用多种社会科学的理论才能奏效。对当前学术界而言，这些社会科学的方法与唯物史观是一种互补关系。作为解释历史的学理的唯物史观自然有其无可争辩、不可替代之处，但它不能直接用来解释某些既定的历史现象，或者说它只可以从归根到底的意义上去揭示某种现象的起源，但无法解释这种现象本身。例如，对于捻军的运动战，用唯物史观我们只能说战争起源于特定的生产力水平所决定的人们之间的利益冲突，但运动战本身非用军事学理论解释不可；再如1930年代的世界经济大危机，在唯物史观看来，它起源于私人占有制与社会化大生产的矛盾，但危机本身非用经济学理论解释不可；还有顾颉刚和郭沫若为什么会走上不同的人生道路和治学道路，非得在考察了他们各自的家庭背景、家学渊源、师承关系乃至性格气质等因素之后才能回答，也就是说，非得用文化社会学的方法不可，唯物史观不能直接回答上述问题；另外，像洪秀全晚年对神学的膜拜和精神失常、中国古代的货币演变等，非得用相应的精神病理学和货币理论解释不可。总之，要想合理地解释和说明这些现象，离不开社会科学理论和其他专门理论。也就是说，历史解释在历史观的层次下，还应当运用具体的社会科学原理和方法。只有这样，历史解释才能避免空洞，做到细致入微，具有说服力。

第二节　历史解释的基本模式

在西方思想史上,大致存在两种不同的解释传统。由孔德代表的实证主义以及当代的新实证主义,其特征表现在方法论的一元论,以自然科学的标准来衡量其他学科的发达程度,以及对事物的因果说明,即把单个事件纳入假定的一般自然律之下。与之相对立的立场是所谓"唯心主义"的,即把自然科学领域和精神科学领域的方法论区分开来,强调历史解释在方法论上的特殊性。[①]代表人物有德罗伊森、狄尔泰、齐美尔、韦伯等,巴登学派与克罗齐、柯林武德也属于这一阵营。实证主义的解释观以覆盖律模式为代表,唯心主义的解释观则以理性解释模式为典型。下面分别予以介绍。

一、覆盖律模式

实证主义者波普尔认为,历史的科学解释是引用某些普遍的自然规律对事件的因果关系做出假定性的说明。事实上,只有联系某些普遍规律,一个独特事件才是另一独特事件的原因。但是,这些规律可能是很平常的,多半属于常识,以致不必提及。例如,布鲁诺是被烧死的,但在历史中不必解释生物受剧热而死亡这一普遍规律。这种用普遍规律来说明具体事态的方式,后来得到了亨普尔的进一步发展,一般被称为波普尔—亨普尔覆盖律模式(covering law model),又称概括律理论。

波普尔说:"给予某一事件以因果解释就是演绎出描述这一事件的陈述,运用一条或更多条的普遍定律以及某些单称陈述及初始条件作为演绎的前提。"[②]亨普尔明确指出:在历史学和各门自然科学中,普遍规律具有非常相似的作用,是历史研究的一个必不可少的工具,甚至构成了常被认为是与各门自然科学不同的具有社会科学特点的各种研究方法的共同基础。亨普尔把普遍规律理解为一种能由适当的经验结果来确证或否证的全称条件形式的陈述。"规律"这个术语暗示着:该陈述实际上充分得到了可获得的有关的经验证据的证实。由于这种限定在许多情况下不适于

[①] 沃尔什:《历史哲学——导论》,何兆武等译,广西师范大学出版社,2001年,第36—42页。威廉·德雷:《历史哲学》,王炜等译,三联书店,1988年,第4页。严建强、王渊明:《西方历史哲学——从思辨的到分析与批判的》,浙江人民出版社,1997年,第176—177页。

[②] 波普尔:《科学发现的逻辑》,查汝强等译,沈阳出版社,1999年,第42页。

我们的目的，所以我们将常常用"普通形式的假设"这个术语来代替"普遍规律"，或简称"普遍假设"。这种普遍假设可以表述为：在一特定种类的事件C于某地某时发生的每一种情况下，一个特定种类的事件E就会于某地某时发生，并以特定的方式与前一事件发生的地点和时间相联系。

要解释某一事件之所以发生，首先，要有一组描述最终事件发生的初始条件，即一组有关事件序列 C_1, C_2……C_n 在某时某地发生的陈述；第二，要有一组包含了构成解释基础的普遍规律，只有将这两个组结合在一起，我们才能得到一个完备的因果解释。也就是说，当某种陈述所描述的事件能够从一般定律和前提条件下推导出来时，该事件或现象的发生才获得了解释。一个常见例子是解释汽车水箱在冬夜里破裂：我们看见一辆停在街道上的汽车的水箱破裂了，我们一方面要确定初始条件，包括汽车整夜停在大街上；铁制的汽车水箱里装满了水，水箱盖拧得紧紧的；夜间温度从傍晚的华氏39度降到凌晨的华氏25度；空气压力正常，水箱材料的破裂压力也正常等。另一方面则要了解有关的普遍规律，包括在正常的大气压力下，温度低于华氏32度，水就会结冰，低于华氏39.2度时，如果水的体积保持恒定或是缩小，水的凝聚压力就会随着温度的降低而增加。当水结冰时，水压再次增加。最后，这组规律可能还包括由于温度和体积的改变而造成水的压力变化的有关数量规律。当我们从这两组陈述中逻辑地推导出水箱破裂的结论时，该事件就得到了解释。[1]可见，规律在解释中起着根本性的作用。

亨普尔承认，历史学或社会学提供的大部分解释缺乏对预先假定的普遍规律的明确陈述和清晰阐明。这是因为：首先，普遍假设往往与个人心理或社会心理有关，个人心理或社会心理被认为是每个人通过日常经验所熟知的，因此，这些假设不言而喻地被视为当然。正如波普尔所说：我们绝不能以一种绝对的方式谈论原因和结果，一个事件是另一个事件的原因，另一个事件是这一事件的结果，是相对于某个普遍规律的。然而，这些普遍规律是如此的平常，以至于我们把它们看作是理所当然的规则，而不刻意使用它们。例如，如果我们解释波兰在1772年的第一次分裂，指出它不可能抗拒俄罗斯、普鲁士和奥地利的联合力量，那么我们已经不自觉地运用了一些日常的普遍规律："对于两个同样装备和指挥的军

---

[1] 卡尔·亨普尔：《普遍规律在历史中的作用》，汤因比等著、张文杰编：《历史的话语》，广西师范大学出版社，2002年，第312—316页。

队来说,而如果一方占有人数上的优势,那么另一方就永远不会取胜。"这条规律可以说成是关于军事力量的社会学规律;但因为它太常见,对社会学研究者来说就不是一个严肃的问题,或者引不起他们的注意。①

其次,充分精确清晰地阐述基本假设并且使那些假设符合所有可获得的有关经验证据,通常是困难的。尤其是像"因此""所以""因而""因为""当然""显然"等术语,往往表示某种普遍规律的不言而喻的预先假定,它们用于联结初始条件和待解释事件,但是只有预先假定了一些合适的普遍规律,才会出现待解释事件"自然"地是已被表明条件的"结果"的现象。例如,干旱多尘地区的农民移居加利福尼亚,"因为"持续的干旱和沙暴使他们的生存环境日益恶化,并且"因为"在他们看来,加利福尼亚提供了好得多的生活环境。这个解释依赖于某些诸如人们总是倾向于移居到提供了更好的生活环境的地区那样的普遍假设。但是,以用被所有可获得的经验证据完全合理地证实的普通规律这一形式来精确地阐明这种假设显然是困难的。同样,如果用大部分人对现状的不满不断增大来解释一场特定的革命,显然,在这个解释中假定了一条普遍规律,但是,我们几乎不可能阐明导致一场革命的不满必须正好达到何种程度,采取何种特定的形式,以及必须具备哪些外界条件。类似的评论适用于阶级斗争、经济或地理环境、某些集团的既定利益、挥霍浪费的倾向等等方面所有的历史解释:它们全都依赖于对普通假设的假定,这些假设把个人生活或团体生活的某些特征与其他特征联系起来,但在许多情况下,在一个给出的解释中心照不宣地采用的假设的内容,只能非常近似地被重建。②

在大多数情况下,历史事件的解释分析提供的不是完整的解释,而是一种"解释框架"或"解释的草图",是对被视为有关的初始条件和规律的有些模糊的指示。它需要"扩充"以便成为成熟的解释。这种扩充需要进一步的经验研究。具体的研究可以有助于确证或动摇那些指示,即,它可以证明所提出的那种初始条件确实是合适的,或者,它可以揭示出不同性质的一些因素必须考虑在内,以便得到一个令人满意的解释。解释框架要求的扩充过程一般会引起所涉及的阐述的精确性逐渐增加,在这个过程的任何阶段上,那些阐述都要有某种经验意义,至少可能大致地表明哪

---

① 波普尔:《开放社会及其敌人》,陆衡等译,中国社会科学出版社,1999年,第398、400页。
② 卡尔·亨普尔:《普遍规律在历史中的作用》,汤因比等著,张文杰编:《历史的话语》,第317—318页。

种证据适于检验它们、哪些研究结果有助于确证它们。

我们对一个事件所作的解释通常是不完整、不充分的。仅依靠普遍假设来说明它的全部特征,从而作出对独特事件的完全解释是不可能的。例如这样的解释:一个牲口棚烧毁了,"因为"一根燃着的香烟掉进了干草里;或者某一政治运动取得了惊人的成功,"因为"它利用了广为散布的种族偏见。同样,就破裂的水箱来说,作出一个解释的通常方法总是局限于指出,汽车放在寒冷的环境中,并且水箱灌满了水。在这样的解释陈述中,赋予被陈述的条件以"原因"或"决定性因素"性质的普遍规律,完全被省略了。即使是对决定性条件和普遍规律非常详细的陈述也需要扩充。

要鉴定一个解释的可靠性,首先必须尽可能完整地重构说明这个解释或解释框架的论据。尤为重要的是了解潜在的解释的假设是什么和界定它们的范围的经验基础。我们有必要恢复埋没在"因此""所以""因为"等墓碑下的假设。亨普尔遵循休谟的主张,认为历史学家在使用因果性词语时,实际上是暗中诉诸规律,而这些规律在原则上是可以检验的。① 同时还要对解释进行逻辑上的审查,防止出现假的确证。那种以为只要说明了一个事件的某些主要特点就解释了它的大量细节的观点是错误的。例如,一个团体生活于其中的地理或经济状况,可以说明它的比如艺术或道德准则的某些一般特点,但是承认这点并不意味着这个团体的艺术成就或它的道德体系因而就得到了详细的解释。仅从一般的地理或经济状况的描述中,依靠一些能举出的普遍规律就能推论出这个团体文化生活的某些方面的详细说明。与此有关的一个错误是挑选出必须在初始条件中阐明的几组重要因素中的一组,然后声称所考察的现象是被那组因素"决定"的,因而能够根据它来解释。②这些误区都应当尽力避开。

亨普尔指出,所谓根据某种特定的观点或理论的"历史现象的说明"是与解释和理解密不可分的。历史学实际提出的说明,不是把所研究的现象纳入科学解释或解释框架,就是试图把它们纳入某种经不起任何经验检验的一般性观念。在前一种情况下,这种说明显然是运用普遍假设的解释;在后一种情况下,它相当于一个假解释,这种假解释可能具有感

---

① 韩震:《西方历史哲学导论》,山东人民出版社,1992年,第530页。
② 卡尔·亨普尔:《普遍规律在历史中的作用》,汤因比等著、张文杰编:《历史的话语》,第318—321页。

情的感染力，并唤起栩栩如生的联想，但它不会推进我们对所研究的现象的理论认识。普遍假设是解释的基础。

普遍规律或普遍假设从何而来呢？亨普尔说："历史学家在提出解释、预见、说明、关联判断等时所明确地或心照不宣地运用的那些普遍假设，就它们不是日常经验的前科学概括来说，是取自自然科学的各个领域。例如，许多构成历史解释基础的普遍假设通常被归类为心理学规律、经济学规律、社会学规律，也许部分可归类为历史规律，并且历史研究不得不经常凭借在物理学、化学和生物学中确立的普遍规律。例如，用缺少食物、不利的天气条件、疾病等等来解释一支军队的失败就是建立在这样一些规律的假定之上的。利用树的年轮确定历史事件的年代，依赖于运用某些生物规律，检验文献、图画、硬币等等的真实性的各种方法则利用了物理学和化学的理论。"①

英美分析哲学家经常使用的另一种类型的普遍规律或普遍命题是所谓的"倾向性"命题或有关行动者的性格、脾气、存在方式、行动方式的命题。行动者的个性也是普遍命题的一部分。解释某个行动者的所作所为的，是行动者本身。以希特勒进攻苏联为例，希特勒野心无限，心中激荡着反共激情，他不可避免地实施了自己所采取的决定。在这里，正是行动者的倾向性在对决定做出解释，而并非关于处境和目标所做出的合理性分析。②

总之，科学解释乃是个别事实与一般规律的结合。即使一个历史学家试图把他的研究限制在对过去的"纯粹描述"中而不进行解释，他也离不开普遍规律。因为他研究的对象总是过去——永远不能直接审视到的过去。他不得不用间接的方法来确立他的认识：通过利用把他现有的资料与那些过去的事件联系起来的普遍假设。这个事实之所以被掩盖起来，部分是因为一些涉及的规律为人们熟知，根本不值一提；部分是因为把用于确立有关过去事件的知识的各种假设和理论归为历史学的"辅助学科"的习惯。

丹图对规律与事件的关系作了更细致的分析。他指出：当历史学家解释历史事件时，尽管并未提及任何规律，却心照不宣地预设了规律的存

---

① 卡尔·亨普尔：《普遍规律在历史中的作用》，汤因比等著、张文杰编：《历史的话语》，第324页。

② 雷蒙·阿隆：《历史讲演录》，张琳敏译，上海译文出版社，2011年，第137—138页。

在。我们在实践中的确根据非常一般的概念理解人类行为,这些概念如果被清晰地表达出来就具有普遍规律的形式。这些普遍规律无非是某种常理。不过,普遍规律或普遍原则与具体事件之间不具有一一对应的逻辑关系,同一普遍规律之下往往可以覆盖多个具体事件,一个历史解释中包含的普遍规律也不止一个。史学的部分魅力所在就是人类在时间中展示的无穷无尽、性质各异的行为和激情的壮观图景。①

二、理性解释模式

有部分学者认为,历史过程则是由人的行动构成的,行动是受一定思想、意图、目的和动机支配的。他们强调历史学的研究对象是历史行为者的内在动机驱使下的历史行为,由他们的行为造成的历史事件和过程都只具有一次性,没有重复性,由此决定了历史学不可能像自然科学那样从现象的重复性归纳出一般规律。和自然科学家的"外部"观察不同,历史学家的任务是要深入到历史的"内部",去洞察行为背后的思想动机,只有辨析出思想,行为才可能变得可以理解。这种解释模式把理性作为理解人类行为的关键,因而可称之为"理性解释模式"。②

狄尔泰提出一种类似精神分析学中移情作用的解释理论。通过移情作用,我们能使自己超越主观并体验他人的经历。通过对他人的"重新体验",了解他人怎样感觉、思想和行为,从而达到对其行为的理解。"理解是从个人充沛的经验出发,通过一种位置的调换,渗透进他人的生命表现之中。"③由于认识的主体和对象在精神上是同一的,因而这种方法在历史解释中是有效的。对历史活动者来说,人类行为不仅仅是一些事件,而且也是精神或"生命符号"的姿态的表现形式,人们的行为、姿态和表情,展露着生命的体验和精神的内容。历史学家对他人"理解"的成功,有赖于用我们自身的体验来补充我们的观察。在这里,对他人的理解就引入了同情和移情的概念。对历史过程的认识,就成为一种同情的再体验。④

---

① 阿瑟·丹图:《叙述与认识》,周建漳译,上海译文出版社,2007年,第263、281、284、298、304页。

② 严建强、王渊明:《西方历史哲学——从思辨的到分析与批判的》,第183页。

③ 引自安托万·普罗斯特:《历史学十二讲》,王春华译,北京大学出版社,2012年,第139页。

④ 狄尔泰:《历史中的意义》,艾彦、逸飞译,中国城市出版社,2002年;沃尔什:《历史哲学——导论》,第45—46页。

柯林武德则认为,历史学的研究对象与自然科学的研究对象根本不同:"一个自然的过程是各种事件的过程,一个历史过程则是各种思想的过程。人被认为是历史过程的唯一主体,因为人被认为是在想(或者说充分地在想、而且是充分明确地在想)使自己的行动成为自己思想的表现的唯一动物";因此,历史学家的任务是要去设法理解历史行为者的思想;把历史行为者的思想理解明白了,那些行为造成的历史事件、过程的真相也就能够述说明白了。"历史学家怎样识别他所努力要发现的那些思想呢?只有一种方法可以做到,那就是在他自己的心灵中重新思想它们",历史学家"必须经常牢记事件就是行动,而他的主要任务就是要把自己放到这个行动中去思想,去编织出其行动者的思想";因此,"历史学家不需要也不可能(除非他不再是一位历史学家)在寻找事件的原因和规律方面与科学家竞赛。……对历史学家来说,所要发现的对象并不是单纯的事件,而是其中所表现的思想。发现了那种思想就已经是理解它了"。①

一旦我们像一个行动的潜在参加者一样,在自己头脑中重演了历史人物的思想,那我们就实现了对他的行动的理解。柯林武德举例说,如果一个研究古代罗马的历史学家正在研究狄奥多修斯法典,他面前放着一部皇帝的敕令,那么,"他必须设想皇帝所试图对付的局面,而且,他必须像皇帝那样面对这一局面。于是,就好像他自己面临的局面一样,他必须自己审视如何应付这个局面,他必须看好可能的抉择,以及做出非此即彼的抉择,并提出理由。因此,他必须走过皇帝在决定这一特殊步骤时走过的路程。这样,他就在自己头脑里重演了那个皇帝的经历。而且,只有在这个范围里,他才对敕令的意义具有历史的认识,而完全迥异于纯粹的哲学知识"。②

这正像英国历史学家巴特菲尔德所写的:"我们如果不从历史人物的内心来看他们,不像一个演员感受他所扮演的角色一样来感受他们——把他们的想法再想一遍,坐在行动者而不是观察者的位置上——就不可能正确地讲述故事。……(这一点的确难以做到)……但无论如何,历史学家必须把自己置于历史人物的位置上,必须感受其处境,必须像那个人一样思想。如果没有这种艺术,不仅不可能正确地讲述故事,而且也不可

---

① 柯林武德:《历史的观念》,何兆武、张文杰译,中国社会科学出版社,1986年,第143、242—245页。

② 同上书,第320页。

能解读那些重构历史所依靠的文件。传统的历史写作强调富于同情的想像(sympathetic imagination)的重要性,目的是要进入人类的内心。"①

亨普尔如此描述这种解释模式:"真正的历史解释,是靠一种独特地把社会科学与自然科学区别开来的方法即移情理解法得到的:历史学家设想,自己也处在那些卷入了他要解释的事件之中的人的地位上,他试图尽可能完全地了解他们在其中行动的环境和影响他们行为的动机。靠这种想像的与历史人物的自我认同,他有了一种了解,因而获得了他所关心的事件的合适解释。"②简单说,这种解释途径就是在人性同一的前提下,重建思想与行为的联系,由思想理解行为。

陈寅恪主张的"了解之同情",也出于同样的思路:"盖古人著书立说,皆有所为而发。故其所处之环境,所受之背景,非完全明了,则其学说不易评论,而古代哲学家去今数千年,其时代之真相极难推知。吾人今日可依据之材料,仅为当时所遗存最小之一部,欲藉此残余断片,以窥测其全部结构,必须备艺术家欣赏古代绘画雕刻之眼光及精神,然后古人立说之用意与对象,始可以真了解。所谓真了解者,必神游冥想,与立说之古人,处于同一境界,而对于其持论所以不得不如是之苦心孤诣,表一种之同情,始能批评其学说之是非得失,而无隔阂肤廓之论。"③他阐述的实际上也是一种人同此心、心同此理的推度和移情式理解,不过他更强调古人所处的"环境"和"背景"而已。这与王夫之所云之"设身于古之时势""研虑于古之谋为"相仿佛。

这种与古人心通意会、把自己假想成历史人物进入其思想的推理属于直接推理的范畴,它要求历史学家用历史人物本身的眼光看问题,用他自己的信仰和原则去评价其行为。一些历史学家和历史哲学家认为,除了直接推理外,还应当用转述推理,即历史学家用自己的原则和信仰来评价历史人物的行为。柯林武德在谈到思想的重演时也强调了这一点。他指出,重演并不意味一种消极地屈从别人头脑的行为,而是一种积极的、

---

① 转引自李剑鸣:《历史解释建构中的理解问题》,《史学集刊》2005年第3期。
② 卡尔·亨普尔:《普遍规律在历史中的作用》,汤因比等著、张文杰编:《历史的话语》,第321页。
③ 《冯友兰中国哲学史上册审查报告》,《金明馆丛稿二编》,三联书店,2001年。同时参见陈怀宇:《陈寅恪与赫尔德——以了解之同情为中心》,《清华大学学报》(哲学社会科学版)2006年第4期;刘梦溪:《"了解之同情"——陈寅恪〈冯友兰中国哲学史上册审查报告〉简释》,《江西社会科学》2004年第4期。

批判性的思考,因为在这个过程中,我们要面对对象自己的价值判断,纠正能被辨认出来的错误,从而将过去纳入到现在的思想情景中。①

　　理性解释得以实现的一个必要前提是人性同一原则。正如休谟所说,"在所有民族、所有时代的人的行为中,有一种很大的齐一性","人性在原则和效力上是相同的","同样的动机总能产生同样的行为;同样的事件伴随着同样的原因。野心、贪婪、自爱、虚荣、友谊、慷慨、公共精神——这些情感不同程度地混合在一起并通过社会释放出来,它们从世界诞生之日起就已经存在,而且永远是被洞察到的人类的所有行为和进取精神的源泉。"他进一步说:"你知道希腊和罗马人的思想、爱好和生活过程吗?仔细研究法国人和英国人的性情和行为:把对后者做出的大部分观察转移到前者不会出现大的纰漏。"②古代和现代人性、情感的同一性使历史认识成为可能。

　　以移情作用来窥探意图和动机的理性解释模式受到亨普尔的严厉指责。亨普尔认为,像柯林武德所说的,将自己置身于罗马皇帝的地位来考虑问题,只是达到了解释前提。这个前提断言了一种心理学的规律,即思想与行为之间的必然联系。了解了主体的行为动机只是作出正确论断的必要前提,而不是充足条件。③"外行人和历史学家无疑都运用移情法,但它本身并不构成解释,从本质上讲,说它是一种启发手段更为合适,它的作用是提出在思考时可以作为解释原则的心理学假设。这种作用的思想基础大致表述如下:历史学家试图体会一下,看他本人处于有关人物的既定环境和特有的动机下时会怎样行事;他试图把他的发现概括为一般法则,并用它作为说明历史人物的活动的解释原则,这种做法有时可能是有启发作用的,但它保证不了由它导致的历史解释的可靠性。历史解释的可靠性更依赖于这种理解法可能会提出的对事实概括的正确性。"④

　　而且,科学的历史解释并不取决于是否运用移情方法。例如,一个历史学家即便不能进入一个有偏执狂的历史名人的角色,但他完全能用变

---

① 严建强、王渊明:《西方历史哲学——从思辨的到分析与批判的》,第185页。
② 引自雷克斯·马丁:《历史解释:重演和实践推断》,王晓红译,文津出版社,2005年,第14—16页。
③ 转引自威廉·德雷:《历史哲学》,第28—29页。同时参考易江:《亨普尔的"行动归入说明"理论述评》,《自然辩证法研究》1998年第7期。
④ 卡尔·亨普尔:《普遍规律在历史中的作用》,汤因比等著、张文杰编:《历史的话语》,第321—322页。

态心理学的原理来解释这个人的某些行为。因此,一个历史学家能否与历史人物心灵相通和他的解释的正确性无关。重要的是所运用的普遍假设的可靠性,不管它们是由移情法提出的还是根据严格的行为主义方法提出的。许多诉诸理解法的要求看来是出于以下这个事实:它有见于以某种对我们来说是"似乎真实的"和"自然的"方式来描述所研究的现象,这经常是依靠诱导隐喻而得到的。但是,必须把如此表达的这类"理解"与科学理解明确区分开来。与经验科学的其他任何领域一样,在历史学中,对一个现象的解释在于把现象纳入普遍经验规律之下,解释的可靠性的标准不在于它是否诉诸我们的想象,不在于它是根据有启发的类比提出来的,而仅仅在于它是否依赖于有关初始条件和普遍规律的被经验完全证实的假设。

亨普尔强调:"科学解释,特别是理论解释的目标不是这种直觉的和高度主观的理解,而是一种客观的洞察力,这种能力是依赖系统的统一,依赖将现象展现为符合明确规定、可检验的基本原理的一般基本结构和过程的表现而获得的。"[①]亨普尔从坚持科学规律的立场出发,揭露了移情理解方法的局限。

德雷也指出:柯林武德仅仅从思想解释行动、从"内部"演绎出"外部"是不够的,"我们将总是需要一个'有效'前提,以断言关于行动者的能力和机会这样的事情"。[②]也就是说,合理的历史解释,不但要描述出行动者的思想动机,行动者自身的能力和他所处的实际处境也必须考虑进来。最近的后现代主义者也对这种主张对古人进行设身处地的理解的移情方法表示怀疑。他们认为,史学家所受的种种哲学上的限制和实际的压力,导致无法通过移情作用实现对历史的真正理解。[③]

第三节 历史解释的新类型

覆盖律模式代表了科学解释的路径,理性解释代表了一种人文理解的路径,两者各有侧重,各有长短,在历史研究实践中也各有偏颇,于是出现了对这两种基本模式进行修正、补充和整合的历史解释的新类型,如

[①] 亨普尔:《自然科学的哲学》,转引自韩震:《西方历史哲学导论》,第529页。
[②] 引自雷克斯·马丁:《历史解释:重演和实践推断》,第71页。
[③] 参见詹京斯:《历史的再思考》,贾士蘅译,麦田出版社,2006年,第146—159页。

"范常陈述""类似规律陈述""合理解释""归总解释""叙述解释""融通解释"等。

一、覆盖律和理性解释的修正模式

亨普尔的覆盖律模型试图将物理科学解释的逻辑结构推广到史学领域,用定律解释历史,招致不少非议。例如,德雷在《历史的定律和解释》一书中,从理论原则和史学实践两方面批评覆盖律模型。他认为这一模型在历史认识中没有普遍意义,而只是同各种特定事件的具体解释相联系。他指出,就历史解释的逻辑和形式而言,它并不一定是因果性的,也不一定是演绎性的。历史事件不可能重复出现,都有其独特性,因此覆盖律模型并不一定能够解释具有各自特性的历史事件。也就是说,运用普遍定律来解释历史事件并不是完全适合的。在他看来,通常历史研究只要考察人类的意图、理性,尤其是人类的行动,就能理解历史,这虽不能构成为科学的解释,但对理解历史却是十分适合的。[①]

其他一些人也纷纷提出,"规律理论并不那么适合于历史研究"。"历史解释简直极少以一种和亨普尔所描述的模式相当的形式提出来。"伽尔德纳注意到,隐含在历史著作中的解释性陈述通常都不用严格的"因为""所以""必然"等语言来表达,他认为,历史解释并非某种严格、精确的科学,而是某种一般判断。关于覆盖律模式不适合于历史解释的原因,一般认为,一者是由于人类在历史领域中未发现像牛顿定律这样的严格规律;二者,也是因为在历史研究中我们无法通过观察完整把握事件发生的初始条件。总之,亨氏对普遍规律的强调是过于极端化了。[②]托马斯·库恩说:"当哲学家讨论到历史中覆盖律的作用时,他们专门从经济学家和社会学家的著作中引用事例,而不引用历史学家的著作。在历史学家的著作中很难找到这种类定律概括。"历史叙事的合理性不取决于定律的作用。[③]大卫·哈维指出:"它倾向于忽视把解释当作一种活动,当作一种过程,当作可交流理解的一种有组织的尝试。它确实忽视了动机的全部问

[①] 张广智、张广勇:《史学,文化中的文化——文化视野中的西方史学》,上海社科院出版社,2003年,第265页。

[②] 周建漳:《当代西方哲学关于"历史解释"的方法论思考》,《厦门大学学报》1994年第2期。

[③] 托马斯·库恩:《必要的张力》,范岱年等译,北京大学出版社,2004年,第15页。

题,而我们是怀着动机来寻找可接受的解释的。"①加登纳认为,历史学家与科学家之间存在一个关键区别:科学家提出了精确性和普遍适用的假设,不断剔除无关的因素。而历史学家的情况不是这样。他的目的是要讨论在具体场合所发生事情的多样性和丰富性,他的术语就适合这种对象。历史学家使用一些很随意的术语,能够涵盖在不确定的情况范围内的大量事件。对革命、阶级斗争和文明的概括,不可避免是模糊不清的,不排除各种例外和补充条件,因为它们所使用的术语是松散的。就历史学家所阐述的普遍性而言,它们本质上都是不精确、可渗透的。引入普遍性,只是对具体问题有所启发,提供了一条有用的线索,使历史学家在众多材料中找到出路。②雷蒙·阿隆认为,一段历史叙述的有趣之处,并不在于展现事情非得像它们确实发生的那样发生,而在于事情随时可以以另一种方式进行。把一种独特联系或一个个人决定归入一种普遍命题是虚假的做法,因为我们永远不会找到某条普遍命题,并由此推理出这个决定的必然性。而我们可以完美地通过处境和参与者的意向性来说明决定是可以理解的,即说明决定的可理解性。历史学的目的不在于得到某种科学意义上所谓的建构普遍命题体系或规律体系的解释,而是重建一种历史图景,理解某一群人的生活方式或者社会组织。③

针对种种批评的声音,覆盖律模型得到进一步调整。用来推论解释的普遍规律或普遍命题并非只有一条,前件并非只有一个,各种前件和被解释的事件不存在一种严格的决定论,而只是一种或大或小的可能性。从普遍命题出发的严格演绎,变为事先进行的可能性预报以及根据多种情形、多种前件以及多种普遍命题而做出的可能性解释。④

覆盖律模型衍生出三种修正形式。

第一种修正方案是由斯克里文(Michael Scriven)提出的,他主张运用"范常陈述"(normic statement)和"常理"进行推理和解释。他认为,可用于历史解释的普遍规律是极为鲜见的,所以应当放宽对普遍规律的要求,而用类法则代替普遍法则,在斯克里文看来,历史解释所依据的规律既非严格意义上的普遍规律,也非统计学意义上的规律,而是一种类法

---

① 大卫·哈维:《地理学中的解释》,高泳源等译,商务印书馆,1996年,第16页。
② 帕特里克·加登纳:《历史解释的性质》,江怡译,文津出版社,2005年,第65、89页。
③ 雷蒙·阿隆:《历史讲演录》,张琳敏译,上海译文出版社,2011年,第149—150、170页。
④ 同上书,第135—139页。

则,它们表示在"正常状态"下可能发生的事情。他指出,历史学家的判断原则几乎全部表现在常理的形式中。历史学家的解释不同于典型分析陈述和综合陈述,而是一种"范常陈述",即按常理而论,事情该是这样。例如,我们要解释征服者威廉一世为什么没有入侵苏格兰,我们就可以以历史中出现的一般情况为依据,即"不能统治他已辖疆域的统治者一般说来是不会侵袭邻国的"。①

这种解释模式被称为"欠普遍性的规律"的解释模式。②"范常陈述"既非典型的"分析陈述"(抽象的),又非典型的"综合陈述"(经验的)。它是极具有普遍特性也具有统计特性的混血儿,是兼具二者之长而无二者之短的全称假设。这类陈述有一种"选择的免疫性",即使出现相反的例证,也不妨碍其有效性。事实上,除了极低层的简单事件解释,绝大多数有说服力的历史解释,都或明或暗地诉诸常情、常理、常规、常例。此外,除了常理,"范常陈述"还包括自然律、若干趋向陈述、概然陈述,以及仅仅适用于人文历史领域的某些例规、界说和伦理方面的应然陈述。③

修正的第二种做法将普遍规律限定在特定的时空范围,从而转化为有限概括。这种概括没有反例,而仅仅适用于有限的时期或有限的地区。尼谢尔(Nicholas Rescher)和海尔默(Olaf Helmer)就如此主张。从某一时代、某一地区的历史中概括出来的特征成为解释个别事件的依据。譬如,要解释为什么法国革命前政府决定扩充海军骨干时必须从贵族中选拔,那我们可以参照法国这一时期的一般特点,即"法国革命前的海军军官是从贵族阶层选拔出的"。在尼谢尔和海尔默看来,这种有限概括虽然不是普遍规律,但也不同于纯粹事实的概述,它们具有非现实的表达力,暗示出那种可能存在但实际并未发生的东西。

唐纳冈(Alan Donagan,又译杜乃根、东纳根)提出了第三种修正的方案。他也怀疑历史解释中普遍规律的可行性。人是可以自由选择的,因此人的事件中无定律。④在他看来,混入历史解释的一般陈述都被证明是非普遍性的或非真的,除非它的辩护人乘虚而入,利用或许还可能存在

---

① 庞卓恒:《唯物史观与历史科学》,高等教育出版社,1999年,第360—361页。
② 威廉·德雷:《历史哲学》,第31页。
③ 许冠三:《大(活)史学答问》,台北桂冠图书公司,1996年,第243、262—264页。
④ 转引自王巍:《科学说明和历史解释——论自然科学与人文学科的方法论统一性》,《中国社会科学》2002年第5期。

的第三种可能性,并暗中把它弄成一种同义反复以反对批评。①他强调,普遍规律解释,说明的"乃是历史行动的条件","而非历史行动的本身"。这类解释只说明在一定条件下依某一方式行动,而从不追问,为何历史人物只以这一方式而不以另一方式行动?除非以行动者的知识、能力、性格和生活方式为依据,否则无从了解。故此,唐纳冈提出,历史解释通常凭借的是一种"类似规律陈述"(law like statement),而非亨普尔所谓的一般规律。就其有普遍假设的功能而言,它们类似规律,但在开放程度上,则有别于规律。与规律完全开放,完全不提及个别事物、事件有异,它们只是部分开放。这类陈述所指涉的,是大多可作公开观察与少数无从观察的相关历史人物的活动和状态。这类陈述可作经验验证或业已证实无误,但要转化为普遍规律,目前还办不到。②

可以发现,以上三种修正形式在不断降低"规律"的普遍性程度,缩小其适用范围。他们视为历史解释的主要依据的"规律"已经大大弱化了。事实上,这种准规律的运用在史学实践中占了绝大多数。

至于理性解释模式,也处于不断调整之中,出现了几种派生类型。

例如,威廉·德雷吸取柯林武德的某些建设性成分,并加以完善和改造,从而提出一种"合理解释"模式。合理解释适用于某些(尽管还不是全部)历史学家试图用以使人类过去成为可以理解的现象的公认方式。在他看来,历史解释的作用就在于指出:历史人物的行动按照他们各自的信仰、目的和原则看来是适当的。这种想象或移情的理解虽然被某些唯心主义历史哲学家所夸大,但也为他们的实证主义的对手所忽视了。历史与其是一个科学解释的问题,不如说是一个合理解释的问题。合理解释注意的是历史行为和历史事件的独特原因,而不是普遍适用的因果关系。历史解释既不可能也不必要求助于"普遍规律",虽然在历史研究实践中人们有时用到一些普遍性陈述,但最终证明还是没有普遍性。

在阐释其"合理解释"模式的过程中,德雷提出了三种具体的模式:

(1)事件的连续性模式,即不必引入普遍规律,只要把历史事件按时间先后依次排列,事件的起源就自然得到了解释。也就是,每一桩历史事件都应该联系到它的先行事件,从前件充分说明后件的出现。这种解释模型因为追溯待解释事例的起源并依次叙述相关事例,所以又被称为事

---

① 严建强、王渊明:《西方历史哲学——从思辨的到分析与批判的》,第181—182页。
② 许冠三:《大(活)史学答问》,第261—262页。

例起源解释模型。

(2)可能性解释模式,即解释历史事件如何可能发生,而不是做出必然的判断。"在这种假设中,问题不是说明过去发生的事件必然发生,因此,无须将事件归入某个规律(不管这种规律是否普遍)。需要做的是,证明事件的可能性,清除期待它不发生的根据。"

(3)概念解释模式,即通过普遍概念可以把一些个别事件综合为一个整体,它注意的不是事件的共性,而是事件的联系。德雷指出:"在这种情形里,起决定作用的观念不是发现什么必要条件和充足条件,而是将部分联合为某种整体。于是,历史学家把15世纪意大利发生的一大批事件解释为'文艺复兴';把18世纪法国发生的一系列事件解释为'革命'。这样做时,历史学家无疑要追踪个别事件之间的联系,而且,这些联系可以有多种多样——有些甚至可以是科学模型所设想的那种联系。但是,解释的责任是将部分综合成一个新的整体。"[1]

第三种"以适宜的概念进行综合"的"归总解释"理论由沃尔什率先提出[2],德雷作了进一步发挥。所谓适宜的概念是指足以统摄一系列史事的主导概念或纲领概念,所谓综合是指就这一类概念,对该系列史事作一"有意义的叙述",以显示其内在联系——表明其原来是某一意图的体现,某一运动、某一潮流或某一过程的组成部分。它又被称为"定性解释",即说明是什么的解释。因为它的主要功能不是展示一史事如何发生或解释一史事因何发生,而在界定一史事的性质,彰显其历史意义。[3]对此,亨普尔说:"一个概念的解释性使用总是依赖于相应的一般假定的。"在关于18世纪的"革命"的解释中,被描述的农业、工业制造和通信等方面的变化是一个更大变化的初步表现,它们不是一个过程的不同阶段碰巧出现在一起,而是有其必然性,这些个别事件被归入一个有联系的综合性图解中。因而这是符合覆盖律解释模式的。[4]马克斯·韦伯则认为,这种对许多具体现象抽象综合而形成的概念属于一种理想类型,它不是假设,但它指出了构建假设的方向;它不是对实在的描述,但它为描述实在提供了明确的表达手段。历史研究的任务即在于确定这种理想建构多大程度上接

---

[1] 威廉·德雷:《历史哲学》,第37—39页。
[2] 参见沃尔什:《历史哲学——导论》,第58页。
[3] 许冠三:《大(活)史学答问》,第250—251页。
[4] 陈嘉明等著:《科学解释与人文理解》,上海人民出版社,2010年,第81页。

近于或不同于历史实在。①

德雷认为,历史学家的职责不是去发现普遍规律,而是要解释具体的历史事件。他主张应该用"如何可能"的模型来代替"何以必然"的模型。而事实上,所谓"合理解释"是历史学家的合理解释,而不是指事实本身(当事人行为本身)的合理性。"合理解释"所确定的解释者与被解释者之间的逻辑联系,却不是历史解释的必要条件或充分条件。②

德雷的观点是历史认识中科学解释和移情理解的某种折中,这种折中表面上弥合了两派之间的裂隙,而且符合许多专业史学家的实际做法,因而受到广泛的欢迎。不过,德雷注意的主要还是历史事件的表面排列。③沃尔什所谓"连接"或"综合"(colligation)工作,即历史学家在解释一件历史事实时,先追踪这件事与其他事件的内在关系,然后决定这一历史事实在历史先后整个演变中的位置,也同样融合了各种见解。④也就是说:"在历史叙述中,将一件事纳入一个普遍化的规则不能解释它,相反,只有将它融入一个有组织的整体中它才得到解释。"⑤其实,实证主义的和唯心主义的解释的趋同和综合已成为一种趋势,主要是实证派不再坚持严格的"普遍规律",而唯心派也在一定程度上承认历史解释需要某种"一般原则"。安克斯密特指出,"无论用覆盖定律、LCA、以及规则性法则,还是用所有有理性的人们倾向于有理性行为的这样一个一般的法则,来解释人类的行为,在各种情况下,都需要一个一般的法则"。⑥同时,实证主义者也并不否认历史中的行为有时可以通过主体的思想来解释。二者越来越接近了。

雷克斯·马丁也对柯林武德的解释模式进行了批判改造。他认为,解释并非仅凭理解就能够进行,只把行动者的思想和他的行为以一种明显的方式结合在一起是不够的。"一个行动解释获得它的效力并不只是来自于处于明显联系中的事实,而是当这些事实被放置在适当的构架中时,这个构架是由基本图式提供的。""从历史的观点看,虽然在一些描述中,行

---

① 参见韩震主编:《历史观念大学读本》,中国人民大学出版社,2008年,第550页。
② 何兆武:《苇草集》,三联书店,1999年,第165—167页。
③ 参见韩震:《西方历史哲学导论》,第541页。
④ 沃尔什:《历史哲学——导论》,第56、16页。
⑤ 转引自陈新:《论历史叙述中的理解与解释》,《史学理论研究》2000年第2期。
⑥ F.R.安克斯密特:《当代盎格鲁—撒克逊历史哲学的二难抉择》,《当代西方史学思想的困惑》,中国社会科学出版社,1991年,第87页。

为(和意图、动机背景等等)也许是特殊的、独特的,但本质上,这个事实并不对公式和超历史的一般原则的广泛使用构成障碍……如果我们首先把历史事件带到一个一般的分类标题下,我们就能够用一个一般公式覆盖这个历史事件;在这个层面上,超历史的一般原则可适用于人类的思想和行动现象。"① 历史解释虽然不依赖于普遍规律,但也离不开"类属的适当断言""一般的适当假定"。②

英国学者莱蒙的历史解释观点似乎接近于德雷的事件的连续性模式。他认为,历史学家的解释是由无数的、多种多样的事件和背景组成的一个可以理解的连续体。历史的解释不同于科学的解释,科学的现象尽管是多种多样的,但都要服从由因果关系决定的单一解释,而历史的现象只是作为一个跟随另一个的事件得到解释。"一个解释是'历史的',只是因为它通过把它们置入一个可理解的序列来处理各种事件,因而一个事物'跟随'另一个事物,不管它是革命爆发、药物发明,还是我们上周看了电影。"③ 历史解释实际上就是建立一个合理的事件序列,采取的是叙事的形式。

雷蒙·阿隆则更进一步,对德雷的观点做出修正,走向诠释学。他认为德雷企图在合理性中重建必然性,用手段与目的或形势与决定之间的联系的合理性代替普遍命题的必然性是错误的,历史学家只能重现可理解性,而不是必然性。从参与者的意向来解释一种行为能使人懂得他的行为,而人们无法发现为什么参与者不能采取别的行动。历史学家承认行动者在微观水平上的自由。历史学家重新建构出行动者的算计,分析行动者所看到的处境,并且在重建行动者的行动时,必然会引进一些包含了行动者本身的合理性元素。真正解释性的东西,是对于行动者的算计、思考方式以及所做的决定与处境间的关系的重建。在有意向的微观事件上,我们所拥有的唯一解释形式,就是诠释——旨在重建行动者们曾经生活过的那个世界以及行动者本人的个性。④

---

① 引自雷克斯·马丁:《历史解释:重演和实践推断》,第95、266页。
② 同上书,第六章。
③ 莱蒙:《历史哲学:思辨、分析及其当代走向》,毕芙蓉译,北京师范大学出版社,2009年,第448页。
④ 雷蒙·阿隆:《历史讲演录》,第145—148、412、411、154页。

二、"叙述即解释"模式

阿特金森区分了三种解释方式:(1)以规律、定律或规则的形式解释历史现象(Law explanation);(2)认为历史事件主要是人类过去的行为,因而以人类行为后面的思想及动机来解释历史现象(Rational explanation);(3)以叙述的方式解释(Narrative explanation)。最能体现超越历史解释的两大对立模式而整合之的当属将叙述与解释相统一的"叙解模式"(Historical Narrative Model)。[1]"史学家通常给人的印象是,他只是在叙述,而实际上他却是在解释。"[2]因为历史叙述是"一种由概念、观点或某些兴趣所操纵的重建"。[3]奥克肖特心目中的历史解释就是一种叙述。"历史中的变化包含着它自身的解释;由于事件过程是唯一的、综合的、充足的和完整的,因而在对任何特定事件加以解释时,它不需要寻找什么外在的原因或理由。简言之,历史学家就像小说家,他(她)所描绘的人物被展现的如此细致入微、如此完美和谐,以至于对这些人物的任何补充性解释都显得多余。我将把这一原则称为历史的统一性或连贯性。我认为,这是惟一与历史经验的其他原则相一致的解释原则。"[4]历史是一种独立的经验方式,对它的解释并不依赖一般化的概括,而是依靠更多、更具体的细节,通过比较完整的详细叙述来实现。只要历史学家"填出"介于两个事件之间的所有其他事件,他就能理解它们之间的承接关系。所以,能否说明某个事变就取决于能否对该事件作出充分说明。这种详细叙述本身就具有一种解释的力量。这就意味着,对于历史学家来说,应该对历史变化追根溯源,从而建立易于理解的叙述,在此叙述中将各种成分按其"内在的""自然的"联系连接起来。当他们把独立的事件纳入一系列事件构成的叙述网络时,也就是作了解释。[5]

哲学家保罗·利科(Paul Ricoeur)和丹图等人也提出了"叙述即是解释"的观点。叙述之于历史,并非只是一种单纯的语言形式,"历史叙述与解释是不可分的","叙述乃是一种解释形式",叙述的作用就是解释变

---

[1] 转引自何平:《解释在历史研究中的性质及其方式——西方分析历史哲学流派观点述评》,《史学理论研究》1998年第4期。
[2] 帕特里克·加登纳:《历史解释的性质》,第65页。
[3] 雷蒙·阿隆:《历史讲演录》,第340页。
[4] 迈克尔·奥克肖特:《经验及其模式》,吴玉军译,文津出版社,2005年,第139页。
[5] 严建强、王渊明:《西方历史哲学——从思辨的到分析与批判的》,第187—188页。

化。具体说来,"历史解释的逻辑就是通过对对象是如何的叙述而达到对其为何如此的解释"。只有先纳入一般叙述的范畴,才能纳入一般法则的范畴。对叙述与解释的内在关联,丹图曾举了一个简单的例子来说明:对一部汽车车身上某处凹陷的解释,就是讲述它如何由先前(完好)状况发展出当下状况的故事,追溯出诸如"有人以石击车"这样的事实。这样,车身凹陷也就得到了合理的解释。因为叙述不是简单的描述,"任何叙述都是加诸事件之上的一个结构,将其中的一些事件与另一些整合在一起,而将一些事件当作不相干的排除在外","每一叙述所关注的都是发现事件的意义"。①

利科指出:"解释为何某件事情会发生,与描述已经发生的事情,这二者是重合的。没有能够成功解释的叙事就不那么是叙事,进行解释的叙事是纯粹、干脆的叙事。"②叙述在历史中具有其他解释方法所不能取代的优先地位。换言之,一切历史解释首先和必然是叙述的。但是,"规律"和"意图"解释"能与之结合起来起作用,因而,已被归入叙述的整体构成的结构之中"。叙事不对事件或行为作出严格的决定性解释,为"自由意志"或"选择"的观念留有余地。③一般说来,"历史不是一个一般规律的生产者,而是一般规律的消费者"。丹图认为,叙述的建构要求运用普遍规律。一般规律在历史叙述中的作用,就在于帮助我们找出联结事物原先与变化后状态的要素。叙述将关于一般规律的抽象知识转换成具体、特殊的东西。这不是像亨普尔所说的只给出某种"解释框架",而是将之变成丰满的叙述解释。此外,一般规律作为历史叙述的重要理论背景,在叙述主题及相关有意义事项的选择方面,也发挥着重要作用。④

在历史的"叙解模式"中,"覆盖律"模式与"合理性解释"模式实现了兼容和统一。"叙解模式"更接近史学实践,较之单一的"覆盖律"或"合理性解释"模式是更有效可行的解释模式。20世纪70年代以来西方史学界出现的所谓"叙事史复兴"恰与这种"叙解模式"相契合。即使叙事色彩最浓的历史著作,也包含着法则归纳和理论分析。这种新的史学形态不是

---

① 参见阿瑟·丹图:《叙述与认识》,第319、233、166页。
② 引自安托万·普罗斯特:《历史学十二讲》,第222页。
③ 莱蒙:《历史哲学:思辨、分析及其当代走向》,第451页。
④ 参见阿瑟·丹图:《叙述与认识》,第300页;周建漳:《当代西方哲学关于"历史解释"的方法论思考》,《厦门大学学报》1994年第2期。

以往叙事传统的简单回归,而是叙述与解释的统一。

与西方学界思路一致,香港的许冠三提出一种"融通解释"模式。这种模式将"如何""为何"合而为一,寓说明为何、因何发生于展示如何发生。其优势有二:第一,它最切合流变不已、互相作用的历史实在的本质。唯有明察往事发生的脉络并结合其发生过程的因果解释,才可能是既切合历史实在又符合科学宗旨的因果解释。第二,就操作而言,它是最容易因材屈伸的一种历史解释。它既可侧重于如何发生,又可侧重于为何、因何发生。其因果解释可以依据一定的理论假设,也可不诉诸任何规例。它既可以读者常见的方式说明一具体实在为何发生,也可以社会科学化的方式,解释一抽象实在因何发生。①可见,这也是试图协调两大对立模式而综合之。而关于历史如何发生、演变的,大多是一种叙述的形式;关于历史因何、为何如此,则是一种解释。如此看来,"融通解释"不但将两大对立的解释模式整合起来,而且使叙述与解释水乳交融。这种解释模式富于启发性和建设性,似乎更为可行。

三、社会科学解释模式

以上主要从知识论和方法论层面讨论历史解释问题。在目前实际的历史研究中,学者从事历史的解释和分析,既不立足于宏大的普遍规律,也不仅仅依靠直觉和移情,而是更多地借助于相关的社会科学理论。这或可称之为社会科学的解释模式,它是目前看来可操作性最强、最有效的一种历史解释模式。

现代社会科学的发达为历史学提供了理论工具。历史解释有必要借助一些概念和模型,而这些概念和模型常常来自社会科学。经济学中的"经济人"、政治学中的"外交人""国家利益",这些概念与历史学的描写性的、具体的、历史的概念没有很大差异,尤其在某些确定的历史局势的概念化问题上,历史学家运用这些概念毫无困难。社会科学由抽象分析建立的模型同样是历史学的解释工具。例如,研究二战后的历史,美国理论家的核战略模型就可以使用。这是因为作为决策者的政治首脑也知晓这些模型,并受到这些模型的影响。历史学家使用理论模型,或者是为了理解局势,或者是要以决策者的方式来思考,而这些模型成为严格意义上的

---

① 许冠三:《大(活)史学答问》,第244、267页。

行动者的思考方式的一部分。①

"在所有的社会科学中,社会学和人类学在观点上与历史学最为接近。当代社会与过去社会之间的分界线是微妙的,不断变动的,而且是人为的。"②社会学"新术语滔滔不绝地涌向历史科学,它们更一般、更抽象和更严谨。其性质与传统历史概念迥然相异。这一科学术语向历史科学的'大迁徙',绝对是一个进步过程"。由此,"不管历史学家愿意与否,社会学将成为史料外知识中的一个重要组成部分,历史学家缺此将无法应付任何最具体的研究"。③社会学研究的规律是"适用于特定社会、特定历史时期的经验规则",社会研究并不试图探寻永恒的或普适性的历史发展规律,并依据这种规律来预言人类社会的未来,而是试图科学地解释社会生活中所表现出来的各种规律性。④社会学所探寻的这种特殊规律、具体规律是历史解释的宝贵资源。

在运用社会学解释历史方面,马克思主义史学可谓典范。马克思虽非职业社会学家,却具有丰富的、不容忽视的社会学思想。法国著名社会学家雷蒙·阿隆曾评价道:"马克思是一个社会学家……是一个特定形式的社会学家,即经济社会学家。他深信,不了解经济制度的运行就无法了解现代社会。"⑤美国社会学者波普诺也指出:"马克思对于社会学的主要贡献是他强调经济因素和阶级冲突的重要性。"⑥当代英国社会学家吉登斯认为马克思、涂尔干和韦伯是三位最为杰出的经典社会学大师,代表社会学三种主要传统。马克思关于社会结构、社会组织、社会变迁的理论成为一批学者研究历史的基本依据。严格说来,人们熟知的经济基础与上层建筑的关系、社会阶级的构成、社会发展模式等,都是考察分析历史现象和历史运动过程的社会学理论工具。一句话,用唯物史观研究历史本身就是用一种社会学来解释历史。

西方现代史学运用社会学、政治学、经济学、人类学等社会科学的理论方法进行研究已经成为一种常态。各种社会科学理论、法则为历史解

---

① 雷蒙·阿隆:《历史讲演录》,第333—337页。
② 巴勒克拉夫:《当代史学主要趋势》,杨豫译,上海译文出版社,1987年,第76页。
③ 米罗诺夫:《历史学家和社会学》,王清和译,华夏出版社,1988年,第32、97页。
④ 袁方主编:《社会研究方法教程》,北京大学出版社,2011年,第68页。
⑤ 雷蒙·阿隆:《社会学主要思潮》,葛智强等译,上海译文出版社,1988年,第154页。
⑥ 戴维·波普诺:《社会学》,李强等译,中国人民大学出版社,1998年,第30页。

释提供了有力的工具。西方的新经济史、新政治史几乎都离不开社会科学理论的运用。研究经济史时,凯恩斯的经济学理论就可能被用来分析经济现象;研究政治史时,罗尔斯的正义论有时就会派上用场。这种社会科学的解释,比以往单纯依靠常识、人性来解说历史更加精密和准确。

下面以运用过密化理论解释明清经济发展为例作一具体说明。

明清时期,中国经济发展显露出一些引人注目的新变化:明中期以后,以生产商品为目的的纺织业逐渐兴起,并在江南一些地区发展为独立的手工工厂。苏州出现以丝织为业的"机户",开设机房,雇佣机工进行生产,"机户出资,机工出力",劳动报酬按照"计日受值"的方式付给,形成一种雇佣关系。清代手工工场的规模扩大,分工细密;具有新因素的部门和地区增多了,广东的冶铁业、云南的采矿业、四川的煮盐业、陕西的伐木业、北京的采煤业、台湾的熬糖业等,都出现了上述生产关系上的变化。这些经济现象与传统的经济生产模式存在很大差异,究竟该如何认识和解释这些现象?

"资本主义萌芽"说是一种曾经非常流行的解释。学者们从生产关系角度考虑,将明清时期这种使用雇佣劳动和以营利为目的的商品生产作为"资本主义萌芽"的重要内容,假设如果没有外来侵略,中国也将缓慢地发展到资本主义社会。他们基本上同意在鸦片战争之前中国社会内部已经出现了资本主义萌芽。但是,对这种萌芽最早出现的确切时间和范围,以及它所达到的程度,存在明显的分歧,对一些特定的经济学要领和经典作家的著作也有不同的理解。有些学者还对"资本主义萌芽"做了概念上的界定。他们认为,要把资本主义萌芽看作是"资本主义生产关系的发生过程",它"是一个渐进的演变过程",它"指的是一种社会经济关系,是在封建社会晚期,在社会经济发展到一定条件时产生的",资本主义萌芽"对于它所出现的社会和时代来说,是一种新的、先进的生产关系,它具有新生事物的生命力"。①

但"资本主义萌芽"为何没有最终发育为成熟的资本主义,反而夭折了,成为一个核心难题。部分学者着眼于封建生产关系和帝国主义对农村经济的阻滞与破坏,部分则偏重于农村经济的发展因素加以分析论证。流行的看法是,中国资本主义萌芽虽然几乎和西方同时产生,但发展

---

① 吴承明:《中国资本主义与国内市场》,中国社会科学出版社,1985年,第155—156页。侯且岸:《资本主义萌芽·过密化·商品化》,《史学理论研究》1994年第2期。

缓慢，长期不能进入工场手工业阶段，在全国范围内，自给自足的封建自然经济仍占主导地位。腐朽的封建制度阻碍资本主义萌芽发展：1.农民遭受残酷的封建剥削，极端贫困，因而无力从市场上购买手工业品。2.封建国家奉行"重农抑商"政策，在国内设立众多关卡，对商品征收重税，贬低商人社会地位，并严重限制手工业生产规模。3.地主和商人将赚来的钱大量买房置地，而不是用于手工业的扩大再生产。4.清政府实行闭关政策，几次禁止海外贸易。

美籍学者黄宗智的研究则独树一帜。他认为，明清时期出现的大规模的商品化与经济停滞共存的悖论现象，是斯密、马克思等由西方的经验得来的理论所不能解释的，中国小农经济有其不同于西方的独特的规律。他认为只有"过密化"理论可以解释这种悖论现象。①

黄宗智的过密化理论移植自美国人类学家克利福德·吉尔茨(Clifford Geertz)等人的研究，"过密化"即involution，原译"内卷化"，是吉尔茨在其《农业过密化：印尼的生态变化过程》(*Agricultural Involution:The Processes of Ecological in Indonesia*)一书中对爪哇稻作农业中由于劳动力过量投入导致的边际报酬递减现象的称谓。黄宗智研究中国农业经济的一系列论著，如《华北的小农经济与社会变迁》《中国农村的过密化与现代化：规范认识危机及出路》《长江三角洲的小农家庭和乡村发展》等，在吉尔茨的观点的基础上进一步引申发挥，部分学者称之为"过密化"理论。

黄宗智将农村经济变迁区分为三种类型："首先是单纯的密集化，产出或产值以与劳动投入相同的速率扩展；其次，过密化，总产出在单位工作日边际报酬递减为代价的条件下扩展；第三，发展，即产出扩展快于劳动投入，带来单位工作日边际报酬的递增。"②其中，小农经济的过密化产生于人口和可得资源间的失衡，人口的增长会造成过剩劳动力数量的增加以及高度生存压力，导致极端过密化的产生，因而过密化是人口压力下维持生计的策略，虽然有总产量的增加，却不能提高劳动生产率。明清以来华北、长江三角洲地区的农村经济经历了这样的过密化，帝国主义入侵则加剧了这一过程，使农村经济呈现一种"没有(劳动生产率)发展的(产量)增长"，即"过密型增长"。作为近代化核心的劳动生产率的发展，并未

---

① 参见张常勇：《黄宗智"过密化"理论探讨述评》，《中国农史》2004年第1期。
② 黄宗智：《长江三角洲的小农家庭和乡村发展》，第11页。

出现在明清时期。

这种"过密型增长"主要依靠由粮食作物转向劳动更为密集的经济作物,尤其是棉花和桑蚕,基于这些经济作物之上的商品性家庭手工业"副业"的增长也是这一过程的组成部分[①],于是伴随小农经济的过密化产生了一个商品化过程,黄宗智称之为"过密型商品化"。这种商品化必须与推动近代化发展的质变性商品化区别开来。过密型商品化可以通过充分利用家庭劳动力带来较高的家庭收入,但并不意味着单位工作日生产率和收益的提高,这种商品化不仅难于导致小农经济解体,反而会延续小农经济。所以黄氏提出:"不要把商品经济简单地等同于向资本主义过渡"。[②]

在黄氏看来,"萌芽论"并不能解释明清经济史中的诸多悖论现象,况且中国经济数百年的所谓"萌芽"从未显示自己发展资本主义的动向,中国19世纪也没有资本主义发展。因此,不能把这之前的时间称为资本主义萌芽。黄氏指出,在资本主义萌芽问题上,伴随两种推理:一是封建制或旧传统必然会让位于市场推动的资本主义或近代化;另一种是商品化出现了,资本主义的发展和近代化也必然跟着出现。这样的论点不仅是违背事实,而且是结论先行和简缩化的。一个坚持历史发展是沿着必然的、直线的道路,另一个则把复杂的现象简缩为只含单一成分的部分。[③]

过密化理论为深入分析明清商品经济发展发展提供了新视角,丰富了中国地区经济史"中层理论"的构建,尤其是"过密化"概念,"对于理解商品生产与工业生产之间的关系与区别具有十分重要的示范意义"。[④]当然,黄宗智的解释并未被学界全部接受,而是存在不小的争议。新古典学派马若孟(Myers Ramon,亦译迈尔斯)指出,商业化和国际贸易给中国农业带来了发展,中国近代农业生产增长的速度超过了人口增长的速度,人均收入没有递减。陈意新则认为,如果中国近代农民收入没有递减,黄宗智对中国近代农业问题的整个看法就站不住脚。王国斌认为,黄宗智

---

① 黄宗智:《长江三角洲的小农家庭和乡村发展》,第13页。
② 黄宗智:《华北的小农经济与社会变迁》,中华书局,1986年,第307页。
③ 黄宗智:《中国农村的过密化与现代化:规范认识危机及出路》,上海社会科学出版社,1992年。
④ 杨念群:《中层理论——东西方思想会通下的中国史研究》,江西教育出版社,2001年,第206页。

将"人口压力推动的商品化"和"由追求利润推动的商品化"区别开来的主张并不令人信服,无论是英国还是长江三角洲地区的农民从事乡村工业的动机都是难以区分的。①

这就提示我们,社会科学理论是具有一定时间和空间的适用度的,其本身也处在不断的修正完善之中,因而依据社会科学理论对史实做出的解释不可能是完美的、终极的。同时,理论与史实之间存在天然的缝隙,依据一定理论模式进行的历史解释应当受到事实、证据的约束,随史实而适当伸缩。社会科学理论是历史解释的工具,但不能凌驾于历史学之上。归根结底,历史解释、历史研究要遵守历史学的纪律和规范。况且,历史解释不具有终极性,而是类似于盲人摸象,一种解释无论如何圆满周密,也不可能穷尽历史的真相。历史解释不具有唯一性、排他性,而应当是多元兼容和互补。从这一意义上说,开放性是历史解释的生命。

【思考】
1. 什么是历史解释?试论历史解释在历史研究中的地位与作用。
2. 如何理解历史解释中的"覆盖律模式"?该模式存在哪些缺陷?经修正后又发展出哪些不同的历史解释模式?
3. 如何理解历史解释中的"理性解释模式"?该模式存在什么问题?经调整后发展出哪些不同的历史解释模式?
4. 结合具体案例,谈谈你对历史研究中"社会科学解释模式"之得失的理解。

---

① 参见张常勇:《黄宗智"过密化"理论探讨述评》,《中国农史》2004年第1期。

下　编　历史学的现状与未来

第七章 西方传统史学的范式及其特征

现代史学的变革与西方史学的发展演变密切相关。早在2500年前,古希腊就出现了最早的史学,经过古罗马、中世纪和近代早期的不断改造,到19世纪后期,最终形成了以兰克史学和实证主义史学为代表的西方传统史学的范式,为20世纪以年鉴学派为代表的新史学范式的出现打下了坚实的学理和逻辑的基础。

概括来说,以兰克客观主义史学和实证主义史学为主干的西方传统史学具有以下基本特征:第一,排斥和否认理论对历史研究的指导作用,反对任何历史哲学。第二,恪守"客观中立"的治史原则,尽可能排除主观因素对历史研究的干扰,力求还历史的本来面目。第三,强调原始材料特别是档案文献的重要性,重视对史料的批判和考据。第四,采用叙述性的写作方法,注重叙事和语言文字的表达。第五,提倡以事件和杰出人物为中心的政治史,强调政治因素和政治家在历史发展过程中的作用。[①]第六,宣扬民族主义和欧洲中心论。第七,把历史看成是一个单线进步或进化的过程,相信科学和理性的力量,相信人类一定会有一个美好的未来。第八,历史研究的专业化和日益封闭。

第一节 西方传统史学典范的确立:客观主义

19世纪中期以后,以兰克为代表的客观主义批判史学在西方史学界占据统治地位,它标榜历史研究的客观性,强调对史料的批判和鉴别,提倡为历史而历史,反对任何哲学和理论的指导,其范围之广,影响之深,在西方史学史上是罕见的。

[①] 传统史学的政治史理念可以用19世纪后期的英国历史学家弗里曼(Edward Augustus Freeman, 1823—1892)的一句名言来表述:"历史是过去的政治,政治是现在的历史。"参见汤普森:《历史著作史》下卷,谢德风译,商务印书馆,1992年,第435页。

一、历史研究与史料研究的结合

18世纪,汉诺威的哥廷根大学成为德意志历史研究的中心,史称"哥廷根学派"。他们主张历史写作必须建立在确凿的证据基础之上,重视原始资料的搜集和考辨,试图把历史学建成一门严谨的科学,强调国家和政治在历史上的作用,预示了后来德国史学很多重要的发展。英国历史学家巴特菲尔德"在哥廷根历史学家中,特别是在伽特勒和施洛塞尔那里,看到了兰克的先驱"。[①]

德国历史学家尼布尔(Barthold Niebuhr,1776—1831)在《罗马史》一书中展现了独树一帜的历史批判意识和历史研究方法。主要有三点:首先,他认为历史写作必须从批判前人入手,因为"古代的这些知识是模糊不清的,令人困惑的,甚至事件自身也是伪造的、虚假的"。[②]在他看来,以往的罗马史多是辗转抄袭,以讹传讹。因此,罗马早期400年的历史是不可靠的,必须对充斥其中的神话传说进行分析鉴别,以恢复历史的真相,这也是他写《罗马史》的主要目的。他写道:"在放下笔时,我们必须能够在上帝面前说,'我没有故意地或未经认真查核而写了任何不真实的事情。'"[③]其次,他主张历史研究应当建立在可靠的史料基础之上,指出古罗马的李维和文艺复兴时期的马基雅维利最大的缺陷,就是轻视史料的搜集和考证工作。他的《罗马史》完全以原始的第一手材料为依据,尽量不用别人加工过的东西。他自豪地说:"古代历史学家的发现不会告诉世人比我的著作更多的东西。以后再从古代资料中发掘出来的新材料将只是证实或发展我的原则。"[④]第三,他认为历史研究的过程,就是历史学家重建历史的过程。他坚信他能够最终重建罗马的历史。即使面对那些虚构的传说,他也可以凭借渊博的学识和敏锐的洞察力从中找到真实的东西。尼布尔说:"我是一个历史家,因为我能把不相连贯的片段,拼成一幅完整的图画;我知道哪里遗失了材料,也知道怎么来填补它们。谁都不会

[①] 转引自张广智主编、李勇著:《西方史学通史》第4卷,复旦大学出版社,2011年,第330页。

[②] 转引自张广智主编、易兰著:《西方史学通史》第5卷,复旦大学出版社,2011年,第253—254页。

[③] 古奇:《19世纪历史学与历史学家》,耿淡如译,商务印书馆,1989年,第98—99页。

[④] 同上书,第104页。

相信竟然有那么多似乎已经遗失的东西能够得到恢复。"[①]尼布尔的学生、后来的普鲁士陆军元帅毛奇评论说,尼布尔就像一位外科医生,用他的"解剖刀把传说中(杜撰)的肉统统割去,留下赤裸裸的历史真相的骨架"。[②]

尼布尔的《罗马史》开创了一个历史研究和史料研究相结合的新时代。尽管他仍然赋予历史某种意义,认为历史研究中蕴涵着伦理价值和对爱国精神的激励,尽管他为了迎合浪漫主义趣味而把罗马的自由农民加以理想化显得有失冷静,但他所倡导的历史研究的方法、规范和原则却渐渐被欧洲学术界所采纳,赢得"学术界之王"[③]的美誉。19世纪后期的德国史学家蒙森说:"所有的历史学家,只要他们是不辜负这个称号的,都是尼布尔的学生。"[④]

二、兰克客观主义史学的基本特征

19世纪杰出的德国历史学家兰克(Leopold von Ranke,1795—1886)将尼布尔的批判精神发扬光大并最终奠定客观主义原则。长期的宗教情感使兰克深信历史中上帝的存在。他说:"一切历史中都有上帝生活、居住,让人看得见。每件行为都证明有上帝,每时每刻都宣扬上帝的名字,但在我看来,最能说明上帝存在的就是历史的连续性。"[⑤]这种对上帝的信仰使他远离了哲学和历史的宏大叙事,因为历史的终极秘密是由上帝掌握的,历史学家的职责仅仅是发现事实。兰克在《拉丁和条顿民族史》一书的序言里阐明了客观主义的历史旨趣:"历史指定给本书的任务是:评判过去,教导现在,以利于未来。可是本书并不敢期望完成这样崇高的任务。它的目的只不过是说明事情的真实情况而已。"[⑥]

客观主义原则坚持历史学家应当有不偏不倚的立场以及以旁观者的态度写历史的习惯,反对在历史研究中渗入个人和党派的偏见或主观情感。这种原则可用一句话来概括:只要事实,不要是非。英国历史学家古

[①] 古奇:《19世纪历史学与历史学家》,第99页。
[②] 汤普森:《历史著作史》下卷,第209页。
[③] 古奇:《19世纪历史学与历史学家》,第102页。
[④] 同上书,第106页。
[⑤] 汤普森:《历史著作史》下卷,第232页。
[⑥] 古奇:《19世纪历史学与历史学家》,第178页。

奇形容兰克的著作"英雄既很少,歹徒也不多"。①在《教皇史》中,信奉新教的兰克能够平心静气地把教廷作为一个伟大的历史现象来描述,被公认为那个时代历史写作客观、公正的典型。他说,历史学家的最高职责,就是"严格陈述事实真相,不管这些事实多么缺乏条件、缺乏美感"。②

兰克确立了历史资料特别是文献资料对于历史研究的重要性,并完善了直到今天仍在使用的历史资料考证的方法。在《拉丁和条顿民族史》及其附录里,兰克第一次把尼布尔的批判原则运用于近代历史,并加以引申,认为"最接近事件的证人是最好的证人","当事人的信件比史家的记录具有更大的价值"。③他说:"我看到,这样一个时期正在到来,那就是我们在编写近代史时,甚至不再依靠当代历史学家的记载(除非是他们提供了原始知识的地方),对于利用他人著作的作者当然就更少依靠了;我们将依靠目击者的叙述和原始的文献资料。"④"没有什么能帮助我们理解过去的历史,除了回到原始的第一手史料上。"⑤后来兰克的几乎全部著作都是以这样的原则写成的,他强调档案文献对于历史研究的基础作用,并把他四处搜集档案材料的活动称为"科学旅行"。⑥

但是,对于科学的历史学家来说,仅仅使用原始材料是不够的,还要对这些材料进行考证和辨析。兰克将历史资料的考证分为"外考证"和"内考证"两种。"外考证"主要是通过同一时期不同历史资料的相互对勘确保史料的可靠性。在他看来,仅凭单一的史料很难确定历史的事实,因为单一的史料往往只反映当时某一个人或某一个集团对历史事件的看法,无法保证这些看法就是全部的历史真相。因此,历史学家只有对同一时代的不同历史资料进行比较和相互印证,才能排除史料的主观性和片面性,形成一个比较完整的历史事实的序列。⑦"内考证"则是对史料作者及其时代背景进行考察,也就是说,历史学家在引用史料时,不仅要考证它的真伪,而且要分析史料作者写作的动机和政治宗教立场,查究他的资料是从哪里获得的,以最终确定史料的价值。他说:"有的人抄袭古人,有

---

① 古奇:《19世纪历史学与历史学家》,第215页。
② 汤普森:《历史著作史》下卷,第249页。
③ 古奇:《19世纪历史学与历史学家》,第179页。
④ 转引自张广智:《试论兰克对近代西方史学的贡献》,《历史教学》1986年第10期。
⑤ 转引自张广智主编、易兰著:《西方史学通史》第5卷,第213页。
⑥ 古奇:《19世纪历史学与历史学家》,第182页。
⑦ 参见张广智主编、易兰著:《西方史学通史》第5卷,第213—215页。

的人为未来的时代寻找历史教训,有的人攻击某些人或为某些人辩护,有的人只愿记录事实。对于每个人必须分别加以研究。"①

客观主义和重视史料并不能涵盖兰克史学的全部特征。作为德国浪漫主义运动的产儿,兰克同时也是历史主义思想的集大成者。他认为每一时代自有其独特的尊严和存在的价值,前一时代绝非后一时代的踏脚石。他有一句名言:"我深信,每一个时代直接与上帝联系。"也就是说,每一个时代在上帝的心目中具有同等的地位。正是在这个意义上,他反对任何对历史的价值评判,而是强调为历史而历史。兰克还主张历史研究运用"直觉"的方法,指出每一个纯粹的事实后面都有丰富的精神内容,这些精神内容单靠史料的考证是无法认识的,还要靠历史学家的"移情"和"感悟","直觉是深入历史科学中特定现象的方式"。②至于历史学的性质,兰克认为是介于科学和艺术之间。③他坚信史学是一门以客观事实为基础的科学,历史认识完全可以成为客观的认识。只要史学家得到可靠的历史资料,排除一切理论和主观意图的干扰,不偏不倚、冷静客观地进行描述,就能恢复历史真相。但兰克所说的科学不是探索规律的科学,而是描述独特性、个别性,展示特殊的精神活动的科学。正是在这一点上,构成了兰克客观主义史学同19世纪实证主义史学的一个基本区别。

兰克提倡"如实直书",突破长期以来统治西方史学界的实用主义传统,为历史研究提供了一个可供选择的新范式,同时也为历史学进一步科学化奠定了坚实基础。在兰克之前,绝大部分历史学家都是业余爱好者,而在兰克之后,很少有不经过严格的科学训练就能撰写历史著作的历史学家了。历史研究的方法和标准也发生了很大变化,兰克"不是第一个使用档案的人,但却是第一个善于使用档案的人。在他开始写作时,著名的历史家都相信回忆录和编年史是首要的权威资料。而在他停笔时,每个历史家,无论后来成名的或没有成名的,都已学会了只满意于当事者本人以及同他所述事件有过直接接触的人的文件和通讯"。④

今天看来,兰克式客观史学有许多不足之处。首先,他的方法在很大

---

① 古奇:《19世纪历史学与历史学家》,第180页。
② 转引自张广智主编、易兰著:《西方史学通史》第5卷,第218页。
③ 兰克说:"历史必须同时是科学又是艺术。历史永远不会只是二者之一……"参见刘北成、陈新:《史学理论读本》,北京大学出版社,2006年,第4页。
④ 古奇:《19世纪历史学与历史学家》,第215页。

程度上限制了他的题材，他所倚重的档案材料使他只能把相关的政治、军事和外交史以及杰出人物作为研究对象，以至于古奇说他"有一种过多地从会议室窗口来瞭望事件的倾向，因而忽略了群众，轻视了经济力量的压力"。① 其次，兰克希望写历史能够客观，但即使他自己也很难做到。汤普森就曾指出："兰克本人也是他那个时代的产物，他是普鲁士王国的忠诚奴仆，教会和国家的辩护士；他写的一切都是他的思想偏见和利益的反映。"② 美国历史学家比尔德把兰克说成是19世纪"偏见"最大的历史学家，因为他的著作里贯穿了保守的思想。③ 马克思则说兰克是"历史的宫廷侍从"。兰克的时代使他理解不了只要有人的主观因素存在，历史研究就不可能纯粹客观的道理。④ 第三，兰克片面强调社会历史现象的独特性和个别性，认为史学家的任务就是对历史现象做客观的、如实的、个别化的描述，拒绝一切归纳、综合、概括等一般性的方法，这种对理论的否定在一定程度上导致了19世纪哲学与历史的分离，同时也大大限制了那个时代历史学家观察问题的视野。第四，兰克虽然也试图追求普遍史和世界史，但最终无法摆脱欧洲中心论的窠臼。

三、对事实的崇拜

英国史家卡尔（Edward Hallet Carr，1892—1982）曾指出："19世纪是个尊重事实的伟大时代。"⑤ 在小说家狄更斯1854年出版的长篇小说《艰难时世》里，主人公葛雷格莱德说："我所需要的是事实……生活中所需要的只有事实而已。"⑥ 这句话得到了那时以兰克为楷模的大多数历史学家的赞同。对于他们来说，历史首先是对过去事实的客观叙述。

兰克用习明纳尔研究班的方式培养了一批又一批弟子和再传弟子，遍布欧美各大学，使客观主义的观点和方法辐射整个西方史学界。在德国，兰克的学生魏茨（Georg Waitz，1813—1886）和吉泽布雷希特

---

① 古奇：《19世纪历史学与历史学家》，第214页。
② 汤普森：《历史著作史》下卷，第253页。
③ Charles A. Beard, "That Noble Dream", *The American Historical Review*, Vol. 41, No.1, October, 1935.
④ 《马克思恩格斯全集》，第30卷，人民出版社，1975年，第423页。
⑤ 爱德华·卡尔：《历史是什么》，吴柱存译，商务印书馆，1981年，第3页。
⑥ 同上。

(Wilheim von Giesebrecht,1814—1889)等人组成强大的兰克学派,参与编纂和修订大型史料工程《德意志史料集成》。魏茨在撰写《德意志宪政史》时表示:"我只是整理史料,而对史料不加任何解释或评价……因为这会对历史真实造成伤害……我所追求的是真正准确无误的史料。"他对老师兰克说:"您知道,我只是如实记录而已。"①吉泽布雷希特的《德意志皇朝时代史》虽然因过于抬高神圣罗马帝国而受到诟病,但仍然以功力深厚和资料翔实而著称。英国历史学家阿克顿说,吉泽布雷希特对原始文献和手稿的了解"是无懈可击的",他所附的注释也是"在近代文献中任何地方能够找到的对权威著作最有洞察力和教益的探讨"。②1889年,伯伦汉(Ernst Bernheim,1850—1942)写出《史学方法论》一书,对兰克客观主义史学的基本原则进行归纳和总结。他认为兰克史学的核心是"求真",其方法和步骤主要有四个方面:其一为史料学,即搜集和整理原始资料;其二为考证学,即对史料进行辨析;其三为综合的观察,即发现历史事实的意义和相互之间的联系;其四为叙述,即将研究结果完整地表述出来。③

在英国,牛津学派的历史学家斯塔布斯(William Stubbs,1825—1901)最先引入兰克史学方法。他在就任牛津大学皇家讲座教授的典礼上明确表示,英国历史学派"应当建立在系统广泛搜集、编排原始史料的基础之上"。④他的《英国宪政史》以及他对英国历史资料的整理,被公认为客观主义史学的英国典范。1886年,《英国历史评论》的创刊词声称:"历史的任务是发现和陈述事实。为了避免党派之嫌,本刊拒绝接受涉及与当代论争有关的问题的来稿。"⑤

严谨、客观、公正也成为新一代法国历史学家的不懈追求。朗格诺瓦和瑟诺博司《历史研究导论》一书中提出了"没有档案就没有历史学"的口号,指出"历史重现的工作必须依赖大量散在的细小事实,依赖细同粉末状的详尽知识"。⑥1900年,亨利·乌赛(Henri Houssaye,1848—1911)在

---

① 转引自张广智主编、易兰著:《西方史学通史》第5卷,第259页。
② 汤普森:《历史著作史》下卷,第270页。
③ 伯伦汉:《史学方法论》,陈韬译,商务印书馆,1937年,第185—186页。
④ 转引自张广智主编、易兰著:《西方史学通史》第5卷,第264页。
⑤ Fritz Stern, *The Varieties of History: From Voltaire to the Present*, New York, 1958, p.177.
⑥ 诺维克:《那高尚的梦想》,杨豫译,三联书店,2009年,第49、52页。

巴黎第一届国际历史科学大会上发言说："我们再也不想牵涉假设的近似推论、无用的体系和理论，它们看上去堂而皇之，其实是虚有其表的骗人的道德教训。要事实、事实、事实，本身内在就含有教育和哲理的事实。要真相，全部的真相，除了真相其他一概不要。"[①]

美国历史学家同样被德国史学严谨的求实精神所感染。19世纪三大史学家班克罗夫特、普列斯柯特（William Hickling Prescott, 1796—1859）和摩特莱都曾经常年在档案库里工作，"努力地寻找事实的真相"。摩特莱从萨克森王家图书馆写信回来说，他正在"从六种语言的深藏于地下的对开本手稿中把原始史料"挖掘出来。[②] 1901年，切尼（Edward Potts Cheyney, 1861—1947）在《美国历史学会年度报告》中声称："历史学家最简单也是最费力的任务是搜集事实，客观地对待他们，并按照事实本身的要求把它们排列起来。"[③]

总之，到兰克去世时，对事实的追寻已成为历史学家的普遍信仰。在那时大多数历史学家看来，所谓历史事实就是过去已经发生的不以人的意志为转移的客观存在，是一种预先被给定的东西。不管有没有历史学家，历史事实都始终躺在那儿。历史学家只是被动地去发现这些事实，并赋予它们一定的意义。

这种19世纪的历史事实论是不尽合理的。英国历史学家卡尔指出，这种历史事实论认为历史是由一系列确定的事实构成的，历史学家可以在文献、铭刻等诸如此类的东西那里获得事实，就像在鱼贩子的案板上获得鱼一样。历史学家收集事实，熟知这些事实，然后按照历史学家本人的方式对这些事实进行加工，进而撰写成历史。"首先要弄清你的事实，然后冒险投身于解释的流沙之中——这就是经验主义的、凭借常识的历史学派的金科玉律。"[④] 然而，这种历史事实论却是有局限的。首先，并不是所有过去发生的事情都会成为历史事实，让哪些事情成为历史事实完全是历史学家选择的结果。历史上有成千上万的人渡过卢比孔河[⑤]，但只有恺

---

① 乔伊斯·阿普尔比、林恩·亨特、玛格丽特·雅各布：《历史的真相》，刘北成、薛绚译，中央编译出版社，1999年，第60页。

② 诺维克：《那高尚的梦想》，第60页。

③ 同上书，第51页。

④ 爱德华·卡尔：《历史是什么》，陈恒译，商务印书馆，2008年，第90—91页。

⑤ 意大利北部的一条河流。公元前49年罗马将军恺撒从高卢地区回师渡过此河，开始了内战。

撒渡过卢比孔河才被当成历史事实。其次,历史事实也从来不是"纯粹的历史事实",而是通过记录者的头脑折射出来的。"事实的确不像鱼贩子案板上的鱼,而是像在浩瀚的海洋中游泳的鱼;历史学家钓到什么样的事实,部分取决于运气,但主要还是取决于历史学家喜欢在海岸的什么位置钓鱼,取决于他喜欢用什么样的用具钓鱼,这两个因素又是由历史学家想捕捉什么样的鱼来决定的。"①最后,兰克史学的"让事实本身说话"也是不可能的,只有当历史学家要事实说话的时候,事实才会说话,而且由哪些事实说话,按照什么秩序说话或者在什么样的背景下说话,这一切都是由历史学家决定的。因此,19世纪的历史事实论是一种可笑的谬论,它"在过去的百年间对近代历史学家产生了如此毁灭性的影响,以至于在德国、大不列颠和美国出版了一大批还在不断增长的枯燥无味、充满事实的史书和专门至极的论著,也造就了一批未来的历史学家,他们在越来越小的范围内知道越来越多的东西,最终无影无踪地消失在事实的汪洋大海之中"。②

卡尔对客观主义历史事实论的批判反映了西方历史思想在20世纪的变化,当代的历史学家已很少有人再去重复19世纪历史学家对历史事实的看法。但19世纪对事实的崇拜却有其出现的必然性和天然的合理性。那是一个充满自信的、乐观主义的和崇尚科学的时代,几乎所有的领域都在为自己的合法性寻找坚实的科学基础。"兰克虔诚地相信,如果他照管着事实,上帝就会照管着历史的意义。"③正是这种对客观历史事实的坚守和追求,造就了历史学家严谨科学的态度。阿克顿曾向与他共同主编《剑桥近代史》的同仁们说:"我们写的滑铁卢之役必须令法国人、英国人、德国人、荷兰人一样感到满意。"④这是那个时代几乎所有历史学家天真的共识,它标志着历史学发展曾经有过的一个值得怀念的阶段。

第二节 自然科学化的实证主义史学

19世纪是客观主义的时代,也是实证主义大行其道的时代。如果说

---

① 爱德华·卡尔:《历史是什么》,陈恒译,第108页。
② 同上书,第97页。
③ 同上书,第103页。
④ 阿普尔比等:《历史的真相》,第61页。

兰克史学为近代历史学奠定了坚实的学科基础,那么以法国孔德为代表的实证主义思潮则把历史学推向了科学化的顶点。

一、孔德的实证主义历史观

实证主义(positivism)是19世纪上半期由法国思想家孔德(Auguste Comte,1798—1857)提出的哲学学说。实证主义认为,研究宇宙间的任何事物,都应当从实证的(具体的、现实的、可以检验的)事实材料出发,而不应当从抽象的和先验的材料出发。因此,它反对空洞的形而上学的玄想,重视对具体材料的发掘、观察、实验和比较,强调人对外界的经验和感觉,提倡对事物先分析后判断。在《实证哲学教程》一书中,孔德提出了"观察优于想象"这一重要命题。他把他的实证哲学的建立看成是一场革命,指出"这场革命的根本特征在于:把以往想象所占据的优势转移给观察",使科学从"臆测状态"中解脱出来而达到"实证状态"。[1]他一再强调:"除了以观察到的事实为依据的知识以外,没有任何真实的知识。"[2]显然,孔德的实证主义受到了近代自然科学的启发,实证主义的观点和方法实际上就是自然科学的观点和方法,因为16世纪以来近代自然科学注重观察和实验,要求知识的确定性和实证性,同空洞荒诞的中世纪经院哲学形成了鲜明对比。在孔德看来,对人类社会的研究同对自然界的研究是一个不可分割的整体,社会学与生物学"与其说是同一部类的两种科学,不如说是同一种科学中的两个不同的部门"[3],所以完全可以建立一种像自然科学那样以准确的观察和事实为基础的关于社会的"实证"科学。

孔德虽不是历史学家,却在一系列著作中明确表达了实证主义的历史观。首先,他认为历史研究要以对事实的发现、确定和检验为起点,就是说要让史料的搜集和考证在历史学中占有重要地位。他自己用了一句话概括,就是"观念服从事实"。[4]其次,孔德把发现规律作为包括历史研究在内的所有科学研究的最终目的。他说:"实证哲学的基本性质,就是把一切现象看成服从一些不变的自然规律;精确地发现这些规律,并把它

---

[1] 参见欧力同:《孔德及其实证主义》,上海社会科学出版社,1987年,第45页。
[2] 洪谦:《西方现代资产阶级哲学论著选集》,商务印书馆,1964年,第27页。
[3] 参见欧力同:《孔德及其实证主义》,第45页。
[4] 参见欧力同:《孔德及其实证主义》,第46页。

们的数目压缩到最低限度,乃是我们一切努力的目标。"①他尤其强调了人类社会历史发展的规律性:"人类的生活现象,虽然较其他自然现象更可变异,但也服从不可变更之规律。"②第三,孔德依据人类社会是一个"有机体"而指出社会各个部分具有一种相互影响和相互作用的辩证关系,主张对历史进行整体研究。他说:"把社会诸要素分离开来进行研究,从科学的性质看,完全是不合理的。"③第四,孔德提倡采用比较方法研究历史,并把历史比较方法分为三类:人类社会和动物社会的比较;同时共存的不同社会的比较;同一社会中不同发展阶段的比较。这一划分被认为是西方思想家对历史比较方法的最早的理论表述。

孔德对历史的看法得到了一些以科学化为己任的历史学家的认同,这些历史学家不断尝试把孔德的实证主义原则运用到历史研究的实践中去。孔德死后,实证主义史学终于发展成19世纪西方史学最重要的流派之一。

二、实证主义史学的特征及不同路径

首先将孔德的实证主义原则具体运用于历史研究的史学家是英国的博克尔(Henry T. Buckle,1821—1862)。1851年,博克尔开始着手编写一部15卷本的有关人类文明史的巨著,不幸刚写完第二卷就英年早逝,已经完成的英国部分以《英国文明史》为名出版。

博克尔的著作几乎凝聚着实证主义史学的全部特征。第一,博克尔同孔德一样认为历史研究的基本任务是寻求历史发展的规律。他指出:"历史家的责任就是显示一切民族的活动都是有规律的","只有通过揭示因果关系,才能把历史上升为科学"。④第二,博克尔主张在历史研究中运用自然科学的方法,宣称"不借助科学,历史学便不能建立"。⑤他特别推崇自然科学中归纳的方法,因为归纳的方法是"反宗教的",而演绎法是

---

① 洪谦:《西方现代资产阶级哲学论著选集》,第30页。
② 转引自欧力同:《孔德及其实证主义》,第64—65页。
③ 同上书,第122页。
④ 参见谭英华:《试论博克尔的史学》,载《英国史论文集》,三联书店,1982年。
⑤ 参见谭英华:《试论博克尔的史学》。

"神学的方法"。①第三,博克尔非常重视历史研究的史料工作,坚持"观察应当在发现之前"。②他为了写《英国文明史》参考了大约3000卷以上的文献资料,包括国家档案、专著、报刊、日记、游记、传记等各个门类,并对这些材料进行必要的订正。第四,博克尔比他同时代的其他历史学家具有更加广阔的视野。他大胆摒弃了当时在欧洲史学界占统治地位的政治史观和英雄史观,呼吁历史学家去"追溯科学、文学、艺术、发明、风俗习惯和生活方式的进步"。③他的著作不仅注意了物质生产、经济关系、典章制度、思想学术等方面的内容,而且突出了包括劳动群众在内的"人民"的概念。他反对用单一的因素解释历史,提倡对人类历史进行全面的和综合的考察。这些新颖的观点使博克尔成为后来西方反传统的文明史、人民史、社会史和经济史研究的先驱。

博克尔对人类社会发展规律的阐述特别引人注目,他认为决定历史演变的规律分精神规律和物质规律两种。精神规律又有道德和知识之分,道德是不变的,实际起作用的是知识规律。自然规律包括气候、土壤、食物和一般自然面貌四个方面,前三个方面可以影响阶级的起源和社会权力、财富的分配,后一个方面则影响人的精神状态和民族特性。但两大规律并不是平行的,在他看来,"精神规律较之自然规律更为重要","自然规律不过居于从属地位"。④他最看重的是知识对于历史发展的意义,指出一个国家的文明程度决定于三个因素:一是知识的积累和增长,二是知识的类别,三是知识的普及。⑤他还认为自然规律之所以不如精神规律重要,是因为自然环境不是单独起作用的,很大程度上有赖于人的能动性。自然界是静止的或者变化缓慢的,而人的知识的增长却是无限的,随着科技的发展,自然环境对人类的影响必然会减弱。他有一句名言:"历史就是人变革自然和自然改变人的过程。"⑥

实证主义史学在法国被广泛接受。在丹纳(Hippolyte Taine,

---

① 汉默顿:《西方名著提要·历史学部分》,何宁、赖元晋编译,商务印书馆,1987年,第406页。

② 参见谭英华:《试论博克尔的史学》。

③ 参见 Ernst Breisach, *Historiography: Ancient, Medieval and Modern*, Chicago, 1983, p.274。

④ 参见谭英华:《试论博克尔的史学》。

⑤ 同上。

⑥ 汉默顿:《西方名著提要·历史学部分》,第406页。

1828—1892)身上,实证主义的机械决定论得到充分体现。他说:"有关人类的一切事实,不管是肉体的还是道德的,都有其原因,并受法则的支配;因此,一切人类创造——艺术、宗教、哲学、文学以及道德的、政治的、或社会的现象,都只不过是那些必须由科学方法来确定的普遍原因所造成的结果。"①在丹纳看来,一个民族的经济、政治、社会制度和思想文化的发展水平,取决于这个民族共同的心理状态,而共同的心理状态又取决于种族、环境、时代三大因素的综合影响。为了能够解剖和分析人的心理状态以及其后的三大因素,丹纳求助于自然科学。他有时主张借用物理学的方法,把历史学称为"应用于心理学的力学"②,但更倾向于采用生物学的方法,比如模仿昆虫学家研究昆虫的变形考察法国大革命以前旧制度的结构和功能。③他同样强调历史研究的史料基础,著作中少有空洞的议论,所用材料都是"经过精选的、重要的、有意义的、充分证明的和仔细记录的事实"。④

以研究古史见长的古朗治(Fustel de Coulange,1830—1889)指出,政治制度的产生不是一个人的意志甚至不是全体人民的意志所决定的,而是风俗习惯、市民法律、物质利益、思想类型、心理状态等多种因素使然,因此他奉劝历史学家去认识和比较不同时代的"社会条件、需求、生活方式和精神特质",去观察"组成人类社会有机整体的每一器官"。⑤值得注意的是,实证主义史学在古朗治那里已呈现出一种与兰克客观主义史学合流的趋势。首先,他极其重视历史文献对于历史研究的作用,声称历史只能通过前人留下来的文字材料特别是第一手材料来说明。⑥其次,他反对历史研究受政治和个人主观色彩的干扰,比如在谈到爱国主义和历史的关系时说:"爱国主义是一种道德而历史是一门科学,两者是不能混淆的。"⑦他自己也力求以不偏不倚的态度对待历史。《古代法国政治制度史》第一句话是这样写的:"我不想对法国的制度加以褒贬,只打算描述它

---

① 《新编剑桥世界近代史》,第11卷,中国社会科学出版社,1987年,第159页。
② 参见Ernst Breisach, *Historiography: Ancient, Medieval and Modern*, p.275。
③ 参见汤普森:《历史著作史》下卷,第612—616页。
④ 参见《近代现代外国哲学社会科学人名资料汇编》,商务印书馆,1965年,第2309页。
⑤ 参见Fritz Stern, *The Varieties of History*, pp.189—190。
⑥ 参见Ernst Breisach, *Historiography: Ancient, Medieval and Modern*, p.276。
⑦ Fritz Stern, *The Varieties of History*, p.178。

们并揭示它们的演变。"①

在丹纳和古朗治的鼓舞下,实证主义逐渐成为19世纪后期法国众多史学家高举的旗帜。1876年,莫诺(Gabriel Monod,1844—1912)在《历史评论》杂志的创刊号上发表了用实证主义方法论改造历史学的宣言,提出历史学家应当抛弃任何政治和哲学理论而把研究工作局限于文献和事实的范围之内。②1898年,朗格诺瓦和瑟诺博司合著了《历史研究导论》一书,总结了法国实证主义史学的方法论原则,指出历史的科学方法就是尽可能准确地通过文献考证揭示事实并做出分类,任何超出叙事范围的评论不仅是多余的而且是有害的。③然而实证主义史学在法国的胜利是付出了代价的,除丹纳等少数人外,这一时期大部分史学家所标榜的实证主义已远非完整意义上的实证主义,只不过是一种"文献的实证主义"。他们只强调观察,不强调概括;只尊重事实,不去发现历史规律;研究重点也多放在政治、军事和外交领域,实际上已抛弃了孔德实证主义中最活跃和最积极的因素。

德国的实证主义史学与法国有所不同,出发点是挑战兰克史学。其代言人兰普雷希特(Karl Lamprecht,1856—1915)更多地强调了实证主义史学与兰克客观主义史学之间的区别,认为兰克学派的缺陷是孤立片面地描写政治事件和杰出人物,不了解人的社会心理活动,尤其是没有给实证的因果关系留下地盘,因而必须用探讨历史进化过程、寻求历史发展规律、面向人类整体的新史学取而代之。他重视文化史的研究和社会心理在历史上的作用,指出历史首先是文化史,而文化史又是社会心理的比较史,历史发展的规律就是社会心理发展的规律。④

美国的实证主义史学则反映了兰克客观主义和孔德实证主义的双重影响。19世纪后期美国的史学家一方面注重资料的搜集和批判工作,一方面又提倡对史实进行必要的说明和概括,亨利·亚当斯(Henry Adams,1938—1918)积极追随孔德和博克尔,公开宣称历史学的任务就是发现规律。他说:"要使历史成为一门真正的科学,就必须确立它的法

---

① Fritz Stern, The Varieties of History, p.188.
② Ibid., p.173.
③ 参见杰缅季耶夫等:《欧美近代现代史学史》上册,董进泉译,安徽教育出版社,1986年,第190页。
④ 参见汤普森:《历史著作史》下卷,第580—586页。

则。"①他还认为,历史学完全可以"用和研究晶体结构同样的精神和同样的方法"来研究。②但对美国史学界影响最大的还是从实证主义分出的重要一支——社会达尔文主义。社会达尔文主义是19世纪英国思想家斯宾塞最先提出的社会学理论,顾名思义就是搬用达尔文进化论解释人类的社会现象。它主要包括三个方面内容:一是认为社会是一个有机的整体,而个人不过是这个有机体的细胞;二是认为社会现象和自然现象一样,都是弱肉强食、生存竞争;三是认为社会是缓慢向前发展的,不存在任何质的飞跃。费斯克(John Fiske,1842—1901)的《宇宙进化论概述》一书首次系统地把社会达尔文主义介绍到美国,从此社会达尔文主义在美国得到了迅速传播。短短几十年中,几乎所有美国历史学家都成为社会达尔文主义的信徒。在他们的笔下,美国历史的发展无非是适者生存和循序渐进的过程。跨入20世纪以后,社会达尔文主义在美国继续拥有强大的市场,这种局面一直持续到二战以前。

三、实证主义史学的成效与缺失

实证主义史学的基本原则可归结为两点:一是确定事实,二是发现规律。③在实证主义史学的第一个原则上,它同兰克客观主义史学不谋而合,两个学派对于历史资料的搜集与考订以及对于历史知识的积累和历史批判方法的完善都起过积极的作用。但在实证主义史学的第二个原则上,它同兰克客观主义史学便分道扬镳了。实证主义者不满足于单纯叙述事实,主张对历史材料进行分类、归纳和概括,力求从大量孤立的历史现象中寻找联系,这是他们高于兰克之处。他们提倡历史的整体研究和比较研究,注重千百万人集体心理意识的演变,大大开阔了历史学家观察问题的视野。正如克罗齐所说:"幸亏有了实证主义,历史著作才变得不那么幼稚。"④

实证主义最大的贡献在于致力于把历史学变成一门实实在在、不折不扣的科学。美国历史学家亨利·亚当斯承认,每一个读过博克尔《英国

---

① Ernst Breisach, *Historiography: Ancient, Medieval and Modern*, p.290.
② 参见杰缅季耶夫等:《欧美近代现代史学史》上册,第218页。
③ 柯林武德:《历史的观念》,何兆武、张文杰译,中国社会科学出版社,1986年,第144页。
④ 克罗齐:《历史学的理论与实际》,傅任敢译,商务印书馆,1982年,第244页。

文明史》的人，都会被那种对科学历史学的不懈追求所深深感染。①当英国历史学家伯瑞 1903 年说出"历史是一门科学，不多也不少"②这句名言时，他表达了那个时代历史学家的共同信念。在实证主义史学家的努力下，历史学和自然科学的关系空前密切了，自然科学的方法得到尊重和应用，科学严肃的态度得到肯定和弘扬，一大批新的名词如变异、胚胎、解体、功能、机制等等被引入历史领域，西方历史学伴随着对自然科学的无限崇拜和 19 世纪的乐观主义走向辉煌，最终赢得"科学女皇"③的称号。但是，实证主义史学的悲剧也恰恰在于唯自然科学是尊，在于用纯粹自然的眼光看待历史并要求历史，在向自然科学看齐的同时丧失了历史学的自主性和历史学家的自主意识，这就必然决定了实证主义历史思想将遭到 20 世纪分析历史哲学的坚决批判并最终被新的历史理论和方法所代替。

　　20 世纪以来，现代思想家和历史学家们毫不留情地指出了实证主义历史思想的种种局限，如机械地照搬自然科学方法，公式化地图解历史，不分主次地并列决定社会发展的各种原因，否定历史的个性和偶然性，否定杰出历史人物的作用等等。但他们抨击最激烈的是实证主义忽视历史理论对历史研究的指导，它对历史规律的探讨也不能深入到事物的本质，因此无法从宏观上和根本上把握历史发展的脉搏。柯林武德对实证主义的一段分析令人叫绝："实证主义在它那工作的这一方面所留给近代历史编纂学的遗产，就是空前地掌握小型问题和空前地无力处理大型问题这二者的一种结合。"④

---

① Ernst Breisach, *Historiography: Ancient, Medieval and Modern*, p.289.
② Fritz Stern, *The Varieties of History*, p.210.
③ 原文为"science maitresse"，也译为"科学的皇后"。1900 年，在巴黎第九届世界博览会上，召开了第一届国际历史科学大会，同时召开的还有哲学、心理学、社会学、人类学及其他领域的一系列会议，但历史学的会议最受重视，到会人数也最多。出席大会的法国法学史家埃斯曼（Adhemar Esmein, 1848—1913）在发言中认为历史学已经取得了如自然科学那样不可撼动的地位，成为"科学的女皇"。参见 Karl Dietrich Erdmann, *Toward a Global Community of Historians: The International Historical Congress and the International Committee of Historical Sciences, 1898-2000*, Trans by Alan Nothnagle, Berghahn Books, 2005, pp.14-15.
④ 柯林武德:《历史的观念》，第 149 页。

【思考】
1. 兰克客观主义史学的特征是什么,存在哪些不足?
2. 试论实证主义史学在史学科学化方面的成就与局限。

第八章　现代西方新史学的变革及特征

20世纪是一个变革的伟大时代，同时也是一个动荡不安的时代：政治上有震撼世界的十月革命，有灭绝人性的两次世界大战，有波及全球的非殖民化进程；经济上有频繁的危机，也有惊人的增长；文化上有科学主义和人本主义的对立；自然科学领域出现了现代物理学的革命和电子计算机的发明；经济学、社会学、人类学等社会科学学科逐渐发展为强势学科；马克思主义更加深入人心；人类所面临的人口、环境、资源等问题日益尖锐；这一切都对历史学的发展产生了影响。随着新一代哲学家和历史学家对历史学自身危机的反思，一种以总体史学为抱负、以问题史学为导向、以社会底层为视角、以史学的社会科学化为目的、以跨学科研究为旨归的新史学逐渐兴起，一批以新方法论为特征的历史学分支学科也纷纷涌现，西方史学进入了一个更加开放、更加贴近现实、更加充满活力的新阶段。

进入20世纪，西方传统史学面临前所未有的危机。从外部来说，第一次世界大战以前的乐观信念被战后的悲观气氛所取代；非理性主义思潮逐渐在西方蔓延，现代物理学的革命改变着人们对自然和宇宙的认识；日益壮大的社会科学不断排挤着历史学，使历史学逐渐失去了19世纪集万千恩宠于一身的"科学女皇"地位。从史学自身来说，传统的历史研究和历史教育严重脱离现实，表现为内容的烦琐、方法的陈旧、范围的狭小和概念的过时。面对危机，一些富有创见的历史学家开始探索新的道路：以斯宾格勒和汤因比为代表的文化形态史观颠覆了传统以西方为中心的单线历史观；以克罗齐和柯林武德为代表的批判历史哲学动摇了传统史学的理论根基；马克思主义作为一种社会科学分析工具被越来越多的历史学家所接受；美国的"新史学派"则提出了一系列新的史学理念，成为20世纪中期以法国年鉴学派为中心的史学革命的先声。

第一节 年鉴学派与西方史学的变革

20世纪席卷全球的"新史学"变革,以法国年鉴学派为标志。所谓"年鉴学派"(Annales School),主要是指法国自1929年以来主持和编纂《年鉴》①杂志的几代历史学家,反对以兰克为代表的传统史学,主张引入新的观念和方法,其理论与实践不仅震撼了法国乃至西方的史学界,而且引领和影响了整个现代史学的发展。正如英国历史学家伯克所说:"20世纪最富创见、最难以忘怀、最有意义的历史论著中,有相当数量是在法国完成的。"②美国历史学家斯多雅诺维奇则评价说:"年鉴学派对史学研究和历史方法做出了重大贡献,在20世纪任何一个国家里,没有任何一个学术团体能望其项背。"③

一、总体史学

吕西安·费弗尔和马克·布洛赫被公认为第一代年鉴学派的领袖。第一代年鉴学派具有以下基本特征:

第一,提倡"总体史学"或"综合史学"。新史学的主要任务是创立包罗万象的历史学。历史关注人的活动,不是单数的人,而是复数的人,是人类的总体。费弗尔说:"人类不能分割成碎片,他是一个整体。人们决不能这样区分一切历史——这是事件,那是信念。"④布洛赫说:"从本质上看,历史学的对象是人。还是让我们把它称为'人类'吧。复数比单数更便于抽象,相对而言,复数的语法形态更适用于一门研究变化的科学。"⑤

---

① 《年鉴》杂志先后有过五个名称,分别为《经济与社会史年鉴》(*Annales d'histoire économique et sociale*, 1929—1939)、《社会史年鉴》(*Annales d'histoire sociale*, 1939—1942, 1945)、《社会史论丛》(*Mélanges d'histoire sociale*, 1942—1944)、《经济、社会与文明年鉴》(*Annales: economies, sociétés, civilizations*, 1946—1994)、《历史与社会科学年鉴》(*Annales: histoire et sciences sociales*, 1994—)。

② 伯克:《法国史学革命:年鉴学派,1929—1989》,刘永华译,北京大学出版社,2006年,第1页。

③ T. Stoianovich, *French Historical Method: The Annales Paradigm*, Ithaca, 1976, p.235.

④ Ernst Breisach, "Historiography: Ancient, Medieval and Modern", Chicago, 1983, p371.

⑤ 布洛赫:《历史学家的技艺》,张和声、程郁译,上海社会科学出版社,1992年,第23页。

换句话说,历史不应只是政治史,历史应当是一个各个部分相互联系的整体,历史学家应当把整个社会和人类命运纳入自己的研究范围。为了实现这一"总体史"的目标,纠正传统史学偏重政治史的倾向,年鉴学派的创始人把经济史和社会史作为《年鉴》杂志的刊名和办刊的主要目标。据统计,1929—1945年,《年鉴》杂志刊登的经济史文章占全部文章的57.8%,社会史文章占26.2%,而政治史文章只占2.8%,人物研究甚至为零。而在同一时期实证史学派把持的《历史杂志》上,政治史文章占了49.9%,人物研究占了8.6%,经济史文章占17.5%,社会史文章只占4.4%。①这种对比深刻反映了新史学与传统史学在研究对象上的分歧。

其次,以"问题史学"取代"叙述史学"。费弗尔和布洛赫都主张,历史学家应当在历史研究中发挥能动作用,"不是历史造就了历史学家,而是历史学家造就了历史"。②他们认为,传统史学只是叙述历史上发生的事情,这种史学毫无益处。"历史只有从叙述的变为解释的,它才能成为一种科学。"③因此,历史研究不应当简单堆砌事实,而应当被问题所引导。费弗尔说:"提出一个问题,确切的说来是所有史学研究的开端和终结。没有问题,便没有史学。"④他特别强调历史学家应当有问题的眼光:"制作史实就是创建","任何历史都是选择"。⑤布洛赫同样重视历史研究中提问的重要性。他指出:"一件文字史料就是一个见证人,而且像大多数见证人一样,只有人们向它提出问题,它才会开口说话。"因此,"历史学研究若要顺利开展,第一个必要前提就是提出问题"。⑥早期年鉴派的这种问题意识与同时期英国历史学家柯林武德的观点可以说不谋而合,体现出20世纪历史学家对历史学主观性的思考和认识。正如雅克·勒高夫后来所说:"新史学就是问题史学。"⑦

第三,强调过去与现在的联系。布洛赫有句名言:"通过过去来理解

---

① 多斯:《碎片化的历史学:从〈年鉴〉到"新史学"》,马胜利译,北京大学出版社,2008年,第42页。
② 同上书,第45页。
③ 宋瑞芝等:《西方史学史纲》,河南大学出版社,第327页。
④ 姚蒙:《法国当代史学主流——从年鉴派到新史学》,三联书店(香港)有限公司,1988年,第47—48页。
⑤ 多斯:《碎片化的历史学:从〈年鉴〉到"新史学"》,第64页。
⑥ 巴勒克拉夫:《当代史学主要趋势》,杨豫译,上海译文出版社,1987年,第56页。
⑦ 多斯:《碎片化的历史学:从〈年鉴〉到"新史学"》,第64页。

现在,通过现在来理解过去。"①这句话的前半句指的是历史学的社会功能,历史研究从根本上说是为了认识现在;后半句则构成了史学认识论的基本原则,即所有的历史都是今天的人站在今天的立场上去理解的,历史学家只有立足于现实,才能在历史研究中正确地提出问题。费弗尔也认为:"人从现实出发——而正因为总是通过现实,他才认识和评价过去。"②另一方面,现实又是历史的落脚点,历史学的作用就是"回答当今人类不可避免的问题"。③因此,他呼吁历史学家"全身心地投入到生活中去,沉浸在生活之中,沐浴在生活之中,把自己和人类生存打成一片"④,重建历史与现实的统一。尽管费弗尔和布洛赫的主要研究领域是中世纪史和早期近代史,但他们主导的《年鉴》杂志却非常重视当代研究。据统计,1929—1938年间,《历史杂志》发表的当代史(1871年后)文章只占总数的7.5%;而《年鉴》杂志发表的当代史文章却占了36%,很多文章都与当前问题密切相关,如:《苏联的人口问题》(1929)、《德国的银行危机》(1932)、《世界小麦危机的缘由》(1933)、《罗斯福的经验》(1936)、《苏联的农业集体化》(1938)等。⑤年鉴学派对现实的关注由此可见一斑。

第四,形成了跨学科的研究倾向。在早期年鉴学派看来,一方面,学科之间的融合是当代科学发展的趋势,历史学要发展就必须吸收其他学科的成果。费弗尔说:"所有的发现不是产生于每个(科学)学科的内部及核心,而是产生于学科的边缘、前沿、交界线,在这些地方各学科相互渗透。"⑥另一方面,历史学理应综合所有有关人的科学,因为它的对象是历史上有关人的一切。因此,年鉴学派所追求的目标之一,就是打破传统史学的封闭性,进行跨学科研究。《年鉴》杂志发刊词中写道:"现在,在历史学家之间,在从事其他研究的专家之间,存在一种不相往来的闭塞状况。当然,各行的研究家,都致力于自己的专业,在自己的庭院中辛勤劳动,如果他们能再关心一下邻居的工作,就十全十美了,可是却被高墙阻隔了。

---

① 何兆武、陈启能主编:《当代西方史学理论》,中国社会科学出版社,1996年,第500页。
② 姚蒙:《法国当代史学主流——从年鉴派到新史学》,第46页。
③ 多斯:《碎片化的历史学:从〈年鉴〉到"新史学"》,第55页。
④ 刘昶:《人心中的历史——当代西方史学理论述评》,四川人民出版社,1987年,第248页。
⑤ 多斯:《碎片化的历史学:从〈年鉴〉到"新史学"》,第57页。
⑥ 姚蒙:《法国当代史学主流——从年鉴派到新史学》,第50—51页。

我们之所以站出来大声疾呼,就是针对这种可怕的分裂的。"①值得注意的是,年鉴学派主张的跨学科交流,是以历史学为主导的。年鉴学派提倡的"总体史学"决定了"历史学将是社会科学的中心和心脏,将是从不同角度,即从社会、心理、道德、宗教、美学角度,最后从政治、经济和文化角度来研究社会的所有一切科学的焦点"。②这种以历史学来统一其他人文社会科学的雄心贯穿了年鉴学派发展的始终。

第五,史料的多样化。年鉴学派要扩大历史研究的范围,传统的以政治史为主的文献资料显然是不够的,必须扩大史料的来源。费弗尔说:"毫无疑问,有书面史料时,可以根据它们来再现历史。没有书面史料,也可以而且应该通过其他方面来再现历史:语言、符号、风景、瓦片、田野形状和杂草、月食和套牲口的轭、地质学家和化学家对石块和佩剑所做的鉴定。总之,应该利用这一切来撰写历史:凡是人所有的,依赖于人的,为人服务的,表现人的,标志人的存在、活动和生活方式的东西,都可以利用。"③布洛赫认为,直至18世纪为止,农村社会的历史少有文字记载,很难根据通常的文献材料进行研究,因此,历史学家经常需要从今天观察到的东西去对过去进行"回溯"。④在《法国农村史》一书中,他就充分利用了地名、田野景观、民俗,甚至航空摄影等非文字史料去复原中世纪法国农村的面貌。⑤勒高夫后来总结说:"新史学扩大了历史文献的范围,它使史学不再限于朗格卢瓦和塞纽博斯所主要依据的书面文献中,而代之以一种多元史料的基础,这些史料包括各种书写材料、图像材料、考古发掘成果、口头资料等。一个统计数字、一条价格曲线、一张照片或一部电影、古代的一块化石、一件工具或一个教堂的还愿物,对于新史学而言都是第一层次的史料。"他把这种转变称为历史学的"资料革命"。⑥

第六,开辟心态史的研究领域。心态史同样是新史学扩大历史研究范围的结果。它研究的是传统史学所长期忽视的一个领域——历史上社

---

① 井上幸治:《年鉴学派成立的基础——昂立·贝尔在法国史学史中的地位》,何培忠摘译,载《国外社会科学》1980年第6期。

② 加尔金主编:《欧美近代现代史学史》下册,董进泉译,安徽教育出版社,1986年,第51页。

③ 阿法纳西耶夫:《"年鉴"学派基本理论的演变》,载《国外社会科学》1982年第5期。

④ 刘昶:《人心中的历史——当代西方史学理论述评》,第266页。

⑤ 参见布洛赫:《法国农村史》,余中先等译,商务印书馆,1991年。

⑥ 勒高夫等主编:《新史学》,姚蒙编译,上海译文出版社,1989年,第6—7页。

会群众(某一部分或集团)所共有的观念和意识,这种观念和意识在民间世代相传,不会因政权的更迭而发生突变。布洛赫出版了西方最早的心态史著作《国王神迹》,对中世纪英法两国存在的一种认为国王能够通过触摸使淋巴结核患者痊愈的民间信仰进行了研究。他没有从传统的王权理论出发解释这一历史现象,而是深入考察民众的集体精神状态,揭示该信仰的形成以及最后如何变成一套维持了800年的正规礼仪。① 费弗尔的《马丁·路德的时运》一书,把16世纪德国宗教改革家马丁·路德的心路历程纳入当时的社会环境和群体心态中去考察,认为马丁·路德是16世纪德国的社会环境锻造出来的、是时代的儿子。② 在另一部著作《16世纪的不信教问题:拉伯雷的宗教》中,费弗尔从社会心态的角度批驳了16世纪法国人文主义者拉伯雷是无神论者的传统观点。他指出,在一个由教堂的钟声迎接婴儿出生,又由同样的钟声祈送死者的时代里,宗教和宗教礼仪影响着人们的一切日常活动,从出生、成人、结婚、死亡到一般人际交往无一不和宗教发生联系。生活在这种特定的文化氛围和意识结构里,拉伯雷不可能成为无神论者。这种对心态的关注后来成为年鉴学派一个重要的研究方向。③

二、长时段历史观

二战结束后,布罗代尔进入《年鉴》编委会并与费弗尔一起创办了"第六部",任"第六部"秘书长兼组织处负责人和历史研究中心主任。1956年费弗尔去世后,他又接任"第六部"主任和《年鉴》主编,成为年鉴学派名副其实的头面人物。

布罗代尔最著名、最有代表性的著作是《地中海与菲利普二世时代的地中海世界》(简称《地中海》)。④ 全书由三部分组成:第一部分说明地中海地区10个国家的地理环境,包括山脉、平原、海岸、岛屿、气候、城市等,力图揭示地理与历史、空间与时间的关系;第二部分主要研究16世纪地

---

① 参见布洛赫:《国王神迹》,张绪山译,商务印书馆,2016年。
② 参见费弗尔:《马丁·路德的时运》,王永怀、肖华锋译,上海三联书店,2014年。
③ 参见费弗尔:《16世纪的不信教问题:拉伯雷的宗教》,赖国栋译,上海三联书店,2011年。
④ 参见布罗代尔:《地中海与菲利普二世时代的地中海世界》,唐家龙等译,商务印书馆,2013年。

中海地区的社会和经济状况,包括人口、劳动力、货币流通、物价、商业、财政、运输、宗教等。第三部分才谈到16世纪地中海地区的政治和军事史,主要描述土耳其和西班牙两大帝国争霸地中海的过程。显然,布罗代尔的《地中海》具有不同于传统史学的鲜明特色,即力图把16世纪西班牙国王菲利普二世在位时期(1551—1598)的地中海世界作为一个密切联系的整体加以考察。它所展现的是一部缓慢的、相对平静的历史,是一部地理时间的历史;而社会、文化和经济则随着漫长的历史缓缓地流动;传统的政治事件和军事冲突似乎对这部历史并不发生根本的影响。布罗代尔的这种编史方式,深刻反映了他的历史观,也即长时段的历史理论。

布罗代尔认为,历史学之所以不同于其他社会科学,主要体现在时间概念上。具体来说,历史时间就像电波一样,有短波、中波和长波之分,可以称为短时段、中时段和长时段。所谓短时段,也叫事件或政治时间,主要指历史上突发的现象,如革命、战争、地震等等,这类现象转瞬即逝,对整个历史进程只起微小的作用;所谓中时段,也叫局势或社会时间,主要指在一定时期内(如10年、20年、50年乃至100年)发生变化,形成一定周期和节奏的现象,如人口的消长、物价的升降、生产的增减等等,这类现象对历史进程起着直接的和重要的作用;所谓长时段,也叫结构或自然时间,主要指历史上在几个世纪中长期不变或变化极为缓慢的现象,如地理气候、生态环境、社会组织、思想传统等等,这类现象对历史进程起着决定的和根本的作用。总之,在布罗代尔看来,短时段现象只构成了历史的表面层次,就像滚滚大河翻起的浪花、火山喷发后落下的尘埃,是没有什么意义的;只有长时段现象才构成了历史的深层结构,构成了整个历史发展的基础。因此,历史学家只有借助长时段的观点,研究长时段的历史现象,才能从根本上把握历史的总体。这一对时间的认识,成为布罗代尔全部历史思想的出发点。他的《地中海》一书也正是根据这一认识写成的。

晚年布罗代尔又写出了《15至18世纪的物质文明、经济和资本主义》。① 此书共分三卷。第一卷《日常生活的结构》主要讨论15至18世纪人类的物质文明,也就是人们的日常生活,包括了这一时期人们衣食住行各个方面的细节,同时也谈到了人口、气候、货币、耕作技术、能源状况等等。第二卷《交易的规则》主要讨论市场经济,包括市场、交换、经济组织

---

① 参见布罗代尔:《15至18世纪的物质文明、经济和资本主义》,顾良等译,三联书店,2002年。

等。第三卷《世界的时间》谈资本主义的产生和资本主义的经济制度,按地区和年代的顺序,从意大利威尼斯开始,直到英国工业革命结束。该书的结构中贯穿了长时段的观点。布罗代尔认为,资本主义的出现并不是一朝一夕的现象,而是千百年来人们日常物质生活演变的结果。人们的日常生活虽然都是一些不起眼的琐事,但却渗透到了社会的各个层次,并规定了社会存在和社会行为的各种方式。因此,日常生活本身就是一种长时段现象。而市场经济向资本主义的过渡,则主要决定于生产与交换机制的发展,是属于中时段的。至于资本主义的中心从意大利到荷兰、再到英国的转移,都是一些无足轻重的短时段现象。

　　布罗代尔的长时段理论进一步强化了早期年鉴学派总体历史的思想,他所认为的长时段现象实际上包括了布洛赫所关注的经济社会史和费弗尔所倾心的社会心态史。一方面是地理环境与人类相互交往过程对历史所造成的强烈而持久的影响,以及在这种影响下所形成的人们的日常生活方式;另一方面是受前者影响又反过来影响前者的人们的精神状态、心理结构、思维习惯等等。①《地中海》和《物质文明、经济和资本主义》不仅从内容上进一步扩大了历史研究的对象,广泛涉及包括地理、生态、经济、社会、政治、文化、科技在内的各个方面,而且从地域上进一步延伸了历史研究的范围,把视野投向整个地中海乃至全世界,被公认为20世纪西方新史学的典范。

　　但是,布罗代尔的历史理论有明显的不足之处。首先,他虽然从理论上对三个时段作了划分,但在具体运用上并没有阐明三者之间的关系。比如《地中海》一书的三个部分就是相互独立的,至于社会结构如何影响经济发展,经济发展又如何导致政治变革,并未阐述清楚。其次,布罗代尔承认长时段的社会结构和中时段的经济发展对短时段的政治的决定作用,但他又走向了另一个极端,即否认政治事件对社会结构和经济发展的反作用。在他的著作中,政治事件几乎没有什么地位。比如《物质文明、经济和资本主义》对15至18世纪所发生的重大事件,如宗教改革、尼德兰革命、英国革命、北美独立战争等,不是只字未提,就是一笔带过。这不能不说是对历史的另一种片面的理解。第三,布罗代尔过于强调长时段现象对历史发展的制约作用,从而使他的历史观带上了某种悲观色彩。在他的人、地、时三位一体的网络中,人往往处于被动的地位。他说:"我所

---

① 刘昶:《人心中的历史——当代西方史学理论述评》,第311—312页。

做的就是反对人类自由。""你不可能与大海抗争……在沉重的历史面前，你除了承认现实外不能有任何作为。"在他看来，社会不平等是不可抗拒的，任何平等诉求最终都会归于失败，权力的更迭"十次有九次都是为了回复旧秩序"。①

在布罗代尔的引领下，第二代年鉴学派学者把研究重点放在长时段现象和历史的深层结构上，继续追求方法论的创新和研究领域的扩大，取得了比第一代学者更加引人注目的成就。此外，第二代学者比第一代学者更具有开放性，他们力图把第六部变成"社会科学的实验室"，广纳不同流派的学者参加工作，在《年鉴》杂志上刊登不同观点、甚至反对派的文章，积极开展国际学术交流，加强对历史著作的宣传，为年鉴学派所倡导的新史学在法国的胜利乃至走向世界奠定了坚实基础。

三、年鉴学派的变化和新史学的危机

1968年，布罗代尔卸任年鉴杂志总编，并对编委会进行扩充，增加了勒高夫(Jacques Le Goff, 1924—2014)、勒华拉杜里(Emmanuel Le Roy Ladurie, 1929—   )和费罗(Marc Ferro, 1924—   )三人，第二年又增加了更年轻的比埃尔吉尔(Andre Burguiere, 1938—   )和雷维尔(Jacques Revel, 1942—   )两人。这一改组标志着年鉴学派进入第三代，勒高夫和勒华拉杜里则成为新一代学者公认的核心人物。

这时的年鉴学派发生了一些引人注目的变化。首先是历史人类学研究得到前所未有的重视。所谓历史人类学，就是把历史学和人类学结合起来，在历史学的领域内回答人类学所提出的问题，如人的饮食、穿着、住宅、两性关系、婚姻、家庭、死亡等等。70年代以后，社会科学高等研究院的教学大纲中有相当一部分是关于历史人类学的课程，研究的重点也从经济史转向历史人类学。1972年，经济学的研讨班有18个，历史人类学有34个；到1986年，经济学的研讨班有19个，和十几年前相比没有太大变化，而历史人类学的研讨班则增加到了75个。②勒高夫本人在长达20年的时间里持续关注有关中世纪的文化人类学研究，如中世纪传说的结构分析、社会生活的象征性举止分析等。③由于历史人类学的书籍与人们

---

① 多斯：《碎片化的历史学：从〈年鉴〉到"新史学"》，第106—109页。
② 同上书，第157页。
③ 参见伯克：《法国史学革命：年鉴学派，1929—1989》，第75页。

的日常生活密切相关,因而广受大众的欢迎。最突出的例子是勒华拉杜里的《蒙塔尤》,该书运用人类学方法解读了一个小山村短短30年的历史,涉及个人生活和社会生活的方方面面,曾经荣登法国非小说类畅销书榜首①,被认为是历史学家在这一领域里成功的典范。

第二个变化是恢复了早期年鉴学派学者对心态史的兴趣。第二代学者虽然也关注人类精神领域的历史,但受布罗代尔影响还是将主要精力放在物质文明的研究上。第三代学者却将心态史作为主要的研究领域之一,并取得了更加杰出的成就。伏维尔的重磅作品《巴洛克虔诚与非基督教化》,试图通过对3万份遗嘱的统计分析,说明17至18世纪人们对死亡与来世态度的变化。杜比也先后写出了《大教堂的时代》《三个等级与封建主义想象》等心态史力作。最典型的当属第三代的领袖勒高夫,他在掌控《年鉴》杂志后重拳出击,相继推出了《为了另一个中世纪》《"炼狱"观念的产生》《中世纪的想象》等心态史作品,不仅在法国而且在全世界都有很大影响。年鉴学派新一代学者对人类心态的关注,被勒华拉杜里称为"从地窖到阁楼"②的运动,即从经济基础重新走向了文化的上层建筑。

第三个变化是放弃了第一代学者"总体历史"的抱负。很多学者否认历史事件之间有任何联系,而强调间断性是决定一切的东西,史学家的研究范围也有越来越琐碎和狭窄的趋势。诺拉在一篇文章中写道:"我感到,全面历史的观念今天成了问题……我们面临的史学是破碎的和包罗万象的,并受到不可抗拒的好奇心的驱使。"另一位年鉴派史家德·塞尔多在法国文化电台"史学论说"栏目中呼吁:"我们应当放弃总体历史,因为这只是吕西安·费弗尔的奢望。"③

第四个变化是重新确立政治史和人物史的地位。比如肖努就认为,政治和文化,即"第三层次",不应被排除于历史之外,因为缺少它们,历史将是"被阉割了的"。④很多学者对政治表示了关注,如费雷和伏维尔投入大量时间研究法国大革命,费罗则是研究俄国革命和第一次世界大战史的专家。1986年,勒高夫在接受中国学者采访时指出:当前法国历史学的一个趋势是"政治史重新引起注意,这是一个曾被年鉴派忽视的领域。

---

① 伯克:《法国史学革命:年鉴学派,1929—1989》,第76页。
② 同上书,第62页。
③ 参见多斯:《碎片化的历史学:从〈年鉴〉到"新史学"》,第168页。
④ 伊格尔斯:《欧洲史学新方向》,赵世玲、赵世瑜译,华夏出版社,1989年,第202页。

现在的研究途径倾向于社会学式的、人类学式的,更注重于政治结构、政治观念、政治象征体系的发掘"。①与此相联系,人物研究和历史传记也在复兴。杜比就写了一本关于中世纪英国人威廉元帅的传记。②最具标志性意义的现象,是曾经激烈反对政治史的勒高夫从20世纪80年代开始研究中世纪法国国王圣路易,并于1996年出版了《圣路易》③一书。

可见,第三代学者的治学旨趣已经与第二代学者有所不同,有些方面甚至可以说背道而驰。以至于维拉尔认为年鉴学派已经不复存在,"已经死亡了"。④晚年的布罗代尔也表达了对其后继者的不满。1982年,他在接受访谈时说,如今的年鉴杂志"令我感到陌生"。在去世前,他认为新一代史学家的历史研究已经与他的观念大相径庭,"因为我的门徒没有遵循我的教诲……我的接班人和我之间存在巨大鸿沟"。⑤

尽管如此,第三代学者与前两代学者之间仍然存在着某种连续性,比如都坚持跨学科研究,只不过跨学科的主要指向由传统的经济学、社会学和人口学转向了人类学和符号学。1994年,《年鉴》杂志更名为《历史与社会科学年鉴》,进一步显示了年鉴学派在历史学的基础上统一整个社会科学的雄心。年鉴学派在法国乃至全世界的影响力也在不断扩大。20世纪50年代以后,在年鉴学派的影响下,以研究重心下移和跨学科研究为主要特征的新史学逐渐成为西方史学的主导性范式并获得了世界性的意义。

当新史学发展到鼎盛之时,其内部固有的矛盾和危机也逐渐显露出来。

首先,新史学没有处理好总体史和局部史的关系。全面的、包罗一切的总体史曾经是年鉴学派第一代学者追求的目标,也是第二代学者长时段研究的主要依据。但随着新领域的扩张和研究范围的扩展,史学家们越来越感到难以把握历史的总体,宏大的历史视野常常被淹没在具体的毫无联系的研究课题中。另一方面,新史学家排斥政治事件的倾向也使

---

① 姚蒙:《"历史始终是人类社会在时间中的演进"——法国著名历史学家雅克·勒高夫采访纪实》,《史学理论》1987年第2期。
② 伯克:《法国史学革命:年鉴学派,1929—1989》,第83页。
③ 参见勒高夫:《圣路易》,许明龙译,商务印书馆,2012年。
④ 多斯:《碎片化的历史学:从〈年鉴〉到"新史学"》,第234—235页。
⑤ 同上书,第146页。

真正的总体史成为一种虚妄。以至于曾担任社会科学高等研究院院长达10年的费雷也无可奈何地宣称:"应当减低总体史这样一种不理智的雄心。"①

其次,新史学没有处理好长时段与短时段的关系。自布罗代尔推出长时段理论后,法国史学在研究历史的长期过程方面取得了丰硕的成果,但却或多或少地忽视了短时段现象对于历史的意义。在新史学的研究版图上,政治史很少有自己的位置,1979年在法国出版的新史学百科全书未收入有关政治的条目②就是一个明证。长时段研究最大的问题是常常见物不见人,如勒华拉杜里的《公元1000年以来的气候史》就完全没有人的存在,这实际上背离了第一代学者改造传统史学的初衷。费弗尔早年所倡导的研究变化的历史学变成了永恒的、一成不变的历史。

第三,新史学没有处理好定量研究与定性研究的关系。从定性分析到定量分析,从描述性语言到分析性语言,这无疑是新史学最重要的变革之一。但大量的定量分析不仅使史学作品枯燥难懂,过分专业化,而且影响了历史研究的全面性和完整性。甚至有人试图用计量方法取代整个历史研究,如勒华拉杜里就曾经说:"归根结底,只有可计量的历史才是科学的历史。"③年鉴学派学者逐渐认识到了计量方法的弊病。布罗代尔就指责他的门徒——勒华拉杜里受到了计量史学的诱惑:"我顺便说说勒华拉杜里的毛病。关于统计史学,我担心某些幻想和托词正在出现,担心未来的历史学家成为程序设计员。我感兴趣的只是程序设计员的程序。"④勒高夫也写道:"计算机只是个越来越必要的工具。它提供了更为精确的资料,因而使历史更加科学,但它不应剥夺历史的艺术特性。"⑤

第四,新史学没有处理好跨学科研究与史学自主性的关系。从根本上说,年鉴学派的兴起代表了20世纪中期在西方出现的科学主义潮流,新史学家们试图通过跨学科研究把历史学社会科学化而为历史学在当代社会的存在寻求某种合法性。虽然法国的新史学在跨学科研究中始终处于强势地位,但并没有排除在与社会科学的互动中丧失学科特性的危

---

① 何兆武、陈启能主编:《当代西方史学理论》,第540页。
② 多斯:《碎片化的历史学:从〈年鉴〉到"新史学"》,第213页。
③ 同上书,第173—174页。
④ 同上书,第131页。
⑤ 同上书,第174页。

险。正像法国历史学家多斯所评论的：“采用其他社会科学的术语和方法也使历史学付出了高昂的代价：史学家特有的统一时态遭到瓦解；历史学被融化到其他学科之中。因此，历史学的胜利只是一场'皮洛士式的胜利'。"[1] 20世纪70年代以后西方历史学加强了人文性和叙事性，在某种程度上也可以说是对历史学过度社会科学化的一种反动。

随着自身固有矛盾的激化和外部大环境的改变，曾经在西方兴盛了近半个世纪的新史学在20世纪晚期最终走向了衰落。年鉴学派第三阶段所发生的变化，也可以说是新史学式微的一个缩影。

第二节 研究领域和研究视野的扩张

现代西方新史学一个重要特征是研究领域和研究视野的改变和扩张，包括三个方面：一是通过研究范围的开拓和研究重心的转移形成系列社会史和心态史等新兴研究领域；二是通过自身方法和技术手段的转换形成新的分支学科，如口述史学；三是通过理论、方法和概念的跨学科借用形成历史人类学、历史社会学、心理史学、计量史学和环境史学等交叉领域。

一、社会史学：结构的或底层的历史

社会史学也称社会史，主要研究历史上人民大众的社会活动，并由此探讨整个社会制度和社会结构的变迁。现代社会史学的产生一方面是新史学扩大历史研究领域的结果，另一方面也得益于相邻社会科学理论与方法的推动。

社会史本身是一个充满歧义的概念，但史学界大致都承认社会史的三个基本特征：一是注重社会结构和社会变迁，从社会的角度去看人类的全部历史；二是突出普通人特别是社会下层在历史上的作用；三是理论和方法的跨学科借用。

随着社会科学理论和模式的引进，社会史的研究对象进一步扩大，方法也更加多样化，被称为"新社会史"。社会史家既研究社会不同群体的历史，如劳工史、妇女史、黑人史、少数民族史，也研究社会各个侧面的历

---

[1] 多斯：《碎片化的历史学：从〈年鉴〉到"新史学"》，第177页。

史,如人口史、家庭史、城市史、社区史、社会医疗史、社会闲暇史、监狱史。随着社会史研究地位的提高,以前不被传统史学注意的一些史料的价值被充分发掘出来。如法庭的证词和案例可以成为社会关系的注释,遗嘱是宗教信仰的标志和家庭财产分割的证明,税收清单是了解普通人经济状况的有效途径,从出生、婚姻和丧葬的登记可以分析人口变动的趋势。特别值得一提的是,以希尔、汤普森、霍布斯鲍姆等人为代表的英国马克思主义史学家为新社会史的兴起作出了重要贡献。他们最先提出了"从下往上看"的历史观,通过对底层人民群众衣食住行和经验情感的描绘来勾画时代的历史特征。在他们的笔下,不仅工人阶级受到关注,奴隶、乞丐、仆佣、流浪汉乃至盗匪都成为研究的对象。如霍布斯鲍姆的《原始叛逆者》一书专门分析罗宾汉一类西欧历史上的"绿林好汉"的叛逆行为,认为这些"边缘人物"集团的存在是社会异化感的反映,也是对近代资本主义社会的"适应"过程和方式,它构成了工人阶级意识广泛形成之前的一个过渡阶段。①另外,希尔顿的农民研究、希尔的英国革命"平民派"研究和汤普森的工人阶级研究都产生了很大的影响。

当代西方社会史学的成就体现在它的每一个具体领域里,以家庭史、妇女史、新劳工史和城市史表现最为突出。

家庭史的出现与当代西方社会的变化有密切关系。20世纪50年代以后,性解放浪潮席卷西方,婚外性行为泛滥,离婚率上涨,出生率下降,家庭道德观念松弛,大批妇女走出家庭进入劳务市场,这些都引起了史学家对家庭史的兴趣。家庭史主要流行于美、法、英三国。据统计,1972—1976年,三国共出版家庭史著作802部,比1952—1956年的152部增加了5倍多,比1962—1966年的287部增加了近3倍,而30年前的1942—1946年只有36部。②70年代美国还出版了专业性很强的《家庭史杂志》。从总体上看,当代西方家庭史研究主要从历史人口学、经济学、社会学、法学和心理学五个角度展开,以占总人口90%的下层普通民众的家庭史为主。横向来看,家庭史研究又细分为家庭人口史、家庭社会史、家庭经济史、人的成长阶段史、家庭与宗教关系研究、家庭现代化研究、性关系史研究等。

现代妇女史是20世纪六七十年代席卷西方的新妇女解放运动的产

---

① 参见陆象淦:《现代历史科学》,重庆出版社,1991年,第253页。
② 参见于沛主编:《现代史学分支学科概论》,中国社会科学出版社,1998年,第161页。

物。在这场运动中,妇女们争取的是和男人们一样的机会、角色、权利和待遇。她们不愿意再充当男人世界的陪衬,不愿意再让男人来塑造自己的命运和形象,要求体现自己的意志和表达自己的声音,反映在历史学领域,就是要求改写传统的埋没妇女地位的历史,重新认识妇女在历史上的地位和作用。另一方面新社会史的开展为妇女史提供了理论方法和活动的舞台,导致妇女史研究蓬勃兴起,持久不衰。在美国,1971年6月至1972年3月,全国各种学术刊物发表的妇女史论文还只有5篇,但到了10年后的1981年6月至1982年3月,论文的数量就增加到了112篇,增长速度惊人。①各大学还纷纷设立了有关妇女史的课程和研究机构。其他西方国家如英国、法国、加拿大的情况也大致如此。同以往的妇女研究相比,新妇女史发生了深刻变化。在研究对象上,由传统的上层妇女转向普通妇女;在研究观念上,妇女从传统的被动的被压迫者变成了一种推动历史前进的积极的力量,主流社会的男性价值观被妇女自己的价值观所取代;在研究范围上,当代妇女史已几乎无所不包,妇女的性、妇女的婚外恋、妇女的劳动与收入、妇女的卫生、妇女与战争等都成为研究课题;在研究方法上,妇女史日益向人类学和社会学靠拢,许多著作融入了计量分析。在对家庭、性和生育问题的考察上,在对妇女劳动问题和妇女意识的探讨上,在对妇女权利问题的研究上,当代妇女史也取得了可以同新社会史其他领域相媲美的成果。

  劳工史是当代新社会史中最具有理论视野的领域之一。以汤普森为代表的新劳工史家率先对传统的劳工史研究提出了挑战,强调历史是一个连续的过程,工业社会的历史并不是一个与前工业社会截然不同的历史,它延续着前工业社会有关工作和闲暇的模式。他们放弃了对宏大叙事的追求,注意从底层反映劳工群体的生活、态度和社会地位的变化,通过对各种偶发冲突事件的个案分析说明工人阶级意识的来源。汤普森在他的经典著作《英国工人阶级的形成》中分析了1780—1832年英国工人阶级的历史,认为阶级是一种历史关系,是在一定的真实背景下发生的人与人之间的相互关系,在各种关系中,劳工把阶级经历用文化的方式进行处理,从而产生了阶级觉悟。②新劳工史力图表明,工人阶级与雇主的斗争影响着新一代的工人,这一过程是通过分享游戏规则实现的。罢工并

---

  ① 参见荣颂安:《美国的妇女史研究》,《世界史研究动态》1986年第7期。
  ② 参见汤普森:《英国工人阶级的形成》,钱乘旦等译,译林出版社,2001年。

不是偶然现象,而是工人们在日常生活中集体关系的自然拓展,他们有共同的根、共同的经历、共同的方言、共同的习俗,面临共同的危机。20世纪80年代以来,西方的劳工史研究又开始出现解构主义或后结构主义的特点,强调主体性和话语的作用。在新一代劳工史家看来,工人阶级的主体性是在不断变化的,它被历史地产生着并经历着分裂与冲突。话语则构成了工人阶级的存在方式,以历史的形式赋予社会现实以意义。①

城市史与西方国家城市化的过程相伴而生。美国历史学家老施莱辛格出版《美国城市的兴起,1878—1898》一书,强调城市在19世纪后半期工业化过程中的关键作用,开美国城市史研究之先河。美国历史学家兰帕德认为,城市史不应只限于研究城市市志和城市活动,而应着重研究城市化过程,建立一套全面的、探索性的"群体结构"理论,突出人口、环境、科学技术水平、社会流动和管理等因素的作用。②哈佛大学塞斯托姆的《贫穷与进步:关于一个19世纪城市社会流动性的研究》首次把兰帕德的城市史理论应用于实践。随后,美国乃至整个西方的城市史研究进入了一个大发展时期,城市史著作在20世纪60年代就达到了平均每年约500种,70年代中期跃为1000种,1982年增加到1400种。③专业性刊物有美国的《城市史杂志》《城市规划今昔》,英国的《城市史年鉴》,加拿大的《城市史评论》等。大体上说,这一时期的城市史研究在以下三个方面取得了突破:第一,研究对象更加细化,涉及移民、黑人、贫民窟、市政服务、社会福利、城市规划、建筑和住宅、污染与环境、教会、暴力与犯罪等城市生活的各个方面。第二,理论思考和研究内容日趋深入。如兰帕德于1968年写了《城市史的范围》一文,提出城市是由许多相互影响的因素构成的"连续统一体",并列出了影响城市发展的层次和因素。④第三,研究方法得到更新。社会科学中的计量方法、问卷调查方法、模式分析方法已成为城市史家治学的主要手段。

然而,在上世纪末史学界对新史学的反思中,历史学家们也深刻意识

---

① 以上关于劳工史的部分材料来自佟新《新劳工史研究——从历史唯物主义、文化主义到解构主义》一文,《国外社会科学》2002年第2期。

② Eric E. Lampard, "American Historians and the Study of Urbanization", *American Historical Review*, Vol. 67, No. 1, October 1961.

③ 转引自王建华:《城市史》,《世界史研究动态》1986年第12期。

④ 参见王旭:《美国城市史研究概述》,《东北师大学报》1986年第1期。

到社会史学存在的偏颇。首先,社会史学的研究课题有越来越细小的趋势,给人以琐碎、繁杂的感觉。许多社会史学家只局限于历史中的一个点,而不能同历史的面结合起来,缺少宏观的把握和整体的视野,这无疑有违于社会史学倡始者的初衷。其次,社会史学过多地依赖社会学和其他学科的理论与方法,而自身必要的理论概括却严重不足,以至于出现了一个奇怪的现象,即许多有关社会史的理论探讨,首先都是在其他学科的刊物上展开的,历史学家在这种学术对话中反而处于劣势地位。第三,社会史学有片面排斥政治史的倾向,相当一部分社会史学家把社会史与政治史对立起来,要么研究政治史,要么研究社会史,两者水火不相容。实际上,政治史和社会史还是有密切关系的,一个复杂的政治问题往往要放到广泛的社会史范围里才能得到透彻的说明。显然,社会史必须克服上述弊端才能得到进一步发展。

二、口述史学:过去的声音

口述史学主要指现代史学中搜集和利用口头资料研究历史的流派。口述史学分为两类:一类是"口述史"(oral history)——由史学家访问而获得的当事人的口述回忆;另一类是口头传说(oral tradition)——通过口头语言已流传了若干代的那些对以往人物、事件的叙述与描绘。①

现代西方口述史学与传统的历史学家运用口述资料存在明显区别。首先,传统史学只把口头传说当作一种辅料,而现代口述史学则把口述资料作为研究写作历史的主要依据,许多著名历史著作都是完全根据口述史料写成的,如美国历史学家哈里·威廉的《休伊·朗》、斯塔兹·特克尔的《大危机口述史》和《1970年经济衰退口述史》,英国历史学家保罗·汤普森的《爱德华时代的人》、拉斐尔·塞缪尔的《乡村生活与劳动》、杰里·怀特的《罗斯柴尔德公寓》等。其次,传统史学家在使用口述资料时尽量避免主体意识的掺入,处理口述资料时也强调保持其原有风貌,排除史学家的个人印记。现代口述史学家则公开承认口述资料中主观因素的存在,认为"与往事直接接触的想法只是一种幻觉","过去的声音难免同时也是现在的声音"。②他们在考察口述史料时把注意力放在"记忆的过去",而不是"真实的过去"上,要求访问者主动融入口述者的情感世界,从中找到有

---

① 参见约翰·托什:《口述的历史》,《史学理论》1987年第4期。
② 同上。

价值的东西。第三,传统的历史写作是少数知识分子的专利,是历史学家为人民群众写历史(write history for the people);而现代口述史学则主张历史学家和人民群众一起写历史(write history with the people),或者干脆就是由人民群众自己来写历史(write history by the people)。第四,传统口头资料的来源仅局限于上层人物,相比之下,现代口述资料则具有范围广的特点,几乎涉及社会生活的各个方面。第五,传统史学对口头资料的搜集是一种比较粗糙和简单的活动,不需要任何理论的指导,而现代口述史学已经有了专门的理论探讨甚至理论体系。比较重要的著作有威拉·鲍姆的《口述历史的抄录与编写》、R.柯蒂斯的《口述历史指南》、格罗姆·戴维斯等人的《口述史学》、雷蒙·哈里斯等人的《口述史学实践》、保罗·汤普森的《往昔的回声:口述史学》等。最后,传统史学记载口述资料主要靠笔和纸,现代口述史学则广泛应用了打字机、誊写机、录音机、摄像机、手提电脑等现代技术手段。

总之,口述史学已成为现代历史学的重要组成部分,其基本功能和价值表现在以下6个方面:第一,口述资料可以作为文献资料的补充。文献资料的优点是排除了心理因素,从时间上看,事件发生当时的文件和书信比后来记载下来的口头资料更可靠一些。但如果文献资料遭到有意无意的歪曲,就很难进行对证,因为写文件的当事人很可能已经死了。历史学家可以反复盘问口述资料的当事人并根据其立场对口录资料作必要的修正。在一定条件下,口述资料反而比文献资料更加真实。第二,口述史学恢复了普通人民群众在历史上的地位。传统史学之所以忽视人民群众,一个重要原因是资料不足,因为以往的文献材料很少是描写社会下层的;口述史学在一定程度上弥补了这一缺陷,使劳工史、家庭史、妇女史、社区史、黑人史、儿童史和少数民族史的研究成为可能。第三,口述史学是当代历史研究一个有效的方法和手段,它能把一些琐碎的日常生活细节连接成一个宏大的、丰富多彩的历史整体,使人们从中深刻体会到时代的变动。"口述史特别适于表达日常生活各个方面的基本联系,如果没有口述史的帮助,历史学家则往往把这些方面看作互不相干的社会事实。例如,通过赤贫民众的生活史,就可以生动地描绘出在第一次世界大战前后工人就业的不稳定性、周期性的贫困、营养不良、酗酒、怠惰以及家庭中的暴力怎样给成千上万的人们构成了一个总的社会环境。"[①]第四,口述史

---

① 约翰·托什:《口述的历史》,《史学理论》1987年第4期。

学有助于历史学家深入揭示历史上人们的意识和情感。口述者在回忆过去时,往往不由自主地流露出内心深处的心理活动,而这些心理活动很难见于文献。在口述史学家看来,口述者主体意识的参与是不可避免的,也是无可厚非的,它本身就具有一种历史价值,因为它可以表明口述者从过去到现在的心理演变。第五,口述史学如实地再现了落后国家的历史,有助于打破陈旧的欧洲中心论。比如非洲历史上就没有什么文献记载。在殖民者的历史著作中,非洲史不是一片空白,就是遭到污蔑和歪曲。非洲独立以后,一些研究非洲史的学者到各个部落搜集口述资料,取得了丰硕成果,最终通过对这些资料的分析和综合恢复了非洲历史的基本轮廓,肯定了非洲人民对世界历史的巨大贡献。1965年,国际非洲史学家大会通过决议,承认口头传说"是研究非洲历史的主要史料之一"。[①]第六,口述史学还是一种新型的历史教育形式。在当代美国,许多大学和中学都把口述史学列为正式的历史课程,有的大学还设置了口述史学的硕士和学士学位。在老师的指导下,学生们深入周围的城市乡村,向老一代探访过去的历史。由于口述史学是一种动态的教学活动,充满活力,很容易引起教师和学生的兴趣。口述史学使历史富有人文关怀和生动形象的内容,其叙事性和人文性的特点恰好弥补了同一时期计量史学的不足。

　　口述史学存在的缺陷也不容忽视。首先是口述资料带有主观性和片面性。如1982年,西方国家出版了一本《以色列独立战争口述史》,作者从同情以色列人的立场出发,主要采访了一些以色列人,附带采访了几个以色列统治下的阿拉伯人,全书处处为以色列辩护。[②]即使口述史学家排除了自身的主观因素,他所使用的口述资料也不可能是完全客观公正的。从认识论的角度说,一个历史事件只要经过了回忆,它就不再是原来的历史事件了,回忆者的个人偏见、怀旧的情绪、童年的不幸经历、对亲人的情感以及健康的妨碍等都可能使回忆发生扭曲。至于历经几代流传下来的民间口头传说,误差的可能性就更大。其次,口述史学也有一定的适用范围,它比较适用于缺少文献资料的特定领域或细小的问题,不太适合研究庞杂的问题。对以统计为主的经济史、人口史和以原始文件为主的政治史、制度史,口述史学也难以发挥作用。另外,口述资料的调查往往要花费大量金钱,口述史学家需要有较强的社会适应能力和交往能力,这

---

① 转引自彭卫、孟庆顺:《历史学的视野》,陕西人民出版社,1987年,第275页。
② 同上书,第284页。

些都无形中增加了开展口述史学的困难。

三、全球史:世界史的新模式

"全球史"是20世纪中期在西方兴起的历史学的新的分支学科,它强调把整个世界看作一个不可分割的有机的统一体,从全球的角度而不是从某一国家或某一地区的角度来考察人类文明的产生和发展,把研究重点放在对人类历史进程有重大影响的运动、事件和它们之间的相互关联、相互影响和相互作用上。①全球史学的出现,从历史学的外在因素看,主要源自全球化浪潮对整个世界和整个人类社会的冲击,全球性问题如环境问题、气候问题、资源问题、人口问题、文明的碰撞问题等日益加剧,人类的交往和联系越来越紧密;从内在因素看,它又是现代西方史学不断扩大视野的逻辑结果。

19世纪以前的世界史基本上都是以欧洲为中心的世界史,欧洲历史的发展成为世界历史的主线。20世纪以来,世界形势发生了重大的变化,尤其是两次世界大战以后,欧洲地位的日益下降、美苏势力膨胀、亚非拉国家崛起,促使西方的历史学家去反思和质疑欧洲中心论,给予欧洲以外的地区更多的重视。斯宾格勒和汤因比率先突破了民族和国家的界限,提出了从文化和文明的角度去考察整个人类历史变迁的新的世界史模式。

英国历史学家巴勒克拉夫在《处于变动世界中的历史学》一书中呼吁:"主要从西欧观点来解释事件已经不够了,我们必须尝试采用更加广阔的世界史观点",新时代的历史学家要"跳出欧洲、跳出西方,将视线投射到所有的地区与所有的时代"。②后来他将上述观点总结为"全球史观"。③美国历史学家麦克尼尔(William H. McNeill,1917—2016)的《西方的兴起:人类共同体史》一书出版,被普遍认为是全球史兴起的标志。他在书中首次将世界历史放到全球的视野中去考察,认为全球文明是一个不断运动变化的整体,农业、战争以及其他领域内的技术进步是人

---

① 庞永锋:《论全球史学的兴起与发展——兼论中国的全球史研究》,《首都师范大学学报(社会科学版)》,2007年增刊。
② 转引自巴勒克拉夫:《当代史导论》,张广勇等译,上海社会科学院出版社,1996年,中文译者序,第7页。
③ 巴勒克拉夫:《当代史学主要趋势》,第242页。

类发展的关键因素。他用"生存圈"(Ecumene)理论取代民族国家概念,对各文明、各文化之间的交流和互动进行研究和阐释。在他看来,只有发展一种世界范围的历史,才能有充分的空间容纳人类全部复杂性造成的多样化事实。① 这种从全球视野和互动视角来编纂历史的方法,在经济全球化浪潮的推动下逐渐得到史学界的认可。

美国历史学家斯塔夫里阿诺斯(L. S. Stavrianos,1913—2004)的《全球通史》上下两卷,进一步发展了全球史的理论与实践。斯塔夫里阿诺斯在全书的开始就指出:"人类历史自始便具有一种不容忽视,必须承认的基本的一致性。要确切认识西方的历史或非西方的历史,没有一个包含这两者的全球性观点是不行的;只有运用全球性观点,才能了解各民族在各时代中相互影响的程度,以及这种相互影响对决定人类历史进程所起的重大作用。"他认为,世界历史"不是世界上各种文明的总合……我们不能采用搭积木式的方法……世界史的舞台是全球而不是某一地区,因此,研究重点应放在那些具有世界性影响的运动之上"。② 他形象地比喻说,全球史观"如一位栖身月球的观察者从整体上对我们所在的球体进行考察时形成的观点,因而,与居住在伦敦或巴黎、北京或德里的观察者的观点判然不同"。③ 在具体的阐述上,斯塔夫里阿诺斯将1500年作为世界历史从分散走向整体的转折点。他说:"1500年以前的各人类社会均处于不同程度的彼此隔离的状态之中……1500年以后,由于人类的通讯联系日渐加强,交通工具不断发达,整个地球以加速度日益缩小,现在,竟被人们称为'宇宙飞船式的地球'或'地球村'。"④ 显然,斯塔夫里阿诺斯关注的是人类的活动范围如何从当地扩展到地区、扩展到各地区之间,进而扩展到全球的历史。这种恢弘的历史眼光使《全球通史》获得了巨大成功,很快就成为美国最为畅销的图书之一,并且被译成多国文字,在世界范围内广泛传播,"全球史"的概念也从此被越来越多的人所熟知。

除了麦克尼尔的《西方的兴起》和斯塔夫里阿诺斯的《全球通史》,当代有影响的全球史著作还有麦克尼尔的《世界史》(1967年)、沃勒斯坦的

---

① 参见麦克尼尔:《西方的兴起:人类共同体史》,孙岳等译,中信出版社,2015年。
② 斯塔夫里阿诺斯:《全球通史:1500年以前的世界》,吴象婴、梁赤民译,上海社会科学院出版社,1988年,第55页。
③ 同上书,第54页。
④ 同上书,第55页。

《现代世界体系》(1974年)、巴勒克拉夫的《泰晤士世界历史地图》(1978年)、弗兰克的《白银资本》(1998年)、彭慕兰的《大分流》(2000年)、本特利和齐格勒的《新全球史》(2000年)等。2000年,在挪威奥斯陆举行的第19届国际历史科学大会上,"全球史"成为大会的核心议题,讨论的内容涉及"什么是全球史""为什么要研究全球史""人类的整体史是否可能""如何做全球史""如何确定全球史的规范与方法"等等,这些讨论标志着"全球史"已经成为新世纪国际历史学的热点。正是通过这次大会,中国史学家开始接触和了解"全球史"这一全新的领域。①

作为一门新兴的历史学分支学科,全球史学的基本概念、内涵和方法正在讨论之中,尚未定论。关于全球史的内涵及其与传统世界史的关系,史学界主要有三种观点:第一种观点强调全球史与世界史的不同,认为"全球史"是有别于"世界史"的全新学科,是历史学的一个分支;第二种观点认为全球史与世界史同义,没有本质上的区别,只是称谓不同,实质完全同一。第三种观点综合了上述两种观点的看法,认为"'全球史'是世界史在全球化时代的新发展,二者有区别又有联系,可称为'新世界史'"。②

虽然在概念上有分歧,但全球史研究者们所遵循的基本理念是一致的。这些理念包括:(一)打破民族国家的界限,以跨国家、跨地区、跨民族、跨文化的历史现象为研究对象。(二)整体观。将研究对象置于广阔的相互关系情境中来理解和考察。(三)互动观。将研究对象置于互动网络体系中,从互动来理解历史,强调互动者互为主体。(四)反对欧洲(西方)中心论。(五)力求运用跨学科的研究方法。其中,"互动"是全球史研究的核心理念。

根据研究主题的大小,当代全球史可以分为通史类全球史、区域性全球史、专题性全球史、微观个案全球史四个不同的层次。研究视角也多种多样,主要有以下六种:第一,中心—边缘视角。即在探讨世界/区域体系、贸易体系、文明/文化圈、区域关系等问题时,用中心、边缘、半边缘等范畴来分析不同地区的角色及其相互关系,如沃勒斯坦的《现代世界体系》。第二,跨文化互动视角。即在探讨广义全球化过程中的帝国扩张、

---

① 参见钱乘旦:《探寻"全球史"的理念——第十九届国际历史学科大会印象记》,《史学月刊》2001年第2期。
② 参见梁占军:《"全球史"与"世界史"异同刍议》,《首都师范大学学报(社会科学版)》2006年第3期。

远距离贸易、跨区域或跨民族的文化传播、国际移民等问题时,考察不同文化(文明)群体作为主体之间的相互关系和相互影响,尤其关注文化异质性对互动的影响,如杰里·本特利的《旧世界的相遇者》。第三,交互比较视角。即以比较对象互为参照,不预设一方为标准来评判另一方,如彭慕兰的《大分流》。第四,生态环境视角。即从生态环境与历史事件、社会变迁的关系来解读世界历史中的问题,如克罗斯比的《哥伦布大交换》和《生态扩张主义》。第五,微观个案的广域性视角。即以宏观视野将研究个案置于广阔的关系情境中,"以小见大",如怀特的《世界与非洲的弹丸之地:冈比亚纽米地区的全球化史》。第六,大历史视角。即把人类史纳入宇宙自然史的范围来考察,结合生物学和地质学来探讨人类历史在整个生物圈进化中的意义,如克里斯蒂安的《时间地图:大历史导论》。① 在未来的史学研究领域,全球史将会得到越来越多的关注。

第三节　现代西方新史学的社会科学化

现代西方新史学的基本趋向之一是科际整合,也被称为跨学科研究(interdisciplinary study)。在这一趋势下,历史学打破传统的学科壁垒,与其他学科进行融会和沟通,包括理论的整合、方法的整合、概念术语的整合、技术手段的整合和研究课题的整合。它分为三个层次:第一个层次是在历史研究中借用或引进其他学科的理论和方法,如社会学的模型分析、语言学的结构分析、心理学的精神分析、人类学的田野调查、自然科学的计量统计、横断学科的系统方法等;第二个层次是历史学与其他学科合作进行历史课题的综合研究,如与人类学和社会学合作进行区域历史研究,与生态学和地理学合作进行环境史研究,与心理学合作进行历史人物研究,与地质学、考古学、生物学和化学合作进行人类起源研究等;第三个层次是在历史学和其他学科的边缘地带形成新的交叉学科,如历史人类学、历史社会学、历史地理学、心理史学、计量史学等。现代西方新史学的跨学科研究主要是借鉴社会科学的理论和方法研究历史。

---

① 以上关于全球史研究理念、主题分类和研究视角的阐述,均出自刘文明《全球史:新兴的历史学分支学科》一文,载《人民日报》2012年3月1日第7版。

一、历史学与人类学的整合

历史学和人类学素来关系密切,因为二者有着相似的研究目的和研究对象。巴勒克拉夫在《当代史学主要趋势》一书中说:"在所有的社会科学中,社会学和人类学在观点上与历史学最为接近。当代社会与过去社会之间的分界线是微妙的,不断变动的,而且是人为的。'原始的'文化和'文明的'文化之间的分界线也是如此。其次,有一些极其重要的问题——例如文化转移、不同社会(通常指比较原始的社会和比较先进的社会)之间的接触所引起的变化——对于人类学家、社会学家和历史学家来说,都是同等重要的研究课题。"[1]

历史学和人类学都研究人和人类社会,而且大都探讨研究者自己所未曾经历的、与自己有一定距离的社会,只不过历史学家关注的是时间上遥远的过去,人类学家关注的是地域及文化上遥远的异邦。然而这种差别不是绝对的,历史学和人类学的基本差别是研究方法和研究角度的不同。历史学间接地通过历史上观察者遗留下来的文献资料去复原特定的历史风貌,所以更重视有文字的文明;人类学则强调在实地的田野调查中通过研究者对社会现象的直接参与和理解去展示特定的社会原型,因而更重视文化。历史学主要从纵的方面探讨人类社会的发展过程,着力阐明时间顺序中事件的因果关系;人类学则横向挖掘社会及文化现象相对固定的方面。历史学所依据的文字资料往往是人们对自身社会生活的有意识的表达,而人类学则力图解读出所获田野资料中隐含的人们无意识的思想和行为动机。

20世纪历史学和人类学的变革促进了两门学科的接近和相互影响。19世纪和20世纪之交,欧美人类学者主要受进化论的制约,依靠传教士和冒险家所写的没有被证实的游记去猜测地构造宏观的世界历史。直到功能主义理论出现后,人类学的方法论才开始从宏观人类历史中分化出来,进入实地研究与社会理论化的时代。英国人类学家马林诺夫斯基首倡田野工作和民族志方法,认为对那些现存的没有什么文字记载的原始文化,只能在田野的观察中去探讨。[2]但功能主义者过于强调"现在"这个人们生活的文化平台,把考察对象放到一个静态的分析框架里,忽视

---

[1] 巴勒克拉夫:《当代史学主要趋势》,第76页。
[2] 参见马林诺夫斯基:《文化论》,费孝通译,中国民间文艺出版社,1987年,第89页。

了社会的变迁,因而受到来自人类学内外的批评。一些人类学者从历史学中感悟出了文化的历史性和多元性,要求在民族志中植入历史学的因素。人类学家伊文思·普利查德争辩说,人类学是"一种特别的编史工作",只有在这个意义上它"才是经验主义的,真实地讲,才是科学的"。他认为人类学习惯于研究的小型社会虽然结构简单,却构成了大的历史社会的一部分。"人类学家不能再忽视历史……要么明确地拒绝它,要么承认它的关联。"①作为这一反拨的结果,更多的人类学家转向对于具有悠久历史传统的复杂社会的研究。

同时,人类学向历史学的渗透也成为西方史学转型的重要组成部分。人类学对活生生的社会互动过程的近距离观察、对"他者"眼光和非主流历史的强调、对符号和象征行为的解释、对社会体系各部分如何连接成有机整体的视野,以及对跨文化比较分析和口头调查方法的应用,这一切都对以民间研究和跨学科研究为己任的新史学家有着特别的吸引力。美国历史学家巴格比呼吁用文化人类学的概念、术语和成果更新历史学的观念。②法国年鉴学派第二代学者的长时段研究从结构主义人类学那里汲取了大量的养分。作为历史学和人类学跨学科研究结晶的历史人类学成为新一代年鉴派学者治学的重要内容。由于历史人类学更加注重普通人民群众的非事件的默默无闻的日常生活,因此它并不依赖传统的历史文献,而是大量采用了以往被旧史学所忽视的诸如财政和司法档案、财产调查、税收账目、教区文书、审判记录等历史资料,还有口述史料和各种考古文物,在方法上强调历史叙述和实地调查的对话式并置。人类学方法在对非西方历史的研究上也扮演了重要角色。近些年,美国的中国近代史研究出现了以中国而不是以西方为出发点,深入精密地探索中国社会内部变化动力和结构形态的动向,被称为"中国中心观"。③该派学者常用的一些概念,如"内部取向""个人经验""移情"等,都深深打上了当代人类学的烙印。

对西方历史学影响最大并备受当代史学家推崇的是美国文化人类学

---

① 卡罗林·布莱特尔:《资料堆中的田野工作——历史人类学的方法与资料来源》,《广西民族研究》2001年第3期。
② 参见巴格比:《文化:历史的投影》,夏克译,上海人民出版社,1987年。
③ 参见柯文:《在中国发现历史——中国中心观在美国的兴起》,林同奇译,中华书局,1989年。

家克利福德·吉尔兹的"深度描述"理论。所谓"深度描述"(thick description)[①]，是吉尔兹从美国哲学家吉尔伯特·赖尔那里借用的术语，指一种对意义的无穷无尽的分层次和深入描述，研究者在大量占有调查材料的前提下，通过现代人的历史想象，为某一特定区域的文化构筑出一幅解释性的图景，并力图从细小但结构密集的事实中引出重大结论。[②]

吉尔兹的《深奥的游戏:关于巴厘岛斗鸡的记述》一文把"深度描述"理论付诸实践。他通过对巴厘人斗鸡活动的层层分析，揭示了巴厘人特有的意义体系和文化内涵。他认为斗鸡反映了巴厘人变动不居的时间观、重视社会威望的心理和复杂矛盾的性格，"它是巴厘人对自己心理经验的解读，是一个他们讲给自己听的关于他们自己的故事"。[③]

"深度描述"理论迅速被西方历史学家所采用。美国历史学家戴维斯的《马丁·盖尔的归来》一书，通过想象和细致的层层分析，再现了一个遭遗弃的农妇的思想经历和16世纪法国的农民文化。[④]达恩顿的《屠猫记》是公认的历史学家运用"深度描述"方法的代表。该书通过档案材料对一群印刷工人作为仪式大规模宰杀猫的事件进行了研究，试图深刻解释18世纪法国民众文化中的这个侧面有什么意义。达恩顿在书中多次使用了"深度描述"的概念。[⑤]美国历史学家斯通高度评价了吉尔兹对西方历史研究的贡献："克利福德·吉尔兹创造的厚描述方法对历史学家具有重要意义。它使历史学家掌握如何把周密观察到的丰富的但看上去是琐碎而无意义的行动、事件、符号、姿态、讲话和行为方式用来揭示整个的思想体系，从而把我们的注意力吸引到亲缘关系、家族、社区结构等问题上去。如果没有人类学理论的指导，这些东西的意义便被我们放过了。"[⑥]

1984年，《历史学与人类学》杂志创刊，标志着历史学与人类学的关系进入了一个新的阶段。吉尔兹本人也非常关注人类学与其他学科的交

---

① 国内学术界另有"深描""深度描写""深度描绘""厚描述""浓厚的描述""浓墨重彩"等多种译法。

② 吉尔兹:《文化的解释》，译林出版社，纳日碧力戈等译，1999年，第7—8页。

③ 同上书，第506页。

④ N.Z.Davis, *The Return of Martin Guerre*, Harvard University Press,1973.

⑤ R.Darnton, *The Great Cat Massacre and Other Episodes in French History*, New York,1984.另见伊格尔斯:《80年代的历史学——十年回顾》，《史学理论》1988年第3期。

⑥ 引自史学理论丛书编辑部:《八十年代的西方史学》，中国社会科学出版社，1990年，第283页。

流。他在《历史学与人类学》一文中指出:"人类学对平凡、普通及日常事物的强调正威胁着史学,使它远离了那些真正影响世界的力量——国王、思想家、意识形态、物价、阶级和革命,转向对底层的迷恋以及大声喧哗、嫁妆、屠猫、斗鸡和磨坊主的故事这些能感动读者的东西。"他同时注意到了学科结合造成的某些不和谐,比如人类学家批评历史学家过分依赖文献资料,历史学家抱怨人类学家痴迷于口头证据。但总的来说,"人类学和历史学的结合是有益的"。[1]

二、历史学与社会学的整合

历史学和社会学也是两个有着诸多共同点的学科。德国社会学家马克斯·韦伯曾经说:"社会学和历史学都是研究行为的经验科学。"[2]英国历史学家伯克在谈到历史学和社会学的关系时认为,若从两个学科的学者都关注被视为整体的社会、关注全部人类行为这个意义而言,它们"显然是学术上的近邻"。[3]正是这种学科上的相似性决定了两者之间结合的可能性。但伯克又指出,历史学家和社会学家并非总是和睦相处的邻居,两者之间的差异和矛盾同样显而易见。社会学可定义为对单数的人类社会(human society)的研究,侧重对其结构和整体发展的归纳;历史学则是对复数的人类社会(human societies in the plural)的研究,侧重于考察它们之间的差别和各个社会内部基于时间的变化。社会学家被训练成着重留意并概括一般规则,时常删除例外的东西;历史学家则学习如何以牺牲一般模式为代价去关注具体细节。历史学家把社会学家说成是用粗俗难懂的行话陈述事实、毫无时空感、将活人生硬套进某种分类,再贴上"科学"标签的人;而在社会学家看来,历史学家是业余的、近视的、缺乏体系和方法的事实的搜集者。一边是只见森林不见树木,一边是只见树木不见森林。双方各自都有独特的语言、价值、心态和思维方式,无形中增加了学科整合的难度。有人曾形象地把历史学与社会学之间的对话称为"聋子之间的对话"。[4]

---

[1] C.Geertz,"History and Anthropology",*New Literary History*,21(1990),p.322.
[2] 马克斯·韦伯:《社会学的基本概念》,胡景北译,上海译文出版社,2000年,第1页。
[3] 伯克:《历史学与社会理论》,刘北成等译,上海人民出版社,2001年,第2页。
[4] 同上书,第3页。参见汤普森:《历史著作史》上卷,谢德风译,商务印书馆,1988年,第520—521页。

但是，随着20世纪新史学的兴起，西方史学界经历了一场有利于两门学科关系的变革，研究社会史和借用社会学的理论与方法成为新史学的一个标志。在法国，早期年鉴学派的学者希望建立一种涵盖全部人类活动、重结构分析甚于事件叙述的总体历史学，并把这种社会史的理想付诸实践。他们从当代社会学中汲取了大量新史学的灵感，特别是涂尔干创办的《社会学年鉴》由于所设栏目涉及个人与集体、宗教、法律、道德、政治、社会组织、婚姻、家庭、犯罪、经济、职业集团等几乎社会所有重要方面，而与视野狭隘的传统史学形成对比，成为追求扩大历史研究范围的《年鉴》杂志办刊的楷模。包括社会学家在内的一些社会科学家还直接参加了《年鉴》的编辑工作。[1]对年鉴学派来说，社会史研究始终有着双重的意义：狭义上，社会史研究社会群体、社会运动、社会变迁，基本上遵循着社会学的研究路径；广义上，社会史就是人的整体的历史。费弗尔认为："从定义上讲，历史在整体上就是社会性的。"[2]

历史学家和社会学家都意识到了对方的重要性。在社会学界，结构功能主义理论受到质疑，因为它过于侧重对社会系统的静态研究，忽视了对社会过程纵向的和动态的考察。20世纪50年代兴起的发展研究和现代化研究表明，第三世界国家的不发达状况实际上是由殖民主义和富国剥削的历史决定的，不能用"发达"国家的模式来规定这些国家的发展道路，特定国家只能在特定的历史背景下制定自己的发展模式。这一结论极大地激发了社会学家们历史地研究既定社会现象的兴趣，在某种程度上导致了西方社会学向历史学的再定向。英国社会学家米尔斯在《社会学的想象》一书中指出，如果没有融合"历史学"与"传记"，如果不去了解宏观的社会进程如何融合个人及家庭经验并赋予它们意义，我们几乎不可能理解人类之间的关系。[3]1958年，《社会与历史比较研究》杂志在美国密歇根大学创刊，标志着当代社会学的重要分支——历史社会学的形成。[4]随着年鉴学派的影响四处扩散，社会史研究渐成世界性潮流，社会

---

[1] 参见姚蒙：《法国当代史学主流——从年鉴派到新史学》，第37页。

[2] 转引自何兆武、陈启能主编：《当代西方史学理论》，中国社会科学出版社，1996年，第505页。

[3] 参见肯德里克等：《解释过去，了解现在——历史社会学》，王辛慧等译，上海人民出版社，1999年，第1—2页。

[4] Green & Troup, *The Houses of History*, New York University Press, 1999, p.112.

学的理论和方法在其中扮演了重要角色。英国历史学家卡尔在《历史是什么》的著名演讲中呼吁历史学与社会学进行开放性整合。他认为社会学应当像历史学那样把一般与个别联系起来,历史学则必须向社会学学习如何在叙述中注入理论和分析的基础。"历史学越是社会学化,社会学越是历史学化,对双方就越有好处。"①

20世纪八九十年代,新史学退潮,文化史研究兴起,同略显保守的社会学相比,处于文化研究最前沿的人类学受到了历史学家更多的追捧。但即便如此,历史学家也并没有放弃与社会学家之间的交流,仍然关注社会学特别是历史社会学的成果,社会史仍然是历史研究的重要领域。由于社会学理论与人类学理论的某种相通性,历史学家有时很难分清所借用的是哪个学科的理论。有趣的是,这一时期社会学家对历史的关注有增无减,在一定程度上与人类学中的"历史学转向"有着某种契合。1973—1975年,《英国社会学杂志》明显涉及历史的文章有9篇,1976—1978年增加到24篇。到80年代初,西方主要社会学期刊上有关历史的文章几乎占到了1/4,比较历史社会学分会成为美国社会学分会中最大的分会之一。②历史社会学家沃勒斯坦、安德森、吉登斯等人不仅在社会学界,而且在整个国际社会科学界享有极高的声誉,以至于有人惊呼:"历史社会学的黄金时代到来了!"③

当代社会学不断翻新的理论方法为历史学提供了更多的研究路径和视角。比如历史学家往往习惯于单纯的政治或经济解释,社会学的社会功能理论却强调社会各个组织、制度的和谐与合作,视社会为一个有机整体,其中各种制度都具有各自特定的功能。结构—功能理论关注社会的机制平衡,否认某些制度会决定另外一些制度。再比如历史学家总是提到阶级和阶级斗争,社会学的冲突理论除了阶级差异之外还指出人的生物、种族、年龄、教育等方面的差异。有些时候冲突会发生在男人和女人之间、白人和黑人之间、老年人和年轻人之间,并不一定只发生在阶级之间。历史学家认为,阶级斗争会导致革命;社会学家却主张通过社会改革缓和各个群体之间的冲突。最近几十年,社会学家常用的比较研究方法、

---

① E. H. Carr, *What is History*, Harmondsworth, Penguin, 1961, p.62.

② 以上所用数字皆引自史密斯:《历史社会学的兴起》,周辉荣等译,上海人民出版社,2000年,第3—4页。

③ 同上书,第4页。

口头调查方法、定量和定性分析方法、模式和类型方法等等在历史学中也得到了普遍应用,其中模式和类型方法作为社会学的看家本领尤其得到历史学家的重视。

总之,今天的历史学已经不能忽视来自社会学的影响。但历史学和社会学毕竟是两个有各自不同特征的学科,要真正实现学科间的有机整合还有很长的一段路要走。

首先,历史学和社会学的关系并不是一种平衡关系。历史学向来被认为是一个不具骨架的学科,原因在于它无法自行归纳出理论结构,只能从包括社会学在内的其他学科输入。在美国,有关社会史方面的历史理论探讨往往首先不是在历史学的刊物而是在社会学刊物上展开。乔因特和雷彻尔指出:历史学"不是普遍法则的生产者,而是这些法则的消费者"。"在科学面前,历史的地位本质上是寄生式的。"[①]这种不平等的地位使历史学家在与社会科学家的交往中有可能处于劣势而导致历史学过度社会科学化,最终丧失自己的地盘。历史学和社会学的关系不应停留在消费与生产的模式上,而必须进入互动状态。

其次,历史学家和社会学家很难消除彼此的隔阂和偏见,反对学科整合的势力仍然存在甚至还很强大。后现代氛围下的学科反思向历史学与社会学的关系提出挑战。美国历史学家斯通对社会学和其他社会科学能否为历史学者提供有用的解释模式表示怀疑。他认为后现代的社会科学正处于一个混乱和"支离破碎"的时代,历史学家应当远离世事的纷乱,坚持自己的叙述方法。[②]英国历史学家霍布斯鲍姆也指出,历史学家必须导出自己的解释模式,因为"社会历史无法用套用其他学科现有少量模型的办法来撰写,它需要建构适当的新模型……"[③]在英国社会学学会爱丁堡1988年年会上,加里·威克汗论述了社会学界日渐兴起的怀疑历史的思潮,他警告社会学家不可轻率挪用转化历史,或未经批判地运用"历史学"。有人甚至认为已出现了历史学与社会学分离的迹象。[④]

---

① Joynt & Rescher, "The Problem of Uniqueness in History", *History and Theory*, Vol.1, 1961.

② 参见肯德里克等:《解释过去,了解现在——历史社会学》,第234—235页。

③ 霍布斯鲍姆:《史学家——历史神话的终结者》,马俊亚等译,上海人民出版社,2002年,第86页。

④ 参见肯德里克等:《解释过去,了解现在——历史社会学》,第4页。

第三,就目前来看,历史学与社会学的整合尚处在比较低的层次,仅限于借用对方的理论、方法、概念、视角形成以历史学为主的社会历史学或以社会学为主的历史社会学,基本上还是在各自学科内部打转。两者之间很少有实质性的平等的对话。英国历史学家伯克在评价历史学和人类学的关系时说:"过去几年中,有时历史学家和人类学家就好像是平行铁轨上的两列火车擦肩而过,而不是向一点汇聚。例如,在历史学家挖掘功能性解释时,人类学家却已经开始对它兴味索然。反之,当人类学家正视事件的重要性时,许多历史学家却已经摒弃事件史学而转向隐含的结构。"①这一评价同样适用于历史学与社会学的关系。

最后,在历史学跨社会学研究的过程中,存在着滥用或误用理论模式的危险。历史学家的弱点是轻信理论,常常把社会学当作可以任意从中选取概念的理论库。实际上,任何理论的使用都是有局限的,不可能有万能的、包罗一切的解释模式。此外,社会学的许多概念和术语也并不如人们想象的那样清晰,缺少严密的逻辑学和语义学的洗练,历史学家在使用时应当十分谨慎。

三、历史学与心理学的整合

马克·布洛赫曾说:"历史事实在本质上是心理上的事实。"②但在漫长的时代里,历史研究者只是凭经验和主观想象来理解或猜测历史人物的行为动机,无法对人的心理进行系统深入的理论分析。19世纪后期现代心理学的诞生为从心理角度研究历史打开了大门。

真正开始把现代心理学理论应用于历史研究实践的是奥地利心理学家和精神病学家弗洛伊德(Sigmund Freud,1856—1939)。根据弗洛伊德的精神分析理论,人的精神活动分为意识和潜意识(或称无意识)两部分。意识即我们平常所说的意识,是一种外在的人能感觉到的东西;潜意识则是不易被察觉的人的精神活动的深层基础,其中隐藏着永不停息的本能冲动和永不满足的欲望。如果说人的心理像一座在大海上漂浮的冰山的话,那么意识只是这冰山浮在海面上的可见的小部分,而潜意识则是藏在水下的更巨大的部分。所以意识是不重要的,只有潜意识才对人的整个精神活动乃至人的全部行为起决定作用。他进一步指出,在潜意识

---

① 伯克:《历史学与社会理论》,第23页。
② 布洛赫:《历史学家的技艺》,第141页。

的本能和欲望之中,最根本的是人的性欲冲动,也就是所谓的"力比多"(libido)。这种"力比多"是人类精神活动的源泉,并支配着人的一切行为和动机。当人的性欲受到压抑时,就可能转而采用其他的方式如科学和艺术的创造活动来得到满足。而成年人的所作所为,很有可能是他童年时期性欲受到压抑的结果。

弗洛伊德把这种对人类心理的解释运用到历史领域。其《列昂纳多·达·芬奇和他童年的一个记忆》一书,对意大利文艺复兴时期伟大画家兼科学家达·芬奇的心理进行了研究,认为达·芬奇一生中的许多行为都与他童年的经历有关。他又以同样方法撰写《歌德对童年的回忆》《托马斯·威尔逊心理研究》等著作。在《图腾与禁忌》一书中,他用俄狄浦斯情结解释了原始宗教和外婚制的起源。他的晚年著作《文明与缺憾》则从人的生本能和死本能的角度分析了人类文明的产生与发展。弗洛伊德被公认为历史学和心理学的交叉学科——心理史学的奠基者。

弗洛伊德开创的心理史学在大洋彼岸的美国得到更多响应。史密斯在《美国心理学杂志》上发表《以精神分析学观点看路德早期的发展》一文,这是历史学家在心理史学方面的最初尝试。美国外交史家威廉·兰格(William Langer,1896—1977)的《帝国主义外交》一书,用心理学方法分析了19世纪末英国的对外扩张。1957年,兰格当选为美国历史学会主席,在就职演说中,他呼吁历史学家把心理学方法引入历史研究,并以此作为美国史学发展的"下一个任务"。兰格高度评价了弗洛伊德的精神分析学说,认为弗洛伊德对达·芬奇的研究"内容新颖离奇,结论令人震惊",值得历史学家了解和关注。他承认心理学结论有种种局限,但他相信心理学一定会丰富历史学家对历史的理解,一定会在历史解释中起愈来愈大的作用。[1]人们通常把兰格的讲话看作美国心理史学真正形成的标志。美国精神分析专家埃里克森(Erik H. Erikson,1902—1994)出版了心理史学的经典性著作《青年路德——对精神分析与历史学的研究》。[2]他在书中论述了人格的可变性,把人的一生分为相互影响、相互连接的8个阶段,认为每个阶段都有特定的社会心理危机,人就是通过不断

---

[1] 参见兰格:《下一个任务》,载《美国历史学会主席演说集(1949~1960)》,商务印书馆,1963年,第197—229页。

[2] E. Erikson, *Young Man Luther: A Study in Psychoanalysis and History*, New York, 1958.

克服这些心理危机而渐次向前发展的。在人的内心世界和外在社会环境的关系上,埃里克森注意到了外在环境对心理的作用,从心理学角度阐述了领袖与群众的关系,指出领袖之所以成为领袖,是因为他能克服内心的种种障碍,但领袖是不能脱离群众的,群众的心理往往对领袖的心理产生重要的影响。

在弗洛伊德的号召和埃里克森的鼓舞下,美国心理史学迅速发展,一批年轻的后学者成长起来,他们大都受过历史专业和心理学专业双学位的训练,雄心勃勃,成果卓著。到20世纪70年代,美国先后创办了两种专业的心理史学期刊,即《心理史学杂志》和《心理史学评论》,成立了附属于美国历史学会的"历史学应用心理学小组",在数十所大学开设了心理史学课程。心理史学在美国出现一片兴旺的景象。

心理史学波及西欧国家和加拿大,如德国对路德和希特勒时代的心理研究就有一定代表性。法国的情况比较特殊。年鉴学派虽然从一开始就主张历史学与心理学的结合,但由于他们反对以个人和事件为中心的政治史,所以并不赞成使用精神分析理论,而是对集体心态和群体心理学感兴趣,走了与心理史学不同的心态史学之路。他们坚持在研究中以历史学方法为主,心理学方法为辅。费弗尔更是对现代心理学理论能否解释历史表示怀疑。他认为由于经济、技术、社会乃至饮食等生活条件的变化,不同时代人的心理状态是不同的,因此今天的心理学不可能适用于过去的人。心理学家应当与历史学家及其他有关学科的专家合作,建立一种专门的"历史心理学"。[①]

概括说来,当代心理史学表现出如下特点:

第一,注重探讨历史人物的童年经历。这方面主要遵循了弗洛伊德的研究路径和榜样。例如,美国学者弗兰茨的《俾斯麦心理分析初探》一文就探讨了德国铁血宰相俾斯麦的童年生活与其人格发展的关系。[②]另一位美国历史学家塔克在关于斯大林的传记中强调了斯大林童年时目睹暴虐的父亲毒打母亲的情景对他后来的政治活动和家长式统治作风造成的影响。[③]这种对童年经历的兴趣导致了心理史学的重要分支——童年

[①] 参见费弗尔:《历史与心理学——一个总的看法》,载田汝康、金重远选编:《现代西方史学流派文选》,上海人民出版社,1982年。

[②] 中译文载田汝康、金重远选编:《现代西方史学流派文选》,第303—332页。

[③] 参见陆象淦:《现代历史科学》,第377页。

史的出现,主要运用心理学理论研究历史上儿童的成长。

第二,广泛应用精神分析的概念与术语。比如"自我认同""犯罪感""自我防御机制""自我同一性""心理暂停状态""唤起代理""男性自我陶醉"等等经常出现在心理史家的著作里。①

第三,扩大了史料搜集和应用的范围。除了传统的文献著作外,心理史学家还运用了其他有助于心理分析的资料,如回忆录、私人信件、日记等,并特别关注历史人物生活习惯和个人癖好的细节。

毫无疑问,心理史学已成为当代史学的一个重要组成部分,特别是在70年代后这一趋势更加明显。据统计,1965—1969年,西方世界用英语写出的心理史学博士论文有12篇,10年后即1975—1979年达到了65篇,翻了4倍。②以至于巴勒克拉夫惊叹道:"1970年以后,心理史学成了一种时髦。"③

但心理史学在其发展过程中也逐渐暴露出许多问题。首先,西方心理史学基本上建立在弗洛伊德精神分析理论的基础之上,这一理论本身有很多矛盾和不完善的地方,它在研究某些心理现象时也许有用,但用来说明全部历史或被当作解释历史的灵丹妙药就不合适了。其次,从另一个角度看,心理史学在当代的迅速发展反过来又限制了史学家的眼界。许多心理史学家只盯着人的内心活动,而看不到政治、经济、文化等因素的存在,这显然背离了心理史学应有的发展方向。第三,心理史学在某种程度上还导致了不顾事实任意解释历史的倾向。精神分析法强调追溯历史人物童年的经历,但这方面的资料又非常缺乏,因此一些毫无真实性的传说也被心理史学家用来作为心理分析的证据。埃里克森公开宣称,我们必须接受"半是传说半是历史"的历史。④这种对史料的随意态度受到了许多历史学家的质疑。第四,在心理史学研究中,机械化、简单化的倾向也很严重,往往用一个固定的理论模式生搬硬套历史。还有的历史传记干脆就是人物的精神病病历,不作任何解释。此外,从心理学领域引入

---

① 这些术语应用的实例参见弗兰茨:《俾斯麦心理分析初探》,载田汝康、金重远编:《现代西方史学流派文选》,第301—330页。
② 参见于沛主编:《现代史学分支学科概论》,第108页。
③ 巴勒克拉夫:《当代史学主要趋势》,第101页。
④ 转引自罗凤礼:《历史与心灵——西方心理史学的理论与实践》,中央编译出版社,1998年,第76页。

的大量理论术语,也给人以故弄玄虚之感。

作为一门正在发展中的边缘学科,心理史学取得的成就以及所体现出来的学科整合的趋势是值得肯定的。它扩大了历史研究的范围,引入不被传统史学所注意的东西,如童年经历、性格、情感、潜意识等,从而造成了一场革命性的变革。未来心理史学仍然有广阔的发展前景。正如巴勒克拉夫所指出的:"心理学和心理分析学向历史学家提供的与其说是新的技术手段,倒不如说是促进他们用新的眼光去看待历史环境。""只要对心理学加以谨慎的应用,便没有任何理由不应当借助于心理学来扩大历史理解的范围。"①

四、历史学与经济学的整合——计量史学

在历史学的社会科学化方面,与经济学的整合至为重要。以经济学、人口学等社会科学为媒介引进数学模型和统计方法,形成了"计量史学"。计量史学的动力主要来自社会科学。计量史学成为社会科学化史学的典范。计量史学和传统史学的主要区别是定量和定性的区别。传统史学的定性分析主要研究事物的性质,而计量史学的定量分析主要研究事物的数量关系。这是两种完全不同的研究方法。单是从这个意义上说,计量史学就是对传统史学的否定。

计量史学的成型与新史学的扩散和走向鼎盛是一致的。新史学要拓宽视野,揭示长期、广阔的历史变迁,必须面对家庭、人口、经济运动和社会运动等传统史学方法难以处理的复杂密集的资料,从而使计量史学有了用武之地并迅速壮大起来。反过来,计量史学也使对这些领域的进一步研究成为可能。

美国经济史家康拉德和迈耶的《内战前南部奴隶制经济学》一书,对南北战争前美国奴隶制经济的收益问题进行了计量分析。该书被认为是美国计量史学的第一部代表作和计量史学派的开端。随后在美国涌现出一大批专门从事计量研究的所谓"计量史学家"(Cliometrician,Clio 为历史女神,metrician 为计量者),他们鼓吹科学的历史学,工作时往往先建立一些示范性的模型,然后利用经过计算机处理的数据来检验这些模型的正确性。由于他们与经济学、人口学、社会学、政治学等社会科学关系

---

① 巴勒克拉夫:《当代史学主要趋势》,第112、113页。

密切,常常又被称为"社会科学史学家"或"社会科学历史学派"。1975年还专门成立了隶属于美国历史学会的社会科学历史协会(SSHA)。从全世界范围看,当代最有声望的计量史学家大都生活在美国,如L.本森、M.柯蒂、R.福格尔、C.蒂利等,他们的著作都有相当的水平。美国计量史学的特点是重视计量资料的搜集和整理。60年代初,以密歇根大学为中心建立了第一个全美政治史资料库,在电子计算机里储存了所有关于美国总统、州长和议会选举的档案材料。美国历史学会下设一个"历史计量资料委员会",不仅搜集美国的计量资料,而且搜集欧、亚、拉美其他国家的资料,组织出版10卷本的《计量史学研究丛书》,在世界上引起很大反响。

20世纪下半叶后期以来,随着新史学受到质疑和挑战,计量史学发展的势头明显放缓,但它仍然是一个重要的史学流派,并表现出一些值得注意的新趋向。首先,计量史学的国际合作逐渐加强,美、苏、法等国的计量史学家在80年代初成立了"历史学应用计量方法国际委员会",定期召开国际讨论会,几届国际历史科学大会也都有计量史学和计算机应用方面的议题。其次,计量史学的理论研究得到了重视,历史学家开始对计量史学几十年发展的成败得失进行总结和反思。第三,计量史学的范围进一步扩大,从近现代史向前推移到古代和中世纪。最后,电子计算机的普及,为历史学家的计量研究提供了方便条件。

计量史学的出现在20世纪史学史上具有里程碑式的意义,它不仅带来了全新的思维模式和研究方法,而且从实际上改变了历史学的面貌。首先,计量史学促使历史研究走向精密化。传统史学的缺陷之一,就是用一种模糊的语言解释历史,有的历史学家随意抽出一些史料来证明自己的结论,这样的结论很可能是片面的,计量史学则在一定程度上纠正了这一偏差。其次,计量史学使许多传统的看法得到检验和修正。这一点在美国表现得最突出,由于计量方法的应用,已有相当一部分美国史得到了重新解释。第三,计量史学加深了历史学家对历史的认识。比如过去我们研究农民起义,往往只看到农民的几句口号和一些有关的史料,而计量史学家则全面研究农民起义的规律和频率,起义者的类型和职业、谷物的收成、气候的变化等等,避免了把农民战争的原因简单化和公式化。第四,计量史学开辟了新的研究领域。由于采用了计量分析,历史学家更多地把目光转向下层民众,转向人类的物质生活和生产,转向家庭史、妇女史、社区史、人口史、城市史等专门史。法国史学家马尔祖斯基在评价计量史学时说:"如果今天的历史学家对待群众的兴趣超过了对英雄人物的兴趣,那么,计量历史学就是打开这扇大门的钥匙。通过这扇大门,我们便可以接近那些名不见经传的、没有书面记载的千百万群众的秘密。"[1]与新研究领域相联系,计量史学的史料来源也更加广阔,如遗嘱、死亡证明、法院审判记录、选票、民意调查等都成为计量分析的对象。有人认为,计量史学在历史资料方面导致了"一场真正的文献革命"。[2]第五,计量史学推动了电子计算机在历史研究中的应用,提高了历史研究的效率。随着时间的推移,史料的数量越来越多,可以用卷帙浩繁来形容,致使今天的历史学家哪怕在一个细小的问题上也很难穷尽所有的史料。电子计算机弥补了历史学家这方面能力的不足,在史料的储存、整理、检索和充分利用方面发挥了巨大的作用。

同时,也应看到计量史学的局限。首先,计量史学具有一定的适用范围,它只涉及历史现象中量的方面,只是从数量关系上帮助揭示事物的性质,并不能代替全部历史研究。比如精神的东西就很难用数量关系来精确地加以概括,在对人的心理和思想的研究上,计量分析往往无能为力。另外,计量化的方法在解答"什么"和"如何"的问题上时有斩获,但在解答"为什么"的问题上就不那么得心应手。所以有人提出,计量史学的作用被过分夸大了,它的成果远没有几十年前估计的那样大。美国史学家施莱辛格说:"所有重要的问题之所以重要,正是由于它们不能用计量的方法来回答。"[3]

其次,计量方法不能单独使用,必须同其他的历史研究方法相结合。如果单纯依靠计量方法,就会把丰富和生动的历史变成枯燥无味的公式,妨碍历史学家表现才华,降低历史著作的可读性。历史学家经过多年的反思后认识到,无论采用什么样的方法,研究结果终究还是要靠语言和叙事结构表达出来,叙事永远是历史学的立足之本。西方史学界出现的叙事史复兴,本身就是对计量史学的一种反动。

第三,计量史学离不开一定的理论和世界观的指导。企图通过计量

---

[1] 转引自巴勒克拉夫:《当代史学主要趋势》,第145页。
[2] 陆象淦:《现代历史科学》,第278页。
[3] A. Schlesinger Jr., "The Humanist Looks at Empirical Social Research", *American Sociological Review*, Dec. 1962.

方法达到一种纯粹的客观,那只是一种天真的幻想。计算机的程序运算不会出错,但程序的编制却可能含有历史学家的主观因素。持不同理论的历史学家,会从不同的角度选取自己所需的史料,计算机对此毫无办法,只能导致所谓的GIGO效应,即"输入的是垃圾,输出的也是垃圾"。即使面对相同的计算结果,历史学家也可能会有不同的解释。

第四,计量史学还面临一些尚未解决的理论和技术问题。一个比较突出的技术问题是研究成果的不可检验性。和一般历史研究不同,计量研究的论据并不反映在出版物的脚注上,而是储存在计算机的磁盘和打孔卡片中,不是随便可以检验的,也没有多少人愿意对这些技术性很强的著作进行检验。特别是大型计算机的运算,涉及繁杂的数据和高深的数学原理,在每个环节上都可能出现问题,如数据是否充分可靠、程序的编制是否正确、操作者是否受过足够的数学训练等等,这些问题导致的错误又很难被发现。另外,使用计算机处理历史资料虽然效率比较高,但有时也要耗费大量的人力财力,难免得不偿失。因此,目前计量史学的发展远没有达到理想的程度,它可以是一个好的"仆人",但不见得就是一个好的"主人",对它的作用应当有清醒的认识。

【思考】
1. 第一代年鉴学派的治学特征是什么?
2. 评价布罗代尔的长时段历史观。
3. 第三代年鉴学派为史学带来了哪些新观念?其本身又存在什么矛盾和危机?
4. 社会史具有哪些特征?当代西方"新社会史"的成就主要体现在哪些领域?它本身又存在什么问题?
5. 什么是口述史学?现代西方口述史学与传统史家对口述资料的运用有何区别?口述史学具有什么功能?又存在什么局限?
6. 全球史有哪些基本的治史理念?
7. 历史学与社会科学的整合取得了哪些成就?又存在哪些不足?

第九章 历史学的新动向

当前世界史学尤其是西方史学正经历着一场深刻变革,后现代主义即是这种变革的主要推动力。在后现代思潮的冲击下,传统历史哲学遭遇挑战,历史客观性受到质疑。同时,新的课题不断涌现,新的方法大量被采用,历史图像日趋丰富和多元。

"后现代主义像幽灵一样时常出没于当今的社会科学"——一位美国学者如是说。20世纪50年代以来,后现代主义(Postmodernism)在当代西方五花八门、流派纷呈的文化思潮中异军突起,以其激烈的反传统姿态引起人们的广泛关注。这一思潮的主要代表人物有福柯(Michel Foucault)、德里达(Jacques Derrida)、利奥塔(Jean Francois Lyotard)、哈贝马斯(Jürgen Habermas)等。后现代主义最初发端于艺术和建筑领域,随后波及语言学、文学、哲学和历史学等学科。就目前而言,后现代主义已渗透到西方社会思想、社会生活的方方面面,成为当代最具影响力的理论话语之一。

然而,什么是后现代主义呢?人们众说纷纭,莫衷一是。事实上,思想文化领域内并不存在统一的后现代理论,各种观点、立场之间甚至连基本的一致性也没有。通常被笼统地归并到一起的各种后现代理论往往彼此冲突,其间的差异之大令人震惊。当有人说"有多少个后现代主义者就可能有多少种后现代主义的形式"时,它既展示了当前后现代主义景观的色彩斑斓,也表明了其含糊性、不确定性和多义性。试图给后现代主义下一个公认的定义是困难甚至是不可能的。尽管如此,我们仍可以勾勒出后现代主义的若干基本特征,对其进行总体上的理解和把握。

后现代主义是对现代主义的全面挑战和反叛。现代主义的一系列基本假定和核心理念都受到后现代主义的质疑和抨击。自启蒙运动以来确立的现代主义或现代性观念,笃信人类历史的进步性,对未来时代持乐观态度;后现代主义则怀疑人类历史的进步性,以悲观的目光看待人类的前途。现代主义强调理性,反映出一种逻各斯中心主义(Logocentrism);后现代主义则注重非理性因素,极力破除逻各斯中心主义的笼罩。现代主义以独立的主体为前提,独立的主体在现代社会中扮演主角;后现代主义则宣布"主体之死""主体性的黄昏",对主体加以消解。诸如此类,不一而足。简言之,后现代主义是在对现代主义的否弃和批判中确立自身的。

从本质上看,后现代主义是一种思想文化领域中的激进主义的典型思维方式。它反对任何假定的"前提""基础""中心""视角",以持续不断的否定、摧毁为特征,破除权威,提倡多元,因而被称为"流浪者的思维"。在后现代主义者那里,熟悉变成陌生,简单变成复杂,清晰变成模糊,中心变成边缘,系统变成断裂,整体变成碎片,深度变成平面,意义变成虚无。像虚构、游戏、无序、参与、扩散、变体一类的概念语汇,在后现代主义作品中频繁出现。后现代主义以尼采和海德格尔为先驱,从20世纪中期的存在主义思潮中汲取营养,与当代西方哲学中的反基础主义、后人道主义、非理性主义、视角主义、多元主义有着某种理论上的契合和共鸣,并在后结构主义尤其是德里达的解构主义中达到顶点。①

对长期经受现代理性观念熏陶的人来说,后现代主义的确显得怪诞和不可思议。但后现代主义并非毫无根据的胡言乱语、奇思怪想,其产生和发展有着深刻的社会文化根源。后工业社会为后现代思潮的孕育提供了现实土壤。美国著名社会学家和政治哲学家丹尼尔·贝尔指出,随着人类加快科技革命的步伐,世界正处于一场巨大变革的前夜,旧的社会关系和生活方式、现有的权力结构以及资产阶级文化正在迅速销蚀,一个伟大的后工业社会已经来临。后现代主义思潮的出现正是对这种后工业社会的回应。第二次世界大战以后,西方的经济状况发生了显著变化,由此引起了社会政治结构的更动。随着新的商品化、科层化和同质化过程的启动,作为主体的人的生存方式愈来愈被纳入固定的程式之中,丧失了主宰自身的能力,陷入异化状态。现代社会知识信息量的激增膨胀也大大改变了西方文化的面貌。信息爆炸导致了原有知识体系的崩溃,呈现出流动性、散播性、自主性的新特点。这使人们淹没在无边无际的信息的海洋中,产生一种眩晕感,无从辨认周围的环境并理解其意义。前所未有的社会文化现实冲击着人们的头脑。后现代主义正是这一情境中西方文明内部反思的产物。

---

① 参见郑群:《后现代主义与当代西方史学》,载《世界史年刊》1996年(总第2期)。

应当承认，后现代主义主要是作为一种哲学文化思潮而存在的，它在历史学界引起的反应远不及其他领域。历史学家们往往对后现代主义持一种保守态度，有人甚至误认为它会对历史学科构成威胁。其实，在不同学科之间存在广泛对话的今天，历史学已经无法回避、漠视后现代主义的挑战。只不过它对历史学的冲击表现为间接的形式，较少实际渗透到历史研究的操作层面。即使有的历史学家对后现代理论有所吸收和借鉴，通常也很少直接阅读福柯、德里达等人的作品，而只是对他们提出和阐发的一些观念感兴趣，启发自己开拓新的研究思路。目前，不少西方史学作品中存在着后现代观念的痕迹。

后现代主义对历史学的影响首先体现在历史观或历史哲学上。

第一节　后现代主义对传统历史哲学的挑战

近代历史哲学将人类历史看作一个整体，建构出形形色色的"普遍的历史"，其重要特点是注重连续性、整体性或总体性，强调时间、空间的统一性。这种"力图揭示世界规划和总体'历史意义'"[①]的历史叙事就是后现代主义者所谓的"宏大叙事"或"元叙事"。后现代主义正是针对这一特点发起攻击，正如利奥塔所说："简化到极点，我们可以把对元叙事的怀疑看作是'后现代'。"[②]

一、断裂的历史

近代占主导地位的进步史观将历史理解为一个具有方向性、连续性的变化过程。在西方史学史上，基督教史学第一次打破古典史学的循环论观念，将历史视为一种由固定的起点（上帝创世）到终点（末日审判）的直线运动。启蒙运动以来，这种进步史观得以延续下来，不过进步的主体由神性置换为理性。历史学家通常的做法是，把历史划分为若干从低级到高级、从简单到复杂的发展阶段，历史成为一个前后相继、环环相扣的演变过程。他们一般将历史区分为古代、中古（中世纪）、现代三个阶段。

[①] 海登·怀特：《后现代历史叙事学》，陈永国、张万娟译，中国社会科学出版社，2003年，第358页。

[②] 利奥塔：《后现代状况——关于知识的报告》，岛子译，湖南美术出版社，1996年，第2页。

在这种线性发展过程中,进步是持续的、普遍的,进步主导着历史。连续性则是维持历史进步的重要支撑。只有承认过去、现在和未来是一个连续的、不会突然中断的过程,进步的历史才能得到保证。连续性与进步观结合在一起,成为以往历史哲学的核心内容。

后现代主义者与之针锋相对,他们怀疑进步,否认历史的连续性。过去的历史没有方向性、目的性,构不成通向今天的环节和桥梁,今天不过是由过去偶然凑泊而成的东西。在这方面,法国哲学家和历史学家福柯表现得最为突出。福柯特别强调历史的"断裂"。他提出,作为研究对象的过去与现在断裂开来,不同于现在。在《知识考古学》中,福柯将断裂或不连续性作为历史分析的基本成分之一。断裂不再是历史学家负责从历史中删掉零散的时间的印迹,而是由历史的消极面转变为积极因素。①在福柯那里,断裂不再是变奏曲,而是主旋律。

为了回避和抵制连续性,福柯先后用考古学和"谱系学"(Genealogy)来取代历史的概念。考古学与谱系学这两种方法都试图废除总体性话语,从一种微观角度重新审视社会领域,以便使我们发现推论的非连续性与分散性,而不是连续性或同一性,并且使我们抓住历史事件的真正的复杂性。因此,这两种方法都试图拆解历史连续的巨大锁链及其目的论的终极归宿,历史地看待那些被认为是永恒的东西。②

福柯将其历史研究称为考古学。历史是一个有头有尾的过程,是连贯的,而考古发现所展示的过去是一个不连贯的、断断续续的过去。考古学是20世纪60年代福柯著作中的一个常用术语,它与我们通常理解的有所区别。考古学方法的一项任务就是"分解由历史学家不厌其烦地编织起来的网络,使差异增多,搅乱沟通的线路,并竭力使过程变得更加复杂"。③因而它更多地谈论断裂、缺陷和缺口,是一种"用幻灯取代电影,用静止取代运动"的方法。人类历史不是线性的,而是像考古学的地层一样。对知识考古学家而言,一个知识历史的特定时代就是一个待发掘的遗址。这与传统历史学方法注重整体连贯性的思路截然相异。

1970年,福柯开始由考古学转向谱系学。谱系学是对考古学的深

---

① 米歇尔·福柯:《知识考古学》,谢强、马月译,三联书店,1998年,第9—10页。
② 参见斯蒂文·贝斯特、道格拉斯·凯尔纳:《后现代理论——批判性的质疑》,张志斌译,中央编译出版社,1999年,第60页。
③ 米歇尔·福柯:《知识考古学》,第219页。

化。①谱系学的目光是"一种解散性目光,它能解散自身,能消解那种被认为统治着历史的人类存在的统一性"。②谱系学抛弃形而上学的连续性,看重断层、裂缝和偶然性,实质上是用无序的、片断的计划反抗统一的、形式化的科学话语。福柯用谱系学方法来摧毁历史的连续性。第一,谱系学是开放性的,虽然表面上都应有一个开端,但一般的谱系都无法追溯到那么久远,因此也就不存在一个明显的开端。更重要的是,谱系没有结尾,会一直延续,因而不像历史写作那样,有一种目的论的企图,即现在不再是过去发展的积淀和逻辑的结果。第二,与历史学相比,谱系学的特点是地方性的、断裂的、不合理性的,不像历史的大叙述那样包容一切、不断延续和合乎理性。总之,虽然谱系是现在对过去的理解,但这一理解是不系统的,不构成一种"后设叙述"。第三,谱系学像编年史一样,只是将过去明白地铺陈出来,因此是复数的,不存在内在的一致性。③

谱系学还有一个特点就是拒绝研究起源而热衷于来源。起源是一个静止稳定的单一之物,是一个属于自身同一的连续性构型;而来源则由差异网络构成,千头万绪,呈散布状态,具有不可还原性。"它拒斥对各种观念的意谓过程和不确定的目的论作元历史的调度。它反对自己去寻求各种起源。"谱系学并不妄称要回溯事件,重建一个没有中断的、超越被遗忘的事物的散布状态操作的连续体。④谱系学对来源的探讨,"是要驻足于细枝末节,驻足于开端的偶然性"。⑤

福柯的谱系学概念的提出是为了否定所谓线性的、阶段论和目的论式的史学编纂传统。的确,谱系学能让断裂性在主体身上穿行和涌现,在其他学科发现连续性的地方发现不连续性。这正如哈贝马斯对福柯发掘的"真实的历史"的形象解读:它是一座由任意的话语形式构成的移动着的冰山,这些话语形式前后涌动、上下起伏,不停地变化和重组,而无连续性。连续的历史是一种定向性变化,断裂的历史则意味着缺乏固定的方向、目的,不断出现转折、变换和突进。

---

① 余章宝:《散乱的历史——福柯后现代主义历史观》,《史学理论研究》2001年第4期。
② 杜小真编:《福柯集》,上海远东出版社,1998年,第156页。
③ 参见王晴佳、古伟瀛:《后现代与历史学——中西比较》,山东大学出版社,2003年,第71—72页。
④ 《尼采·谱系学·历史学》,《学术思想评论》第4辑,辽宁大学出版社,1998年,第380—400页。
⑤ 杜小真编:《福柯集》,第150页。

断裂观念在福柯的具体研究中也有集中体现。他的成名作《疯癫与文明》试图写出疯癫是如何被历史地建构成理性的对立物的"沉默的考古学"。它表明，西方文化对待疯癫的态度不是一成不变的。福柯回顾了以1656年的大规模监禁为标志的那次历史断裂，从那时起，疯癫与理性的对话关系发生了中断，西方文化只剩下理性的独白了。《疯癫与文明》中文艺复兴、古典时代和现代等历史阶段的界定，明显与传统的历史观念不同，其间缺乏延续性。福柯拒绝将历史分期看作一场戏剧的各幕或一段故事的各个场景。这意味着这些时代的更替并不是一个永恒主体的转化，而是由西方意识中的裂缝、断续造成的，故它们更像是汪洋大海中的群岛而不是时间之流。①

在《词与物》中，福柯揭示了西方思想史在17世纪中叶和19世纪初"认识型"的两次巨大的断裂。所谓"认识型"是指在某个时期存在于不同科学领域之间的所有关系。所谓的"断裂"主要是指从一个时期到另一个时期，"事物的认知、描述、表达、记述、分类和理解都会与以往的方式不同"。②第一次断裂标志着文艺复兴时期的终结和古典时代的开始，构建知识的相似性原则被同一与差异原则取代，词与物从同一走向分裂。第二次断裂标志着古典时代的终结和现代时代的开端，同一与差异被有机结构取代；人只作为物之序中的一条裂缝而首次进入西方知识领域。这三种"认识型"之间不存在前后因果关系，不是从一个时期发展到另一个时期，而是由转型实现的。③

在后现代主义的另一代表人物德里达那里，时间也不再是连续的、线性的，而是网状的。时间的外在化便是空间，而书写编织了时间之网，书写过程即是文本的赋意过程、结构的产生过程，也是时间之网的编织过程。结构不断在时间中构成的运动被称为"延异"(différance)，它是差异(difference)在时间中的运动。④

历史学的基本特点是强调事件的延续性，而这种延续性是建立在人们的时间观念上的。时间自然是不断流逝、前后相继。但时间的延续性

---

① 参见陆扬：《后现代性的文本阐释：福柯与德里达》，上海三联书店，2000年，第188页。
② 斯蒂文·贝斯特、道格拉斯·凯尔纳：《后现代理论——批判性的质疑》，第57—58页。
③ 详见米歇尔·福柯：《词与物——人文科学考古学》，莫伟民译，上海三联书店，2001年。
④ 参见陈新：《解构与历史：德里达思想对历史学的可能效应》，《东南学术》2001年第4期。

并不能保证历史的延续性,因为每个历史事件都是个别的、不延续的。历史学强调延续性,实际上与人们的时间观念关系不大,而与历史学所采用的写作方式有关。叙述体表面上是对历史事件和人物的平铺直叙,其实,叙述本身是一种解释,其原因在于叙述体的结构——"这个,然后那个"。这个"然后",就体现了历史的所谓延续性,也就是对历史作了解释。为什么不是"那个,这个"呢?这就说明,历史学家对过去作了加工处理。延续性实际上是历史学家构造出来的。

历史学的延续性并不牢固,因为每本历史著作都有起点和终点,而这起点和终点的划分,恰恰表现的是历史的断裂,而不是延续。[①]历史叙述中形成的延续性是一种主观解释,不是客观联系。不同叙述者对延续性的认知有所不同,这也表明历史本身的延续性是不存在的。总之,传统的历史时间建立在"过去—现在—将来"这样一个直线发展的、目的论的模式上,后现代时间观则强调不延续性,时间是一种构造,是多样化的。[②]

20世纪80年代以来,西方的历史思想发生了急剧的转变。美国、法国、德国等西方国家的历史学家普遍放弃了历史连续性的观念。列维-斯特劳斯指出:"历史是由诸历史领域组成的非连续体的集合,其中每一领域都是由一特殊频率和由一在前和在后的特殊的编码来确定的。""于是把历史过程想象为一种连续的发展不仅是虚妄的,而且是矛盾的。"[③]"现在强调的是要发现和重视历史时间的间断性以及与此相关的历史过程的间断性,而不是历史时间的结构和持续的中长时段。正是由于历史时间和过程的间断性,就使得对个别的情势、现象和突发事件的分析具有了独立的意义。要注意的是,这些个别的情势、现象和突发事件是不一定有相互联系的。与此相应,不仅在不同的时代之间有间断性,而且在观念和文化概念之间也有间断性。"历史研究的意义就在于这种间断性和不可重复性。这种看法已经改变了历史学家的研究概念系统。[④]

后现代主义攻击历史连续性,抽掉了连续性存在的理性基础。在后现代主义者看来,连续性以历史学家的想象力建立起来,以诸如河流的流动、生物的生长此类隐喻为依据。它只是历史学家的一种主观建构,与实

---

① 参见王晴佳、古伟瀛:《后现代与历史学——中西比较》,第75—76页。
② 张永华:《后现代观念与历史学》,《史学理论研究》1998年第2期。
③ 列维-斯特劳斯:《野性的思维》,李幼蒸译,商务印书馆,1987年,第297页。
④ 何兆武、陈启能:《当代西方史学理论》,上海社会科学院出版社,2003年,第41—42页。

存的历史毫不相干。这在持传统观念者看来,无异于"谋杀历史"。曾经鼓吹后现代方法、后来倒戈的伊格尔顿指出:后现代主义无视历史本质,肢解历史的整体性,把历史变成了一种暂时性的、不安定的、非本质主义的叙述。①其实,后现代主义者反对和爆破的不是一般意义上的历史,而是哲学化的历史、总体化的历史,后者是一个大而广的连续性空间。而宏大叙事"压制过去,现在和未来之中曾经、正在和将要涌现而又与其不相协调的经验,以便维持静态结构的稳定性和一致性,保持它的真实和客观"。②后现代理论的意图只是将单数的、大写的 HISTORY 拆分成复数的、小写的 histories。后现代主义的思想"由于警告人们要反对空想主义的与进步的观念而对当代历史学的讨论作出了重大的贡献"。③同时,它也吸引着历史学家关注产生断裂的地带,分析断裂的成因,从而加深对历史上出现的转折和巨大变动的认识。正如巴勒克拉夫所说:"连续性决不是历史的最显著的特征。……在每一个伟大的历史转折点,我们面临各种偶然的、未预见到的、新的、生气勃勃的和革命性的事件。"④

二、破碎的历史

后现代主义拒绝总体化的历史,不但否认历史的连续性,还刻意突出历史的破碎。沃·威尔什说:"后现代是一个告别了整体性、统一性的时代。在这个时代,一种维系语言结构、社会现实和知识结构的统一性的普遍逻辑已不再有效。"⑤"后现代思潮的一个出发点,就是对以往现代化理论中强调历史发展规律和终极目标的解释传统提出反思性批判,认为历史的演进序列并没有终点可寻,追溯其起源也没有任何意义,所以应把历史过程碎片化,并对其重新加以拼贴,以便击破被强加于历史现象之上的

---

① 孙江:《后现代主义、新史学与中国语境》,杨念群:《新史学:多学科对话的图景》,上海远东出版社,2003年,第659页。
② 陈新:《实验史学:后现代主义在史学领域的诉求》,《北京师范大学学报》2004年第5期。
③ 伊格尔斯:《二十世纪的历史学》,何兆武译,辽宁教育出版社,2003年,第169页。
④ 巴勒克拉夫:《当代史导论》,张广勇、张宇宏译,上海社会科学院出版社,1996年,第3页。
⑤ 沃·威尔什:《我们的后现代的现代》,利奥塔等著:《后现代主义》,赵一凡等译,社会科学文献出版社,1999年,第47页。

各种'本质性'规定。"①历史连续性的断裂与整体历史的破碎是相互联系的两个方面。连续性被拆解,整体的历史就变成一堆碎片。在他们看来,历史不存在任何内在的永恒结构和统一性,一切皆可生成、变异、解体、断裂。②

安克斯密特指出,随着后现代主义大潮的降临,后现代主义历史编纂学已经产生。"在后现代主义历史观中,目标不再是一体化的、综合的和完整的,而是一些零碎的东西被作为注意的中心。"他形象地把历史比作一棵大树:建立在实在论传统上的现代主义历史编纂学把注意力集中在树干和树枝上;而与实在论传统相决裂的后现代主义历史编纂学则把目光落到树叶上,关注那些零碎的、松散的和矛盾的东西。后现代主义史学的特点是,树叶相对松散地依附在树上,当秋天或冬天到来时,它们便被风吹去,而西方编史学的秋天已经来临。"现在为西方编史工作所剩下的事情就是收集落叶,独立于根枝去研究它们。"历史内在的一致性已不复存在,史家应该做的是,仔细研究树叶的纹路和形状,而不是研究它们原来在树上的位置,探究它们的来源。③

既然历史本身是破碎不堪的,历史学研究也就日益局部化和碎片化。史学的碎化源于对所谓宏大叙事的解构,对大预设的抛弃,是整个社会世俗化的结果。在法国,早期年鉴学派总体史的追求已被放弃,历史学家研究的课题越来越细微,从人的饮食、起居、举止、服饰到民俗、信仰、死亡、恐惧、节庆、礼仪、梦境、想象,巨细靡遗,无所不包。史学内部的分支越来越多,经济史中分化出技术史、企业史,政治史中分化出政治实践史和政治舆论史等新方向。如此众多的领域之间往往各自为战,平行发展,强调本领域的"自治性"和相对独立性,把相邻领域的研究成果只作为一种参照,而不是作为一种重要的因果关系。这与福柯提出的与结构思想和因果决定论相对立的社会科学"解构"和知识分化的思想逐渐被史学界接受有很大关系。④

---

① 杨念群:《中层理论——东西方思想会通下的中国史研究》,江西教育出版社,2001年,第242页。
② 参见郑群:《后现代主义与当代西方史学》,《世界史年刊》1996年(总第2期)。
③ 参见安克斯密特:《历史编纂学与后现代主义》,《国外社会科学》1990年第6期。
④ 参见陈启能:《八十年代的西方史学》,《八十年代的西方史学》,中国社会科学出版社,1990年,第77页;沈坚:《法国史学的新发展》,《史学理论研究》2000年第3期。

美国的情况也很典型。多元化导致了美国史学过度专门化和分散化的问题。学者们纷纷钻进各种各样的专门课题,而对各个课题之间的联系却不加问津,甚至对自己课题与其周围环境及社会的联系也不予考察。这样,史学研究便陷入了异常分散的状态,通史或范围较大的课题则受到冷落。这种碎化的史学与以往全面追踪某段历史过程的发展的一般史学研究有所不同。前者如同拦河筑起两道坝将水流截住,研究者专门研究两坝之间的一小段河水、河床等结构,而对坝外之事物则一概不问;后者如同旅行者考察整条河流,从其发源地开始,逐日记下其蜿蜒曲折,直至入海。①

历史的碎化使微观史学取代宏观史学成为一种流行的研究模式。微观史"唤起了学界对宏观史派所主导的解释模式的不满"。②宏观史学在很大程度上是现代主义的东西,而微观史学则是后现代主义的重要特征。③微观史学处理的是小规模的世界。意大利史学家金兹堡的《奶酪与虫子》是这方面的代表作之一。书中描绘了一位名叫梅诺乔的磨坊主的生活,关注焦点则是他的心灵世界。梅诺乔虽以开磨坊为生,但他阅读了不少当时流传的科学、哲学著作,形成了自己对宇宙和世界的一套看法。从他身上,读者可以体验到当时的生活,并能了解思想文化的一般状况。法国年鉴派名家勒华拉杜里的《蒙塔尤》也是微观史学的一部杰作。它考察了法国南部一个小村庄约30年的历史。作者说:"蒙塔尤是一滩臭气扑鼻的污水中的一滴水珠。借助日益增多的资料,对于历史来说,这滴水珠渐渐变成了一个小小的世界;在显微镜下,我们可以看到许许多多微生物在这滴水珠中游动。"显然,随着这种微观史学的盛行,原来宏观史学模式下那种总体的历史已经四分五裂了。

微观史研究受后现代风气的影响十分明显。"虽然西方大多数的历史学家,不会公开承认自己的著作采用了后现代主义的观点,但在历史观念上,则不无这方面的痕迹。其主要表现是,他们不再对探究笼统的、划一的历史规律表示出多少兴趣。相反,他们乐意描述一些微不足道的事件,

---

① 参见罗凤礼:《当代美国史学状况》,载《八十年代的西方史学》;另参见罗凤礼:《当代美国史学新趋势》,载《史学理论研究》1992年第2期。

② 爱瓦·杜曼斯卡:《当代新文化史家彼得·伯克访谈录》,陈启能、倪为国主编:《历史与当下》,上海二联书店,2005年,第251页。

③ 利奥塔等著:《后现代主义》,第167页。

希求在这些细微的历史事件中,发现一些有趣的历史现象。为了研究这些名不见经传的事件,他们也在史料的运用上有了突破,愿意采用一些文学类的材料,以补充史料的不足。"① 因此可以说,微观取向本身就是后现代主义的一种体现。

基思·詹京斯(Keith Jenkins)将历史分为两个层次,一个是"大写的历史"(History in the upper case)的层次,另一个是"小写的历史"(History in the lower case)的层次。两者可分别定义如下:

"大写的历史":一种看待过去的方式,这种方式借着指认出特定事件与情况在一个历史发展普遍程式中的位置和功能来赋予它们客观意义,而且这个历史发展普遍程式通常被理解为带有适度进步性质。

"小写的历史":以学院和特殊主义("academic"and"particularistic")形式建构的历史,虽然这种形式和任何大写历史一样强力坚持自己才是正宗历史("proper"history),但它温和地避开了种种大叙事的宣称(metanarrative claims)——亦即它想在过去之中发掘出种种有意义之轨道、意图和目的论的宣称。②

简单地说,"大写的历史"是一种历史哲学,"小写的历史"是一般的历史写作。后现代主义基本放弃了"大写的历史",在"小写的历史"方面则倾力开拓。这一做法使历史研究的课题日趋多样化,研究的内容越来越具体、细密,克服了以往史学见物不见人的弊端,让历史逐渐变得血肉丰满起来。但是,过分分散、微观使历史的总体性荡然无存,历史仿佛一堆碎片,各个部分之间互不相干,结果见木不见林。这就从一个极端走向了另一个极端。

三、多元的历史

有学者指出:后现代理论的突出特点就在于它拒斥那种将自己群体对某个研究主题的观点或特有的偏见强加给他人的文化帝国主义,在于它尊重那些不能被同化到某种同质化的普遍理论中去的差异性和非连续

---

① 王晴佳:《西方的历史观念:从古希腊到现代》,华东师范大学出版社,2002年,第247页。

② 转引自宋家复:《"历史与理论"——介绍近年出版的几本英文论选辑读本》,载《新史学》(台北)第11卷第1期(2000年3月)。

性。①容忍差异、关注"他者"正是后现代理论的多元主义的基本立场。这一立场反映在历史观上即是对欧洲中心论或西方中心论的否弃。

欧洲中心论认为,欧洲历史具有普遍性,欧洲的发展道路是人类社会的标准模式,只有它是主干、是正常、是典型,其他民族或地区的历史则是例外、是变种、是异常。黑格尔系统阐述了西欧中心论的思想,他把世界分成新旧两类,把美洲和澳洲的历史排除在世界史以外,理由是"新世界里发生的种种,只是旧世界的一种回声,一种外来生活的表现而已"。黑格尔说,中国和印度都是处在"世界历史"以外的民族。欧洲中心论只承认有一种历史,即欧洲的历史,它实质上是主张一元化。其基本预设是,世界上各个地区或民族处在同一个时间框架之内,它们发展演变的不同,只是先后、快慢的区别。这样,原来世界历史的空间差异就被还原为时间差异了。难怪有人认为:"历史是西方国家的创造物,因此据说它'压迫'第三世界民族和非西方民族。"②

斯宾格勒和汤因比已对此提出了挑战。斯宾格勒在《西方的没落》一书中,通过比较世界历史上埃及文化、印度文化、中国文化、西方文化等8种文化来考察人类历史。他认为,这8种文化的发展遵循相同的规律,没有哪一种文化比另一种更先进。汤因比的《历史研究》考察的文明数目更多,由起初的21种扩充到后来的26种,最后增加到37种。他指出:"历史研究的可以令人理解的最小范围是一个一个的社会整体,而不是像现代西方的一个一个的民族国家,或希腊罗马世界的各个城邦那样人为地加以割裂的片断。""一切所谓文明类型的社会的历史,在某种意义上都是平行的和具有同时代性的。"③各个文明之间是"价值相等"的,西方文明只是众多文明之一种。汤因比反对西欧中心的传统观念。"这种统一文明的理论是一个错误的概念,是我们西方历史学家受了他们的社会环境的影响而误入的歧途。所以会发生这种错误的原因是由于在近代历史时期,我们自己的西方文明用它的经济制度之网笼罩了全世界,在这样一种以西

---

① 斯蒂文·贝斯特、道格拉斯·凯尔纳:《后现代理论——批判性的质疑》,第348页。
② 波林·罗斯诺:《后现代主义与社会科学》,张国清译,上海译文出版社,1982年,第93页。
③ 汤因比:《考验中的文明》,田汝康、金重远编:《现代西方史学流派文选》,上海人民出版社,1982年,第119页。

方为基础的经济统一之后又来了一个以西方为基础的政治统一。"①这已大大超越了欧洲中心论或西方中心论的视野。

为破除西方中心论,爱德华·W.萨义德提出了"东方主义"的概念。所谓"东方主义",就是"通过作出与东方有关的论述,对有关东方的观点进行权威裁断,对东方进行描述、教授、殖民、统治等方式来处理东方的一种机制",简言之,就是"西方用以控制、重建和君临东方的一种方式"。"东方主义"作为一种话语方式在文化甚至意识形态层面对此组成部分进行表述和表达,其在学术机制、词汇、意象、正统信念甚至殖民体制和殖民统治方面都有着深厚的基础。正是由于它的存在,东方过去不是(现在也不是)一个思想自由、行动自由的主体。②"东方主义"不仅是一种关于东方的评断式论述,更是欧洲或西方对东方施展权力的象征,西方对东方实施的话语霸权。它与欧洲中心论一体两面。

还有一些作品,如弗兰克的《白银资本》,以具体的研究进一步瓦解了欧洲中心论。《白银资本》试图推翻欧洲至少从1500年开始就成为世界经济的中心、资本主义的发源地和发展动力的流行观点,试图论证1500—1800年间东亚特别是中国在全球经济体系中占据着"中心"地位,只是到1840年代的鸦片战争,东方才开始衰落,西方才逐渐上升到支配地位。因此,从全球经济的整体发展出发,应该重新审视东方与世界之间的关系。③

后现代主义者对欧洲中心论进行了无情的解构。他们认为,"我们看成是树干的西方历史已变成了整个森林的一部分"④,历史以间断和社会文化的多元化为特征,"在这些社会和文化中,西方并没有任何特殊的地位"。⑤受后现代主义影响的史学家们认为,历史学的"欧洲中心论"并非一种偏见,而是一种学术范式,一套话语体系,一个是非标准;只要在这种范式框架内进行研究,就跳不出"欧洲中心论"的窠臼。⑥

具体到中国史研究,比较典型的是美国史学家柯文对"欧洲中心论"

---

① 汤因比:《历史研究》上册,曹未风等译,上海人民出版社,1959年,第44页。
② 参见爱德华·W.萨义德:《东方学》,王宇根译,三联书店,1999年,第4、2、5页。
③ 贡德·弗兰克:《白银资本——重视经济全球化中的东方》,刘北成译,中央编译出版社,2001年。
④ 安克斯密特:《历史编纂学与后现代主义》,《国外社会科学》1990年第6期。
⑤ 伊格尔斯:《历史研究国际手册》,李海宏等译,华夏出版社,1989年,第13页。
⑥ 转引自刘新成:《全球史观与近代早期世界史编纂》,《世界历史》2006年第1期。

支配性影响的深入反思。在1984年出版的《在中国发现历史》一书中,他开篇即提出:"研究中国历史,特别是研究西方冲击之后中国历史的美国学者,最严重的问题一直是由于种族中心主义造成的歪曲(ethnocentric distortion)。"柯文集中检讨三种带有西方中心色彩的研究取向:一是"冲击—反应"模式,二是现代化过程,三是帝国主义论。它们都是从西方的视角来观察中国历史。更为可贵的是,柯文在批驳了上述三种模式之后,提出一种新立场,即"中国中心观"。它主要有四个特征:①从中国而不是从西方着手来研究中国历史,并且采取内部的而不是外部的准绳来决定中国历史现象的重要性;②把中国按"横向"分解为区域、省、州、县与城市,以展开区域与地方史研究;③把中国社会再按"纵向"分解为若干不同阶层,推动较下层社会历史的撰写;④热情欢迎历史学以外诸学科中已形成的各种理论、方法与技巧,并力求把它们和历史分析结合起来。①柯文强调中国史研究须以中国为原点,才能揭示以往被西方中心模式遮蔽的现象和问题。这是颇具建设性的。

总之,后现代主义视野中的历史是多元的、具有多个中心的,或者说根本没有中心。即使"中国中心观",也只是承认以中国为中心研究中国历史,它与欧洲或西方中心论的前提是完全不同的。只有彻底破除中心论,才可能把世界各个地区或民族放在平等的地位,尊重它们之间的差异性,克服种种偏私,建立一个真正整体化的世界历史格局。强调历史的多元化特征,使我们能够摆脱以往单一叙述模式的限制,再现历史或文明进展的多种趋向和可能性,重构原本复杂多样的历史图景。

以上三个方面就是后现代主义对传统历史哲学的挑战,归根结底是对宏大叙事或元叙事的颠覆。后现代主义瓦解了连续的、整体的、一元的历史,只承认断裂的、局部的、多元的历史,从根本上放弃了对宏观历史的追求和探究。其根据是,任何作为主导历史书写的总纲的宏大叙事或元叙事,都是一种意识形态虚构。它不是对真理、真相的反映和揭示,而是对真理、真相的遮蔽和掩饰。有人甚至认为,所有元叙事本身都蕴含了极权主义,因此无论如何都不可能真实。不过,后现代主义本质上也是一种元叙事。历史学家雷迪(William Reddy)提醒人们,宣称历史元叙事的

---

① 柯文:《在中国发现历史——中国中心观在美国的兴起》,林同奇译,中华书局,1989年,第165页。

终结,其实也是"一种(十分霸道的)历史叙事"。其实,历史研究离不开元叙事或宏大叙事作为预设假定和理论工具,后现代主义者完全取消宏大叙事的主张是不恰当的。"历史学家即便对已有的社会理论和元叙事还有怀疑,仍必须设法发展新的更好的社会理论和更好的元叙事。既然以进步为宗旨的元叙事曾取代西方以基督教为主线的元叙事,我们相信人们会希望研制新的元叙事以为未来作准备。新的经验总需要新的方法诠释,用新的理由解说。排斥一切元叙事是说不通的,因为有叙事和元叙事,世间发生的事才能讲出头绪。"① 历史书写中的宏大叙事不可废弃,但由一种宏大叙事垄断独尊、排斥其他叙事、压抑异己的历史细节的状态应当终结,而必须代之以多种宏大叙事兼容并存、展现不同历史侧面的新格局。

第二节 根本冲击:历史客观性

客观性是科学化史学的要穴之一,史学之所以不同于文学、哲学,就在于其客观性。在西方,19世纪是历史学职业化的世纪,历史学对客观性的追求和迷恋也达到最高峰。兰克主张"如实直书";阿克顿在主编第一版《剑桥近代史》时,坚信有一天终将产生"终极的历史"等等。当时的大多数历史学家认为史家只要保持中立、超然的态度,遵循严格的研究程序,认真批判史料就最终能够达到客观。从19世纪后期开始,新黑格尔主义者狄尔泰、文德尔班和李凯尔特和新康德主义者克罗齐、柯林武德等先后对此提出挑战,他们强调史家的"体验",突出历史学与自然科学的不同,以及提出"一切历史都是当代史""一切历史都是思想史"等命题。这样,作为科学化史学根基的客观性就开始被动摇了。

20世纪60年代兴起的后现代主义思潮则对历史客观性进行了根本性的质疑和颠覆。这一问题可分解为三个方面:一是强调历史学知识背后的权力支配,不再将其作为一种具有客观性的科学,转而揭示其意识形态特征;二是将历史学等同于文学、艺术,根据其创作活动的特点,视之为一种语言游戏;三是否认客观事实的存在,将历史文本化,贬低作者,抬升

---

① 乔伊斯·阿普尔比、林恩·亨特、玛格丽特·雅各布:《历史的真相》,刘北成、薛绚译,中央编译出版社,1999年,第210—213页。

读者，从而突出主观解释的意义。

一、知识与权力的互动

在实证主义者看来，知识或科学是客观中立、一尘不染的，是独立于社会现实之外的纯洁之物。后现代主义则彻底地粉碎了知识客观性的神话，它引入了外部社会力量，揭示了追求绝对的科学客观性只不过是学者们的一厢情愿。后现代主义者们尖锐地指出："知识与权力有关，而在社会组织中，权力最大的人尽其所能散布与其利害相对而言正统的'知识'。"①科学家强调科学事实的客观性，其实就是在用一种意识形态的解释，来掩饰他们在选择事实、塑造事实时扮演的主动角色，他们的实验室基本上即是权势关系与政治表态的汇聚焦点。科学实验完全是按政治动向办事。②科学家所看重的真实不可能超越他们采用的表达知识的话语。他们以为用显微镜、望远镜等实验室内的仪器可接近真实，其实只是透过技术，将其语言特权化。③"现代科学实践，就其获得知识成就的关键性的方式而言是政治性的。……科学的实验活动与理论活动本身就是权力运作的方式。"④

"在一个后现代的世界里，由于知识大多以信息的形式大量地衍生，知识已经成为人们可以随意处置的东西。"随着知识的客观性的丧失，知识日益成为权力的手段，权力可以像制造新闻那样地制造知识和真理，知识和真理也成为最具法律效果的官方话语，权力无处不在的渗透，阻隔了知识的自由流通，使得知识不再是导致人与人之间沟通的有效手段，"知识、真理、信息的适时发明(杜撰)、保存(保密)、过滤(加工)、发布(泄密)构成了一门最为高级的政治艺术"。⑤

或者说，知识本身就是权力。权力所具有的控制、塑造、压迫作用，知识同样具有。例如作为知识的儒家学说，在传统社会就是一种控制力量。它长期占据人们的头脑，成为人们安身立命、行为处事的依据。违背

---

① 詹京斯：《历史的再思考》，贾士蘅译，台北麦田出版社，2006年，第119—120页。
② 阿普尔比等：《历史的真相》，第186页。
③ 安克斯密特：《历史编纂学与后现代主义》，《国外社会科学》1990年第6期。
④ 约瑟夫·劳斯：《知识与权力》，盛晓明等译，北京大学出版社，2004年，第264页。
⑤ 张国清：《他者的权利问题——知识—权力论的哲学批判》，《南京社会科学》2001年第10期。

者或者内心自责,或者被他人谴责,甚至遭受严厉惩罚。这种由当权者向大众灌输的知识支配着人们的思想,规训着人们的行为,无形中发挥着权力的作用,人们受其摆布而不自知。

探究知识与权力的关系的后现代主义者有福柯、利奥塔和德勒兹等人,其中对知识生产背后的权力运作进行深刻剖析的是福柯。他对"权力"似乎情有独钟,因而被称作"权力思想家"。受德国哲学家尼采的启发,他大大扩充了权力的内涵,对权力的强调也几乎到了无以复加的地步。福柯眼中的权力更具弥散性、隐蔽性和微观性,像毛细血管一样遍布于社会生活中。福柯说,那东西如此神秘,可见又不可见,在场又不在场,无所不至,无孔不入,这东西就叫权力。究竟什么是权力呢?他一再申明权力不是一样东西,而是一种关系,是各种势力关系的复合体,是这些势力关系通过持续不断的相互抗争、改变、增强或颠覆它们的过程。

与传统观点认为的权力是一种可见的强制力、破坏力不同,后现代主义眼中的权力本质上是生产性而非压迫性的,它"致力于生产、培育和规范各种力量,而不是专心于威胁、压制和摧毁它们"。[①]生产性的权力通过层级监视、规范化裁决和检查等技术,驯顺了肉体,生产了符合规范和纪律的对象、知识;它激发了活动,而不是禁锢了活动;诱导了思想,而不是禁锢了思想;引发了话语,而不是打断了话语。这为知识与权力的结盟奠定了理论基础。[②]

福柯提出了一种知识与权力相统一的新型知识观。知识问题不只是属于人的纯粹认识活动,也不仅仅是为了获得认识客观对象的真理;而是为各个历史时代掌握权力的统治者所控制、并为统治者的权力运作服务。权力制造知识的目的不是为了追求真理,而是为了施行控制。他在著名的访谈录《权力的眼睛》中说,哲学家,甚至大多数知识分子都试图划出一条几乎是不可逾越的界线来认同自身:界线的一边是知识,也就是真理和自由的领域;一边是权力的运作领域。但实际上,所有知识门类的发展,都与权力的运作密不可分。固然独立于权力的心理学和社会学理论时有可见,可是一般来说,社会能够成为科学观察的对象,人类行为一定

[①] 陆扬:《后现代性的文本阐释:福柯与德里达》,第39页;米歇尔·福柯:《性史》,姬旭升译,青海人民出版社,1999年,第80、117页。

[②] 吕振合、王德胜:《知识与权力:从福柯的观点看学科场域中的权力运作》,《自然辩证法研究》2007年第9期。

程度上成为有待分析和解决的一个问题这一事实,一切的一切就和权力的机制纠缠难分了。所以,人文学科的诞生,是与权力新机制的建立相联系的。①权力与知识总是携手并进,利用知识来扩张社会控制,权力和知识是一对共生体。人文学科的实质,即权力与知识的关系。权力不是知识的障碍,权力产生知识。任何权力的行使,都离不开对知识的汲取、占有、分配和保留,因而权力与知识是直接相互指涉的。②知识与权力控制是分不开的。

任何时期的"知识型"同时都是权力机制。福柯通过考察,发现精神病学、社会学、犯罪学等各门学科都产生于权力关系网络中。社会学和犯罪学等学科是从社会监视、规训大众和惩罚人犯的实践中产生出来的专门研究领域,同时这些学科的研究结果又强化和改进了社会规训的手段。而医院、精神病院、避难所和监狱这些所谓学术研究的实验室,目的仍然在于更好地强化社会控制。这样,知识与权力的界线不再那么分明,知识的生产过程中时时有权力出没其中。在这里,福柯揭示了知识与权力的正相关系。权力形塑着知识、锻造了知识,如果没有权力的介入,任何知识都不能形成。

包含了权力结构的知识就是话语。福柯的权力分析与话语理论结合在一起。话语的作用对于他关于社会中权力和控制的思考有很重要的影响。他坚决反对历史的客观性,认为历史作为一个时代话语实践的产物,被笼罩在这个时代的权力结构之中。这里的"话语"不能只归结为语言和言语,不仅是句子、命题、普通语言行为,而且还包括语言实践、语言结果,包括书写、陈述等活动和符号活动。在福柯看来,话语分析受制于却不局限于语言学的规则,而只有在与政治、文化、经济和社会等结构的相互联系之中,话语的分析才能体现它的意义。话语理论的一个重要关注点就是去分析人们话语、观点和立场的制度性基础,分析被这些话语、观点和立场所认可或预先设定的权力关系。在由考古学向谱系学的过渡中,福柯更多地强调话语的物质条件,即制度、政治事件、经济实践及过程。③

詹京斯关于后现代历史学的定义,集中体现了这种权力本位的知识观。他说:"历史是一种移动的、有问题的论述。表面上,它是关于世界的

---

① 福柯:《权力的眼睛——福柯访谈录》,严锋译,上海人民出版社,1997年,第31页。
② 刘北成:《福柯思想肖像》,上海人民出版社,2001年,第263页。
③ 道格拉斯·凯尔纳、斯蒂文·贝斯特:《后现代理论——批判性的质疑》,第60页。

一个面相——过去。它是由一群具有当下心态的工作者所创造。他们在工作中采互相可以辨认的方式——在认识论、方法论、意识形态和实际操作上都有其一定的立场。而他们的作品,一旦流传,便可能遭致一连串的被使用和滥用。这些使用和滥用在逻辑上是无穷的,但在实际上通常与一系列任何时刻都存在的权力基础相对应,并且沿着一种从支配一切到无关紧要的光谱,建构并散布各种历史的意义。"① 历史学本质上是一种话语,是创造出来的,在诸多方面均基于一定的立场,并与权力相对应。因此,历史是一个"力场",一系列由利害群体和为利害群体组织的方式。②简单说,历史研究不过是权力的渗透和实施。

历史学还被等同于意识形态:"历史本身就是意识形态建构的这一事实,意谓它经常被那些受到各种权力关系影响的人重新制作和重新安排。""归根究底,历史便是理论,理论是意识形态上的,而意识形态只不过是物质利益。"③"历史知识只是为某些利益而建构起来的意识形态,历史是可确立并强加群体认同的一连串神话。"④海登·怀特也认为:"历史不是科学,历史是每一种意识形态争取以科学的名义,把自己对过去和现在的一得之见说成就是现实本身的重要环节。"⑤在后现代主义者看来,"历史研究的兴趣与功能的关系要服从于集体记忆的政治策略。它使历史学家置身于权利角逐中,使历史学成为所有政府形式合法化或非法化的必要手段"。⑥

长期以来,政治意识形态是左右历史学的一种重要的权力因素。中国古代史学就主要是一种史官史学,它依附于体制,很大程度上是政治统治和社会控制的工具。因此,要真正理解中国古代史学发展演化的奥秘,离不开对社会政治脉络的考察,也离不开对种种权力关系的剖析。美国现代史学中存在过"冲突论"与"和谐论"两种观点的较量,它们对待美国的社会矛盾、种族歧视等问题态度截然不同。这不只是学术意见的分歧,更与国家的意识形态结构、塑造文明或野蛮的国家形象密切相关。历史

---

① 詹京斯:《历史的再思考》,第121页。
② 同上书,第74页注释。
③ 同上书,第106、109页。
④ 阿普尔比等:《历史的真相》,第8页。
⑤ 徐贲:《走向后现代与后殖民》,中国社会科学出版社,1996年,第20页。
⑥ 吕森:《历史秩序的失落》,张文杰编:《历史的话语》,广西师范大学出版社,2002年,第76页。

知识处在民族主义意识形态的笼罩之下,或者说已经被铸造成意识形态的一部分。

后现代主义者的"知识—权力"概念,破除了历史学的客观性和中立性,不再将其作为一种纯粹的知识形态,而是洞悉它背后隐蔽着的权力关系。在这一意义上,历史学成为权力的工具,要随时适应权力的要求和召唤。悬浮于社会现实之上的、纯粹客观的历史学是不存在的。

总之,后现代主义对知识活动的权力分析,一方面无情地粉碎了天真的客观性神话,使人们意识到绝对的客观的确如镜花水月,不可企及,让史学变为科学的梦想永远只是虚幻。另一方面,它提示人们在考察一种知识或学术时,不但应从其自身的发展脉络出发,还要充分留意到笼罩着它的巨大的权力网络,细致追究种种权力关系是如何制约着知识生产的,分析知识由以产生的语境,将知识或学术的社会属性揭示出来。同时,我们也应注意,后现代主义者的"泛权力化"不免陷入权力决定论。就"权力成其为权力,知识成其为知识的本质而言,权力与知识原则上都不受对方的影响"。①"不是所有知识都有权力,也不是所有权力形式(例如赤裸的武力)都要借助知识。"②知识、科学包括历史学拥有相对的自主性、独立性,内部具有一定的发展逻辑和规则,它虽不能完全超脱权力、意识形态、经济利益等力量的支配,但并不纯粹是权力的被动产物、权力的附庸。后现代主义者在这里的确是有些过犹不及了。

二、历史学=文学

如果说福柯的"知识—权力"分析主要是从外部动摇历史客观性的话(因为权力关系相对于史学研究本身来说毕竟是一种外部因素),把历史学等同于文学的做法则直接深入到史学研究的具体操作过程之中,对其客观性、科学性予以无情的颠覆。历史客观性的一个重要保障是历史研究方法的科学性,即与自然科学共享一套研究方法。否认历史写作的科学性而突出文学性,于是历史客观性也就无所依傍了。

面对文史之间的关系,中外自古都有"文史不分"的说法,亚里士多德

---

① 约瑟夫·劳斯:《知识与权力》,第12页。
② 华勒斯坦等:《学科·知识·权力》,刘健芝等译,三联书店,1999年,第52—54页。

甚至认为"诗比科学更接近真实"。[①]但是，19世纪以降，从传统学术框架中独立出来的历史学更多地与科学连在一起，历史学的科学化冲动最强烈、科学焦虑最为深重。譬如，在学界，"文学科学"或"文艺科学"与"哲学科学"等提法甚为罕见，而"历史科学"一词则成为流行的对历史学的尊称。[②]于是，史学与文学之间的距离在19世纪以后的大多数史家，甚至许多文学家的眼中越来越远。这最终导致了文史分途。史学与文学的区别一般被表述为史学求真求实，追求可靠；而文学则务虚，追求构思的精巧。但是在后现代主义者看来，史学与文学没有什么差别，都是"语言的游戏"，主张历史学等于文学。

一般后现代主义者确认历史学的文学性质时，首先强调语言的作用。"每一种历史首先都是一个词语制品，一种特殊语言应用的产物。"语言描写"构成了作为阐释和理解之可能对象的过去事件"，语言决定了"在对历史现象的所有再现中都存有一种无法祛除的相对性"。[③]历史学与文学之所以相似，就因为历史学家与诗人、小说家一样，必须依赖语言传播其作品。而且，历史学家所使用的语言，不能过分专业化，是日常的"自然语言"，而非科学专用的"形式语言"（如数学或物理公式），否则就无法与广大读者沟通。因此，历史学必须运用与文学相同性质的语言，借助各种修辞方法表情达意。这样，历史叙述就可能成为一种文学创作活动。[④]

在他们看来，历史学家真正所做的就是把过去事件的文献翻译成由历史学家叙述的文献。这种翻译的程序总是或多或少受到下列四种比喻的支配，即：隐喻（metaphor）、转喻（metonymy）、提喻（synecdoche）和反讽（irony）。这种比喻语言的技巧是历史学家使用的唯一工具。[⑤]既然如此，历史著述就被当作一种语言修辞艺术，一种"诗性"的工作。在这一工作中，语言是第一位的，资料是第二位的。历史学家尽管写的是历史，却无时无地不受到语言模式的限制。这种认识将历史学与文学之间的区别

---

① 关于19世纪以前历史与文学的紧密联系，可参见艾克什穆特：《历史与文学："异化地带"?》，陈启能、倪卫国主编：《书写历史》，上海三联书店，2003年，第59—75页。

② 王学典：《"历史"与"科学"》，《文史哲》2000年第3期。

③ 海登·怀特：《后现代历史叙事学》，第296、324页。

④ 王晴佳、古伟瀛：《后现代与历史学——中西比较》，第115页。

⑤ 安克斯密特：《当代盎格鲁—撒克逊历史哲学的二难抉择》，《史学理论丛书》编辑部主编：《当代西方史学思想的困惑》，中国社会科学出版社，1991年，第99页；海登·怀特：《作为文学虚构的历史文本》，张京媛主编：《新历史主义与文学批评》，北京大学出版社，1993年，第174页。

取消了。这与科学派史家贬低、排斥比喻的做法迥异。

历史学家的写作活动可归结为三个过程:第一个过程是原始的素材、碎片或者资料。第二个过程是编年史,编年史没有逻辑的起点和终点,就是说编年史的作者从哪儿开始写,那么历史就从哪儿开始;他在哪儿搁笔,在什么时候搁笔,历史就在哪个地方结束。在此基础上进入第三个过程,叫做"带故事性的历史",即在经过原始材料、编年史两个过程之后,我们今天的历史学家在写历史的时候开始给它加上头、尾、结构、逻辑,把过去那些没有逻辑的历史起点和终点的事加上逻辑的开端和终点,这实际上像编故事一样。由此,文学修辞必然渗入历史叙述的每一个程序之中。没有故事的历史不是真正的历史。①

第三个过程尤其值得注意。因为历史叙述不仅是列举个别的事实,还要揭示它们之间的相互联系。而后者需要经过一个所谓"编织情节"(emplotment)的程序。历史之制造成为故事,离不开情节设置。"编织情节"是指从时间顺序表中取出事实,然后把它们作为特殊情节结构而进行编码。对于历史学家来说,历史事件只是故事的要素,故事是由这些要素构成的合成物。事件通过压制和贬低一些因素,以及抬高和重视别的因素,通过个性塑造、主题的重复、声音和观点的变化、可供选择的描写策略等等(这些是一般小说或戏剧中编织情节的技巧),才变成了故事。与上面提到的四种比喻方式相对应,存在浪漫剧、喜剧、悲剧和讽刺剧四种情节编织技术。历史学家的工作,正是运用这些技术把历史记录组织成读者可以识别出来的不同类型的故事。这样成文的历史特别是编年史被怀特认为是"小说"或文学的一种形式。②叙事本质上是虚构的,史学研究依靠的是一套修辞技术、一种文学创作手法。于是有人断言:"历史学家的著作将成为一种文学事实,而历史认识将成为对世界进行审美思考的一种形式。"③

后现代主义者认为历史就是一种叙事。怀特说:"历史编撰是一个意义产生的过程。认为历史学家仅仅想讲述有关过去的事实,这是一种错觉","赋予历史事件意义的主要方法是叙述"。④"叙事始终是、而且仍然

---

① 同时参见海登·怀特:《叙事性在实在表现中的用处》,《书写历史》,第168—176页。
② 海登·怀特:《作为文学虚构的历史文本》,《新历史主义与文学批评》,第162页。
③ 转引自艾克什穆特:《历史与文学:"异化地带"?》,《书写历史》,第72页。
④ 海登·怀特:《旧事重提:历史编撰是艺术还是科学?》,《书写历史》,第24页。

是历史书写的主导模式。"①"历史叙述中的言语虚构十分丰富,其形式与其说与科学中的,不如说与文学中的有更多的共同之处。"②他强调"以叙述化形式对事实的任何表述都必定会虚构其主要内容,无论它依赖事实有多深",进而瓦解了历史学的科学性,宣称"历史在当今意义上不是,也永不可能是一门科学"。③罗兰·巴尔特也指出:"历史的意义只能通过历史叙述来形成,并且这种意义并不来自历史事实或事件的自我解释,而来自历史学家的意识形态及据此安排的叙述结构。"④法国史学家韦纳也宣称:历史不是科学,"历史首先是对情节的叙述"。⑤保罗·利科认为:"历史和虚构借助于同样的叙述结构。"⑥柯尔纳说:"对有知识的读者来说,所有历史都是故事的一部分,是一种明显或隐蔽的历史叙述。"⑦历史叙事或叙述必然包含着虚构。明克说:"作为叙事,它是一种想象性建构的产物,这种想象性建构不能通过任何被接受的论证和确证性程序来证明它所声称的真实性。"⑧这一把历史当作叙述故事的观点消除了事实与虚构的二元对立,兰克式的历史客观性也就被粉碎了。

历史叙述和历史书写离不开语言修辞手段,常常需要运用比喻。用赫克斯特的说法,历史学的修辞只是蛋糕的糖衣,它的存在并不影响蛋糕本身的质量。⑨这与文学创作确有相似之处。不过,历史学中的文学修辞并非多多益善,过度运用比喻会损害表述的科学和严谨。伏尔泰曾说过:"热情的想象、激情与欲望,动辄误导我们,却制造出隐喻的风格。史学最好避免如此,因为太多的隐喻不止有碍于清晰的表达,更伤及真实,以致文胜于质。"康德更认为:譬喻是所有错误的根源。⑩再者,语言对叙述的

---

① 海登·怀特:《后现代历史叙事学》,第294页。
② 转引自伊格尔斯:《学术与诗歌之间的历史编撰》,《书写历史》,第7页。
③ 海登·怀特:《旧事重提:历史编撰是艺术还是科学?》,《书写历史》,第30页。
④ 陈新:《论20世纪西方历史叙事研究的两个阶段》,《史学理论研究》1999年第2期。
⑤ 保罗·利科:《法国史学对史学理论的贡献》,王建华译,上海社会科学院出版社,1992年,第82页。
⑥ 保罗·利科:《解释学与人文科学》,陶远华等译,河北人民出版社,1987年,第285页。
⑦ 杨共乐:《后现代主义与后现代史学》,《史学史研究》2003年第3期。
⑧ 路易斯·明克:《作为认知工具的叙事形式》,转引自D.卡尔:《叙事与真实的世界:为连续性辩护》,《世界哲学》2003年第4期。
⑨ 张耕华:《叙事研究引出的新问题》,《史学理论研究》2004年第2期。
⑩ 黄进兴:《历史若文学的再思考——海顿·怀特与历史语艺论》,《新史学》第14卷第3期,2003年9月。

事件具有塑造作用,但语言在历史学中不是第一位的,语言决定论的立场并不可取。语言同样要受到事件、事实的制约。语言文字的意义绝非仅仅"在我们脑中",也不会紧附于外在世界的客体而将事实恒久锁定。语言惯例的形成乃是因为具有想象力和理解力的人类凭借着使用语言来回应其思维之外的事物。文法结构是语言学的设计,但重要的是,它是在与客观世界互动的过程中,在人类试图给自己遭遇的事物命名的过程中发展起来的。①而后现代主义者认为"历史(历史编纂)是一种存在于文字间的语言学上的构造"②,我们所感知到的真实只是语言学上的记号,历史就是被建构起来的一种推论,是一种语言游戏。安克斯密特说:"用后现代主义的观点看,焦点不再是过去本身,而是今天与过去之间,是我们现在为研究过去所运用的语言与往事间的不协调。""历史不一致,不仅涉及过去本身,而且还涉及为了了解过去由历史学家创造出来的语言对象。"③还有人认为,"历史学家的整个文本……其准确性的程度在很大程度上取决于文本修辞结构的准确程度,而不取决于其所引用的'历史事实'的准确程度。"④因为历史叙述运用语言修辞就径直视之为一种语言的艺术,未免将历史学简单化了。

　　后现代主义将历史学等同于文学的观点击中了科学化史学的要害,对历史学的生存构成了威胁。"历史"一词在人们心中一直代表"真""真实""真理",但是历史又始终面临着"事实"或"实在的历史"本身缺席的尴尬。历史的写作都带有后设的性质,"虚构的成分就进入到一切历史的话语之中"。同一个法国大革命,面对大致相当的史料,在米什莱(Jules Michelet,1798—1874)的笔下,是一个浪漫的故事;在兰克的笔下,是一个喜剧;在马克思的笔下,则是一幕关于封建王朝的悲剧。这种不同需要在史学家的文化传统所提供的许多种不同情节结构中进行选择,这其中并没有逻辑的或自然的必然规律在制约。⑤三部著作同样被人们所接受或认可,同样成为经典。历史研究与文学创作过程的相似性,提醒史家增

---

① 阿普尔比等:《历史的真相》,第231页。
② 詹京斯:《历史的再思考》,第87页。
③ 安克斯密特:《历史编纂学与后现代主义》,《国外社会科学》1990年第6期;安克斯密特:《当代盎格鲁—撒克逊历史哲学的二难抉择》,《当代西方史学思想的困惑》,第109页。
④ 艾克什穆特:《历史与文学:"异化地带"?》,《书写历史》,第75页。
⑤ 王学典:《历史是怎样被叙述的——论历史知识的人文主义属性》,王文章、侯样祥主编:《中国学者心中的科学·人文》,云南教育出版社,2002年,第50页。

强对主观因素介入的自觉意识。因为在历史叙述中,想象和虚构是不可避免的,"叙述的一致性要求历史学家构建一个远远超过原始材料的故事。"①正如钱钟书所说:"史家追叙真人实事,每须遥体人情,悬想事势,设身局中,潜心腔内,忖之度之,以揣以摩,庶几人情合理,盖与小说、院本之臆造人物、虚构境地,不尽同而可相通。"②例如,叙述项羽在鸿门宴和希特勒在兵临敦刻尔克时的心理状态,就需要史家的推断和想象。承认这一点,历史学的艺术性就从科学性的压抑下解放出来,取得了独立的而且日益重要的地位。应当看到,后现代主义的观点,大大深化了人们关于历史学性质或历史知识的反思。这显然有助于我们全面认识和把握历史学的属性,妥善协调史学、科学与艺术之间的三角关系。

但是,如果认为史学家与小说家无从分辨,或"小说家编造谎言以陈述真实,史学家制造事实以便说谎",就有些走火入魔了。历史与文学存在本质的不同,历史写作必须考虑因果关系、时间顺序、物质等因素,不能随意想象。《三国志》中关羽的形象与《三国演义》中关羽的形象之间的距离也许就是史学与文学的距离:一个只是普通的将军,一个成为"神话"化的人物。正如罗杰·夏蒂埃所说:"哪怕历史学家是以一种'文学的方式'在写作,他也不是在创作文学。"③"尽管想象在学术叙述建构中起着作用,但这类叙述并不完全是或主要是虚构的,而是以努力研究、方法和结论作为先决条件的,要经过学术圈的仔细审核。"④研究历史的人"要受一套繁复规则的约束"。"在一个讲求真确再现往事的社会里,证据的保存对事实的断定有一定的限制;甚至对一件事和事态发展的诠释,也被设定了范围。"⑤历史研究绝不是某个历史学家的率性而为。

历史学虚构与文学虚构的根本区别就在于:历史学家应当承认真实并反映真实,摆脱不了已逝的过去及其记录和遗迹的制约。尽管不同史学家的再现方式和虚构方式不同,却必须基于同一"外在的"文字根基,即共同享有的文献部分;反之,在文学话语构成中却无须有此共同部分。"正

---

① 伊格尔斯:《学术与诗歌之间的历史编撰》,《书写历史》,第11页。
② 钱钟书:《管锥编》第1册,中华书局,1979年,第166页。
③ 伊格尔斯:《二十世纪的历史学——从科学的客观性到后现代的挑战》,辽宁教育出版社,2003年,第160页。
④ 伊格尔斯:《学术与诗歌之间的历史编撰》,《书写历史》,第15页。
⑤ 阿普尔比等:《历史的真相》,第239页。

当的史学理论应注意史学文本中的再现部分和虚构部分之间的相互作用，但亦不应忘记其意指方式不同于文学的意指方式。"①"过去"与"历史"难以分开，因为"各种考古遗迹、文献档案、口述资料、回忆传记以及其他史料的存在，人们不可能把'过去'与'历史'彻底分开，像文学创作一样'无中生有'，进行想象甚至幻想"。②历史学不是科幻小说，它不能背离实际的经验和常识。克里斯·洛伦兹指出："同文学相比，历史的真实性断言始终是它的基本特征。""历史叙事不能像小说那样只是被呈现的，它们也需要经验和逻辑的不断支持才能立足。"③更明确地说，史学家或历史研究的一个显著特点、与众不同之处就是对客观真实性的执着。文学虚构可以突破时空的限制，依据一定的情节模式，将各种事件、人物自由组合；而历史学的虚构受到过去的事实及记录事实的材料的硬性制约，而不能随心所欲地驰骋想象力。

三、文本与真实

在一般史学家心目中，历史是过去发生的事情，在史料文献的背后存在一个客观的过去，历史学家的首要工作是忠实于历史事实，研究、描述和揭示历史的真相，即使不一定能够完全达到目标。"真实对于历史，就像人的眼睛那样重要，人没有眼睛变成终身残废，而历史缺乏真实，则成了无稽之谈。"④真实是古今中外史学家们的共同追求。从古代的"直笔""实录""实事求是"，到近代的"客观的史学"；从修昔底德的"我所描述的事件，不是我亲自看见的，就是我从那些亲自看见这些事情的人那里听到后，经过我仔细考核过的"⑤，到兰克的"如实直书"，无不体现了这种努力和向往。真实被视为历史学的生命。而后现代主义者釜底抽薪，质疑真实性的存在。后现代社会不是由现实构成的客观世界，而是由语言、文本、符号构成的。他们将历史当作与现实世界无关的文本。

后现代主义者主张一种泛文化的文本观，文本是最本质的东西。"文

---

① 李幼蒸：《对后现代主义历史哲学的分析批评》，《哲学研究》1999年第11期。
② 葛兆光：《中国思想史·导论》，复旦大学出版社，2001年，第134—135页。
③ 克里斯·洛伦兹：《历史能是真实的吗？叙述主义实证主义和"隐喻转向"》，《山东社会科学》2004年第3期。
④ 王晴佳：《西方的历史观念：从古希腊到现代》，第20页。
⑤ 修昔底德：《伯罗奔尼撒战争史》，谢德风译，商务印书馆，1985年，第17页。

本"(text)指称相当广泛,一切事物和经历,一切人类的作品,包括粗糙原始的器具和烦琐精密的政治法律制度等,从一次聚会、一次旅行到一场战争,都可以被当作文本来解读。文本具有自主性和交叉性。所谓自主性,即认为文本之间存在着一种内在联系。历史研究与其对象之间有着一种必然联系,无法截然分开。这实际上是一种封闭性。换言之,历史学的主体与客体之间没有根本区别,因为它们只是文本之间的关系而已。文本的交叉性,即认为所有文本都是建立在与其他文本的关系上。每一个文本都相关于每一个他文本,文本相互生成。①一个文本通常依赖其他的"前文本"而存在,而它本身又将成为后来的文本的"前文本"。例如,历史学家在追溯一种思想或思潮的渊源时,就必须查找其前文本。历史书的注脚部分,就是文本交叉性的有力例证。在这一意义上,历史著作与其运用的史料之间没有根本区别。②安克斯密特说:"在新的历史编撰学中文本必须处于中心的位置——它再也不是历史学家为了看到过去的真实或达到协作的意图而穿越的某个层面,而恰恰相反是他们所应该关注的。"③"历史叙述的文本就像一扇雕刻过或彩绘的窗户玻璃,我们关注的兴趣不在于窗户玻璃后面的天空和地面上的风景,而是蚀刻过的窗户玻璃本身。"④

  后现代主义视文本为具有开放性和随意性的独立单位,源自所谓的"语言学转向"。语言被视为一个自足自律的系统,语言的意义来自系统本身,它与现实是分离的,且先于现实。而文本是由语言符号构成的,其运作规则也与语言符号相同。独立于现实的文本的自主性自然就无限地扩张了。在后现代主义者那里,世界被压缩为语言、文本。安克斯密特指出:"历史学争论并不是,就如历史学家相信的,有关过去实际上是怎样的争论,而在本质上是语言学的争论。"⑤

  如果将历史学视为一种文学实践,那么它还必须面对作者、读者和文本三者之间的关系。而后现代主义对这种关系的变更,进一步放逐了历

---

① 波林·罗斯诺:《后现代主义与社会科学》,第166页。

② 王晴佳、古伟瀛:《后现代与历史学——中西比较》,第80—83页。

③ 克里斯·洛伦兹:《历史知识与历史真实:为"内在的实在论"辩护》,《书写历史》,第90页。

④ 何平:《后现代主义历史观及其方法论》,《社会科学研究》2002年第2期。

⑤ F.R.Ankersmit, "Hayden White's Appeal to the Historians", *History and Theory*, 1.37 (1998), p.186.

史客观性。在传统观念中,作者是文本的主宰。文本一旦产生,便永远地依附于作者。文本由作者创造,作者带有自己的思想、观点、感情、好恶和生活经历,通过作品与读者交流,引起读者理解、共鸣,从而达到传达某种观念、信仰的目的。作者对自己的文本拥有最初的解释权和最后的处置权。而读者要进入作者的文本,必须首先经历或接受作者施以文本的各种限定和约束。而文学批评就是要挖出作者的意图,所以批评家们埋头查找作者的传记,搜寻作者的生平足迹,求证作者的片言只语。[1]在作者、读者和文本的三维关系中,作者是中心,文本是这一中心的体现或实现,读者则是这一中心的边缘。而后现代主义戏剧性地变更了三者的传统角色,让读者成为主角,可以随心所欲地赋予文本以意义,文本也获得了独立于作者的生存权。[2]这样,文本、读者凸显出来了,作者的中心地位被消解了。

"作者之死"使历史文本化迈出了决定性的一步。后现代主义者取消了作者对于文本的权威,使文本从作者的浓重的阴影中走出来。文本永远是一个有待阐释的对象,其意义不再源于作者的创造和赐予,而是在文本间产生。而阐释学的观点又提升了读者的地位。任何人都可以对文本作出自己的解释,并且在阅读中创造出一个新文本来。阅读活动就转换为一种类似于作者的创造活动。这样,作者让位于读者,文本的开放性、相对性和不确定性就愈加突出了。对历史文本来说,它的价值实现与其说有赖于作者的工作,不如说有赖于读者的努力。[3]

一旦历史被完全文本化,客观性就无处容身,历史学中原有的一些观念、认识也立刻为之改变。

第一,既然文本具有自主性,"文本之外,别无他物",其存在不以一定的客观内容为基础,那么历史学与作为客体的过去原本牢不可破的关系就被切断了。文本失去了对外的指涉性,史料也就变成了无根之萍,任其漂流。由是观之,史学的书写只能是永续开放的语言游戏,缺乏实指。[4]存在于语言之外的客观世界只是一个幻觉。在罗兰·巴尔特看来,过去事

---

[1] 余楚霞:《作者、文本和读者在文学阅读中的地位》,《理论月刊》2002年第11期。
[2] 张国清:《中心与边缘》,中国社会科学出版社,1998年,第149—152页。
[3] 韩震:《历史的话语分析和文本分析》,《青海社会科学》2000年第4期。
[4] 黄进兴:《"文本"与"真实"的概念——试论德里达对传统史学的冲击》,《新史学》(台北)2002年第13卷第3期。

实的实在性必须与所谓实在效果相联系。实在效果是由历史文本中提到的不相关的细节创造的。①怀特径直认为:"历史事实是虚构出来的。"②这使得历史的客观性失去依托,对真实和事实的追求自然被取消了。以五四运动而言,作为客观事实的五四运动是不存在的,存在的只是关于五四运动的各种描述。同样,秦始皇本人是不存在的,存在的只是史家讲述的关于秦始皇的故事和传说。如果把历史事件和历史人物当作文本来看,文本背后的真实就不必追寻了。

第二,将历史当作文本,还引起了史料观念的刷新。被传统史家奉为圭臬的史料分辨,如原始资料与间接资料的区别,除了标示时间次序外,丧失了任何实质意义。因为凡是作为史料的文本皆为语言游戏,任何一个文本都没有与生俱来的优越性,更遑论其真确与否。这就对原始资料优于二手资料的看法形成了挑战,史料批判工作的重要性大大降低了。没有必要去崇拜"档案"(the document)和"事实"(the facts),根本就没有史料与史实的差别,原始材料与事实也并没有必然的联系,原始材料与间接材料除在时间意义上外,并无根本区别,所以没有必要一定去取得原始材料。"原件"并不表示"纯正"。③

第三,对"证据"的态度也发生了很大变化。传统观点认为证据本质上是某些已发生的往事的证明。但当历史被视作文本之后,证据不再针对过去,而是针对关于过去的其他解释。这里有一个形象化的描述。在现代主义者看来,证据是其试图揭开看看下面是什么的一块瓦片;对后现代主义者来说,证据则是被他踩在脚下、以便挪向另一块瓦片的瓦片。历史证据不是一个用来研究过去的放大镜,而更类似于画家为达到某种效果而使用的笔触。证据不能把我们送回过去,却导致了什么是史学家此时此地能够或不能够研究的问题。④按金兹堡所说,证据已经变成"一堵墙,按定义,这堵墙杜绝任何通往真实之路"。⑤

第四,历史解释的随意性增大,无客观标准可循。文本具有开放性或模糊性,人们可以对它做出无限的解释,因此不存在关于同一文本的两种

---

① 韩震:《历史哲学中的后现代主义趋势》,《学术研究》2004年第4期。
② 海登·怀特:《旧事重提:历史编撰是艺术还是科学?》,《书写历史》,第24页。
③ 詹京斯:《历史的再思考》,第174页。
④ 参见安克斯密特:《历史编纂学与后现代主义》,《国外社会科学》1990年第6期。
⑤ 阿普尔比等:《历史的真相》,第241页。

相同的读解。历史都是文本,而文本的意义源自读者的解释,读者拥有高度的自主权。由于史料不再对解释行为产生限制和约束,每个读者的解释都是等值的。在关于历史文本的解释之中,不存在哪一种比另一种更合理、更准确的问题。阅读历史、解释历史完全变为读者的创造活动,与以往寻觅历史真相的工作分道扬镳了。

视历史为文本,自然有其积极作用。一方面由于文本的自足性,历史研究的对象不再被简单归结为某些基本符码(如经济结构、政治结构)的反映,其意义被充分解读成为可能;应当从各个角度解释历史,"只有历史解释的多样性,而不是试图减少它们的数量,史学才有可能获得最大的清晰性"。①另一方面,历史文本的研究者处于一种更为主动的地位,理解、诠释工作的重要性愈加突出了。同时,我们对自身的研究活动也会保持一种反省的姿态,承认自己不可能穷尽一种资料在多层次多角度与其他已发现和未发现资料之间的关系及意义,因而应当容忍他人不同的释读。

过度膨胀的文本取代了真实,作为客观实在的过去变成了一种主观幻觉。后现代主义者常常把"事实"(reality)这个名词放在引号里,对外在世界的真实提出质疑。真实是语言制造出来的,是一种语言的产物。语言是挡在事实前不可逾越的障碍,人类受困于语言的牢笼之中。对他们而言,任何事实都不能超越表达事实的话语。福柯信徒霍尔玻林宣称:"'真实'不是谬误的反题;'真实'是一种话语战略,它的诸多功用之一,是阻碍人们探索制造它的那些动态的和情欲的条件。"②巴尔特认为:"历史的话语,不按内容只按结构来看,本质上是意识形态的产物,或更准确说,是想象的产物……历史话语可能是针对着实际上永远不可能达到的自身之外的所指物的惟一的一种话语。"③

后现代史学一般都否认历史著作所谈的乃是真实的历史过去,"过去(the past)与历史(history)是不同的东西",因而要质疑史家对真实的观念,指出事实的歧异性,坚持史家都是从意识形态的立场出发来书写历

---

① 安克斯密特:《当代盎格鲁—撒克逊历史哲学的二难抉择》,《当代西方史学思想的困惑》,第108页。
② 阿普尔比等:《历史的真相》,第186、194页。
③ 罗兰·巴尔特:《符号学原理:结构主义文学理论文选》,三联书店,1988年,第59—60页;《历史的话语》,张文杰主编:《现代西方历史哲学译文集》,上海译文出版社,1984年,第93页。

史,强调历史是可以被解构的文字论述,认为"过去"和小说家创作写实故事中所体现出的"真实世界"同样只是抽象的概念——凡此种种皆推翻了过去、打破了过去,而在这被打破的裂缝里,新的历史才能被写成。①因此,"当我们在研究历史的时候,我们不是在研究过去,而是在研究历史家如何去建构'过去'"。②他们还认为真理与虚构并没有什么不同,"到底世界是真实的或只是想象的,这无关紧要;理解它的方式是相同的"。③

然而,客观、真实毕竟是历史学赖以安身立命的基本观念或者说是信念。历史学以求真为己任。正如一位西方史家所概括的:"历史学是许多种叙述的形式之一,然而在它对真实性保持有一种特殊的关系这一点上,它却是独一无二的。更确切地说,它那叙述的构造就是要重建一幅曾经真实存在的过去。这种诉之于先于历史文本而存在的、而又是处乎其外的真实——而它那文本所具有的功能则是要得出一份可以为人理解的叙述来——则是构成其为历史学并使之有别于故事或编造的东西。"④"与所有虚构的文学不同,历史总是关于文本之外的某些事情——真实的过去。"⑤任何文本存在都必然有其物质层面,只在史家头脑里"存在"的克罗齐式的文本实际上是"不存在"的文本。⑥因此,历史学家"依然希望把历史知识视为是一种再现,而不是个人肆意的建构"。⑦"没有此一真实或实在,科学活动即会为艺术性活动所取代,思想会被归类为诗歌,伦理思考也会随之消失。"⑧

基斯·温德舒特在《历史之被谋杀》一书中提出:历史研究是对真实(the truth)的寻求……一个主旨并不在于寻求真实的工作可能是任何东西,但绝不会是历史的工作。他认为文学批评与社会理论包括语言学、阐释学、后历史主义、结构主义、后结构主义、现代主义、后现代主义、后殖民

---

① 詹京斯:《历史的再思考》,第84—86、190页。
② 詹京斯:《历史的再思考》,第159页。
③ 海登·怀特:《后现代历史叙事学》,第358、190、323页。
④ 伊格尔斯:《二十世纪的历史学——从科学的客观性到后现代的挑战》,第14页。
⑤ 克里斯·洛伦兹:《历史能是真实的吗?叙述主义实证主义和"隐喻转向"》,《山东社会科学》2004年第3期。
⑥ 英加登:《对文学艺术作品的认识》,陈燕谷译,中国文联出版社,1988年,第355页。
⑦ 克里斯·洛伦兹:《历史知识与历史真实:为"内在的实在论"辩护》,《书写历史》,第82页。
⑧ 李幼蒸:《对后现代主义历史哲学的分析批评》,《哲学研究》1999年第11期。

主义等各种时髦理论都对历史这门学科的规范和严格的历史研究构成了伤害,这些理论是以牺牲"事实"(facts)和歪曲历史实际来迎合理论为代价,"如果历史学家继续允许他们自己堕入这个理论上的无底洞,他们将会使他们自己和他们的学科灭绝"。①把文本的独立性推向极端,切断它与外界的联系,抛开客观事实的制约,又将读者的地位过度提升,使史料批判变得无足轻重、可有可无,史实解释似脱缰之马,任意驰骋。这种认识陷入了虚无主义的深渊,落进相对主义的陷阱。于是,不但历史客观性荡然无存,历史学本身也将面临灭顶之灾,不久就可能灰飞烟灭。

这就不免涉及一个更广泛的问题,即后现代主义的意义或作用是在于破坏还是建设?正是由于它的激进态度,不少人指责后现代主义只破不立,解构而不重建。这种指责是有道理的。但我们更应注意到后现代主义"立"的一面。理查德·伊文斯对此有过公允的评论,他说:"后现代主义以其更加建设性的方式促使历史学家更为仔细地研究文件记录,更为认真地对待其表面的色泽,以一种新的方式来思考文本和叙事。它已经帮助开辟了许多新的研究领域,建立了新的课题,同时把一些以前似乎已经穷尽的题目重新放回到了日程表上。它迫使历史学家质疑他们的方法和研究过程。而这在以前是从来没有的,在这个过程中使得他们更具有自我批判意识,而这是最好不过的事了。"②王晴佳也指出:"不管人们对它的态度如何,后现代主义史学在西方已经成为一个代表未来趋向的派别。他们对历史学的重新塑造,改变了历史学家的历史观,使得他们最终摆脱了19世纪兰克史学的束缚,不再为占有一些档案史料而沾沾自喜,以为能以此再现历史的真相。如果说后现代主义造成了历史学的终结,这只是传统的兰克史学的终结。而历史学本身则仍然保持着活力。一旦人们认识到历史学的开放性,即任何一本历史著作都有其局限而总要被新的著作所取代,历史学的存在价值便显露无疑了。从这一点来看,后现代主义史学丰富了人们的历史认识及其手段。"③

后现代主义应当走出破字当头的误区,积极探索历史客观性更新后的出路。正视后现代主义对历史客观性的质疑和反思,并不意味着要放弃对历史客观性的追求。这场客观性危机或许是历史学走向成熟所必经

---

① 转引自张仲民:《后现代主义理论与历史学述评》,《东岳论丛》2004年第4期。
② 转引自德里克:《后现代主义与中国历史》,《中国学术》2001年第1辑。
③ 王晴佳:《西方的历史观念:从古希腊到现代》,第246页。

的一个阶段。正如帕特里克·乔伊斯所说:"'后现代主义'或许最大程度地使'历史客观性'成为疑问,但是这不是它做的唯一的事情,它本身在历史学中引起的变化远远超越了这点。"[1]如此看来,后现代主义就并非历史学的终结,而是提供了一个新的起点。

第三节 后现代主义对史学研究的具体影响

历史学被认为是后现代主义最后攻破的堡垒。后现代主义在历史学方面打开缺口,源于长期处于主导地位的社会史研究孕育出的一些自身无法容纳的变革因素。

众所周知,社会史"一向以多多益善为原则"[2],其研究范围极为广泛,政治、科学、文艺、风俗习惯、农业、商业、生产技术、饮食起居、人口状况等等,几乎无所不包。尤其值得注意的是,社会史特别关注普通人的历史,关注人们的日常生活,重视下层群体的状况。社会史家认为,对一般工人、妇女和奴隶等等的事迹知道得愈多,对过去的叙述也会更圆满。社会史家们不反对客观性的研究与修史应有的训练标准,而且还借用这些研究和标准来批评摒除边缘和不遵从社会规范人群的狭隘立场。[3]随着劳工史、妇女史、儿童史、家庭史、人口史、地方社会史、心态史等新门类的出现,社会史研究日益分化。社会史研究的这一取向,与后现代主义多元化,关注"他者"、边缘的主张相契合。而后现代主义正可假社会史已有之声威,长驱直入历史学领域。

社会史研究与后现代主义在反对传统史学方面立场一致。它们都拒斥单一的历史叙述框架和以精英为中心的书写方式。社会史原想包容一切,将人类历史的各个层面、各种维度都纳入自己的视野之中,但它试图保持一种科学化的写作方式,过分注重理论分析,这使它不能适应层出不穷的新题材,无法完成真正多元化的历史叙事。社会史研究强调结构性

---

[1] P. Joyce, "The Return of History: Postmodernism and the Politics of Academic History in Britain", *Past and Present: A Journal of Historical Studies*, vol. 158, Feb (1998), p.208.

[2] 阿普尔比等:《历史的真相》,第183页。

[3] 参见邓元忠:《后现代西洋史学发展的反省》,原载《国史馆馆刊》(台北)复刊第18期(1995年6月),《史学理论研究》1997年第2、3期转载。

因素，关注行动者的社会处境，却不免顾此失彼，出现"人的历史"中却不见"人"的尴尬局面，尤其忽略了历史主体的内心世界。所以，社会史研究成果为后现代主义的成功引入提供了铺垫，但不久就不能满足后现代主义对历史学进行根本性改造的需求了。这样，社会史终于让位于文化史，文化史遂成为后现代思潮影响下的一个新兴门类而迅速崛起。

一、后现代史学的典范——新文化史

20世纪有两次史学史变化的高潮，一次是50年代新史学反对传统史学，一次是70年代新文化史挑战新史学，后一次确切地说是对两种史学风格——六七十年代影响西欧、美国学界的马克思式风格和计量史学风格——的反动。①随着新文化史的风靡，西方史学领域出现了"文化转向"。②

在文化史前冠一"新"字，主要是为了与现代主义史学模式下的文化史相区别。70年代以来的文化史研究的确具有了新的内涵、采用了新的方法、呈现出新的风貌。受后现代洗礼的新文化史家集中在以下层弱势者的主观事物(文化)为分析对象，多半以叙述方式进行历史书写。③新文化史与以往的社会史和文化史都有明显的区别。它被视为社会史的反动。"社会史在其更接近社会科学形态上的一个特点是关注塑造和限制人类行为的社会制度，无论是马克思主义者还是韦伯学说的信奉者，按照这种模式取得的最好成果，都提出了有力的比较模型，其中社会经济和政治结构都被用来解释社会实践和集体行为，但这些模型倾向于否认行动者的力量，而我相信新的文化史的引人之处在于它给予了历史行动者以声音和主体性(尽管主要是那些能够留下文字记录的人)，因此帮助他们成为历史过程的动因，不光是历史过程的人质。"④新文化史与社会史都是眼光向下，但不同的是：社会史侧重人的行动，是具体可见的事物，新文化史

---

① 参见杨豫等：《新文化史学的兴起——与剑桥大学彼得·伯克教授座谈侧记》，《史学理论研究》2000年第1期。
② 详参周兵：《新文化史与历史学的"文化转向"》，《江海学刊》2007年第4期。
③ 卢建荣：《台湾史学界的后现代状况》，《汉学研究通讯》(台北)第21卷第1期，2002年2月。
④ 周锡瑞：《把社会、经济、政治放回二十世纪中国史》，《中国学术》2000年第1辑。

则强调人行动背后的文化逻辑或文化符码。①传统的文化史观把文化看作是受到经济基础决定的上层建筑,而新文化史最重要的特征是"不再把文化视为一种被动的因素"。②"'文化'与'社会'之间的边界被重新划定,文化和个人自由的王国大大扩大了。"③与传统文化史主张现实由社会构成不同,新文化史强调现实由文化或符号构成。④新文化史研究中的热点当属表象(representation)史。所谓表象史,即对自我、民族及他人等的形象、想象及感知的历史;表象史既注重视觉的和文学的形象,也关注头脑中的意象。⑤

新文化史研究的焦点是人类心智,把它看作是社会传统的贮藏处,是认同形成的地方,是以语言处理事实的地方。文化就驻在心智之中,而文化被定义为解释机制与价值系统的社会贮藏所。文化史研究者的任务是向法律、文学、科学、艺术的底下挖掘,以寻找人们借以传达自己的价值和真理的密码、线索、暗示、手势、姿态。最重要的是,研究者开始明白,文化会使意义具体化,因为文化象征始终不断地在日常的社会接触中被重新塑造。从后现代主义的观点看,文化史可以用来加强对理性和普遍人类价值的抨击。在文化史中,人们可以对理性有一种新的看法,即强调人类理性是在特定的文化环境中运作的。人们是在自己心智世界的范围内思考,不可能为了形成对这个世界的独立判断而跳到这个世界之外。⑥文化史深入挖掘了人的内心世界。

新文化史的视线从社会结构转向主观精神。例如,勒华拉杜里在《蒙塔尤》中利用14世纪宗教裁判所的审讯记录和其他档案,勾勒和描绘了中世纪后期法国西南部一个叫作蒙塔尤的小山村在几十年里的生活环境、风俗习惯及思想状态。他将蒙塔尤村民内心中对现实的种种看法展现在读者面前,包括了对性、婚姻爱情、家庭、儿童、死亡、时间和空间、自然和命运、巫术、宗教、犯罪等的态度及观念。再如,达恩顿的《屠猫记》研

---

① 卢建荣:《新文化史的学术性格及其在台湾的发展》,蒋竹山编:《新史学——新文化史专号》,大象出版社,2005年,第155页。
② 王晴佳、古伟瀛:《后现代与历史学——中西比较》,第131页。
③ 转引自周兵:《新文化史与历史学的"文化转向"》,《江海学刊》2007年第4期。
④ 周锡瑞:《把社会、经济、政治放回二十世纪中国史》,《中国学术》2000年第1辑。
⑤ 参见彼得·伯克:《西方新社会文化史》,《历史教学问题》2000年第4期;李宏图编选:《表象的叙述——新社会文化史》,上海三联书店,2003年。
⑥ 参见阿普尔比等:《历史的真相》,第198—199页。

究的是18世纪法国的思维方式。它试图不仅展示人们的所思所想,还有他们是如何思考的——他们是如何构想世界,并赋予其意义、注入感情的。作者从一群18世纪的印刷工人对猫进行屠杀这样一个事件,揭示当时法国人心态中猫的种种象征意义,以及屠猫的行为所具有的仪式性和文化解释。这同时反映出新文化史特别强调象征和符号在过去的物质文化与日常生活中的重要意义。

在新文化史的发展过程中,后现代主义的"文本"观起到了重要参考作用。[①]后现代主义者把一切事物视为文本,主张"文本之外,别无他物"。文本具有开放性或模糊性,人们可以对它作出无限的解释,不存在关于同一文本的两种相同读解。"文本是具有创造性的物质。"[②]文本观得到文化史研究者的认同,他们更多地关注文本。美国人类学家吉尔兹在《深描说》(Thick Description)中指出:"文化不是一种力量,不是可以随便把社会事件、行为、体制、过程归因于它的,它是一种语境(context),上述诸项放在它里面就可以被描述——厚实地描述——得令人理解了。"他还进一步指出,文化概念实质上是一个符号学概念,一种文化只有通过它的符号才可能被理解和认识,这些符号往往表现在礼仪、节庆和习俗之中,因此,"对文化的分析不是一种寻求规律的实验科学,而是一种探求意义的解释科学"。[③]"受到人类学家影响的文化史家把文化也视为一种'文本'、一种意义的网络。历史学家的任务是破解这些文化'密码'。"[④]文化是一种文本,本身蕴含着丰富的意义。文化史研究遂成为一项文本解读工作,而不再是追寻文本背后的事实了。这一做法主张集中描述、展示细节,拒绝从理论、法则出发进行分析。吉尔兹提倡对事件人物进行密集、逼真的描绘,实际上是以文学模式取代社会科学模式。目前这已经成为文化史研究的主要方法。

新文化史研究还贯彻和实践了后现代主义历史多元的主张。历史多元化包括两个方面,一是承认不同文化类型的差异,二是平等对待各种历史因素。文化史研究者抛弃了西方中心论的假设,尊重文化多样性,认可每种文化的价值。关于历史发展中的政治、经济、文化诸种因素,还原论

---

① 参见张永华:《后现代观念与历史学》,《史学理论研究》1998年第2期。
② 周兵:《西方新文化史的兴起与走向》,《河北学刊》2004年第6期。
③ 格尔茨:《文化的解释》,韩莉译,译林出版社,1999年,第17—18、5页。
④ 王晴佳:《西方的历史观念:从古希腊到现代》,第245页。

往往将文化视作一个被动的因素,认为它附属于社会、经济,是社会、经济的反映。现代主义史学始终存在一种决定论或还原论倾向,总是试图寻觅出历史变迁中的决定性力量或终极原因。后现代主义则不同,它秉持一种多元化立场。由于政治、经济、文化各种因素的变化速度、方式不同,无法确定哪一种起根本性作用。它们之间是互渗互动的关系。文化不是社会、经济的产物,而是社会、经济的一部分。显然,这一观点是文化史研究乐于接受的。"文化是一个连贯的概念,不是与政治、经济并列的一个社会实体,因为许多个人之间构成的所有关系,甚至那些我们认为是'经济的'或'社会的'关系,本质上都是文化的。"①"文化史的一个基本前提是文化的自律自为性,即文化可以撇开政治、经济等社会现实来追求自身。"②文化史从文化建构的角度来解说历史,勾画出一幅生动、多元的图像。

新文化史是后现代主义在史学实践层面最有建树的一个领域。新文化史研究引起了人们广泛的兴趣,从而导致了西方史学的重新定向。伊格尔斯指出:历史学"已经从严谨的社会科学路线转向对文化和意识中不可捉摸因素的普遍关怀"。③曾经推动社会史繁荣的马克思主义者和年鉴派史家(如第四代人物罗杰·夏蒂埃)都已经转而强调文化史。近来的社会史研究也与以往关注宏观社会结构、社会制度的做法不同,越来越多地涉及社会的微观层面和精神层面,趋同于具有后现代倾向的新文化史。"新的社会史将不得不与已完成的文化史成果相联系,并建立在后者的基础之上。"④思想史研究者也开始转向文化层面,试图以文化作为意义架构来重新定义思想史,因而这成为思想史的新方向。总之,历史学各分支领域出现了由无文化、非文化向注重文化因素、运用文化分析的转变,新文化史汇合、重叠了社会史和思想史,以个体方式实现了历史的综合,代表了当代西方史学发展的一股最新潮流。

二、后现代主义与中国史研究

后现代主义是一种发源于西方的文化思潮,但在今天的全球化趋势

---

① 转引自陈启能主编:《二战后欧美史学的新发展》,山东大学出版社,2005年,第185页。
② 张永华:《后现代观念与历史学》,《史学理论研究》1998年第2期。
③ 余英时:《历史女神的新文化动向与亚洲传统的再发现》,《九州学刊》第5卷第2期,1992年10月。
④ 周锡瑞:《把社会、经济、政治放回二十世纪中国史》,《中国学术》2000年第1辑。

下,它的影响已远远超出了西方的范围,对非西方国家和地区的思想文化产生了强烈的冲击。90年代以来,后现代主义进入中国,激起了人文学术界的回响。尽管人们反应不一,欢迎者有之,拒绝者有之,但在与国际接轨的大环境中,无论谁都不能漠视它的存在。况且,后现代主义是当今人文社会科学的前沿,所有重大的理论命题和困境几乎无不与之相关。后现代主义对中国史研究的冲击是必然的,是不应回避也不能回避的。

与一般的历史研究一样,运用后现代主义进行中国史研究,主要包括理论方法的探讨和具体问题的考辨两个层面。但这两个层面不是互相隔离的,而是密切结合在一起。理论方法的探索往往是从具体问题的观察分析开始的,纯粹、抽象的理论思辨较为少见。

现代化叙事是后现代中国史研究者的众矢之的。对抗、解构现代化叙事成为从新的角度认识历史的起点。现代化理论认为,所有发展中社会,不论有何差异,都一定要经历一些类似的变化,它是"一种很极端的统一历史论,是帝国主义式地把自己的推论强加给非西方社会"。①现代化叙事包括时间和空间两方面的含义。一方面,它是以今度古,把现在当作衡量过去的标尺;另一方面,它又以西方为中心,拿西方的局部经验来测度中国历史。这两方面彼此纠结,造成了关于往昔的图像的严重失真。现代化叙事本质上是一种"后设叙述",而后现代主义则要求"将人类个体或群体的言行置于其发生当时的直接语境之中",或者说介入往昔,站在历史当事人的立场上发言,或倾听他们的声音。②

较早反思现代化叙事的是美国史学家柯文。他认为"传统—现代"模式具有浓厚的西方中心论色彩,它将一种来自外界的、狭隘的西方观点强加在中国历史上。这种现代化叙事侧重于从西方现代史角度就中国历史提出问题。例如,中国能否独立产生现代的科学传统和工业革命呢?如果不能,其原因何在?而较少探讨从中国历史自身提出的问题。因此,出于学理上的考虑,柯文主张放弃现代化理论及其全部术语。此外,柯文的著作中还提到一种观点,即现代化理论是一种意识形态架构,这也不失为一种有力的挑战。③

---

① 阿普尔比等:《历史的真相》,第68—69页。
② 参见罗志田:《后现代主义与中国研究:〈怀柔远人〉的史学启示》,《历史研究》1999年第1期;另参见杨念群:《"常识性批判"与中国学术的困境》,《读书》1999年第2期。
③ 参见柯文:《在中国发现历史——中国中心观在美国的兴起》,第3—4、84页。

艾尔曼同样对现代化叙事不满。但与柯文不同,他不反对使用现代化模型,而是反对将此模型滥用于非现代化阶段。艾尔曼认为,用现代化来分析1860年以后中国的历史现象,甚至是更早的时期,乃是一种年代错置。最终我们会以目的论收场,将历史现象化约为它们从来不是的东西——迈向现代化过程的"步骤"或"障碍"。这种依据"现代化"量尺,对中国的过去所作的"正面"或"负面"的解读,强调"现代"是"过去"的准绳,包含了历史的偏见。因此他提出,现代化依然是近代中国史的重要探究对象,但它已经不再是评价前现代中国的整体框架了。正如杨念群所言:"在社会史研究中,后现代理论对现代性叙事的解构过程更多地反映出的是一种具体的分析方法。即通过深入解析现代性预设对历史研究的权力支配关系而最终使历史情境化。"①艾尔曼还提出了在思想史研究中摆脱现代化叙事的路径,即文化史路径,将思想史与社会史重叠起来。他以晚清常州今文学派为例,具体示范了这一方法。②

民族国家的建构是现代化叙事中一条主线,因而它也成为批判反思的对象。杜赞奇指出,民族国家的历史叙述将历史的发展简单化,以目前的情况为唯一可能的结果,自古迄今,一直叙述下来,不问其中有多少曲折,有何种另外的可能,当下即是目的,历史就是说明以前如何一路走来的过程。这样,人们只关注国家创建过程中的统一、集中化的趋势,而看不到这一过程中被压制、被遮蔽的声音。他建议用"分叉历史"(bifurcated history)、多线的历史来拯救被压制的其他声音,对抗线性的、民族国家的"大写历史"。③

何伟亚的《怀柔远人:马嘎尔尼使华的中英礼仪冲突》一书也体现出对民族国家叙述框架的疏离和质疑。以往对马嘎尔尼使团来华事件的评判,是以现代民族国家的标准来衡量的,即想象性地要求乾隆也必须按照现代国际关系的逻辑与准则安排对外事务和厘定外交准则。这是一种明显的现代化、西方化叙事。何伟亚通过比较文化史研究,重新审读了这一事件,认为它是英国的"主权平等"外交观与清朝的"差序包容"天下观的

---

① 杨念群:《中层理论——东西方思想会通下的中国史研究》,第234页。
② 参见艾尔曼:《经学、政治和宗族——中华帝国晚期常州今文学派研究》,江苏人民出版社,1998年。
③ 参见王晴佳、古伟瀛:《后现代与历史学——中西比较》,第204—205页;杨念群:《中层理论——东西方思想会通下的中国史研究》,第265页。

碰撞。中英的外交礼仪是并列的两个系统，不能以现代的标准区分高下。这就动摇了史料与解释之间那种通常以为众皆认可的关系，试图在相对平等的语境中透视中西双方的互动过程。①

海外中国史学者受后现代主义启发，还提出了历史认识论、方法论上的新认识。柯文在《历史三调》中指出，历史学家重塑的历史根本不同于真实的历史。"不论历史学家能够选择和实际选择的史料多么接近真实，多么接近人们的实际经历，他们最终写出来的史书在某些方面肯定有别于真实的历史。"原因有三：(1)历史学家是从杂乱无章的动机中找出一些有意义的范式，并将复杂和混乱的事件条理化与明晰化；(2)历史学家的解释"必须有意识地遵奉社会公认的关于准确性和真实性的强制性标准"，如果超越了这些职业准则就等于放弃了作为历史学家的职责，走向了神话化的路径；(3)历史学家多数是在已经知道结果的情况下从事研究工作的，而历史事件的直接参与者是不知道事情的最终结果的。"因此，历史学家重塑历史的过程普遍是从已知的结果开始的，而后向上推，接下来解释为什么会产生这一结果。"知道结果的历史学家能够赋予某些历史事件一些不为当时人所了解的或当时还不明确的意义，同时也使历史学家拥有了一种宽泛的视角，可以自由跨越时空来清理看似没有关联的不同经历。②也就是说，历史学家具有的后见之明影响着历史书写。

柯文将历史分为三种：事件、经历和神话。他认为这三者是人们了解历史的意义、探寻并最终认识历史真相的不同途径。历史学家寻求理解和解释过去之事，其主要目标是在尽量占有第一手资料的基础上，尽可能准确和真实地再现过去；而神话制造者的目的是使之为政治、意识形态、自我修饰和情感等方面的现实需要服务。历史学家不是在制造神话，与历史的参与者不同，他们事先知道历史的结局。柯文认为三种历史各有其价值。③他的这种区分，使三部分内容各得其所，适度分离，有利于人们更加细致地观察历史，尤其对历史学家反思自己的研究活动富有启发。

---

① 参见杨念群：《中层理论——东西方思想会通下的中国史研究》，第251—257页；罗志田：《后现代主义与中国研究：〈怀柔远人〉的史学启示》，《历史研究》1999年第1期；何伟亚：《怀柔远人：马嘎尔尼使华的中英礼仪冲突》，邓常春译，社会科学文献出版社，2002年。

② 柯文：《历史三调：作为事件、经历和神话的义和团》，杜继东译，江苏人民出版社，2000年，第2—12页。

③ 同上书，第181、253页。

"后现代史观认为被亲身体验的'过去'未必比历史上重建的'过去'更有价值。历史上重建的'过去'也未必比神话化的'过去'更有价值。因为在各自领域里,这几种看待历史的方式都有相当牢靠的依据,在各自不同的场景中发挥着作用。这种对历史对象的类别划分和各自定位,实际上大大扩展了历史研究进行多元化诠释的可能性。"①

后现代主义者往往将历史等同于文学,这种认识论在中国史研究中也有反映。其中最著名的是史景迁的著作。他的《王氏之死》和《胡若望的疑问》试图通过对过去的想象来克服历史记录稀少的问题,但这种想象取消了历史与虚构之间清晰的界限。前一本书取材志怪,将《聊斋志异》用作史料,叙事方式为现实与梦幻穿梭其间;后一本书文风流畅优美,表现出上乘的写作技巧,显示了虚拟与实际之间的流动性。史景迁的作品具有鲜明的文学风格,以至于有人认为是小说而非历史。难怪伊格尔斯认为,他的《胡若望的疑问》在有意识地消灭学者的历史著作和历史小说的界限上是走得最远的作品之一。②

与西方学术界交往密切的港台学者近年来在积极引介后现代理论的同时,也开始尝试将这种新的思路和方法运用于中国史研究的实践中。20世纪90年代以来台湾史学界以《新史学》的创立和对"社会礼俗史""新社会史""医疗史""疾病史"等新课题的倡导,可归入此类。③台湾史学界的后现代进展基本上是以立代破,着重自我建树以与现代史学相异,而不取正面批判其基本预设的方式。熊秉真和卢建荣鼓吹和提倡最力,积累不少成果。如熊秉真主编的《礼教与情欲》《让证据说话·中国篇》《让证据说话·对话篇》及《私与情》等。卢建荣主编的《文化与权力——台湾新文化史》《性别、政治与集体心态——中国新文化史》等。后现代史学专著则以熊秉真的《童年忆往》和卢建荣的《分裂的国族认同》为代表。两书与传统历史书写区别有三:一是以文本的概念对待各色史料;二是使用大量转述工夫以消化史料,避免直接征引;三是运用叙事技巧从事历史建构工

---

① 杨念群:《中层理论——东西方思想会通下的中国史研究》,第260页。
② 参见王晴佳、古伟瀛:《后现代与历史学——中西比较》,第218—221页;伊格尔斯:《二十世纪的历史学——从科学的客观性到后现代的挑战》,第155页。
③ 王晴佳:《如何看待后现代主义对史学的挑战?》,《新史学》第10卷第2期,1999年6月。这方面的具体进展参见王晴佳:《台湾史学50年:传承、方法、趋向》,麦田出版,2002年,第183—212页。

作。更重要的是,他们皆关注位居权力上位者对下位者的操纵。对弱者与强者的微妙关系也仔细分疏,显得后现代味十足。①尤其是卢建荣的作品采取"新文化史"的取径,完全用解读小说来诠释台湾本土意识的形成和演化,有意识地用后现代主义观念研究文化现象。②

后现代思潮也给大陆的中国史研究注入了新鲜血液。20世纪90年代末后现代主义进入大陆史学界,而真正引起重视,始于1997年至1998年间,国外汉学家与一些国内学者围绕何伟亚《怀柔远人》一书的争论。其后,王晴佳、古伟瀛的《后现代与历史学——中西比较》简体中文版问世,北京大学出版社推出"历史学的实践丛书",北京师范大学推出"后现代历史哲学译丛",华东师范大学出版社推出"新文化史经典译丛",史景迁、彼得·伯克、罗伯特·达恩顿等人的作品也陆续翻译出版。后现代史学的引进传播遂渐成风气。

中国大陆史学界的"后现代"努力是将中国历史从现代化叙事乃至整个西方话语的霸权中解救出来,从一种平等、多元、同情的立场和视角出发,最大限度地还原其本来面目,并尽可能充分地解读、诠释其价值和意义。他们以主要精力探讨中国历史所应呈现出的某种"前现代"状态。其基本判断是:"现有的历史解释基本都受到现代因果关系叙事与线性进化史观的污染,使我们无法知晓历史在某一特定时间内的本真状态。'后现代'史观的任务就是要割断进化史观人为搭建的前后衔接的连续性解读策略,而是截取某一段历史场景,尽量设身处地般地在那特定的历史脉络中评估其可能造成的影响,如此一来,各种历史现象的出现变得只具有某种'阶段性'的意义,而并非扮演着衔接前后相续之历史链条的黏合角色。"

大陆学界的后现代意识与如何理解"传统"息息相关。人类学方法的介入开始改变视传统为社会发展障碍的观念,从两方面影响了历史研究的转向:一是不再囿于思想或观念史的范围内奢谈"传统"的功能,而是把传统置于基层社会组织与日常生活的实际运作中加以考察。二是在诠释何为"底层记忆"并与"民族记忆"做出区分的同时,更细致地梳理民众观念与政治意识形态之间复杂的张力关系,包括政治意识形态对底层观念

---

① 参见卢建荣:《台湾史学界的后现代状况》,《汉学研究通讯》(台北)第21卷第1期。
② 王晴佳:《如何看待后现代主义对史学的挑战?》,《新史学》第10卷第2期;王晴佳:《台湾史学50年:传承、方法、趋向》,第237—239页。

的消抹、改造与钳制等等多样复杂的状态。这两方面的变化都与后现代思潮有关。具有"后现代"意味的历史解读都力图把历史按时间框架安排的叙事置换为"空间"状态加以解释,以破除线性史观强调连续性的制约。①

尽管后现代思潮汹涌澎湃,但对大陆历史学家的实际研究并未形成根本性的触动和冲击。史学界人士态度较为谨慎,罕有公开标榜后现代主义并付诸实践者。积极引进后现代方法研究中国史的是人类学家和社会学家,他们在地方史和口述史方面进行了可贵的探索和尝试,形成一种"新社会史"。②"新社会史"有三个努力方向:一是把研究对象从对普遍性的关注转向对地方性的关注,从抽象的概念世界转向日常的生活世界。二是实现历史认识论的转变,吸收后现代的文本解读方法。三是摆脱以美国中国学为中心的中国研究,建构本土化的中国历史叙述。③新社会史已成为当下最具后现代思维的一个部门,是后现代主义最主要的实验场。

一些人类学家将"象征人类学"的思路运用于地方史研究中。通过对基层传统运作机制的再发现,挑战西方命题所规定的现代化道路的唯一性论述,试图论证"传统"作为某种符号和象征的存在完全可以在现代化过程之外对社会生活起着至关重要的支配作用。社会学界接受"后现代"思潮的影响在"口述史"研究中表现得最为明显。他们在访谈中注意区别民众对一些"历史记忆"的删除,和"国家记忆"对民众思维的塑造两个不同的方面,重构了国家意识形态权力与民间社会的互动场景。"口述史"研究者注意到,政治意识形态的规训关系是如何改造基层民众的日常生活态度与感受,以为新社会秩序树立其合法性的。另一方面,"口述史"着重处理这种"权力"如何在民间"历史记忆"的细流中被慢慢消解,强调传统中相对不变的部分对现代化的普遍有效性的持续抵抗。在考察"政治记

---

① 杨念群:《"后现代"思潮在中国——兼论其与20世纪90年代各种思潮的复杂关系》,《开放时代》2003年第3期。

② 参见杨念群主编:《空间·记忆·社会转型——"新社会史"研究论文精选集》,上海人民出版社,2001年;孙江主编:《事件·记忆·叙述》(新社会史丛书第1辑),浙江人民出版社,2004年;黄东兰主编:《身体·心性·权力》(新社会史丛书第2辑),浙江人民出版社,2005年;王笛主编:《时间·空间·书写》(新社会史丛书第3辑),浙江人民出版社,2006年。

③ 孙江:《阅读沉默:后现代主义、新史学与中国语境》,孙江主编:《事件·记忆·叙述》,第22—23页。孙江:《新社会史视野下的中国近代史研究——"多元文化视野下的中国近代社会史研究"笔谈》,《史学月刊》2006年第5期。

忆"对民间意识的塑造过程时,比较集中地使用了福柯关于"权力技术"对社会影响的分析方法。① 这样,一些关于历史记忆建构的研究实际上渗透了后现代的理念和方法。②

后现代主义在西方学术界毁誉参半,对中国史研究而言,应当择善而从,借取其批判性视角和新的思考维度,关注以往所忽视的问题,开辟新的研究领域,以推动中国史学的变革和更新。同时,通过对后现代思潮的追踪,结合中国史研究的实践,我们可以参与国际史学前沿问题的讨论,在同一平台上与西方学者展开平等对话,真正融入国际学术主流。这或许是后现代主义为中国史学发展带来的一个契机。

【思考】
1. 后现代主义对传统历史哲学产生哪些挑战?如何看待这些挑战?
2. 后现代主义如何看待知识与权力之间的关系?其学说有什么合理之处?又存在哪些不足?
3. 后现代主义如何阐述历史学的文学属性?其学说有哪些合理之处?又存在什么不足?
4. 试评价后现代主义者的史学文本观。
5. 结合实例,谈谈后现代主义对外国史研究的影响。
6. 结合实例,谈谈后现代主义对中国史研究的影响。

---

① 杨念群:《"后现代"思潮在中国——兼论其与20世纪90年代各种思潮的复杂关系》,《开放时代》2003年第3期。
② 赵世瑜:《传说·历史·历史记忆——从20世纪的新史学到后现代史学》,《中国社会科学》2003年第2期。

推荐阅读书目

一、史学概论

李守常(李大钊):《史学要论》,商务印书馆,1999年
齐思和:《齐思和史学概论讲义》,天津古籍出版社,2007年
杨鸿烈:《史学通论》,上海商务印书馆,1939年
葛懋春主编:《历史科学概论》,山东教育出版社,1983年
白寿彝主编:《史学概论》,宁夏人民出版社,1983年
吴泽主编:《史学概论》,安徽教育出版社,1986年
姜义华、赵吉惠、瞿林东、马雪萍:《史学导论》,陕西人民教育出版社,1989年
庞卓恒主编:《史学概论》,高等教育出版社,1995年
李振宏:《历史学的理论和方法》,河南大学出版社,1999年
宁可:《史学理论研讨讲义》,鹭江出版社,2005年
张耕华:《历史哲学引论》,复旦大学出版社,2009年
朱孝远:《史学的意蕴》,中国人民大学出版社,2002年
陈启能、蒋大椿主编:《史学理论大词典》,安徽教育出版社,2000年
刘泽华主编:《近九十年史学理论要籍提要》,书目文献出版社,1991年
约翰·托什:《史学导论》,吴英译,北京大学出版社,2007年
安托万·普罗斯特:《历史学十二讲》,王春华译,北京大学出版社,2012年

二、史学方法

梁启超:《中国历史研究法》,上海古籍出版社,1998年
陆懋德:《史学方法大纲》,北京师范大学史学研究所,1980年
孟庆顺、彭卫:《历史学的视野——当代史学方法概述》,陕西人民出版社,1987年

赵吉惠:《历史学方法论》,四川人民出版社,1987年
李剑鸣:《历史学家的修养和技艺》,上海三联书店,2007年
严耕望:《治史三书》,辽宁教育出版社,1998年
杜维运:《史学方法论》,北京大学出版社,2006年
王尔敏:《史学方法》,广西师范大学出版社,2005年
伯伦汉:《史学方法论》,陈韬译,商务印书馆,1937年
朗格诺瓦、瑟诺博司:《史学原论》,李思纯译,商务印书馆,1926年
雷蒙·阿隆等:《论治史》,冯学俊、吴泓缈译,三联书店,2003年

三、中国史学

刘知几:《史通》
章学诚:《文史通义》
刘勰:《文心雕龙》
金毓黻:《中国史学史》,商务印书馆,1999年
钱穆:《中国史学名著》,三联书店,2005年
张舜徽:《中国史学名著题解》,中国青年出版社,1984年
瞿林东:《中国古代史学批评纵横》,中华书局,1994年
吴怀祺:《中国史学思想史》,安徽教育出版社,1998年
汪荣祖:《史传通说:中西史学之比较》,中华书局,2003年
顾颉刚:《当代中国史学》,上海古籍出版社,2002年
张岂之主编:《中国近代史学学术史》,中国社会科学出版社,1996年
谢保成主编:《中国史学史》,商务印书馆,2006年
乔治忠:《中国史学史》,中国人民大学出版社,2011年
胡逢祥、张文建:《中国近代史学思潮与流派》,华东师范大学出版社,
　　1991年
许冠三:《新史学九十年》,岳麓书社,2003年
罗志田主编:《20世纪的中国:学术与社会》(史学卷),山东人民出版社,
　　2001年
王学典、陈峰:《二十世纪中国历史学》,北京大学出版社,2009年
桑兵:《晚清民国的学人与学术》,中华书局,2008年

四、西方史学

黑格尔:《历史哲学》,王造时译,上海书店出版社,1999年
黎澍主编:《马克思恩格斯论历史科学》,人民出版社,1980年
沃尔什:《历史哲学——导论》,何兆武、张文杰译,社会科学文献出版社,1991年
韩震:《西方历史哲学导论》,山东人民出版社,1992年
何兆武、陈启能主编:《当代西方史学理论》,中国社会科学出版社,1999年
张广智:《西方史学史》,复旦大学出版社,2000年
陈启能主编:《二战后欧美史学的新发展》,山东大学出版社,2005年
徐浩、侯建新:《当代西方史学流派》,中国人民大学出版社,1996年
于沛主编:《现代史学分支学科概论》,中国社会科学出版社,1998年
格奥尔格·伊格尔斯:《二十世纪的历史学——从科学的客观性到后现代的挑战》,何兆武译,辽宁教育出版社,2003年
王晴佳、古伟瀛:《后现代与历史学——中西比较》,山东大学出版社,2003年
格奥尔格·伊格尔斯、王晴佳等:《全球史学史》,杨豫译,北京大学出版社,2011年
何兆武主编:《历史理论与史学理论——近代西方史学著作选》,商务印书馆,1999年
张文杰编:《历史的话语》,广西师范大学出版社,2002年
柯林武德:《历史的观念》,何兆武等译,商务印书馆,1997年
爱德华·霍利特·卡尔:《历史是什么》,吴柱存译,商务印书馆,1981年
马克·布洛赫:《历史学家的技艺——为历史学辩护》,张和声、程郁译,上海社会科学出版社,1992年
罗素:《论历史》,何兆武译,三联书店,1991年
霍布斯鲍姆:《史学家——历史神话的终结者》,马俊亚译,上海人民出版社,2002年

后 记

2003年6月,我在《述往知来:历史学的过去、现状与前瞻》一书的"后记"中说:"写出一部广采博集近20年学术成果,而且又与当前的史学界基本同步的'史学概论'教材,是我们的初衷,但由于《述往知来》在形式上不得不迁就于一套丛书的体例,使得我们的初衷只得到部分实现。完全呈现我们的初衷,只好俟诸他日。"眼前的这本小书当然在许多方面都有待进一步充实和完善,但我在这里仍可以松口气地说,写出一部令我们自己较为满意的"史学概论"教材的夙愿,已经基本实现。

本书共分三编。"导论"部分由我执笔。第一编主要由我和陈峰完成,具体分工为:第一章,陈峰;第二章,王学典;第三章,陈峰。第二编主要由张富祥和我完成,具体分工为:第四、五章,张富祥;第六章,王学典、陈峰。第三编主要由郑群和陈峰完成,具体分工为:第七、八章,郑群;第九章,陈峰。全书的框架设计、结构线索和立论角度由我提出,每章的编写思路和主要内容,由各执笔人提供方案,共同商定。初稿完成后,陈峰协助我作了修饰统稿工作。

在这里,作为主编,对主要执笔人的工作稍加评述,我想是必要的。郑群教授是我首先要介绍的。作为山东大学历史系1977级的学生,郑群从大学时代起就涉身中古世界史研究,后师从中古史专家刘明翰先生,从20世纪80年代后期开始讲授"西方史学史",迄今已有20多年的教学经验,曾陆续刊发过一些研究心得。郑群是那种倾向于"述而不作"的教授,写东西很少,尤吝于发表,属高校中比较"吃亏"的一族,但在同仁圈里却很受尊重,如曾屡屡被陈启能先生邀请参加一些高端合作,在《二战后欧美史学的新发展》一书中,则承担了其中最受重视的一章的撰写;他在西方现当代史学研究中的深厚功底,在他为本书撰写的两章中得到部分展现。本书另一位合作者张富祥教授,是著名古典文献学专家刘乃和先生的开门弟子,在中国上古史、东夷文化史和历史文献学诸领域均有较高造诣,近年刊出的《昭穆新探》《商王名号与上古日名制研究》和《"走出疑古"的困惑——从"夏商周断代工程"的失误谈起》等论作,备受瞩目,所出版的《宋代文献学》等专著,也给他带来了很高的声誉,他长期在高校历史系讲授"历史文献学"和"中国古代史史料学",本书"考证"和"叙述"两章,显示了他在传统历史学方法论方面的精湛素养。在我们这个学术集体中,最年轻的一位是陈峰副教授,尽管今年才32岁,但他近年所刊布的有关"食货派"和"史学研究会"的研究成果,受到了广泛关注,而刚刚推出的长文《趋新反入旧:傅斯年、史语所与西方史学潮流》,则使他的学术锋芒毕现于同行面前。陈峰发奋读书,勤于思考,文笔畅达,路向健康,相信他会有一个远大的学术前途,相信读者会从他所承担的章节中感受到他的知识综合能力——仅此一端,就足以使他超拔于同辈之上。至于我本人,从1986年研究生毕业至2002年,连续十几年在山东大学历史系为本科生讲授"史学概论",为研究生讲授"史学方法论",积累了一些想法,本书的编撰设计最初就来自于这些想法。

在为本书拟写"后记"时,笔者几次情不自禁地想起先师葛懋春先生。葛先生主编的《历史科学概论》和白寿彝先生主编的《史学概论》几乎同时于1983年问世,这是新中国最早或第一代"史学概论",此后,尽管同类著作已增加到20余种,但这两本教材的开辟之功并未被埋没。这本步先师和其他先贤后尘而成的小书,可以视为我们这些后来人对先驱者的回报和纪念。

王学典
2008年6月于山东大学

修订版后记

本书于2008年出版,至今已历八个年头,其间重印六次,国内有20余所高校用作教材或参考书。在此过程中,我们陆续得到一些学界同行的热情鼓励,接收到不少有价值的反馈意见,我们也看到多位网友向史学新手褒扬推荐此书。这些都给予我们巨大鼓舞。对于一部教材来说,内容的新颖性、前沿性和实用性至为关键,尤其应当不断改进、随时更新,以期与学界同步。因此,2015年1月,我们正式启动了本书的修订工作。这次修订,主要有两点:一是吸收融合近年来学术界最新的研究成果,淘汰陈旧过时的内容;二是更加切合教学的实际需要,在注重学术性的基础上强化普及性、实用性。

具体修改情况如下:原第一章第一二节进行压缩,第三节全部改写,由"谁主沉浮:历史中的精英与大众"替换为"人类历史运行的轨迹和方向"。第二章局部微调,整体上无变化。第三章第一节由三部分整合为两部分,第二、三节精简合并为一节。第四章第三节所举例证替换为更易理解的代表性成果,原列举的上古史作品删除。第五章第一节增补了现代叙事理论与传统历史叙述的对照,原第二、三节压缩合并为一节,新增"历史叙述与编纂规范"一节内容。第六章重新拟定各级标题,第二节根据近年出版的作品增补相关内容,第三节改动较大,增加社会科学解释模式一项,原有的两个例证撤下。第七章为新增内容。第八章在原有基础上改写,第一节为新增,第二节增补有关全球史的内容。第九章主要对第三节进行压缩,删除了与前面章节重复的内容,同时根据近年学界研究的进展略作补充。各章正文之后增加复习思考题。对推荐阅读书目进行了补充调整。

本书的修订,由我主持并确定基本的方向和框架,张富祥、郑群、陈峰负责具体的修改增删,基本上承担各自原来撰写的部分。各章思考题由赵满海拟定。最后,陈峰协助我完成全书的统稿工作。郭震旦也参与了本次修订。另外,本书的修订,与初版责编岳秀坤的一再催促是分不开的,新版责编陈甜则是本次修订的实际操作者,其专业精神保证了本书的质量和水准。当然,本书仍不可能做到尽善尽美,期待学界同仁和本书的读者传递给我们更多的批评建议。

王学典

2016年9月于山东大学